国家出版基金项目
NATIONAL PUBLICATION FOUNDATION

“十三五”国家重点出版物出版规划项目
国家自然科学基金重大项目

应对老龄社会的基础科学问题研究丛书

主编　彭希哲

中国老龄社会的经济特征及支持体系研究

左学金　等/著

科学出版社
龍門書局
北京

内 容 简 介

本书根据我国人口数据，对我国未来人口变动进行了情景预测。在此基础上，本书首先根据相关理论与近年我国的实证数据，从供给侧和需求侧讨论了老龄社会对经济的影响。本书作者与澳大利亚墨尔本大学政策研究中心合作，构建了中国老龄社会 CGE 模型，对中国未来老龄社会的经济特征与支持体系进行了不同方案的模拟。本书还对我国老龄社会的人口空间分布问题，以及老龄社会的养老、医疗与长期照料等社会支持体系进行了研究分析。

本书适合对我国人口老龄问题有兴趣的科研工作者、高校师生，以及相关政府部门与企业的实际工作者阅读。

图书在版编目（CIP）数据

中国老龄社会的经济特征及支持体系研究/左学金等著. —北京：龙门书局，2021.12

（应对老龄社会的基础科学问题研究丛书 / 彭希哲主编）

“十三五”国家重点出版物出版规划项目　国家出版基金项目　国家自然科学基金重大项目

ISBN 978-7-5088-5896-8

Ⅰ. ①中…　Ⅱ. ①左…　Ⅲ. ①人口老龄化-经济特征-研究-中国　Ⅳ. ①C924.24-05

中国版本图书馆 CIP 数据核字（2020）第 261466 号

责任编辑：魏如萍　杭　玫 / 责任校对：王晓茜

责任印制：霍　兵 / 封面设计：无极书装

科 学 出 版 社
龍 門 書 局　出版

北京东黄城根北街 16 号
邮政编码：100717
http://www.sciencep.com

三河市春园印刷有限公司 印刷

科学出版社发行　各地新华书店经销

*

2021 年 12 月第　一　版　开本：720×1000　1/16
2021 年 12 月第一次印刷　印张：22 3/4
字数：460 000

定价：228.00 元

（如有印装质量问题，我社负责调换）

丛书编委会

“应对老龄社会的基础科学问题研究丛书”序

人口老龄化是一个世界性议题，它是人口再生产模式从传统型向现代型转变的必然结果，也是当今社会经济发展和社会现代化的一个重要趋势，并已成为中国社会的常态。在目前的社会经济制度安排下，我们仍对这种前所未有的人口学变化及其所带来的影响缺乏必要和及时的反应、适应和调整，中国人口老龄化的特殊进程亦使得这种挑战更显严峻。

人口老龄化首先表现为人口问题，我们不仅要对人口进行更深入的研究与调控，更要考虑到社会、经济、环境等多元要素对老龄化进程的制约。老龄化的影响已经逐渐渗透到中国社会的各个方面，并与各种历史的、当前的和未来的社会发展要素不断地相互影响，形成一个超复杂的经济社会系统问题。因此，应对老龄社会需要统筹中国社会的各种资源以形成合力，对整个社会的组织和运行进行改革和再设计，以使中国社会在老龄化的背景下继续健康、协调地运行和发展。

为此，国家自然科学基金委员会经过两年的论证，于2014年启动了重大项目“应对老龄社会的基础科学问题研究”（71490730）的招标工作。其主要目标有两方面。

其一，立足中国经济、社会和环境的现实，针对中国老龄社会的自身特征，在全球化、市场化、信息化的时代背景下，充分考虑中国人口转变和社会转型的进程，响应城乡统筹、代际和谐发展的时代要求，深入研究面向社会整合和可持续发展的应对中国老龄社会的重大基础科学问题，进行理论创新和前瞻性研究，提出符合中国实践的新理论和新方法。

其二，根据我国转变经济发展方式、保障和改善民生的重大需求，针对老龄化的发生发展规律、现在及未来老年人群体的新特征、老龄社会的社会支持系统与经济形态，以及相关制度安排和政策重构等科学问题展开系统研究，支撑国家宏观决策和治理实践需求，并造就一支在国内外有影响的跨学科研究队伍。

最终，经过选拔和评审，以复旦大学作为牵头单位并联合中国人民大学、北京大学、浙江大学、上海社会科学院所组成的跨学科研究团队承担了这一重大项目，首席科学家为复旦大学的彭希哲教授，经费量1800万元，执行期自2015年起至2019年止。项目涵括5个相互独立却又紧密关联的专项课题：

课题一“特征、规律与前景——老龄社会的人口学基础研究”（71490731）由中国人民大学承担，负责人为翟振武教授；课题二“健康老龄化——老年人口健康影响因素及有效干预的基础科学问题研究”（71490732）由北京大学承担，负责人为曾毅教授；课题三“代际均衡与多元共治——老龄社会的社会支持体系研究”（71490733）由浙江大学承担，负责人为何文炯教授；课题四“公平、活力与可持续——老龄社会的经济特征及支持体系研究”（71490734）由上海社会科学院承担，负责人为左学金研究员；课题五“整体性治理——应对老龄社会的公共政策和公共管理体系重构研究”（71490735）由复旦大学承担，负责人为彭希哲教授。整个项目的核心团队成员超过50人，聚集了一批人口学、管理学、经济学、社会学、心理学、医学、生物学、数学、环境科学、信息科学、政治学等领域的一流专家学者，其中不乏教育部长江学者、新世纪百千万人才工程专家等顶尖人才。经过团队成员五年多的鼎力合作，产生了一大批高质量的科研成果，在《中国社会科学》、*The Lancet*、*Demography*、*Governance* 等国内外重要学术期刊发表论文近400篇，由其形成的决策咨询报告多次得到国家领导人批示，获得第八届中华人口奖、第七届高等学校科学研究优秀成果奖（人文社会科学）、第八届高等学校科学研究优秀成果奖（人文社会科学）、第七届中国人口科学优秀成果奖、第三届中国老年学奖、第七届钱学森城市学金奖等各类国家及省部级奖项近60种，并参与资助了两项大型老龄社会追踪调查：CLASS（China Longitudinal Aging Social Survey，中国老年社会追踪调查）和 CLHLS（Chinese Longitudinal Healthy Longevity Survey，中国老年健康影响因素跟踪调查）。

为了推动这些成果在更大的范围内共享，促进相关学科领域的发展和高水平研究队伍的建设，为老龄社会相关的制度、政策与法规的设计、制定和运行提供理论指导与方法支撑，项目组和科学出版社合作，论证设计了“应对老龄社会的基础科学问题研究丛书”出版计划，并于2018年入选“十三五”国家重点出版物出版规划项目，2020年获得国家出版基金支持。丛书计划持续出版系列老龄科学研究领域的学术专著，并于2021～2022年推出第一批17部。

作为国家自然科学基金重大项目“应对老龄社会的基础科学问题研究”的重要研究成果集群，本丛书的出版是多方通力合作、协同努力的结果。我们首先衷心感谢国家自然科学基金委员会的大力支持，感谢吴启迪、何鸣鸿、李一军、高自友、杨列勋、刘作仪等基金委时任领导的鼓励与指导，感谢于景元、辜胜阻、汪寿阳、李善同、李树茁、杨泽等学术领导小组专家的指点与建议，感谢吴刚、霍红、方德斌、卢启程、杜少甫、张江华等基金委工作人员的细致工作和周到服务，感谢原新、丁金宏、李娟、林义、黄鲁成、凌亢、冯帅章等专家学者的帮助，感谢复旦大学、中国人民大学、北京大学、浙江大学、上海社会科学院的支持及在管理上提供的便利，感谢复旦大学公共管理与公共政策研究国家哲学社会科学创新基地、复旦大学人口与发展政策研究中心、中国人民大学人口与发展研究中心、北京大学国家发展研究院、浙江大学老龄和健康研究中心、上海社会科学院经济研究所的团队支持，感谢全国老龄工作委员会、中国老龄协会、国家卫生健康委员会、民政部、人力资源和社会保障部、国家统计局及各级政府部门的帮助，感谢兄弟院校和合作科研机构及团队的帮助，感谢项目组全体成员和参与项目工作的博士后及研究生们的辛勤劳动。此外还要感谢科学出版社的认可及支持，尤其是马跃和魏如萍老师对于我们申报“十三五”国家重点出版物出版规划项目和国家出版基金的鼎力协助。我们将再接再厉，为推动建设一个“不分年龄人人共建共治共享”的社会而奋斗。

“应对老龄社会的基础科学问题研究”项目组

2020年12月

前　　言

人口是影响经济社会发展的长期因素。21 世纪中国人口变动的长期趋势是人口总量缩减和人口老龄化，这一趋势已经并将继续对中国的经济社会发展产生全面与深远的影响。

根据国家统计局发布的数据，2019 年我国人口总量约为 14 亿，其中 60 岁及以上老年人数量已达 2.54 亿，占人口总量的 18.1%，其中 65 岁及以上老年人达 1.76 亿，占 12.6%。根据本书第一章关于 21 世纪中国人口的前景预测，在低方案、中方案和高方案下总人口将分别于 2023 年、2026 年和 2029 年达到 14. 08 亿、14.13 亿与 14.20 亿的峰值，此后将开始长期负增长。到 21 世纪末我国人口总量将分别缩减为 5.95 亿、8.27 亿与 10.89 亿，中国劳动年龄人口的数量已从 2012 年开始逐年下降，并将从 2019 年的约 9.9 亿下降到 2100 年的 2.53 亿～5.67 亿。2100 年，我国 65 岁及以上老年人口占总人口的比例可达 32.01%～51.65%，届时中国老年人口相对于劳动年龄人口的比率即“老年抚养比”将高达 61.22%～121.72%。

人口变动背后的主要推动力是生育率下降和人口预期寿命的延长。生育政策的调整，如“单独二孩”、“全面二孩”和“三孩政策”，使原来长期争论的一个问题终于得到了比较一致的答案：推动生育率下降的主要力量是以工业化、后工业化和城市化为代表的现代化进程，即使放宽甚至完全取消生育控制政策，生育率也不会明显“反弹”，甚至还会进一步下降。未来我国面临的主要人口风险是生育率过低、人口总量缩减过快和人口老龄化进程过快，这会对未来经济社会发展带来诸多严峻挑战。人口变动的长期趋势将推动我国经济增长率下行和经济结构调整，基本养老保险的隐性债务不断增大。

本书是国家自然科学基金重大项目“公平、活力与可持续——老龄社会的经济特征及支持体系研究”（项目编号：71490734）的主要研究成果。由上海社会科学院和复旦大学部分研究人员组成的课题组在 2015～2020 年对老龄社会的相关问题开展了多维度的研究。这些研究包括：根据近年来我国人口数据对 21 世纪人口前景做了新的预测；根据相关经济理论和实证数据对 21 世纪以来我国人口变动对经济发展的影响进行了初步实证分析；在澳大利亚墨尔本大学政策研究中心开发的中国动态一般均衡模型“CHINAGEM”的基础上，增加人口子模型和劳动力市场模块、年龄消费结构模块、公共财政和基本养老金模块，形成了中国老龄社会可计算一般均衡（computable general equilibrium，CGE）模型，并用该模型对未来人口变动对中国经济增长、部门经济结构和基本养老金等社会支持体系的影响进行了模拟与比较分析；对社会支持体系与公共财政及未来人口空间布局变动进行了研究分析，并在此基础上提出了相关政策建议。

笔者首先要感谢国家自然科学基金对课题的经费支持，国家自然科学基金委员会管理科学部相关领导与工作人员，以及国家自然科学基金委员会组织的各位评审专家对课题研究的指导、督促与帮助，他们的支持与工作是本书所依据的研究的基石。我作为课题的首席专家还要感谢课题组各位成员为本书研究所付出的辛勤劳动与奉献，感谢杨昕、杨晓萍、王美凤等为本书研究所做的工作。最后，我要感谢我们的国际合作者，澳大利亚墨尔本大学政策研究中心的迪克逊教授、彭秀健研究员和他们的同事，他们承担了本书的老龄社会 CGE 模型的设计与模拟运行的主要工作。

本书是多位作者合作的成果。本书第一章“中国人口前景展望及不同预测结果的比较”由王美凤、杨昕、彭秀健和陈蓉撰写；第二章“老龄社会的经济特征：理论与中国的实证”由左学金撰写；第三章“人口老龄化对消费结构和产业结构的影响”由乐菡、钱婷婷、杨昕和杨晓萍撰写；第四章“老龄社会经济特征的 CGE 模型分析”主要由彭秀健、左学金、杨昕和王美凤撰写；第五章“老龄社会的养老保险与公共债务可持续性”由石磊、张晓娣和段白鸽撰写；第六章“老龄社会养老支持体系的公平、效率与可持续”由肖严华和左学金撰写；第七章“老龄社会的医疗服务、医疗卫生支出及医疗保险制度”由杨昕撰写；第八章“老龄社会中的长期照护”由杨晓萍撰写；第九章“老龄社会中最优公共品供给与支出结构”由石磊、张晓娣和段白鸽撰写；第十章“中国人口老龄化与城乡分布变动趋势分析”由陈蓉、王红霞和春燕撰写；第十一章“人口老龄化对我国城乡经济空间布局影响的研究”由王红霞、春燕和郭海生撰写；第十二章“总结与政策建议”由左学金撰写。左学金对本书总体框架进行了策划，并对全文进行了阅校。我的研究生张霄为本书的修改定稿做了许多资料查找与编辑工作。

希望本书的问世能进一步推动我国未来老龄社会的研究，为应对我国人口老龄化带来的严峻挑战提出更多良策。

左学金

2021 年 1 月 20 日

目　　录

第一章　中国人口前景展望及不同预测结果的比较…………………………1
　第一节　对不同来源人口统计数据的比较和分析…………………………1
　第二节　生育意愿与实际生育水平研究…………………………4
　第三节　人口预期寿命与年龄别死亡率…………………………8
　第四节　人口模块：2018～2100 年中国人口前景展望…………………………11
第二章　老龄社会的经济特征：理论与中国的实证…………………………26
　第一节　人口变动与经济增长：相关经济学理论…………………………27
　第二节　老龄社会的劳动力供给…………………………32
　第三节　老龄社会的储蓄与投资…………………………39
　第四节　老龄社会的技术进步…………………………41
第三章　人口老龄化对消费结构和产业结构的影响…………………………45
　第一节　年龄结构变动与消费结构、产业结构的关系…………………………45
　第二节　年龄别消费模式研究…………………………48
　第三节　教育、医疗和长期照护的年龄别总消费的估算…………………………61
第四章　老龄社会经济特征的 CGE 模型分析…………………………84
　第一节　老龄社会经济特征：引入年龄消费模式的模拟分析…………………………84
　第二节　老龄社会经济特征：不同人口变动情景的模拟分析…………………………91
第五章　老龄社会的养老保险与公共债务可持续性…………………………101
　第一节　中国养老保险与公共债务…………………………101
　第二节　一般均衡框架下含养老保险与公共债务的 OLG 模型构建…………104
　第三节　基于 OLG 模型的中国养老保险与公共债务可持续性实证分析…110
　第四节　结论及政策讨论…………………………118
第六章　老龄社会养老支持体系的公平、效率与可持续…………………………120
　第一节　中国养老保险制度的公平性…………………………120
　第二节　中国养老保险制度的效率…………………………138
　第三节　中国养老保险制度的可持续性…………………………139

第七章　老龄社会的医疗服务、医疗卫生支出及医疗保险制度 …… 155
第一节　老龄社会的医疗服务 …… 155
第二节　人口变动对医疗卫生总费用及医疗保险可持续运行的影响 …… 161
第三节　健康人口老龄化视角下的社会政策推进 …… 173
第八章　老龄社会中的长期照护 …… 184
第一节　中国长期照护体系的变迁与国际比较 …… 184
第二节　老龄社会与长期照护 …… 187
第三节　结论与政策建议 …… 201
第九章　老龄社会中最优公共品供给与支出结构 …… 205
第一节　老龄社会中长期公共品供需结构变动 …… 205
第二节　含公共品的多部门 CGE 模型 …… 207
第三节　基于多部门 CGE 模型的政策模拟实验 …… 211
第四节　本章小结 …… 224
第十章　中国人口老龄化与城乡分布变动趋势分析 …… 226
第一节　人口老龄化的区域变动及其趋势分析 …… 226
第二节　人口集聚与分布变动的新变化 …… 235
第三节　城市人口迁移空间特征及其变动趋势分析 …… 244
第十一章　人口老龄化对我国城乡经济空间布局影响的研究 …… 253
第一节　文献评述 …… 253
第二节　模型构建与数据来源 …… 255
第三节　人口老龄化对我国城乡人口与经济空间分布影响研究：总体模拟与判断 …… 260
第四节　人口老龄化对我国城乡人口与经济空间分布影响研究：东部地区特征分析 …… 272
第五节　人口老龄化对我国城乡人口与经济空间分布影响研究：中部地区特征分析 …… 282
第六节　人口老龄化对我国城乡人口与经济空间分布影响研究：西部地区特征分析 …… 292
第七节　结论与讨论 …… 302
第十二章　总结与政策建议 …… 305
第一节　改革与完善城乡一体化的劳动力市场，更有效利用稀缺劳动力资源 …… 306
第二节　加大对人力资本的投入，创造第二次人口红利 …… 308
第三节　促进积极老龄化，更有效地利用老年人力资源 …… 310
第四节　实现有保障的老龄化 …… 312

第五节　实现健康老龄化 …… 316
第六节　应对长期照护的挑战 …… 320
第七节　更加重视经济增长的质量，努力提升经济活力 …… 323
第八节　从生育控制政策转向鼓励政策，确保中华民族人口的长期延续 …… 323
参考文献 …… 325
附录 …… 341

第一章　中国人口前景展望及不同预测结果的比较

本章基于2010年全国人口普查数据及2011～2019年人口统计数据[①]，对未来中国人口变动前景进行展望。基础数据是开展人口预测的必备要素，其质量好坏直接影响预测结果，故有必要对已有的基于不同来源的基础统计数据进行的人口预测进行比较。这正是本章第一节的内容。生育和死亡是影响人口变动的两大因素，本章第二节和第三节分别对中国居民的生育意愿和生育水平变迁及人口预期寿命和年龄别死亡率变动进行回溯与展望。第四节是本章的重点所在，该节内容采用队列要素法，考虑生育水平、生育模式、出生人口性别比、死亡水平等因素变动，对2020～2100年中国人口变动前景进行展望，并将预测结果与联合国人口司的世界人口展望结果进行比较。

第一节　对不同来源人口统计数据的比较和分析

一、预测人口基础统计数据的不同来源

随着人们生育观念的转变及近些年生育政策的不断调整完善，中国未来人口规模与人口年龄结构的变动引起学界诸多学者的广泛关注。不同学者除采用的预测方法与假设参数不同外，使用的基础人口统计数据也不同，这主要归结于不同学者对不同来源的人口数据的质量判断不同。据笔者梳理，已有研究使用的人口统计数据来源主要有以下几类。

（一）人口普查数据与其他相关数据相结合

基于人口普查数据中可能存在不足等若干问题的考虑，诸多学者依据其他来源相关数据对其进行调整或修订。例如，杜鹏等（2005）基于2000年第五次全国人口普查（以下简称“五普”）资料数据，并根据小学生分年龄性别的在校人数的统计数据对“五普”中0～9岁人口进行调整，预测了2000～2100年全国人口老

① 本书未使用2020年第七次全国人口普查数据，原因是2020年6月结项及本书成稿时，该调查数据尚未发布，且2021年5月发布的数据为主要汇总数据，发布数据不全面，因此使用2019年之前数据。

龄化趋势。陈卫（2006）也基于2000年“五普”数据，结合2004年国家统计局公布的全国总人口数，预测分析了2005～2050年全国人口发展趋势。王金营和戈艳霞（2016）则基于2010年第六次全国人口普查（以下简称“六普”）数据，并结合2011～2015年实际出生人口等数据，采用分城乡人口发展模型预测分析了2016～2100年中国人口发展趋势。罗雅楠等（2016）也以“六普”数据为基期数据，并根据王金营和戈艳霞（2013）对“六普”数据漏报重报水平的估计对基期数据进行回填，采用多状态人口预测模型预测了“全面二孩”政策启动后2010～2030年中国人口和人力资本变化趋势。孟向京和姜凯迪（2018）利用“五普”与“六普”数据，并根据一些专家学者研究结果对普查数据进行修正，采用要素推算法预测2010～2030年全国人口变化趋势。可见，上述学者均结合其他来源数据对人口普查数据进行修正，并采用相应方法进行预测分析。

（二）人口抽样调查数据与其他相关数据相结合

考虑到预测开始年份与基础数据采集年份间隔过长可能会带来较大偏差，部分学者选取当时大样本数据作为基础数据进行预测。例如，翟振武等（2017）基于2015年全国1%人口抽样调查（以下简称“小普查”）数据，并借助“六普”数据、2015年户籍登记数据及国家统计局公布的历年出生人口数等其他来源的人口数据对2015年“小普查”数据进行调整和修正，采用队列要素法预测分析2016～2100年中国人口规模与年龄结构的变化趋势。

（三）综合采用人口普查与人口抽样调查数据

为了使用最新的大样本人口调查数据，有学者将全国人口普查数据与“小普查”数据结合起来进行预测。例如，王广州和王军（2019）主要基于第四次全国人口普查（以下简称“四普”）数据、“五普”、“六普”、2015年“小普查”等基础数据，采用经典的队列要素法和孩次递进法，对中国人口状况及未来发展趋势进行分析。

综上可见，不同学者使用的数据来源不尽相同，但主要依托人口普查或人口抽样调查数据，并依据户籍登记、出生人口等相关数据对基础数据进行了调整或修订。人口预测工作本身就是一个不断校准、完善的过程，无论采用哪类数据，最终均是为了使预测的中国人口结果更科学、更可靠。

二、对不同来源预测结果的比较分析

近年来已有较多人口预测研究文献，限于篇幅，此处仅选取部分研究进行比较分析。为确保选取的部分研究具有代表性和影响力，选取依据以下原则：一是研究文献的作者和发表研究文献的期刊在人口学界有较大影响力；二是研究文献发表年份在 2005 年及以后，且预测以中长期为主；三是研究采用的人口基础数据有多个来源。据此笔者重点选取四篇文献（表 1-1），对其预测的人口总量与年龄结构预测结果进行比较分析（表 1-2）。

表 1-1 基于不同数据来源的总人口预测结果（中方案）的比较

作者（数据来源）	发表年份（发表期刊）	各年份预测结果/亿人					峰值（时点）/亿人
		2015	2020	2030	2050	2100	
陈卫（2000 年“五普”）	2006（人口研究）	13.95	14.25	14.42	13.83	—	14.42（2030 年）
王金营、戈艳霞（2010 年“六普”）	2016（人口研究）	—	—	14.66	—	10.16	14.66（2030 年）
翟振武、陈佳鞠、李龙（2015 年“小普查”）	2017（人口研究）	13.82	14.28	14.54	13.78	9.75	14.54（2030 年）
王广州、王军（1990 年“四普”、2000 年“五普”、2010 年“六普”与 2015 年“小普查”）	2019（社会发展研究）	—	—	14.17	13.17	—	14.3 以内（2025～2027 年）

资料来源：作者整理

表 1-2 基于不同数据来源的人口年龄结构预测结果的比较

作者	发表年份	2015 年		2030 年		2050 年	
		少儿人口比重	老年人口比重	少儿人口比重	老年人口比重	少儿人口比重	老年人口比重
陈卫	2006	18.81%	9.75%	15.79%	16.59%	15.24%	23.92%
王金营、戈艳霞	2016	—	—	—	—	14.00%	27.00%
翟振武、陈佳鞠、李龙	2017	17.00%	10.41%	16.55%	17.47%	14.16%	26.01%
王广州、王军	2019	—	—	—	—	—	—

注：少儿人口比重指 0～14 岁少儿人口占总人口比重；老年人口比重指 65 岁及以上老年人口占总人口比重，王广州和王军（2019）未提供少儿人口比重与老年人口比重的预测数据

比较选取的研究文献的预测结果可以发现：①研究无论基于何类人口基础统计数据，预测总人口峰值都将在 2030 年左右到来，且峰值均超过 14 亿人；②到 21 世纪中叶，0～14 岁少儿人口比重均呈持续缩减趋势，而 65 岁及以上老年人口比重则呈上升趋势；③不同研究的预测结果间存在一定差异，且差异随时间逐渐扩大。

不同研究预测结果的差异是因其基础数据处理、各类假设参数设定与预测模

型选取等不同所致。尽管一定范围内准确程度降低并不会影响中国未来人口长期走势，但是基于较多的因素变动及参数设定是否合理等的考虑，进行及时、准确、定期的人口变动趋势预测仍旧十分必要（石人炳和陈宁，2018；陈卫，2006），可为政策制定者提供重要决策参考。

第二节 生育意愿与实际生育水平研究

在当前中国的低生育率态势下，对人口变动态势的科学预判和人口政策的调整完善都离不开对生育水平变化趋势的准确把握。一个国家或地区人口的整体生育水平是由个体的生育行为集合而成的。因此，为了把握整体人口生育水平的变化趋势，我们就必须了解人们生育行为的特征及变化。个体的生育行为主要由其生育意愿决定，生育意愿可以通过社会调查了解。正因为如此，过去几十年间，中国开展了大量的生育意愿调查和研究，本节试图通过对个体生育意愿的了解来估计可能发生的生育行为，进而预测整体人口生育水平走势。因此，本节内容将基于已有的研究探讨中国生育意愿的变迁及其与实际生育水平的关系，并对未来我国生育水平趋势进行展望。

一、居民生育意愿的变迁

国内大量的调查数据表明，中国的生育意愿正经历着变迁。风笑天和张青松（2002）通过回顾分析 1979～1999 年公开发表或出版的调查研究资料和论文，发现城乡居民的理想子女数有较大差别，但无论是城市还是农村，总体上都呈现出随年代发展而逐渐下降的趋势：20 世纪 80 年代，城市居民的理想子女数以 1～2 个为主，农村居民以 2～3 个为主，内地及落后地区以 3 个及以上为主；20 世纪 90 年代，城市居民的理想子女数以 1 个为主，农村居民多以 2 个为主。姚从容等（2010）则通过分析 2000～2008 年研究资料，发现中国城乡居民意愿子女数之间的差异在缩小，如 2006 年 8 月，“第六次全国人口和计划生育抽样调查”显示，农业户口和非农业户口育龄妇女的平均理想子女数分别为 1.78 个和 1.60 个。侯佳伟等（2014）采用横断历史元分析（cross-temporal meta-analysis）法对 1980～2011 年中国国内开展过的 227 项生育意愿调查结果进行了回顾分析，发现 1980 年以来中国人的理想子女数呈减少趋势，20 世纪 80 年代平均理想子女数为 2.13 人，20 世纪 90 年代降至更替水平 2.1 以下，2000～2011 年进一步降至 1.67 人，主要表现为“儿女双全”的二孩生育意愿，平均理想子女数基本稳定在 1.6～1.8 人。

随着生育政策的陆续调整放宽，影响生育的政策环境发生显著变化。为了把握近年生育水平变动态势，了解群众生育意愿，2017 年 7 月国家卫生和计划生育委员会组织实施了 2017 年全国生育状况抽样调查，这是最新的全国性生育意愿调查。该调查对象是 2017 年 7 月 1 日零时现住中国大陆 31 个省区市和新疆生产建设兵团的 15～60 岁中国籍女性人口，样本量近 25 万人。调查结果显示，全部受访的 15～49 岁育龄妇女平均理想子女数为 1.96 个，其中 11.4%的育龄妇女认为 1 个孩子最理想，80%认为 2 个最理想，7.9%认为 3 个及以上最理想，0.7%认为没有孩子最好；年龄越大，理想子女数越多，15～19 岁的育龄妇女平均为 1.86 个，45～49 岁最高，为 2.07 个。从打算生育的子女数来看，育龄妇女平均打算生育子女数为 1.75 个，其中 31.9%的育龄妇女打算生育 1 个孩子，56.6%打算生育 2 个，9.3%打算生育 3 个及以上，2.2%不打算要孩子（贺丹等，2018）。

二、生育意愿与实际生育水平的关系研究

（一）生育意愿与生育水平关系的几种观点

生育意愿是预判生育行为与生育水平的关键因素，但生育意愿并不能完全决定生育行为，二者并不总是一致的。归纳来看，两者关系主要有四种论断：意愿大于实际生育水平、意愿等于实际生育水平、意愿小于实际生育水平、意愿与实际生育水平无关，即“大于论”、“等同论”、“小于论”和“无关论”（顾宝昌，2011）。持“无关论”者认为，影响生育行为的因素是多种多样的，并且在中国限制生育数量政策的情况下，受访者报告的生育意愿往往是在政策影响下的意愿，不是其真实的意愿。持“等同论”者往往会直接采用调查中报告的生育意愿作为未来的生育水平进行预测，这种预测参数的选择往往在事后会得到不准确的结果。

已有研究表明，生育意愿确实是决定生育行为和生育水平的重要因素，但是并非决定性因素。生育意愿与实际生育水平往往不一致或相互背离。在一个高生育率的社会进入人口转变的初期时，往往出现人们的实际生育水平高于人们报告的生育意愿的情况；而在一个到达人口转变末期的低生育率社会中，往往出现人们的实际生育水平低于人们报告的生育意愿的情况（Bongaarts，2002；顾宝昌，2006；杨菊华，2008；顾宝昌，2011；杨菊华，2011）。日本（顾宝昌，2006；周云，2011）、韩国、泰国[①]、欧洲各国、美国（Hagewen and Morgan，2005；杨菊华，2008）都发现了生育意愿与生育水平相互背离的现象，并且日本、韩国和泰国的生育意愿与生育行为关系的变化历程很好地印证了上述规律。

① 张银峰，《生育意愿不等于生育行为》，http://www.cssn.cn/sf/bwsf_sh/201409/t20140919_1334785.shtml [2021-01-06]。

（二）生育意愿与实际生育水平关系的几种国别模式

1. 日本和韩国

日本和韩国完成人口转变的时间不尽相同。总生育率（total fertility rate，TFR）水平从4.5左右跌至更替水平，日本仅用了10年，比其他发达工业化国家都快。但日本的TFR在20世纪50年代至70年代初，在更替水平上下徘徊了近20年（原新和林正祥，2008），之后才完成由高出生率、低死亡率、高增长率向低出生率、低死亡率、低增长率的转变，TFR降到更替水平以下（傅苏和王晓璐，2007），并持续下滑。韩国从20世纪60年代开始，实施了政府主导的家庭计划，进行了积极的人口控制，生育率持续下降，在20世纪80年代中期完成人口增长模式转变（傅苏和王晓璐，2007），且韩国的TFR在降至更替水平以后，也没有在更替水平停留而是继续降低（Suzuki，2003）。目前韩国处于1左右的极低生育率水平，日本则处于1.4左右的很低生育率水平。

然而，由于传统文化和家庭观念等的作用，日本和韩国两个低生育率国家的人们对孩子的需求意愿虽然有下降的趋势，但并没有显著低于其他发达国家（Suzuki，2003），2个孩子仍是普遍的理想子女数。韩国和日本已婚妇女的理想子女数从未低于2（Suzuki，2003），近年来这两国的调查也表明，人们报告的生育意愿非常稳定地保持在2个孩子左右的水平，但实际的生育水平却不断下降，甚至急剧下降，达到近乎1的水平（顾宝昌，2006）。育龄妇女的实际生育水平已无法达到其生育意愿，在育龄女性的现实生活中，生育意愿成为名副其实的“理想”，无法实现。

2. 泰国

泰国的人口转变迟于日本和韩国，从1965～1995年泰国的生育意愿与生育水平的关系及其转变过程来看，其明显呈现出两阶段特征：20世纪80年代中期之前（第一阶段），生育水平较高，人们实际生育的子女数多于报告的理想子女数，存在大量非意愿妊娠的情况。随着避孕措施等的逐步可得、可及，非意愿怀孕生育的现象大大减少，生育水平与生育意愿间的差距呈缩小态势，不过生育意愿的减少是缓慢的，生育水平下降速度明显快于生育意愿。在20世纪80年代初期生育意愿与生育水平两条线相交，此时泰国的生育水平和生育意愿都在3.2个孩子左右。20世纪80年代中期以后（第二阶段），泰国的生育水平开始低于生育意愿，即人们实际生育的子女数开始少于意愿的子女数。尽管第二阶段二者间的反向差距不如第一阶段那么大，但差距值呈扩大趋势，到20世纪90年代初期泰国的生育水平已经降到更替水平之下，但生育意愿仍在更替水平之上。

3. 欧洲各国

生育意愿大于生育水平的现象不仅存在于日本、韩国及泰国，还存在于大部分低生育率的欧洲国家。1989 年欧洲共同体的调查结果显示，受访者平均的理想子女数为 2.16 个孩子。其中，爱尔兰和希腊最高，分别为 2.79 个和 2.42 个，德国和西班牙最低，分别为 1.97 个和 1.94 个。但是，1989 年欧洲共同体国家的平均生育率仅为 1.6，低于理想子女数（2.16 个孩子），实际生育水平远远低于人们报告的生育意愿（杨菊华，2011）。Hagewen 和 Morgan（2005）的研究显示，在 16 个欧洲国家中，普遍存在“理想子女数（即几个孩子最理想）>生育意愿（即意愿子女数）>实际生育水平”的现象。

综上所述，生育意愿与生育水平之间往往是不一致的。在人口转变之前的高生育率时代，往往是生育意愿小于生育水平；在人口转变之后的低生育率时代，二者关系发生逆转。其中在生育率下降的过程中，生育水平下降的速度远快于、幅度远大于生育意愿。日本、韩国和泰国的情况就显示，随着生育水平的持续走低，生育水平低于生育意愿的“缺口”呈扩大趋势，生育行为似乎已经失去了追赶生育意愿的动力和能力。

（三）中国生育意愿与实际生育水平的关系

中国自 1973 年全面推行限制性的计划生育政策以来，生育率迅速下降，TFR 于 20 世纪 90 年代初降至更替水平以下。综合考虑预期寿命与人口自然增长率，中国人口增长模式转变在 20 世纪末已经完成，即中国在不到 30 年的时间里实现了人口再生产类型的历史性转变，比其他发展中的人口大国提前半个多世纪跨入低生育水平国家行列。中国的人口转变是在严格的生育政策作用下实现的，那么，中国生育意愿和生育水平之间是否也存在与泰国相类似的情况呢？

侯佳伟等（2014）对 1980～2011 年开展的 227 项关于中国人生育意愿的调查结果进行了分析，结果显示 20 世纪 80 年代以来的中国人口生育意愿和生育水平确实存在不一致现象，与上述泰国 1965～1995 年的情况类似，也大致可分为两个阶段。20 世纪 80 年代及之前，中国的生育水平在更替水平之上，与泰国所处的第一阶段相似，人们实际的生育水平高于报告的生育意愿或理想子女数；20 世纪 90 年代初，生育意愿与生育水平两条线相交，此后生育水平开始低于生育意愿，且差距不断拉大。这说明中国在生育意愿与生育水平的关系上表现出与泰国类似的变化趋势。

三、生育水平未来展望

邦戈茨在观察了发达国家和一些亚洲国家报告的生育意愿及实际生育水平之间的差异后，提出了邦戈茨低生育率模型，指出了影响生育意愿与生育行为背离的因素——非意愿生育、替代孩子死亡的生育、性别偏好、生育孩子年龄的推后、非自愿不孕不育和竞争性因素（Bongaarts，2002）。他认为，前三个因素促使实际生育水平高于生育意愿，对处于人口转变前期和中期阶段的国家或地区作用更大；而后三个因素促使实际生育水平低于生育意愿，对人口转变后期的国家或地区作用更大。

初婚、初育年龄的推迟是导致生育水平低于生育意愿的一个重要因素。首先，一定时期内，观察到的生育水平受到正在变化的生育时间影响，去进度效应的TFR往往会低于通常意义上的TFR。其次，由于绝大部分生育是在结婚之后发生的，因此随着初婚年龄的推迟，妇女具有生育能力的年限缩短；初育年龄的推迟留给再生育的空间变得狭小，且生殖能力随着年龄的提高而降低，甚至可能最终导致终生不育，这样生育意愿就难以实现。再次，非自愿不孕不育人群是存在的，其原因主要包括：无法找到合适的伴侣、家庭的解体、生理性不孕不育、疾病引起的不孕不育等。最后，由于竞争性因素的存在，虽然部分妇女尚未完成生育意愿，但并不打算继续生育。历次生育意愿调查结果显示：中国人的生育意愿发生了历史性变迁，大部分人确实已经有“不想多生”的观念，加上养育孩子所产生的高昂的经济成本与机会成本、“竞争性因素”等，使得人们最终不得不放弃实现自己的生育意愿，即使“想生”也“不能生”、“不敢生”或“生不起”了。

基于以上因素考虑，笔者判断中国未来生育水平持续低于生育意愿现象将会长期存在。

第三节　人口预期寿命与年龄别死亡率

一、人口预期寿命变动

随着生活条件的改善与医疗水平的不断提升，中国人均期望寿命逐渐延长。2000～2015年人均预期寿命呈快速上升趋势，15年间从2000年71.40岁增至2015年76.34岁，增加4.94岁，平均每年增长0.33岁。分性别来看，男、女两性的平均预期寿命也均呈上升趋势，分别从2000年的69.63岁、73.33岁增加到2015年的73.64岁、79.43岁，分别增加了4.01岁与6.1岁，年均分别增长0.27岁与0.41岁（表1-3），由此可见，中国分性别人口平均预期寿命呈现出同步不同增速的趋势，且男性预期寿命总体要低于女性。通常平均预期寿命的延长意味着人口年龄别死亡率的下降，而平均预期寿命是反映人口死亡水平的重要指标，所以不同性别平均预期寿命的延长一定程度上影响着一个国家或地区未来人口规模与人口结构的变动趋势。

表 1-3　2000～2015 年中国人口分性别平均预期寿命　单位：岁

年份	男性	女性	平均
2000	69.63	73.33	71.40
2005	70.83	75.25	72.95
2010	72.38	77.37	74.83
2015	73.64	79.43	76.34

资料来源：国家统计局

二、年龄别死亡率变动

死亡概率同预期寿命一样是衡量一个国家或地区人口健康状况的重要指标。多数学者对未来中国人口进行预测时，通常重点关注基础人口数据的修正与 TFR、出生性别比等参数的设定，较少考虑随着时间推移，年龄别死亡率或年龄别死亡概率（死亡模式）的变动。实际中，随着医疗技术水平提升，中国各年龄别人口死亡率总体呈现出下降趋势。据统计，2010 年中国分性别年龄别人口死亡率水平总体要低于 2000 年水平（除临终时段外），且女性年龄别死亡率总体要低于同龄段男性年龄别死亡率（图 1-1），可见我国人口年龄别死亡率确实随着时间的推移在下降，也间接表明年龄别死亡概率曲线随时间向右下移动的趋势，这与彭希哲和卢敏（2017）的研究结论是一致的。即使有学者考虑年龄别死亡概率变动，设定也是依据未来预期寿命假定直接使用联合国西区模型生命表中数值（李建民等，2000；袁建华等，2003；陈卫，2006）。所以，预测未来人口中如何设定符合中国人口变动规律的死亡模式也是值得我们考虑的关键问题。

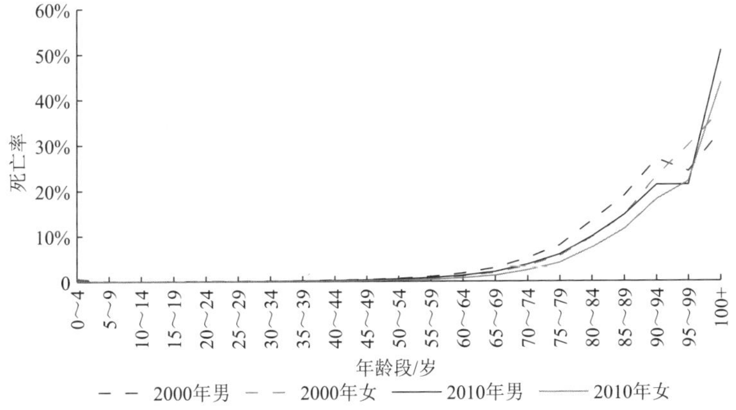

图 1-1　“五普”（2000 年）与“六普”（2010 年）不同性别的分年龄别死亡率

资料来源：国家统计局

三、人口预期寿命与死亡模式未来展望

（一）未来人口预期寿命研判

预期寿命不断延长已成当今世界各国普遍存在的现象。从上述我国人口预期寿命变动趋势及世界各国人口预期寿命变动趋势特征，可以预判未来我国人口预期寿命将继续延长，但增加速度将有所放缓，总体将呈底数大于 1 的对数曲线态势变动。

通过观察 1950～2015 年中国分性别预期寿命变动趋势，笔者采用模拟函数外推方法与对标日本未来预期寿命走势推算未来中国分性别预期寿命走势。首先，通过观察 1950～2015 年日本与中国分性别预期寿命差值变动趋势，采用分段函数模拟外推方法获得 2030 年、2050 年、2100 年时点上分性别两国预期寿命差值数据，结合联合国对日本 2030 年、2050 年、2100 年时点上平均预期寿命假定，可进一步推算出这些时点上中国分性别预期寿命（表 1-4），其余年份分性别预期寿命采用线性插值法获得。

表 1-4　未来三个时点我国分性别预期寿命　　单位：岁

性别	2030 年	2050 年	2100 年
女性	81.96	86.30	94.01
男性	78.51	81.80	89.13

资料来源：笔者测算结果

（二）未来人口死亡模式研判

笔者设定人口预测模型分年龄死亡概率（死亡模式）主要依据联合国延展预期寿命和完善资料之后的经联合国修正的 Coale-Demeny 模型生命表（即联合国西区模型生命表）及以上设定的预期寿命来确定。由于联合国西区模型生命表是 5 岁组的简略生命表，为了适用于模型方法预测分析，笔者通过 MortPak 人口预测软件将 5 岁组简略生命表转换成了单岁组的完全生命表，对于转换后完全生命表中 0 岁组平均预期寿命与转换前预期寿命数值差异较大的情况，采用打靶法对标已设定的预期寿命，由此来获得年龄别（一岁组）死亡概率。

死亡模式主要参照 Zuo（1989）平均预期寿命与死亡概率的关系推导获得。具体步骤如下：首先，依据上述模型生命表获得 2010 年、2030 年、2050 年、2100 年四个时点的预期寿命，同时通过 MortPak 软件将简略生命表转换成完全生命表，并采用打靶法模拟推算对应预期寿命的上界与下界，以及上下界预期寿命对应的分性别年龄死亡概率；其次，各年分性别预期寿命水平依据上述相邻时点年份的分性别平均预期寿命采用线性插值法获得；最后，在[2010 年，2030 年]、[2030

年，2050 年]、[2050 年，2100 年]区间上，各年分性别年龄死亡概率根据所在区间两端点对应上下界预期寿命[①]对应的分性别年龄死亡概率采用线性插值法获得。

第四节 人口模块：2018～2100 年中国人口前景展望

随着人口老龄化日益加重与近几年生育政策的逐步调整，围绕中国人口变动的议题逐渐增多，其中人口预测已成议题中不可或缺的部分。既有研究中，多数学者进行人口预测研究时主要考虑生育水平、人口性别比变化和基期数据校准，很少考虑生育模式、死亡模式的变化。随着经济发展水平的提升、人们生活水平的提高及医疗卫生条件的改善，在人口发展过程中，不同年龄人口的死亡率与育龄妇女的婚育行为（育龄妇女婚育行为转变主要表现为平均初婚年龄和平均初育年龄等的推迟）也发生着变化。据 2010 年“六普”统计，中国不同年龄人口死亡率相比 2000 年“五普”整体均有不同程度的下降。与此同时，1990～2017 年，中国妇女平均初婚年龄推迟 4 岁多，从 21.4 岁提高到 25.7 岁，平均初育年龄也从 23.4 岁提高到 26.8 岁[②]。

由于生育水平设定和采用预测模型的不同及缺乏考虑死亡模式、生育模式变动等因素，预测结果会见仁见智，可能存在高估或低估偏差。尽管预测结果间的这种差距并不会影响未来我国人口长期走势，但及时科学准确预判其走势仍旧十分必要，其不仅有助于认清我国人口正在或即将经历的重大转折，而且也有利于尽早采取措施应对即将到来的人口老龄化大潮（王广州和王军，2019）。与此同时，作为后文 CGE 模型模拟分析需要的子模块，本节采用应用较为广泛的队列要素法，考虑了生育水平、出生人口性别比及生育模式变动（生育峰值后移及生育力下降），并考虑人口死亡率的变化，预测 2010～2100 年中国人口发展趋势及其特征变动情况。

一、基本假设

队列要素法作为预测人口常用方法之一，鉴于在诸多人口学教材或研究文献中有详细介绍，本节不再赘述。

（一）基础数据

预测模型采用的基年数据来源于“六普”数据中分性别年龄人口数，结合 2010

① 左边端点取下界，右边端点取上界。

② 数据来源于国家统计局《统筹人口发展战略、实现人口均衡发展——改革开放 40 年经济社会发展成就系列报告之二十一》。

年年末人口数，采取年龄系数方法调整为分性别分年龄人口年末数据。基于普查人口数与年度人口数不匹配及出生可能存在的漏报重报等情况，以 2010 年人口普查数据为基础，将 2010 年年末人口指标数据作为靶标，采用调试年龄系数的方法推算 2010 年年末分性别年龄别人口数，可得 1～100 岁人口同一调整系数为 1.005，0 岁组的调整系数为 1.134[①]。

（二）参数设定

1. TFR

一直以来，多数学者对统计公布的 TFR 持有不同观点，所以他们进行人口预测研究工作之前，均会依据各类调查数据对基础数据进行回填修订，做大量对标统计工作。尽管如此，学术界对 TFR 具体数值的判定仍未达成一致意见，有时存在较大分歧。例如，以 2010 年 TFR 为例，有认为在 1.6 以上的（翟振武等，2015；贺丹等，2018；陈卫和段媛媛，2019），也有认为在 1.5 左右及以下的（郭志刚，2013；王广州等，2013）。由于既有研究无统一定论，而预测研究对 TFR 的设定仍需有合理科学依据，所以本节模型对 TFR 做两方面工作：一是对既有年份 TFR 的回推，二是对未来 TFR 的设定（表 1-5）。

表 1-5　三种方案下 TFR 的变动

年份	低方案	中方案	高方案
2011	1.449	1.449	1.449
2012	1.468	1.468	1.468
2013	1.478	1.478	1.478
2014	1.534	1.534	1.534
2015	1.525	1.525	1.525
2016	1.667	1.667	1.667
2017	1.648	1.648	1.648
2018	1.497	1.497	1.497
2019	1.484	1.484	1.484
2030	（线性下降）1.1	（线性下降）1.4	—
2080	—	（线性上升）1.6	（线性上升）2.1
2080～2100	1.1	1.6	2.1

注：2011～2019 年的 TFR 根据国家统计局公布的人口总量推算

① 由于年出生人数是分布在一年 12 个月中，而每个月出生人口的死亡率并不相同，越临近年末出生人口的死亡率越低，同时鉴于普查数据与年度统计口径差异及 0 岁人口漏报瞒报等，笔者采用调整年龄系数的方法对基础数据进行调整，推算年末 0 岁组人口的调整系数为 1.134。

第一，基于调整后的基础数据，采用队列要素法，以 2011～2019 年出生人口数为靶标，推算 2011～2019 年的 TFR，结果显示除 2016～2017 年推算的 TFR 高于 1.6 外，其余年份推算的数值均在 1.4～1.6，这与王广州和王军（2019）研究结论大体一致。

第二，我们分低、中、高三个方案对 2020～2100 年 TFR 分别做出假设。近年来我国人口统计数，尤其是中央放宽生育政策以来的出生人口数，为我们调整未来生育率相关假设提供了重要信息。需要说明的是除 TFR 外，三种方案下其余参数设定均相同。具体设定如下。

低方案：TFR 降至更替水平之下已是目前多国共有的现象，从亚洲、欧洲等部分国家或地区的 TFR 发展历程来看，降至更替水平之下的 TFR 还会呈继续下降趋势。尽管有些国家或地区生育意愿非常稳定地保持在 2 个孩子左右的水平（如韩国、日本），但实际生育水平却远低于生育意愿。例如，中国台湾与香港地区 TFR 于 2017 年就已分别降至 1.13 与 1.19，与同期的韩国（1.26）、日本（1.43）、新加坡（0.83）等发达国家一起步入超低生育率行列①。纵观发达国家经验及我国部分地区（如上海）情况，未来我国 TFR 也极有可能降至 1 左右水平。据此，低方案假设我国 TFR 从 2019 年的 1.484 线性下降至 2030 年的 1.1，之后稳定在 1.1 水平至 21 世纪末不变。

中方案：目前宽松的计划生育政策实施后，我国生育堆积势能已基本释放，受生育观念、生育成本、养育成本等诸多因素影响，TFR 一定程度继续走低仍是必然趋势，但随着未来我国生育政策措施的出台实施，未来我国生育率水平将会出现一定程度反弹。据此，假设我国 TFR 从（2019 年的 1.484）线性下降至与德国水平（一直持续徘徊于 1.4 左右水平；苗国和庞飞，2019）相当，自此又线性上升到 2080 年的 1.6，之后稳定在 1.6 水平至 21 世纪末不变。

高方案：TFR 保持在更替水平左右变动始终是世界各国期望最理想的状态。据此，假设我国 TFR 从目前水平逐渐线性上升至 2080 年的 2.1，之后稳定在 2.1 水平至 21 世纪末不变。

2. 生育模式

在人口预测模型中考虑了生育模式变动对预测结果的影响。根据定义，TFR 是育龄妇女年龄别生育率的加总（式 1-1）。我们将不同年龄的年龄别生育率占 TFR 的百分比，称为"年龄生育模式"或简称为"生育模式"（式 1-2）。实证数据表明，随着我国妇女 TFR 的下降，生育模式也发生了变化，如年龄别生育率的峰值年龄不断向后推迟，40 岁以后的"高龄"妇女的年龄别生育率有所提高等（图 1-2）。

① 中国台湾、中国香港、韩国、新加坡的 TFR 来源于 *The CIA World Factbook 2018—2019*；日本 TFR 来源于 *Japan Statistical Yearbook 2018, Statistic Bureau of Japan*。

为此，我们主要依据 2003～2015 年我国生育模式变动趋势①采用单龄组函数模拟外推，并结合线性插值与平移等方法处理异常值问题。同时假设 2030 年之后生育模式保持在 2030 年水平不变。2016～2030 年生育模式如图 1-3 所示。

$$\mathrm{TFR}(t)=\sum_{k=15}^{49} f(k,t) \tag{1-1}$$

$$f(k,t)=fr(k,t)\mathrm{TFR}(t) \tag{1-2}$$

其中，$\mathrm{TFR}(t)$ 为 t 年的 TFR；$f(k,t)=\dfrac{B(k,t)}{N^f(k,t)}$ 为 t 年 k 岁育龄妇女的生育率，$B(k,t)$ 为 t 年 k 岁育龄妇女生育的活婴人数，$N^f(k,t)$ 为 t 年 k 岁育龄妇女人数；生育模式表示 t 年 k 岁育龄妇女年龄别生育率占 TFR 的比例，即 $fr(k,t)=\dfrac{f(k,t)}{\sum_{k=15}^{49} f(k,t)}=\dfrac{f(k,t)}{\mathrm{TFR}(t)}$，且满足 $\sum_{k=15}^{49} f(k,t)=1$。

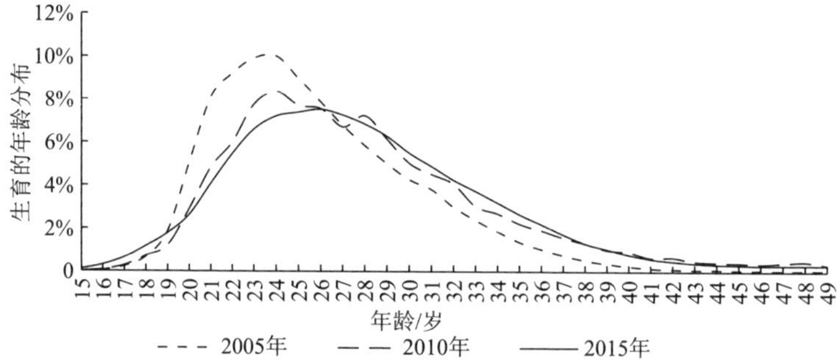

图 1-2　2005 年、2010 年和 2015 年的中国育龄妇女生育模式

资料来源：国家统计局

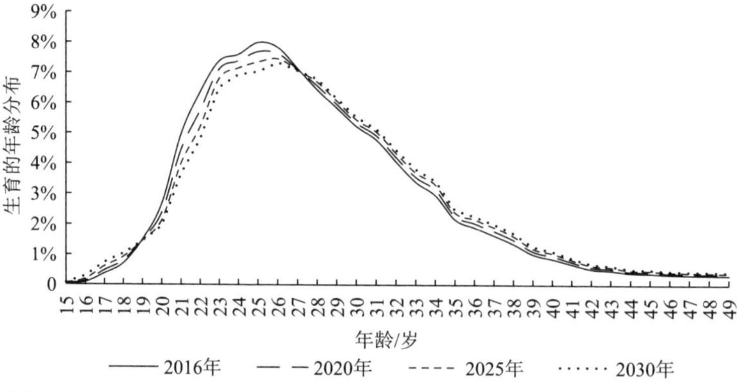

图 1-3　2016 年、2020 年、2025 年和 2030 年的中国育龄妇女生育模式

资料来源：笔者根据模拟函数外推获得

① 2015 年为“小普查”数据，2011～2014 年为 1‰人口变动调查样本数据。具体抽样比详见《中国统计年鉴》。

3. 出生人口性别比

统计数据显示，我国出生人口性别比由“六普”时约118（以女性为100）降到2015年的113.51①，2017年已为111.9②，假定到2030年将逐渐回归至正常值范围，从2017年线性降至2020年的110，并进一步线性降至2030年的106，其后保持在106不变。中间各年的数值均采用线性插值法获得。

二、模拟结果比较

（一）2010～2019年模拟结果检验

在使用构建模型与设定参数进行预测分析之前，对其预测值与实际值的比较分析是检验模型参数设定是否合理的重要步骤。

2010～2019年，总人口模型预测值与实际统计值的误差率在0.3‰之内（表1-6），若进一步从人口年龄构成来看，无论是少儿人口比重、老年人口比重（表1-7）还是少儿抚养比、老年抚养比（表1-8），预测值与实际值间的差值也都在0.3%之内。此外，人口出生率、人口死亡率预测值与实际值间差值也都保持在0.3‰之内（表1-9）。总体来看，构建模型预测结果精度在可接受范围之内。

表1-6　2010～2019年中国总人口预测与实际数据的比较

年份	预测数据/万人	实际数据/万人	误差率
2010	134 098	134 091	0.05‰
2011	134 743	134 735	0.06‰
2012	135 417	135 404	0.10‰
2013	136 093	136 072	0.15‰
2014	136 810	136 782	0.20‰
2015	137 497	137 462	0.25‰
2016	138 297	138 271	0.19‰
2017	139 022	139 008	0.10‰
2018	139 535	139 538	−0.02‰
2019	139 979	140 005	-0.19‰

资料来源：作者预测模型与国家统计局

① 《2015年国民经济运行稳中有进、稳中有好》，http://www.stats.gov.cn/tjsj/zxfb/201601/t20160119_1306083.html[2021-08-02]。

② 《2017年〈中国儿童发展纲要（2011-2020年）〉统计监测报告》，http://tj.nanning.gov.cn/tjsj/tjgbsjjd/t1419200.html[2021-08-02]。

表 1-7　2010～2019 年中国人口年龄结构预测与实际数据比较

年份	0～14 岁少儿人口比重			65 岁及以上老年人口比重		
	预测数	实际数	误差值	预测数	实际数	误差值
2010	16.72%	16.60%	0.12%	8.91%	8.87%	0.04%
2011	16.60%	16.45%	0.15%	9.13%	9.12%	0.01%
2012	16.55%	16.46%	0.09%	9.40%	9.39%	0.01%
2013	16.49%	16.41%	0.08%	9.68%	9.67%	0.01%
2014	16.57%	16.49%	0.08%	10.07%	10.06%	0.01%
2015	16.60%	16.52%	0.08%	10.47%	10.47%	0
2016	16.73%	16.64%	0.09%	10.86%	10.85%	0.01%
2017	16.86%	16.8%	0.06%	11.39%	11.39%	0
2018	16.89%	16.86%	0.03%	11.91%	11.94%	–0.03%
2019	16.79%	16.78%	0.01%	12.52%	12.60%	–0.08%

资料来源：同表 1-6

表 1-8　2010～2019 年中国人口抚养比预测与实际数据比较

年份	0～14 岁少儿抚养比			65 岁及以上老年人口抚养比		
	预测数	实际数	误差值	预测数	实际数	误差值
2010	22.48%	22.27%	0.21%	11.98%	11.90%	0.08%
2011	22.34%	22.10%	0.24%	12.30%	12.25%	0.05%
2012	22.34%	22.20%	0.14%	12.69%	12.66%	0.03%
2013	22.34%	22.20%	0.14%	13.11%	13.08%	0.03%
2014	22.59%	22.45%	0.14%	13.72%	13.69%	0.03%
2015	22.77%	22.63%	0.14%	14.36%	14.33%	0.03%
2016	23.10%	22.95%	0.15%	14.99%	14.96%	0.03%
2017	23.49%	23.39%	0.1%	15.87%	15.86%	0.01%
2018	23.72%	23.68%	0.04%	16.73%	16.77%	–0.04%
2019	23.75%	23.75%	0	17.71%	17.80%	–0.09%

资料来源：同表 1-6

表 1-9　2010～2019 年中国人口出生率与死亡率的预测与实际数据比较

年份	出生率			死亡率		
	预测数	实际数	误差值	预测数	实际数	误差值
2010	11.837‰	11.90‰	–0.063‰	7.096‰	7.11‰	–0.014‰
2011	11.870‰	11.93‰	–0.060‰	6.895‰	7.14‰	–0.245‰
2012	12.036‰	12.10‰	–0.064‰	6.882‰	7.15‰	–0.268‰

续表

年份	出生率			死亡率		
	预测数	实际数	误差值	预测数	实际数	误差值
2013	12.014‰	12.08‰	–0.066‰	6.879‰	7.16‰	–0.281‰
2014	12.292‰	12.37‰	–0.078‰	6.879‰	7.16‰	–0.281‰
2015	12.040‰	12.07‰	–0.030‰	6.889‰	7.11‰	–0.221‰
2016	12.912‰	12.95‰	–0.038‰	6.955‰	7.09‰	–0.135‰
2017	12.396‰	12.43‰	–0.034‰	7.028‰	7.11‰	–0.082‰
2018	10.916‰	10.94‰	–0.024‰	7.101‰	7.13‰	–0.029‰
2019	10.464‰	10.48‰	–0.016‰	7.168‰	7.14‰	0.028‰

资料来源：同表 1-6

（二）不同方案模拟结果比较

本部分主要从人口规模、人口年龄结构等指标分析 2010 年至 2100 年高、中、低三种方案下中国人口变动趋势情况。

1. 不同方案人口规模比较

不同方案下，总人口规模在 2030 年前均达峰值，峰值后都处于持续缩减趋势（图 1-4）。低、中、高方案下总人口分别于 2023 年、2026 年、2029 年达 14.08 亿人、14.13 亿人与 14.20 亿人峰值，自此年均增速开始为负，呈先快后慢，人口规模处于持续缩减趋势，到 21 世纪末将分别减至 5.95 亿人、8.27 亿人与 10.89 亿人，大约相当于 20 世纪 50 年代、70 年代与 80 年代水平。

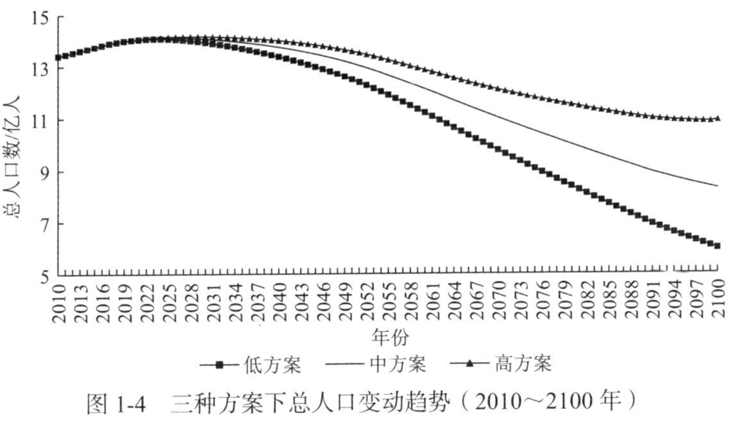

图 1-4　三种方案下总人口变动趋势（2010～2100 年）

若分年龄段来看，不同方案下，老年人口规模总体呈先快速增长，后平缓缩减的变化趋势，至 21 世纪 50 年代末其变化率都一直为正，此后到 21 世纪末保持负增长；而劳动年龄人口与少儿人口规模总体均呈缩减趋势。

考虑到出生人口步入老年人口的时间，2085 年前不同方案下 65 岁及以上老年人口数都一直相同，期间仅用 19 年的时间老年人口规模就已翻倍（2019 年为 1.76 亿人，2038 年为 3.57 亿人），到 2058 年增至 4.49 亿人峰值，是 2018 年（1.66 亿人）的 2.7 倍，之后稍有回落，2084 年时仍有 3.81 亿人；自此之后，低、中、高方案开始出现差距，到 21 世纪末，分别减至 3.08 亿人、3.31 亿人与 3.47 亿人，但均未跌破 3 亿（图 1-5）。与之类似，考虑到新出生人口步入劳动年龄人口的时间，2034 年前不同方案下 15～64 岁劳动年龄人口规模始终相同，都处于下降趋势，2033 年缩至 9.29 亿人；此后低、中、高方案开始出现差距，到 21 世纪末，分别缩至 2.53 亿人、4.07 亿人与 5.67 亿人（图 1-6）。相比而言，不同方案下少儿人口规模变动较为明显，2030 年前低、中、高方案下少儿人口年均减速呈逐渐扩增态势，分别为 2.39%、1.69%与 1.25%，届时人数分别为 1.76 亿人、1.92 亿人与 2.00 亿人；此后，年均减速开始下降后波动平缓，到 21 世纪末，年均减速分别为 2.28%、1.08%与 0.22%，少儿人口规模分别缩至 0.35 亿人、0.90 亿人与 1.74 亿人，届时将分别不到 2019 年（2.35 亿人）水平的 1/5、2/5 与 4/5（图 1-7）。

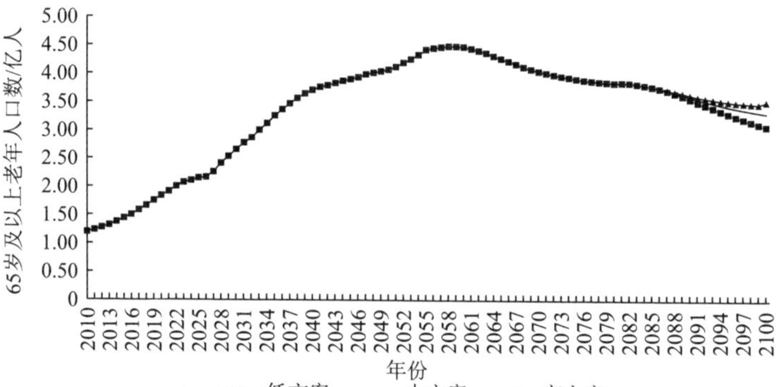

图 1-5　不同方案下 65 岁及以上老年人口变动趋势（2010～2100 年）

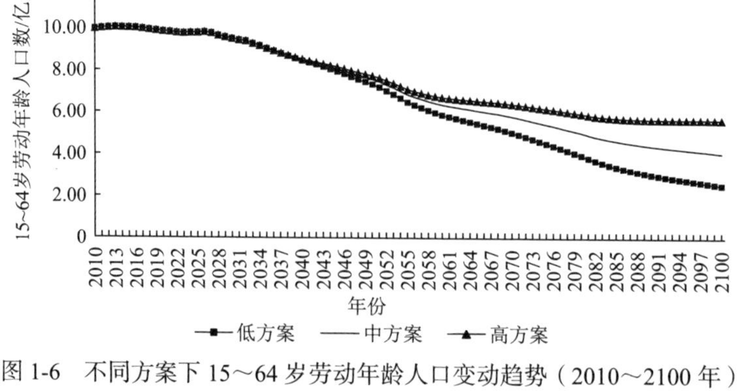

图 1-6　不同方案下 15～64 岁劳动年龄人口变动趋势（2010～2100 年）

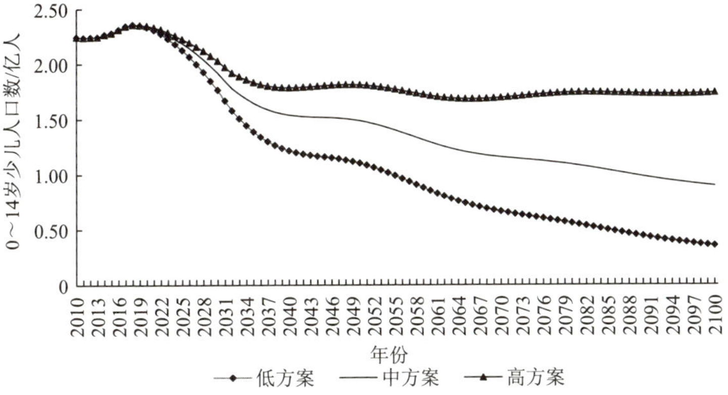

图 1-7　不同方案下 0～14 岁少儿人口变动趋势（2010～2100 年）

2. 不同方案少儿人口比重与老年人口比重比较

不同方案下，0～14 岁少儿人口占总人口的比重总体呈先降后平稳发展的特点，而 65 岁及以上老年人口占总人口的比重则呈先增后平稳发展的特征，与此同时，在未来人口老龄化程度持续深化趋势下，人口高龄化特点逐渐凸显。

高方案下，0～14 岁少儿人口占总人口的比重在 2040 年前基本呈下降趋势，2039 年将降至 12.54%，之后缓慢回升，到 21 世纪末将增至 15.76%；与之不同，中、低方案下 0～14 岁少儿人口占总人口的比重基本呈下降趋势，分别从 2019 年的 16.78%、16.78%降至 21 世纪末的 10.80%、5.91%（图 1-8）。与之对应，低、中、高方案下 65 岁及以上老年人口占总人口的比重都将一直处于增长趋势，2032 年时将步入"超老龄化社会"①，到 21 世纪末，将分别进一步增至 51.65%、40.05%、32.01%（图 1-9）。伴随人口老龄化的深化发展，人口高龄化特点越来越明显，80

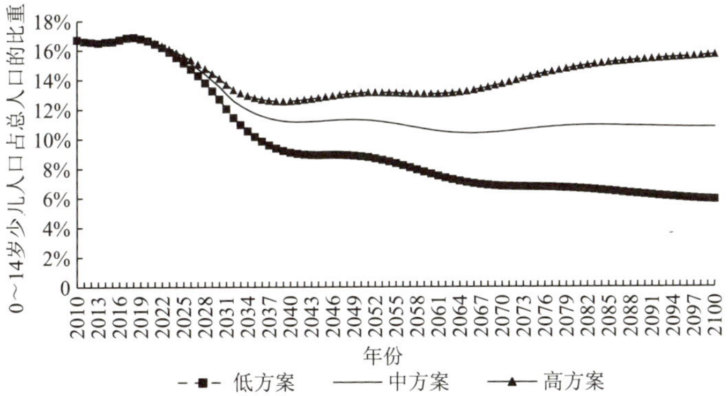

图 1-8　不同方案下 0～14 岁少儿人口占总人口比重（2010～2100 年）

① 当一个地区 65 岁及以上老人占总人数的比重超过 20%时，则视该地区进入"超老龄化社会"。

岁及以上高龄老年人口占 65 岁及以上低龄老年人口的比重处于上升趋势，到 21 世纪末低、中、高方案下，这个比重将分别达 58.12%、54.06%与 51.68%，三方案均超过半数，届时每两个老年人中就有一个以上高龄老人①（图 1-10）。

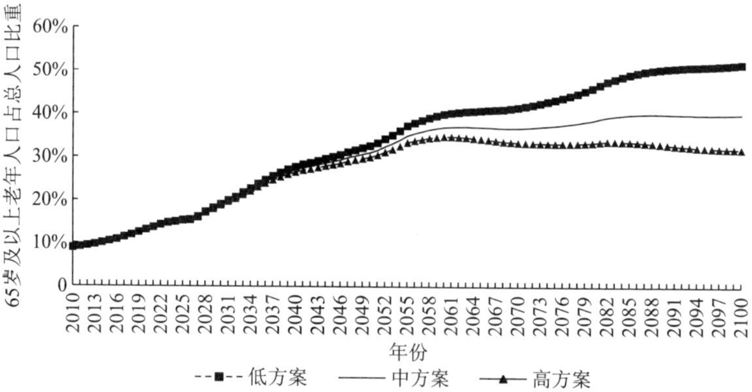

图 1-9　不同方案下 65 岁及以上老年人口占总人口比重（2010～2100 年）

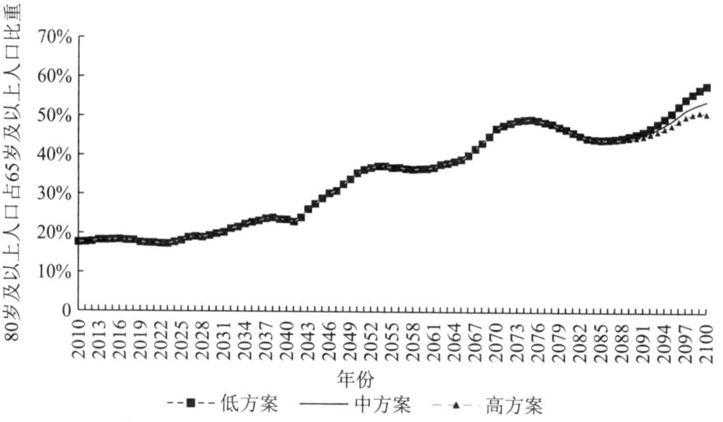

图 1-10　不同方案下 80 岁及以上人口占 65 岁及以上人口比重（2010～2100 年）

3. 不同方案少儿抚养比与老年抚养比比较

不同方案下，少儿抚养比变化趋势不尽相同，老年抚养负担则持续加重。低方案下，少儿抚养比先从 2019 年 23.75%降至 2042 年 14.36%，之后到 21 世纪末保持在 13%～15%小幅波动变化；中方案下，少儿抚养比先从 2019 年 23.75%降至 2038 年 17.95%，之后到 21 世纪末又逐步上升到 21.96%，相比目前水平略有下降；高方案下，少儿抚养比也先从 2019 年 23.75%降至 2034 年 19.89%，之后到 21 世纪末也上升至 30.04%，比目前水平增加明显（图 1-11）。与之不同，老年

① 本书将 65～79 岁老年人简称“低龄老人”，80 岁及以上老年人简称“高龄老人”。

抚养比总体则呈上涨趋势，到 21 世纪末，低、中、高方案下将分别增至 121.72%、81.48%与 61.22%，也就是说，届时每 10 个劳动年龄人口就要抚养 12 个、8 个、6 个 65 岁及以上老年人（图 1-12），可见，未来我国老年抚养负担形势较为严峻。

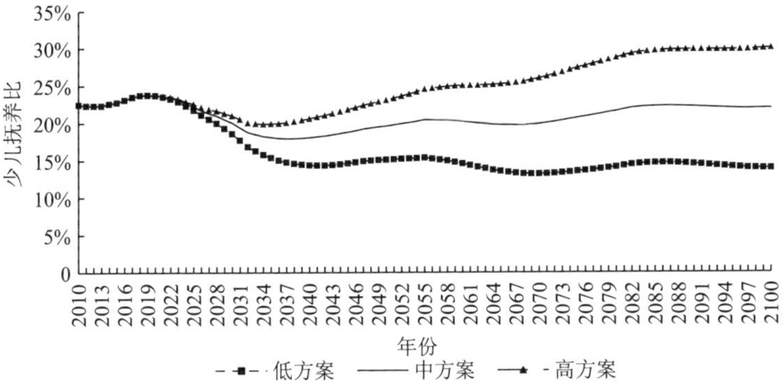

图 1-11　不同方案下少儿抚养比变动情况（2010～2100 年）

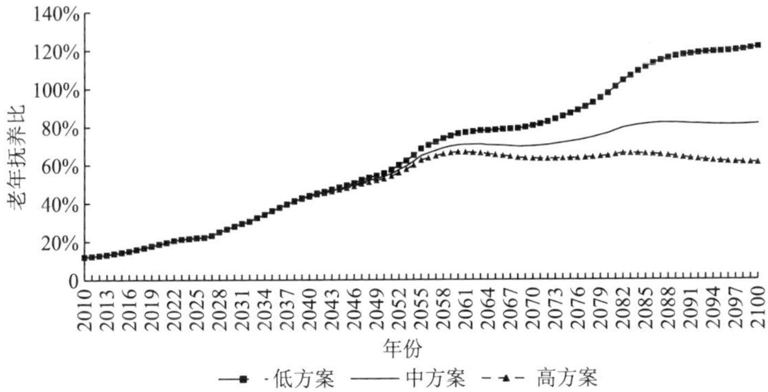

图 1-12　不同方案下老年抚养比变动情况（2010～2100 年）

（三）与联合国预测结果的比较

本节预测与联合国《世界人口前景展望》（2019 年）中关于中国人口的最新预测相比有较大差异。下面我们将主要对人口规模、人口年龄结构等指标进行比较分析。

1. 人口规模的预测结果比较

由于模型预测低、中、高三个方案的生育率假设，总体要低于联合国相应方案的生育率假设，所以模型预测三个方案预测总人口数分别低于同时期联合国相应方案的预测数（图 1-13）。随着时间推移相应方案预测数之间的差距呈扩大趋势。以下将分别对三种方案下模型预测结果与联合国预测结果进行比较分析。

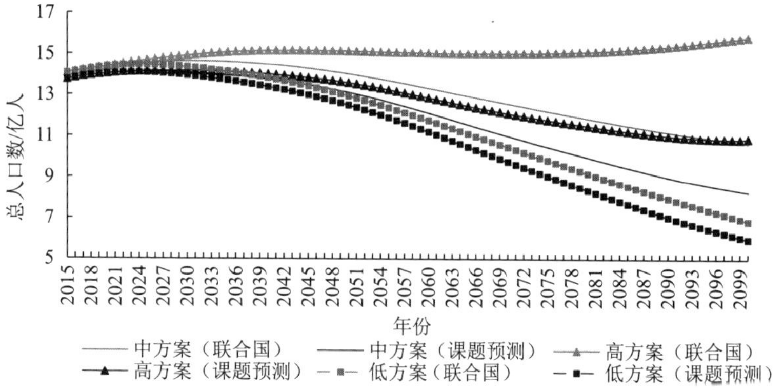

图 1-13　不同方案下与联合国人口规模预测结果的比较（2015～2100 年）

中方案：我们的预测结果表明总人口将于 2026 年达 14.13 亿人峰值，早于联合国峰值时点（2031 年）5 年，且峰值规模比联合国（14.64 亿人）少 0.51 亿人；峰值后两者均呈持续缩减趋势，且两者差距开始逐渐扩大，到 21 世纪末，我们预测总人口将缩至 8.27 亿人，比同期联合国（10.65 亿人）少 2.38 亿人。

低方案：虽然与联合国预测的人口峰值年份相同（2023 年），但我们预测的人口峰值（14.08 亿人）仍比联合国（14.46 亿人）少 0.38 亿人，到 21 世纪末，总人口规模（5.95 亿人）与同期联合国水平（6.84 亿人）差值扩增至 0.89 亿人。

高方案：我们的预测结果是总人口规模仍会呈缩减趋势，而联合国预测总人口规模则整体呈上升趋势。在高生育水平的设定下，我们预测中国人口规模将从 2018 年的 13.95 亿人微升至 2029 年 14.20 亿人，之后出现下降，到 21 世纪末将回落至 10.89 亿人；而联合国预测结果是中国人口规模将从 2018 年的 14.22 亿人上升至 21 世纪末的 15.83 亿人，且不会出现下降。到 21 世纪末，我们预测的总人口数（10.89 亿人）远低于同期联合国水平（15.83 亿人）。

2. 人口年龄结构的预测结果比较

从人口年龄构成来看，不同方案下，我们预测 0～14 岁少儿人口占总人口的比重整体均低于联合国水平，而 65 岁及以上人口占总人口的比重整体要高于联合国水平。

中方案：我们预测的 0～14 岁少儿人口占总人口的比重由 2015 年的 16.60% 下降到 21 世纪末的 10.80%，而联合国相应预测则从 2015 年的 18.05%，下降到 21 世纪末的 13.79%，同期内模型预测结果始终低于联合国预测水平；同样，我们预测与联合国预测的 65 岁及以上人口比重分别从 2015 年的 10.47%、9.33% 增至 21 世纪末的 40.05%与 31.85%，同期内模型方法预测结果始终要高于联合国预测水平（图 1-14）。

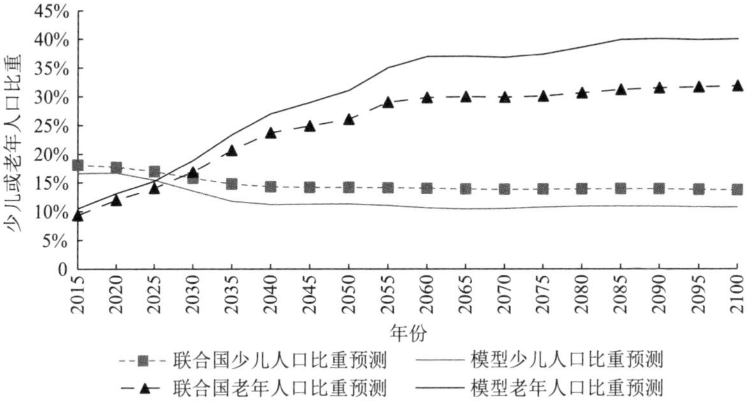

图 1-14 中方案下与联合国人口年龄结构预测结果的比较（2015～2100 年）

低方案：我们预测的 0～14 岁少儿人口比重从 2015 年的 16.60%降至 21 世纪末的 5.91%，而联合国预测 0～14 岁少儿人口比重从 2015 年的 17.69%降至 21 世纪末的 8.45%，同期内我们的预测结果始终低于联合国水平；我们与联合国预测的 65 岁及以上老年人口的比重分别从 2015 年的 10.47%、9.68%增至 21 世纪末的 51.65%与 42.84%，同期内我们的预测结果始终要高于联合国水平（图 1-15）。两者的差异与中方案呈现出类似特点。

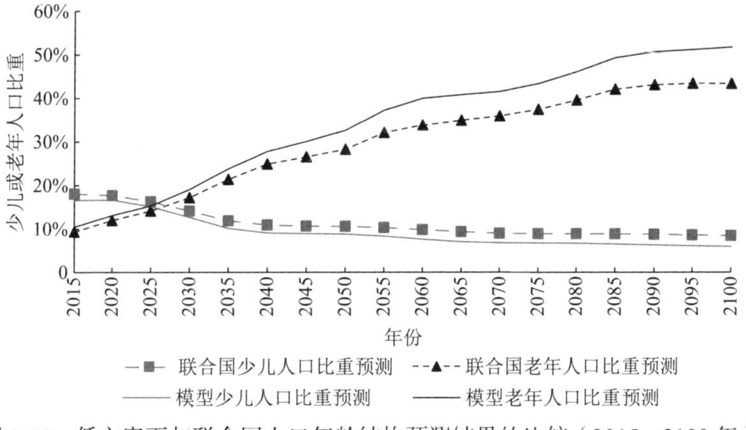

图 1-15 低方案下与联合国人口年龄结构预测结果的比较（2015～2100 年）

高方案：与中、低方案变化趋势稍有不同，高方案下我们预测 0～14 岁少儿人口比重从 2015 年的 16.60%降至 21 世纪末的 15.76%，而联合国预测的 0～14 岁少儿人口比重从 2015 年的 17.69%升至 21 世纪末的 19.00%，但同期内我们的预测结果也始终低于联合国水平；我们预测的 65 岁及以上老年人口占比从 2015 年的 10.47%上升到 21 世纪末的 32.01%，而联合国预测的结果是从 9.68%增至 21

世纪末的 24.17%（图 1-16），两者之间的差异变化与中、低方案的变化特点相同。

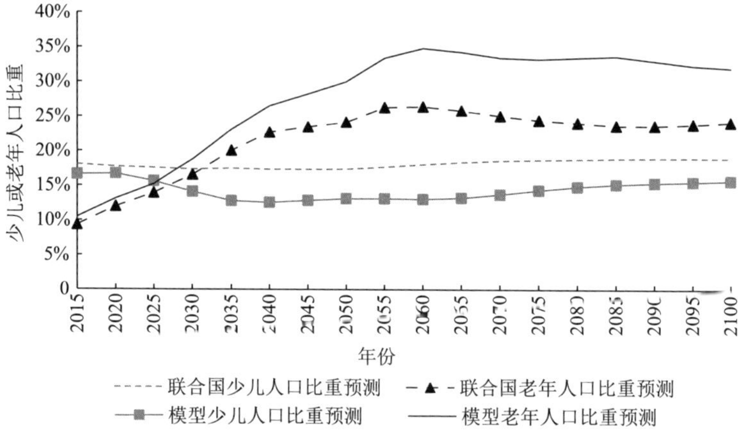

图 1-16　高方案下与联合国人口年龄结构预测结果的比较（2015～2100 年）

3. 人口抚养比的预测结果比较

从人口抚养负担来看，不同方案下，我们与联合国预测的人口抚养比均呈上升趋势，且我们的预测值大多高于联合国同期水平，到 21 世纪末，两者间差值呈逐渐扩大趋势。

低、中、高方案下，我们预测人口抚养比分别从 2015 年的 37.13%、37.13%、37.13%增至 21 世纪末的 135.66%、103.44%、91.26%，而联合国预测人口抚养比分别从 2015 年的 37.67%、37.67%、37.67%增至 21 世纪末的 107.00%、83.93%、75.67%（表 1-10）。至 21 世纪末，我们的预测结果比联合国预测值分别高出 28.66、19.51、15.59 个百分点。

表 1-10　2015～2100 年联合国与模型方法预测人口抚养比变动比较

年份	中方案		高方案		低方案	
	联合国预测	模型预测	联合国预测	模型预测	联合国预测	模型预测
2015	37.67%	37.13%	37.67%	37.13%	37.67%	37.13%
2020	42.15%	42.46%	43.38%	42.49%	40.91%	42.37%
2025	44.51%	44.31%	47.52%	44.72%	41.50%	43.67%
2030	48.03%	48.13%	53.17%	49.25%	42.88%	46.49%
2035	54.45%	54.18%	59.80%	56.22%	48.97%	51.37%
2040	60.70%	61.72%	65.25%	64.32%	55.91%	58.36%
2045	63.59%	67.18%	67.09%	69.81%	60.05%	63.99%
2050	67.45%	73.45%	70.39%	75.82%	65.00%	70.87%
2055	76.55%	85.22%	78.52%	86.99%	76.08%	83.94%

续表

年份	中方案		高方案		低方案	
	联合国预测	模型预测	联合国预测	模型预测	联合国预测	模型预测
2060	79.69%	90.60%	80.45%	91.58%	81.57%	91.06%
2065	78.36%	89.86%	77.60%	90.12%	82.80%	92.01%
2070	77.36%	89.50%	74.50%	88.78%	85.35%	93.81%
2075	78.22%	92.63%	72.80%	90.14%	91.39%	100.65%
2080	80.84%	97.72%	72.48%	92.51%	101.53%	111.73%
2085	82.95%	103.36%	74.06%	94.55%	106.65%	125.97%
2090	83.72%	103.93%	75.37%	93.06%	107.32%	131.98%
2095	83.79%	103.03%	76.09%	91.25%	105.77%	133.36%
2100	83.93%	103.44%	75.67%	91.26%	107.00%	135.66%

（四）小节

人口作为经济构成与经济关系的主要载体，在整个社会经济活动中起着至关重要的作用，人口预测的任何高估或低估偏差均会造成一个国家或地区未来各类资源规划布局的失衡等，而且联合国过去几个版本的中国人口预测被后来的历史数据均已证明在一定程度上高估了中国人口总量和低估了老龄化水平，所以我们根据我国人口近年来新的实证数据做出以上新的预测是必要的。

第二章 老龄社会的经济特征：理论与中国的实证

在第二章我们将重点讨论老龄社会的经济特征。但是这一章的讨论将主要基于迄今为止我国人口老龄化及经济特征变动的相关统计数据，而关于我国未来老龄社会经济特征的讨论将在第四章“老龄社会经济特征的CGE模型分析”进行。本章在讨论我国人口未来趋势时，有时会引用第一章关于中国人口预测的结果。

第一章重点描述的是我国21世纪人口负增长和人口持续老龄化的长期趋势，但是需要说明的是，近年来变得日益明显的这一长期趋势，是20世纪70年代以来我国人口生育率持续下降带来的长期后果。21世纪初，中国人口增长趋势发生了重大转变，即从20世纪五六十年代的高出生率、低死亡率和高增长率转变为低出生率、低死亡率和低增长率，并将在2025年前后开始出现人口总量的持续负增长。

中国的总人口，从1949年的5.42亿增加到2019年的14.00亿，增长了约1.6倍，年均增长率为1.36%。如果按增长率来划分，1949年以来中国人口的增长可分为三个阶段，即1949～1974年的高速增长阶段，这个时期除1959～1961年的三年困难时期外，大多数年份的增长率高于2%；1975～1997年的中速增长阶段，这一阶段各年的增长率为1%～2%，呈逐步降低的趋势；1998年至今的低速增长阶段，各年的增长率低于1%，并在2005年以后进一步降低到0.5%左右或更低水平。

实际上，我国经历的这一变化与世界上其他一些国家和地区，尤其是一些欧洲国家如德国、意大利，一些亚洲国家如日本、韩国、新加坡等的人口变动轨迹是相似的，虽然从变动的时间节点与进程快慢来看还有较大差异。

对上述人口变化过程的一个重要理论描述是“人口转变理论”（demographic transition theory）。该理论认为，人口增长的规律是从高出生率和高死亡率平衡的低增长率阶段（第一阶段），逐步过渡到出生率稳定在较高水平而死亡率较快下降所导致的人口快速增长的第二阶段，以及出生率逐步下降而死亡率相对稳定所导致的人口增长率逐步下降的第三阶段，并最终过渡到低出生率和低死亡率平衡的低增长率阶段（第四阶段）（Thompson，1929）。人口转变的第三阶段与第四阶段，通常会伴随着人口老龄化。

传统人口转变理论将低出生率、低死亡率和低增长率阶段作为人口转变的最后阶段，未能涵盖后来在一些国家发生的出生率低于死亡率、人口负增长或人口缩减的情况。因此，需要在原来人口转变的四个阶段的基础上，添加第五阶段来涵盖人口负增长的情况，尽管学界对于未来人类变动的前景，可能还存在不同看法。

人口转变的四个阶段分别对应于经济发展的前工业化、初步工业化、进一步工业化和后工业化四个阶段。虽然人口转变理论最初所依据的是近代200多年来欧洲人口变动的经验数据，但是人口转变理论具有一定的普遍性，揭示了许多其他国家，包括发展中国家人口变动的规律。

根据人口转变理论和中国人口变动的实际情况，我们可以粗略地认为，1949～1974年人口的快速增长对应于人口转变的第二阶段，1975～1997年人口增长率的逐步降低对应于人口转变的第三阶段，1998年以后中国逐渐进入了人口低增长的第四阶段，并将在未来几年进入人口负增长的第五阶段。

面向未来，人口低生育率、人口负增长和老龄化，将是中国与世界上许多其他国家面临的较新的挑战。本书第一章的分析表明，21世纪中国人口老龄化将成为长期趋势。如果按常用的划分标准，将65岁及以上的老年人口占总人口的比例达到7%以上称为“老龄化社会”，达到14%以上称为“老龄社会”，而达到21%以上称为“超老龄社会”，那么根据国家统计局的数据，中国在2000年已经进入老龄化社会，根据本书第一章的中方案预测，中国将分别在2022年和2033年进入老龄社会和超老龄社会。今天我们已经能听到老龄社会到来的敲门声。在2060年以后，中国老年人口占总人口的比例将达到30%～50%，超过今天日本约28%的老龄化水平。届时中国将面临目前日本面临的许多老龄化带来的问题。

中国人口与世界上其他一些国家人口正在经历的重大转变，已经并将继续促使相关的人口经济学研究的关注点从人口总量快速增长的经济社会影响问题，转向人口总量缩减和人口持续老龄化的经济社会影响问题。下面我们对相关的经济学讨论做一个简要的回顾。

第一节　人口变动与经济增长：相关经济学理论

18世纪工业革命以来的很长一段时间，全球人口呈较快增长态势，促使经济学研究开始关注人口较快增长带来的经济社会影响。世界人口在黑死病结束以后（约14世纪）才开始了持续的缓慢增长。世界人口在1500年达到5亿，1804年达到10亿，1927年达到20亿，从20世纪50年代开始加速增长，1974年达到40亿，1999年达到60亿，2019年达到75亿。华盛顿大学健康指标与评估研究所的预测[①]表明，世界人口将于21世纪60年代或晚些时候达到100亿左右的高

① 美国华盛顿大学健康指标与评估研究所发表于《柳叶刀》杂志上的研究预测，世界人口将于2064年达到峰值97亿后逐渐下降到2100年的88亿，参见https://news.ifeng.com/c/7y8jJKhCGer。

峰后开始下降。虽然不同来源预测的全球人口峰值和达到峰值的时间有所不同，但是 21 世纪全球人口变动的大趋势是相同的：全球人口增长率放缓甚至负增长。

人口低增长、负增长与人口老龄化首先发生在高收入国家和包括中国在内的中高收入国家，但是未来这一变化趋势将蔓延到收入较低的其他国家。所以在未来 40 年左右的时间里，在全球人口尤其是低收入国家人口继续增长的同时，人口慢增长、负增长和人口老龄化将成为 21 世纪中国人口与全球人口变动的共同趋势。

在不同的人口变动背景下，经济学感兴趣的一个重要问题是，人口变动如何影响经济增长？

对于这个问题的回答，经济学研究存在较大争论。18 世纪以来的经济学研究既有主张人口增长会阻碍经济增长与人口福利提高，或造成资源环境不可持续的悲观主义学派，也有认为人口增长会促进经济增长或技术进步的乐观主义学派，还有认为人口增长对经济增长的影响是中性的或不确定的中立主义学派，以及认为“人口问题”实际上取决于特定经济制度的制度主义学派。

一、关于人口增长的经济影响的争论

（一）马尔萨斯主义和新马尔萨斯主义

也许在人口增长影响经济增长或福利的所有学说中，影响最大和争论最多的是马尔萨斯在 18 世纪末首次发表的《人口原理》。他在书中断定人口增长天然快于食物供给的增长。所以，为了实现人口数量与食物供应的平衡，需要通过禁欲、晚婚及限制穷人或残疾人结婚等“预防性抑制”（“preventive checks”），或者通过疾病、饥荒与战争等“正面抑制”（“positive checks”）来减少人口。

马尔萨斯强调食物生产能力对人口增长的约束，有人将这种约束称为“马尔萨斯约束”。在历史上，我国人口和全球人口的增长速度都曾经相当缓慢，表明人口增长在一定程度上受到了粮食生产和土地等自然资源的约束，或者说“马尔萨斯约束”在一定程度上确实存在。

葛剑雄（1991）根据史料记载并参考相关研究文献，结合自己的研究推断了中国人口在不同历史时期的峰值，在两汉时期人口数量约为 6000 万，盛唐时达 8000 万～9000 万，两宋时期达 1 亿～1.2 亿，明代接近 2 亿，明末清初约为 1.2 亿。所以大致可以说，中国人口从两汉时期的约 6000 万翻番到明末清初的 1.2 亿，用了约 1600 多年的时间。人口的缓慢增长是在人口数量的大起大落中实现的，长期的和平和政治稳定往往造成人口的较快增长，而战乱和饥荒则造成人口的下降甚至大幅下降。

值得注意的是，中国人口从明末清初（17 世纪中叶）的约 1.2 亿人增加到 1850

年的 4.3 亿人，在约 200 年的时间里增长了 3 亿多人，平均年增长率约为 0.6%，被称为人口增长的奇迹。正如葛剑雄（1991）所指出的，清代中国人口的快速增长，是由于清代的粮食总产量比明代的最高纪录增加一倍以上。增产的主要途径，是扩大耕地面积、增加对丘陵山区和边远地区的开垦，以及推广新引进的外来高产作物，如甘薯、玉米、土豆等，这些作物也使干旱贫瘠土地的利用成为可能。

所以马尔萨斯忽略的一个重要问题是技术进步对食物供应或经济增长的影响。如果说，在历史上全球人口一度增长非常缓慢，多少表明了“马尔萨斯约束”的存在，但正是在马尔萨斯生活的时代，工业革命带来的技术进步使欧洲主要国家在人口增长的同时实现了人均收入的更快增长。根据麦迪森数据库统计，1820～1913 年英国、法国和德国人口的年均增长率分别为 0.82%、0.30%和 1.03%，而三国人均 GDP（gross domestic product，国内生产总值）（扣减通货膨胀后）的年均增长率分别达到了 0.93%、1.21%和 1.31%。实际上，不但三个工业化国家的情况如此，全球的情况也是如此。同期全球人口的年均增长率为 0.54%，而全球 GDP 的年均增长率为 0.83%（Peterson，2017）。所以在技术进步的情况下马尔萨斯的人口论得不到实证数据的支持。

索洛开创的新古典经济增长模型（Solow，1957）为人口增长和人均产出增长之间的负相关关系提供了理论解释。在这类模型中，在给定技术水平条件下，假定规模报酬不变，人均产出是资本/劳动比的函数。快速的人口增长会增加劳动投入和减缓储蓄及资本存量的增长，造成资本/劳动比下降，从而减缓人均产出的增长。Coale 和 Hoover（1958）用新古典主义的人口经济模型来研究印度人口增长对经济的影响。研究发现，人口快速增长造成少儿赡养人口增加、储蓄与投资下降，从而阻碍经济增长。

在担心发展中国家人口增长会对经济发展带来负面影响的同时，还有一些研究将关注点转向全球人口增长带来的资源环境不可持续问题。其中影响较大的著作有 Ehrlich（1968）的《人口爆炸》和 Meadows 等（1972）的《增长的极限》。这些被称为“新马尔萨斯主义”的相关研究，主张通过节育来确保资源环境能适应当前和未来人类及其他物种的需要。他们的观点在世界各国产生了较大影响。

对发展中国家人口增长过快的担忧还催生了全球家庭计划（family planning）或计划生育运动。联合国成立了人口活动基金来资助和帮助发展中国家实施家庭计划，减缓人口的过快增长。不过国际上对家庭计划工作一开始就存在两种思想的争论，即关注人口数量和自然资源（包括食物供给）之间的不平衡增长的新马尔萨斯主义，以及关注妇女权利尤其是避免意外怀孕的生育控制运动。1994 年在开罗举行的国际人口与发展大会，标志着全球家庭计划运动向强调满足妇女生殖健康需要的家庭计划和旨在增强妇女权利的经济社会政策转折（Robinson and Ross，2007）。

（二）人口增长对经济增长或福利的正面影响：不同的理论视角

一些经济学家从人口、市场规模、规模经济与劳动分工的视角来解释人口增长对经济增长与福利的积极作用。例如，亚当·斯密认为，人口（从而劳动者）数量的增加有利于国民财富的增加；人口达到一定规模可以促进劳动分工和劳动生产率的提高。

新古典经济增长模型将技术进步或全要素生产率（total factor productivity，TFP）的提高看成不能用劳动及资本投入的增长来解释的那部分产出增长或“剩余”，且通常假定技术进步不受劳动投入与资本投入的影响，或者说，技术进步“外生于”劳动投入与资本投入。有些经济学家则质疑这一假设，认为人口增长或人口压力可以推动技术进步，从而对经济增长和福利产生正面影响。

例如，博塞拉普在《农业增长的条件：人口压力下农业演变的经济学》一书中，认为需要是发明之母，人口增长的压力可以推动农业生产方式的变革。人口增长和人口密度的提高，促使人类用多用劳动、少用土地的农业来取代多用土地、少用劳动的游牧业，从而提高农业生产的密度与产量。该研究有力地挑战了马尔萨斯主义关于农业生产的极限决定人口规模、人口增长不能影响农业生产方式或技术进步的论点。

Simon（1991）认为，人口增长可促进规模经济和更多人脑或天才人物的产生，资源稀缺会提升这些资源的价格从而刺激供给或促进替代产品的研发与生产。1980 年西蒙与埃尔里希在关于未来 10 年 5 种矿产品的价格变动趋势的著名对赌中，埃尔里希断言人口增长将使这些资源产品的价格上升，而西蒙则推断价格下降，结果西蒙在公开打赌中成为赢家。在这 10 年中全球人口规模增长了 8 亿，但这 5 种产品的价格却显著下降（Sabin，2013）。目前看来，人口面临的紧迫问题不是资源稀缺，而是人类的生产与消费活动造成的温室气体排放和全球气候变暖等问题带来的挑战。

关于经济增长理论的一个重要创新是罗默的内生经济增长理论。该理论认为，除资本和劳动（非技术劳动）外，人力资本和知识也是推动经济增长的要素（Romer，1986；1990）。如上所述，一般经济增长理论假定技术变迁是外生的，即技术变迁不受人口增长与资本积累的影响，罗默的内生经济增长理论则认为技术变迁“内生”于人口增长与资本积累。他的内生经济增长理论将新技术的开发与知识部门工作人员的数量联系在一起，且认为新技术能提升 TFP。所以内生经济增长理论推断，人口的增长或知识部门员工占总人口的比重的上升，将促进经济增长。

实际上，不但人口增长可以影响经济增长和技术变迁，工业化、城市化等现代化进程也影响生育行为与人口增长。受工业化与城市化等现代化进程的影响，自 20 世纪 50 年代以来，世界各国人口的生育率先后都经历了长期的下降过程。

1960 年以来，全球人口的生育率下降了一半以上。Becker（1960）研究探讨了妇女的生育行为如何受到养育孩子的成本效益的影响。全球人口尽管还在增长，但是人口增长的速度正在放缓并将走向零增长和负增长，“人口爆炸”的前景并非人口增长的未来趋势。

二、人口增长对经济增长的长期与动态影响

人口增长对经济增长的影响比较复杂，其中一个重要原因是人口增长对经济增长的影响是长期的和动态的。根据前述人口转变理论，我们可以看到，一个国家人口的快速增长，主要是由死亡率先于出生率下降所造成的；工业化进程迟早将推动出生率随之下降，并最终出现低出生率、低死亡率和低增长率甚至负增长的情况。由于人口转变的不同阶段所对应的年龄结构不同，所以人口增长对经济增长的短期、中期影响与长期影响也是不同的。人口增长对经济增长的影响，在很大程度上取决于这种影响滞后期的长短。

由于人口转变不同阶段的年龄结构变化，可能产生“人口红利”现象。在一个人口快速增长的国家，由于需要将更多的产品用于满足新增少儿人口的消费，所以在中短期内储蓄与投资会下降，并对经济增长产生负面影响。但是随着生育率的下降和这些少儿人口在 15～20 年后成长为劳动年龄人口，将出现一个少儿抚养比与老年抚养比都比较低、劳动力资源特别丰富的阶段，该阶段有利于经济增长，这就是“人口红利”。Bloom 等（2010）的研究表明，亚洲国家的人口红利对这些国家的经济增长产生了显著的积极影响；蔡昉（2010）的研究表明，中国人口红利对改革开放以来的中国经济快速增长做出了重要贡献。

我国当前的老龄化进程可以溯源到 20 世纪 70 年代发端的我国妇女 TFR 的快速下降。我国妇女的 TFR 从 1970 年的 5.81 下降到 1979 年的 2.75，下降了一半以上。生育率下降后的一段时间内，少儿人口占总人口的比例相应地快速下降，而老年人口的比例保持平稳或缓慢增长，从而形成了劳动年龄人口占总人口的比例较高、劳动力资源丰富、储蓄率较高和有利于经济增长的人口红利现象。

但是人口红利只能持续 40～50 年。我国在 20 世纪 50 年代和 60 年代生育高峰期出生的人口队列，正是在 20 世纪 70 年代开始首先经历了生育率快速下降的育龄夫妇，当他们在 21 世纪初陆续进入老年后，又会出现一个人口高度老龄化、高社会抚养比和经济增长大幅放缓的“人口负债”现象（田雪原等，2006）。

今天回顾我国改革开放的历史进程，我们有充分的理由庆幸我国的改革开放进程与人口红利期恰好重叠在一起，使得我国人口红利期丰富的劳动力资源，尤其是农村的富余劳动力资源得到了有效配置，对改革开放以来我国经济的高速增长，尤其是制造业的高速增长和中国迅速成为“世界工厂”发挥了基础性的作用。倘若我国的改革开放晚起步 20 年，那时我国人口红利期的窗口即将关闭，我国就

会痛失经济发展的良机。

所以，人口增长对经济增长的影响是动态的和复杂的，在人口转变的不同阶段，其影响可能也截然不同。因此，如果我们看到相关实证研究未能发现人口增长对经济增长的稳健与显著的影响，也就不足为奇了。Becker 等（1999）认为，人口增长对经济增长的影响并非一成不变，而是取决于不同国家和不同发展阶段的具体情况。例如，在低收入的农业社会，人口增长会减缓人均收入的增长，对土地等有限资源投入了更多劳动力，劳动的边际报酬递减，而在一个高收入的城市经济体中，人口增长可能由于更广泛的分工和对人力资本的更多投资而造成边际报酬递增，从而带来更快的收入增长。

Headey 和 Hodge（2009）通过 mcta 回归（meta-regression）分析发现，发展中国家人口高增长和发达国家人口低增长或负增长都会对经济增长产生负面影响。这个研究发现的重要意义在于将不同发展阶段人口增长对经济增长的影响区别开来。在过去很长一段时间，人们关注的重点是发展中国家人口高增长对经济增长的负面影响，随着发达国家与部分发展中国家人口的老龄化与高龄化进程的不断加快，需要有更多的研究转向关注发达国家和部分发展中国家（如中国）人口低增长或负增长对经济增长的负面影响。

本书分别从供给侧与需求侧来考察人口变动对老龄社会的经济影响，并在此基础上，通过 CGE 模型来模拟和分析相关人口变动对老龄社会经济特征的影响。下面我们先根据中国的实际情况来考察分析老龄社会对劳动力、资本与技术进步等生产要素供给的影响。

第二节 老龄社会的劳动力供给

人口老龄化直接影响劳动力的数量与年龄结构。人口老龄化意味着老年人口相对于劳动年龄人口增长更快，老年人口相对于劳动年龄人口的比率（即老年赡养比）上升，或者劳动年龄人口相对于老年人口的比率（即潜在支持比）下降。所以通常老龄社会的劳动力供给下降、劳动力的稀缺性价格和社会保障成本上升，并由此在供给侧对经济增长产生重要影响。

一、劳动力数量与年龄结构

1978 年中国改革开放以后的一段时期内，由于中国处于人口红利期，以及计划经济时期限制农村劳动力向非农业部门迁移，产生了大量农村富余劳动力，中国农村成为庞大的富余劳动力的蓄水池，向快速发展的非农业部门和城市建设提供了源源不断的劳动力。由于储存在“蓄水池”的农村劳动力近似于“无限供给”，所以造成非农业部门劳动力的工资增长很慢。这种情况在很大程度上符合刘易斯的劳动力无限供给的二元经济模型（Lewis，1954）。

但是从21世纪初以来，这种情况发生了重大改变。根据国家统计局的数据，我国劳动年龄人口在经历了改革开放后的快速增长后，在21世纪初开始逐步转向慢速增长，2012年开始负增长，到2019年已连续8年负增长。中国劳动年龄人口负增长的趋势将在21世纪长期持续。根据本书第一章的中方案预测，我国15～64岁劳动年龄人口的总量，将从2010年的近10亿下降到2050年的7.58亿人和2100年的4.07亿[①]，如图2-1所示。

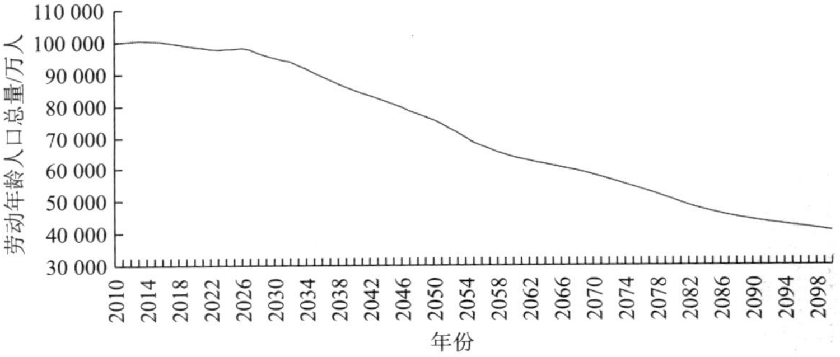

图2-1　2010～2100年中国劳动年龄人口变动

资料来源：本书第一章关于中国人口的中方案预测

值得注意的是，劳动年龄人口中只有一部分是经济活动人口（即就业者与失业者之和）。近年来，我国经济活动人口占劳动年龄人口的比例（即劳动参与率）已经下降到70%以下。

我国劳动年龄人口占总人口的比例，从20世纪90年代初的60%左右攀升到2010年的74.5%，并达到峰值，此后开始不断下降，2019年已下降到70.7%（图2-2）。这种下降趋势在21世纪将长期持续。

如果按照国家统计局的统计口径，把劳动年龄人口定义为16～59岁人口，则从2012年开始至2018年，我国劳动年龄人口已经连续7年下降，7年共减少2600余万人，平均每年减少近400万人[②]。受劳动年龄人口数量下降的影响，2018年和2019年全国就业人员总量开始下降[③]，标志着我国人口就业长期趋势出现重要转折。

① 国际上通常将劳动年龄人口定义为年龄为15～64岁，但是我国国家统计局定义为16～59岁。考虑到中国城镇职工绝大多数会在60岁或以前退休，所以国家统计局的定义更加符合中国的实际情况。但是考虑到国际比较的需要，以及未来我国延迟退休的趋势，所以本书除非特别说明，采用的均是前一种定义。

② 《李希如：人口总量平稳增长 城镇化水平稳步提高》，http://www.stats.gov.cn/tjsj/sjjd/201901/t20190123_1646380.html[2021-08-02]。

③ 根据国家统计局发布的相关年度国民经济和社会发展统计公报，2018年年末全国就业人员为77 586万人，比2017年年末（77 640万人）减少54万人；2019年年末全国就业人员为77 471万人，比2018年减少115万人。

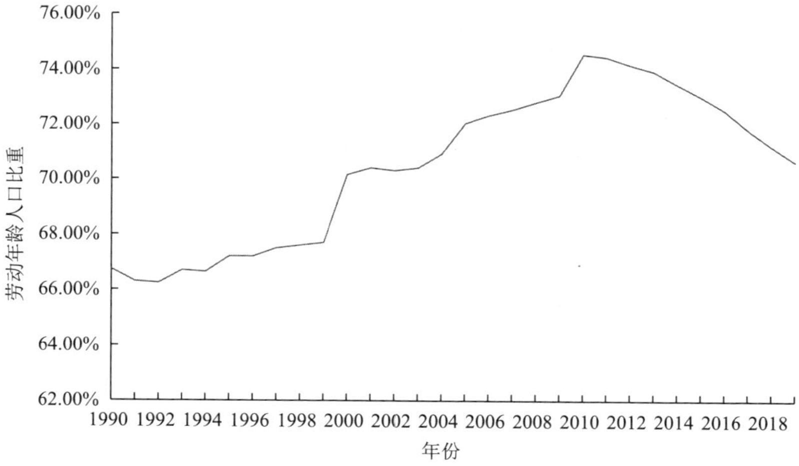

图 2-2 我国 15～64 岁劳动年龄人口占总人口的比例（1990～2019）

资料来源：国家统计局

我国人口与就业总量下降将是 21 世纪的长期趋势。本章第一节已经描述了 21 世纪我国劳动年龄人口将持续大幅度下降的前景。我国 15～64 岁劳动年龄人口将由 2019 年的 9.89 亿下降到 2033 年的 9.29 亿和 21 世纪末的 4.07 亿（中方案），在未来 81 年中下降 5.82 亿，平均每年下降近 720 万人；同期劳动年龄人口下降近 60%，平均每年下降近 1%。

劳动力作为一个重要的生产要素，其投入增长直接影响经济增长。根据柯布-道格拉斯生产函数，一个国家的 GDP 增长率可分解为劳动生产率的增长率和各要素投入增长率的加权和，这里各要素的权数是其收入份额。假定其他条件不变，在 GDP 的分配中劳动力份额为一半，则劳动力投入每增长一个百分点，将带动 GDP 增长半个百分点。

在 1990～2010 年，我国第二产业和第三产业的就业总量从 2.58 亿人增长到 4.82 亿人，增长了 2.24 亿人，平均每年增长 1100 多万人或增长 3.17%，粗略地估计，可带动 GDP 增长近 1.6 个百分点。相比之下，今后劳动力投入将每年下降一个百分点，可造成 GDP 下降半个百分点。两相比较，两个不同时期劳动投入增长率的差异可造成 GDP 增长率的差异达 2 个百分点。

改革开放以来，我国“人口红利”带来的劳动力投入的快速增长和劳动力从农村向城市的大规模迁移，对我国经济的高速增长做出了重要贡献。蔡昉和王德文（1999）的计量经济分析发现，在 1978～1998 年，劳动力投入的增长对经济增长的贡献约占 23.7%，而劳动力从边际生产率低的农业部门向边际生产率高的非农部门的转移约占 20.2%，两者合计对我国经济增长的贡献高达 43.9%。

我国劳动年龄人口的负增长和农村劳动力向非农业部门的转移趋缓，从供给侧放慢经济增长。2007 年以来我国经济增长率逐步下行，2012 年首次下降到 8%以下（7.9%），并一路下行到 2019 年的 6.1%。有研究指出我国人口变动所推动的经济转型和结构调整使我国的“潜在增长率”下降。陆旸和蔡昉（2013）估算，中国的潜在 GDP 增长率在 1978～1994 年的平均水平为 9.66%，1995～2010 年为 10.34%，2011～2015 年为 7.55%，2016～2020 年为 6.2%。可以预计，随着我国人口老龄化进程加快和人口总量不断缩减，未来我国经济增长率将进一步放慢，劳动投入与投资的增长对经济增长的贡献下降甚至为负，而经济增长将越来越多地依靠技术进步与创新驱动。

二、劳动力稀缺性与成本上升

如上所述，从 2012 年开始，中国劳动年龄人口的数量已经连年下降。中国从农业部门转向非农业部门就业的农民工增长速度也明显放慢。劳动年龄人口数量及其占总人口比例的不断下降，意味着在生产要素中劳动的稀缺性不断上升，在劳动力市场上劳动力的成本（包括工资及相关的税费）也将不断上升。实际上，从 1990 年以来，我国制造业平均工资保持快速上升（图 2-3）。

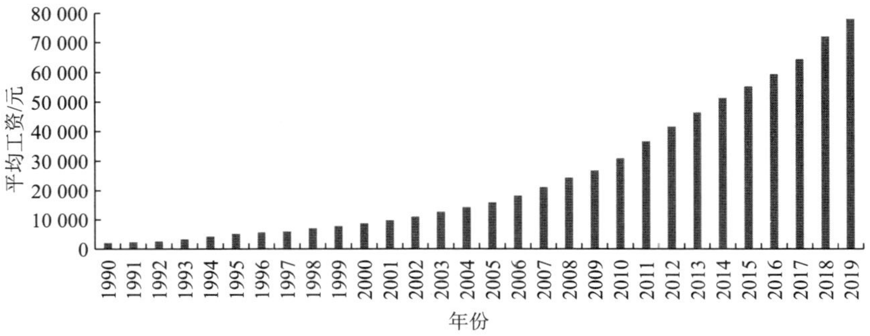

图 2-3 中国制造业平均工资（1990～2019 年）

资料来源：国家统计局

而且在此期间中国制造业平均工资的增长率始终高于亚洲的相应增长率。如图 2-4 所示，在 2012 年以前，我国制造业平均工资的年增长率保持在 12%以上，2012 年后保持在 10%左右。相比之下，亚洲地区的制造业平均工资的年增长率仅为 5%左右。中国平均工资相对于亚洲地区平均工资的较快增长，在很大程度上可归因于中国经济的快速增长，也可以部分归因于中国人口快速老龄化的影响。

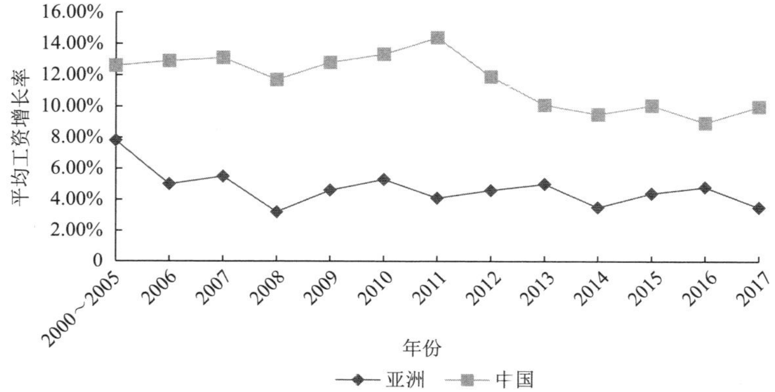

图 2-4　亚洲地区平均工资增长率与中国平均工资增长率（2000～2017 年）

资料来源：国际劳工组织

横坐标“2000～2005 年”对应的增长率数值为此时期的平均工资

劳动力相对于资本与技术的价格变动，已经并将继续推动我国经济资本与技术替代劳动的转型及相应的经济结构调整。

中国劳动力成本的快速上升，也逐步削弱中国劳动密集型制造业在世界市场上的比较优势，从而改变中国在全球产业链与价值链中的分工。中国部分劳动密集型生产能力向越南、孟加拉国、墨西哥等发展中国家转移。2000 年以来，中国外贸进出口总额占 GDP 的比例即外贸依存度，在 2006 年达到 64.2%的峰值后，快速下滑到 2019 年的 31.8%（图 2-5）。

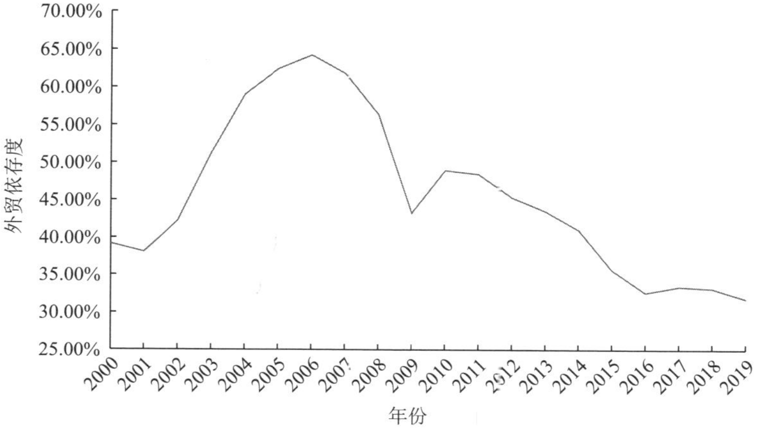

图 2-5　中国外贸依存度（2000～2019 年）

资料来源：国家统计局

人口老龄化还意味着，老年赡养人口相对于劳动年龄人口的比率及老年抚养比不断上升。根据本书中方案预测，21 世纪我国老年抚养比将不断攀升，从 2020

年的 18.7%，增长到 2060 年的 70.3%，并进一步增长到 2100 年的 81.48%。值得注意的是，老年抚养比的快速增长主要发生在 21 世纪上半叶，在 2020～2060 年的第一个 40 年，老年抚养比将增长 51.6 个百分点，而在 2060～2100 年的第二个 40 年仅增长 11.18 个百分点。相比之下，少儿抚养比将于 2025 年降低到和老年抚养比相同的水平（22.0%），此后长期稳定在 20%左右。所以，我国人口的总抚养比的变动趋势基本取决于老年抚养比的变化趋势，将由 2020 年的 42.46%，快速上升到 2060 年的 90.60%，并在此后平缓上升到 2100 年的 103.44%（图 2-6）。

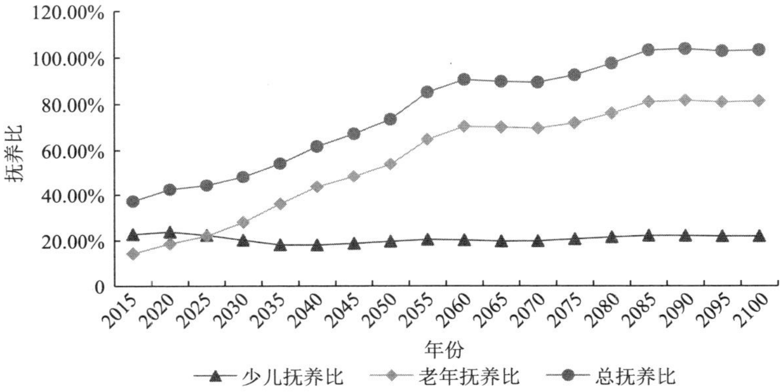

图 2-6　2015～2100 年中国人口少儿抚养比、老年抚养比和总抚养比

资料来源：本书第一章中方案预测

中国人口抚养比的快速上升，将大大加重劳动年龄人口向老年人口的转移支付负担，并对我国未来劳动力成本、社会保障体制的财务可持续性，以及我国未来经济增长带来显著影响。对于这个问题在后面我们还要做进一步讨论。

三、产业结构与就业结构变动

在经济全球化的背景下，一个国家人口老龄化程度加深和劳动力的稀缺性上升意味着该国在国际市场上比较优势的变化，而且这种变动迟早将推动产业结构与就业结构的相应调整。如果粗略地将第二产业产品看成可贸易品，而将第三产业的产品看成不可贸易品，那么一个国家在国际市场上比较优势的变化，对生产可贸易品的第二产业的影响更大。人口老龄化程度的加深与劳动力稀缺性及成本上升，将推动第二产业（以制造业为主，加上采掘业与建筑业）所占的份额下降。在制造业中，劳动密集型制造业所占的份额下降，而资金密集与技术密集制造业的比例上升。

我国三次产业占 GDP 的比例如图 2-7 所示，我国就业人员及三次产业就业份额如图 2-8 所示。值得注意的是，2012 年，我国劳动年龄人口的数量开始下降，正是在这一年，第三产业占 GDP 的比例首次超过了第二产业。在 2012～2018 年，我国第二产业占 GDP 的比例从 45.42%下降到 40.65%，而第三产业占 GDP 的比例，则从 45.46%上升到 52.16%。我们还可以注意到，我国在 2001 年加入世界贸易组织以后，第二产业占 GDP 的比例呈上升态势，扭转了前几年的下降态势，并且在 2012 年以前始终大于第三产业占 GDP 的比例。

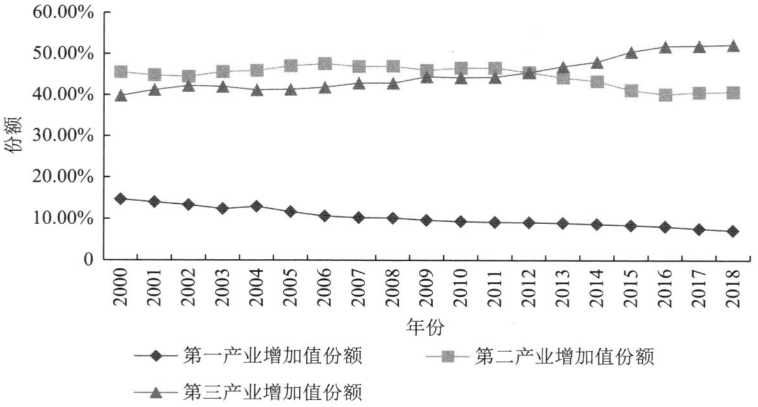

图 2-7　2000～2018 年中国三次产业增加值份额

资料来源：国家统计局

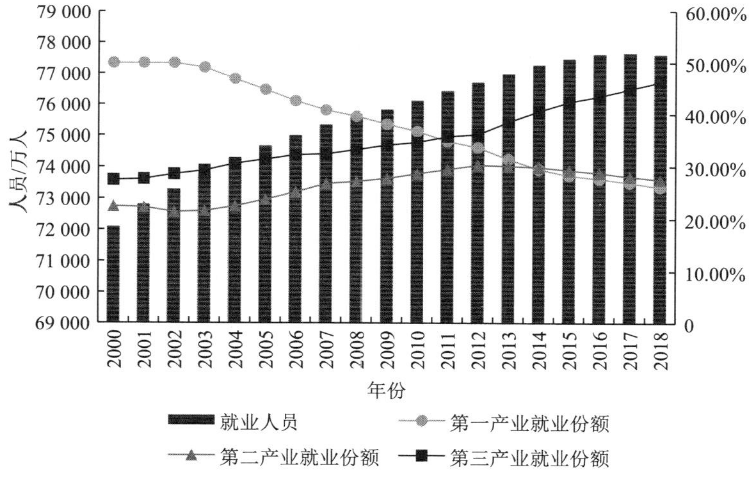

图 2-8　2000～2018 年中国就业人员与三次产业就业份额

资料来源：国家统计局网站

虽然克鲁格曼的新贸易理论认为国际贸易会在收入水平和资源禀赋接近的国家间进行，且这种情况无法用比较优势来解释，而是由于厂商通过国际贸易，在世界范围内扩大产品销售市场来实现规模经济，以及从其他国家进口差异性产品来满足本国多元化的消费需求。但是在经济全球化和全球产业链布局的背景下，比较优势理论仍然较好地解释了为什么在改革开放以后的几十年里，中国迅速发展成为世界工厂，以及为什么近年来随着中国人口老龄化和劳动稀缺性的增加，中国的部分制造业生产能力开始向其他发展中国家（如越南、印度、孟加拉国等）转移。

产业结构的变化带动了就业结构的变化。从图 2-8 可以看到，在 2000～2018 年，第一产业的就业份额呈下降趋势，且分别在 2011 年和 2014 年，被第三产业和第二产业的就业份额超越。2018 年，第一产业以 26.11%的就业份额，生产了 7.19%的增加值份额。两者如此悬殊的差异，表明我国劳动力从农业部门向非农业部门的转移，还存在着一些制度障碍。

第三节　老龄社会的储蓄与投资

一、人口年龄结构与储蓄率

人口老龄化还会通过影响储蓄率与投资率来影响经济增长。莫迪利安尼等提出的生命周期假说认为，消费者将一生的预期总收入在不同年龄阶段进行最优配置，以取得跨期效用最大化（Modigliani and Brumberg，1954；Modigliani，1966）。由于劳动年龄人口的劳动收入大于他们的消费，所以他们一般是储蓄者，而老年人口的劳动收入小于他们的消费，所以一般是提取储蓄者。从这一理论可以推断，当一个国家的老年抚养比上升时，该国的储蓄率会下降。

高储蓄率与高投资率曾经是解释中国经济高速增长的一个重要原因。中国的储蓄率从 2000 年的 36.7%一路攀升，在 2010 年达到峰值 51.55%。但是伴随着中国人口老龄化程度的加深，2011 年以来中国的储蓄率开始下降，在 2018 年降到 45.69%（图 2-9）。

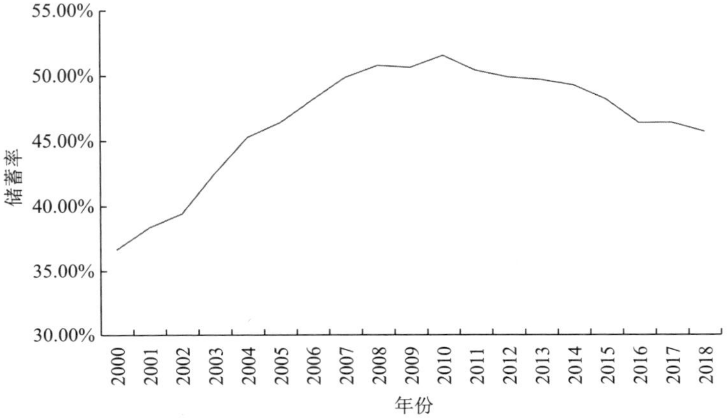

图 2-9　2000～2018 年中国储蓄率

资料来源：司尔亚司数据信息有限公司数据库

换一个角度来看，储蓄率的下降可表现为政府、企业与居民家庭负债率的上升。在 2000～2018 年中国政府、企业和家庭负债率都表现出上升趋势，且这种上升趋势在 2008 年以后表现得更加明显（图 2-10）。我国企业的负债率已经从 2008 年的略低于 100%攀升至 2015 年以后的 150%以上，我国家庭的负债率也从 2008 年不足 18%快速上升到 2018 年的 53.20%。

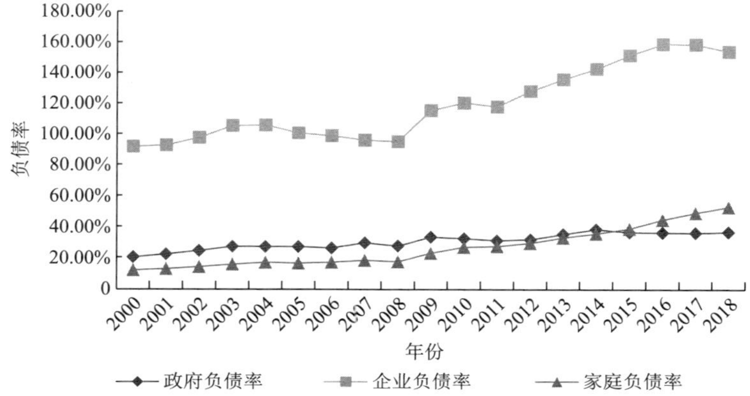

图 2-10　2000～2018 年中国政府、企业、家庭负债率

资料来源：国家资产负债表研究中心

二、投资率

一个国家的投资来源于国内储蓄与跨境投资的净流入。显然，假定其他条件不变，老龄社会储蓄率和投资率将趋于下降，外资也会由于中国的经济转型与全球产业链的调整而相应下降。如图 2-11 所示，我国的投资率在 2011 年达到 48%

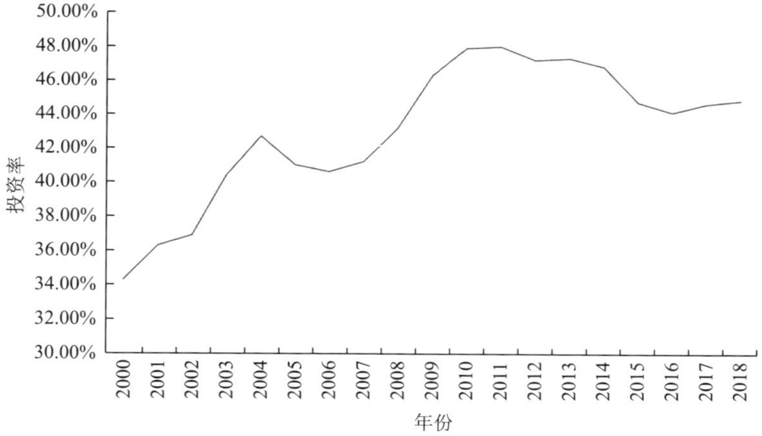

图 2-11　2000～2018 年中国投资率变动

资料来源：司尔亚司数据信息有限公司数据库

的峰值后开始下降，最近几年下降到44%左右的水平。随着我国人口老龄化的进一步发展，我们有理由预计，在长期内我国的投资率将进一步下降。从供给侧来看，投资或资本存量的增长及其对我国经济增长的贡献将趋于下降。

三、国民转移账户研究

根据储蓄的生命周期假说，Lee 和 Mason（2010）提出了国民转移账户（national transfer account，NTA）这一代际经济学领域的前沿研究方法。2004 年加利福尼亚大学伯克利分校启动了 NTA 全球项目，采用国际可比的统计方法来构建国民转移账户，目前全球已有 60 个国家，如亚太地区的中国、印度、日本、韩国等加入这一项目。

国民转移账户刻画了所有社会的共性特征，即经济生命周期。对个体而言，在少年与老年时期，其劳动收入远低于消费水平，即处于赤字阶段；而在劳动年龄时期，其劳动收入高于消费水平，即处于盈余阶段。当个体处于赤字阶段时，他们只能通过三种途径为消费融资：净转移支付、资产收入或者消耗储蓄。以上理念可转换为以下等式：

$$C(x)-Y^{l}(x)=\tau^{+}(x)-\tau^{-}(x)+Y^{a}(x)-S(x) \tag{2-1}$$

其中，x 为年龄。等式左端为生命周期赤字，即消费 C 与劳动收入 Y^{l} 之差。等式右端是为生命周期赤字融资的三种渠道：①净转移支付，τ^{+} 为转移支付，τ^{-} 为转移支出；②资产收入为 Y^{a}；③储蓄为 S。其中，净转移支付可分为私人转移支付与公共转移支付。公共转移支付，也即公共财政支出，主要包括教育财政支出、医疗财政支出与养老财政支出。

国民转移账户可以清楚地刻画人口老龄化对私人转移支付与公共转移支付的影响。对中国国民转移账户的研究表明，未来中国人口的老龄化将大大增加转移支付尤其是公共转移支付的需要，对公共财政与社会保障形成巨大的财务压力。

第四节　老龄社会的技术进步

有关老龄社会的技术进步或创新的一个重要问题是，老龄社会的人口变动能否影响技术进步或创新？如果答案是肯定的，那么进一步的问题是，这种影响是积极的还是消极的？

一、年龄与创新能力

前面我们已经讨论了马尔萨斯主义与新马尔萨斯主义的主要理论与观点。马尔萨斯人口论认为人口增长受食物供给的约束（即“马尔萨斯约束”），但是农业生产方式或技术进步不受人口增长的影响。新古典经济增长模型强调人口增长会影响劳动与资本的投入，尤其会通过影响资本/劳动比来影响经济增长，但是通常假设技术进步“外生于”人口变动，或者说不受人口变动的影响。

但是正如我们在前面讨论的那样，亚当·斯密、博塞拉普、Simon、Romer等都认为人口增长、人口密度或人口压力等，会对技术进步与创新产生重要影响。当然，一个国家人口增长对技术进步的作用，不是唯一的和决定性的，而与政治、经济、文化等多个因素相关。

已有相当数量的文献来研究发明、专利、出版物和其他创造性产品的生产者的年龄分布。一般认为，科学产出往往在20～30岁急剧上升，在40岁左右达到峰值，此后缓慢下降。各学科之间存在一些差异，但大多数研究发现，科学生产力的巅峰时期通常在30岁至40岁之间（Lehman，1953；Simonton，1988，1991）。

Jones（2010）利用一个多世纪的相关数据分析了年龄和创新成就的关系。他的样本包括544位诺贝尔物理学、化学、医学和经济学奖得主及286位伟大的技术发明家。结果表明这些人做出相关成果的平均年龄是39岁。Liang等（2018）认为，最具颠覆性的高科技企业通常是由年轻企业家创办的。Liang 等（2018）还分析了多国的人口和经济数据，发现在老龄化社会不仅年轻人少了，而且每个年轻人的活力也会大打折扣。

所以，根据已有的实证研究，我们可以谨慎地认为，从供给侧来看，人口老龄化对技术进步与创新有一定的负面影响。这个现象的背后，与青年人和老年人具有的不同特点有关。青年人具有更强的学习能力和更积极的创新思维，具有更强烈的创新冲动和承担风险的勇气；老年人的优势在于拥有更多的经验，但是更容易偏于保守。

二、老龄社会的需求推动技术进步

人口老龄化意味着劳动力的稀缺性增加，意味着用新技术来替代体力劳动和脑力劳动（如机器人、人工智能、无人驾驶等），以及对生命科学和医疗保健领域的创新产品与服务的社会需求增加和投资回报增加。所以从需求侧来看，人口老龄化会在一定程度上促进老龄社会的技术进步与创新，正如化石能源与资源的稀缺性增加会促进替代能源与资源的研发与供给一样。

所以，供给侧和需求侧从两个不同方向作用，使得人口老龄化对技术进步与创新的影响变得尤为复杂。显然，对于这个问题，今后还需要更多的理论探讨与实证研究。由于老龄社会的劳动与资本投入的增长趋缓甚至转向下降，所以技术进步与创新将成为老龄社会推动经济增长的主要动力，并对老龄社会的经济社会发展具有重要的政策含义。

根据麦迪森数据库整理的人口增长、人均GDP增长与GDP增长数据显示，在1990～2015年的25年中，全球平均的GDP的增长率是2.74%，该数据可分解为人口年均增长率为1.32%与人均GDP的年均增长率为1.42%（Peterson，2017）。由于人均GDP的增长是由人均资本存量的增长和技术进步两方面的变动来推动的，所以，可以用技术进步解释的经济增长当远在1.42%以下。

上述研究还发现，同期高收入国家的GDP年均增长率仅为2.05%，人口增长率与人均GDP年均增长率分别为0.68%和1.37%。或者粗略地说，在1990～2015年，全球高收入国家的GDP年均增长率约为2%，其中可由技术进步解释的经济增长率当在1.3%以下。相比之下，同期中低收入国家的GDP年均增长率为4.50%，人口年均增长率与人均GDP年均增长率分别为1.46%和3.04%，三个指标均为高收入国家相应指标的2倍以上。

从以上讨论我们可以看到，高收入国家人口老龄化程度较高，所以人口增长率较低，人均GDP的增长也较慢，两者共同作用的后果是高收入国家GDP增长较慢。虽然原创性技术进步与创新主要来源于高收入国家，但是由于这些国家的技术水平较高，所以技术进步的空间也比较小。而中低收入国家可以利用高收入国家的技术转移，取得"后发优势"，较快地提升技术水平和推动经济增长。在我国从中高收入国家转向高收入国家的进程中，我们可以合理地预测，我国主要依靠技术进步推动的经济增长率将显著放慢。

三、美国国家科学院关于老龄化与宏观经济的专题研究

2012年美国国家科学院的国家研究理事会的研究报告《老龄化与宏观经济：老龄化人口的长期影响》的第6章，以"老龄化、生产率与创新"为题，专门讨论了人口老龄化对创新的影响。该章指出，专家组估计美国劳动力年龄结构的老化对未来20年劳动生产率的影响很小。当然这个报告分析的是美国的相关人口与创新数据。与美国相比，中国人口老龄化的速度要快得多，所以对技术进步与创新的影响可能会更大。

在该报告第6章的结论部分，专家组还提出了以下三条政策建议。第一，强调继续保持开放的移民政策，在过去一个世纪，移民是美国科学与创新成就的重要来源，技术移民也许是影响美国创新的最重要的途径之一。第二，要对年轻科学家与工程师提供有效的支持。这里包括确保年轻研究人员能获得联邦政府的研究资助，确保青年学生能以尽量短的学习时间获得科学与工程学位并及早开始独立的科研生涯。在强调延迟退休年龄来应对人口老龄化时，要避免在高校与科研机构形成对青年科研人员的挤压。第三，对于促进创新来说，联邦政府的相关支出与税收制度极为重要。那些支持教育项目、科学项目，以及对大学生和研究生的奖学金对于建设创新型社会的作用优于当前联邦政府的许多其他项目。这些建

议对中国促进老龄社会的技术进步与创新有重要借鉴价值。

四、人口老龄化从供给侧推动中国经济转型

以上我们讨论了人口老龄化或老龄社会，如何在劳动力供给、储蓄和投资、技术进步等供给侧方面来影响经济变化与特征的问题。总体来看，人口老龄化会造成劳动年龄人口与劳动力资源的稀缺性增加，社会抚养比上升，储蓄率与投资率下降，以及对技术进步带来一些负面影响。为了应对人口老龄化带来的挑战，我们应通过加大对人力资本的投资，用人口素质来替代人口数量，提升中国的创新能力和推动技术进步，以及通过深化改革，提高对劳动、资本和土地等的资源配置效率，获取第二次人口红利。

2003 年以来，中国开始从刘易斯二元经济模型劳动力无限供给的第一阶段，向劳动力有限供给的第二阶段转型。生育率下降和人口老龄化是这种转型背后的主要推动力。这种转型还推动中国的产业结构和增长驱动力发生了显著变化，中国经济正在从过去依靠增加传统要素投入，转向更多地依靠创新和技术进步。这也是我们在未来很长一段时间内努力的方向。

第三章　人口老龄化对消费结构和产业结构的影响

人口老龄化问题之所以会受到各方关注，主要原因是其会影响经济运行，其中讨论比较多的是人口老龄化可能会导致劳动年龄人口规模的减少，进而影响产出。近年来，越来越多的研究表明，由于不同年龄人口有不同的消费偏好，当人口年龄结构发生变化时，会通过影响消费结构对产业结构产生影响。本章将从已有研究文献入手，通过对我国年龄别消费特征进行实证分析，来探究人口年龄结构变化引起的消费结构的变化；进而用计量方法将大型抽样调查中的家庭医疗、教育和长期照护消费转换成分年龄的消费模式，与宏观数据相结合，得到分年龄的医疗、教育和长期照护的消费模式，以此作为第四章中 CGE 模型的基础数据，进而通过老龄社会 CGE 模型来模拟分析老龄社会的经济特征。

第一节　年龄结构变动与消费结构、产业结构的关系

通过总结与梳理国内外学者的相关研究，我们发现老龄社会的消费结构与产业结构主要聚焦在消费结构与产业结构的关系、人口老龄化对消费结构和产业结构的影响两个方面。

一、消费结构与产业结构的关系

在国外对消费结构和产业结构关系的研究中凯恩斯、库兹涅茨分析了消费结构与生产结构、产业结构之间的关系；也有学者通过模型构建分析消费结构对包括产业结构在内的经济结构的影响（里昂惕夫，1982；Doi，2003；钱纳里等，1989），研究发现产业结构与消费结构在资源配置过程中存在相互依赖的关系。国内学者也进行了消费结构和产业结构关联的理论研究（王时杰和王东京，1987；林白鹏和张圣平，1993；尹世杰，1993；马伯钧，2003；向晓梅，2007；余红兵和孔爱玲，2010；郭月梅等，2015；周荣蓉，2015）。此外，还有学者基于里昂惕夫的投入产出模型，利用投入产出表评估消费升级部门对产业结构变化的影响、分析需求结构变动对产业结构变动的影响等（魏作磊和胡霞，2005；沈利生，2011），还有学者通过数据包络分析等数理模型对两者之间的关系进行实证研究（王俊，

2007；查道中和吉文惠，2011；丁忠民和姜上湖，2016；杜会永和冉庆国，2018；余红心等，2019），有对某省或某市的消费结构与产业结构、经济增长的实证检验，也有针对某一类别消费如能源、食品的消费结构与产业结构的实证检验。近些年来，相关研究文献有增无减，说明学术界一直以来都重视对消费结构与产业结构、经济增长之间的关系研究与论证，且越来越多的学者认为消费结构对产业结构起着更重要的引导作用，甚至在一定程度上对产业结构起着决定性作用。

二、人口老龄化对消费结构和产业结构的影响及研究述评

（一）人口老龄化对消费结构的影响

生命周期假说（Modigliani and Brumberg，1954）、家庭储蓄需求模型（Samuelson，1958；Neher，1971）被认为是影响较大的有关人口老龄化与消费关系的理论。有学者通过分析各国案例发现人口年龄结构与消费之间存在正相关关系（Leff，1969；Elbadawi and Mwega，2000；Demery and Duck，2006；Vink et al.，2015），而国外学者通过连续时间世代交叠（overlapping generations，OLG）模型对中国案例的探讨也表明老龄化加剧对消费存在影响效力（Modigliani and Cao，2004；Horioka，2006；Hock and Weil，2012）；但也有学者采用家庭经济调查数据得出人口老龄化与消费需求之间呈现负相关或不相关（Chamberlain and Wilson，2000；Kohara and Horioka，2006）。国内研究方面，邬沧萍（1987）介绍了人口老龄化内涵、产生原因及它对经济社会发展的影响。一些学者通过研究发现，老龄化对我国的消费需求产生显著影响（袁志刚和宋铮，2000；宋保庆和林筱文，2010；王宇鹏，2011；祁鼎等，2012；王学义和张冲，2013；毛中根等，2013；杨赞等，2013），而另外一些学者得出老年抚养比对消费有负面影响但不显著（李文星和徐长生，2008；李魁和钟水映，2010），包玉香（2012）指出老龄化程度越高，负效应越大。徐国祥和刘利（2016）的研究指出老龄化对消费结构的影响在于它抑制了食品和教育文化娱乐类的人均消费支出，但促进了人均医疗消费支出。近三年来，学术界将研究的关注点转移到老龄化对未来居民消费的影响上，如假设城乡居民年龄别消费结构保持不变，2010～2050 年人口老龄化对中国居民消费在总量层面上影响不大（朱勤和魏涛远，2016）；也有运用世代交叠跨期最优消费理论研究老龄化对居民消费行为的影响的，多数通过面板数据、家庭调查数据等构建线性回归模型、面板数据模型等开展研究。老龄化对消费结构的影响研究则更多通过灰色关联分析方法。此外，还有研究结合“消费升级”“老龄化”热点词汇，研究老龄化对消费结构升级的影响（汪伟和刘玉飞，2017；赵周华，2018）。

（二）人口老龄化与产业结构的关系

西方学者对产业结构变迁及人口结构的研究较多，但是从人口结构出发对产业结构调整作用的研究较少（Treas and Logue，1986；Lee，1998）。国内学者认为人口老龄化会对我国未来的产业结构产生影响，同时分析了老龄社会中影响产业结构的重要因素（杨中新，2005；杨光辉，2006；刘柏霞和张红宇，2009；张斌和李军，2013；何凌霄等，2016），但是二元经济特征下形成的单纯依靠资本和劳动投入推动经济增长的方式并不利于产业结构升级（蔡昉，2009）。

近三年来，学术界的关注点在于老龄化对产业结构升级究竟产生什么样的影响或者说对产业结构的升级效应是什么？相关研究多数通过省际面板数据进行实证分析，有的将侧重点放在门槛效应，有的通过空间动态杜宾模型研究老龄化对产业结构整体升级和内部升级的影响，有的将人口结构细分为人口教育结构、人口年龄结构、人口城乡结构等，分别研究老龄化背景下人口结构的各种特征对产业结构优化升级的影响。实证结果多数达成一致，显示老龄化对我国产业结构升级有显著的正向影响，老龄化对产业结构升级影响存在显著的区域异质性。因此，老龄化与产业结构升级不是对立的关系，理应发挥老龄化对产业结构升级的促进与推动作用，促使产业结构高级化。

（三）研究述评

通过文献梳理可看出，相关研究已形成了较为丰富的理论与实证成果。国外研究采用不同的样本与技术方法，研究人口年龄结构与宏观经济变量之间的关系及老龄化转变过程中的宏观经济效应；国内学者对理论探索较少，更多是实证的定量研究，且多数认为老龄化对消费结构、产业结构有着重要的影响。但相关研究在以下方面有待进一步深化。关于人口年龄结构与消费的关系，研究对象多以国家或某一省区市、城市为例，缺乏对城市群内部的深入分析；已有研究尚未将人口年龄结构纳入消费函数研究中，在考虑生命周期假说的实证分析中也是如此；关于人口老龄化与产业结构之间的关系多从宏观层面展开，缺乏对具体产业的深入研究，同时，面对变化的社会环境，两者之间的关系应是动态的，消费结构如何影响产业结构及内在影响机制有待明确，有必要从学理与实践层面，强化前瞻性研究，注重定性与定量、宏观与微观研究的结合。需进一步深入的有：除了对面板数据的采用，还需从微观层面运用调查数据对异质性消费者行为进行分析，开展基于不同类型消费主体的消费模式与特点研究；运用数理定量模型研究人口老龄化进程对居民消费结构、产业结构怎样产生影响；消费结构与产业结构相互影响机理与实现机制；人口老龄化进程中消费结构与产业结构相互影响的实证研究等。

第二节　年龄别消费模式研究

一、年龄别消费模式的国内外实证研究

根据已有的文献，Modigliani（1966）的生命周期理论最早提出了各年龄段人口的消费与劳动收入相比，会在赤字与盈余之间变化，因此，当一个社会的人口年龄结构发生变化时，整个社会的储蓄率或消费率也会随之发生变化。随后各个国家的学者依据样本地区的人口年龄结构、社会经济发展水平及消费水平等要素进行不同的定量分析，相关的实证研究主要分为四类展开。

第一类研究主要是利用宏观数据对人口老龄化对消费的影响进行研究，这类文献通常选用历年的时间序列数据及截面数据，利用多元线性回归找出人口年龄结构与消费支出之间的关系，由于样本选取的不同，有学者认为人口老龄化与消费率之间不存在依存关系，也有学者的实证结果显示人口年龄结构与消费率之间存在相关性，可能为正，也可能为负。李文星等（2008）利用中国 1989～2004 年 29 个省区市的面板数据进行实证分析，通过 GMM（generalized method of moments，广义矩估计）动态面板估计方法发现少儿抚养比对居民消费具有负面影响，老年抚养比对居民消费影响并不显著。罗光强和谢卫卫（2013）以生命周期理论为基础，利用 2001～2011 年中国 31 个省区市的面板数据构建了一个包含人口抚养比的居民消费模型，实证结果与李文星等（2008）相反，少儿抚养比对居民消费率有显著正向影响，老年抚养比对居民消费率有显著的负面影响。综观学者的定量研究，大多采用居民消费率为被解释变量，选取少儿抚养比、老年抚养比、65 岁及以上人口占比为解释变量，此外还会根据定性分析的结果，将经济增长率、收入水平等因素纳入模型中，计量模型一般表示为

$$\mathrm{GGDP}_{i,t} = \alpha + \beta_1 \mathrm{YD}_{i,t} + \beta_2 \mathrm{OD}_{i,t} + u_i + v_{it} \tag{3-1}$$

其中，$\mathrm{GGDP}_{i,t}$ 为 t 年 i 地区居民消费率；$\mathrm{YD}_{i,t}$ 为 t 年 i 地区少年抚养比，$\mathrm{OD}_{i,t}$ 为 t 年 i 地区老年抚养比。

第二类研究仍然是采用宏观数据，选取了标准消费人系数折算法将总人口折算成实际标准消费人口的规模，进而用于分析人口年龄结构变动对消费的影响。大多数文献在生命周期理论的基础上，假设不同年龄人口的消费水平存在差异，且一般来说少年儿童和老年人口的消费水平会低于劳动年龄人口的消费水平。部分学者将劳动年龄段的人口消费权重设为标准值 1，将少年儿童和老年人的消费量折算为标准消费人的消费量，通过折算后的标准消费人规模可以计算出标准消费人的人均消费支出。一般的标准消费人的人口规模计算公式可以表示为

$$\mathrm{SCP} = \alpha Y + L + \beta O \tag{3-2}$$

其中，SCP 为标准消费人口规模；Y 为少年儿童规模；L 为劳动年龄人口规模；O 为老年人口规模。假设 15～64 岁的劳动年龄人口为标准消费人，少年儿童的人均消费水平相当于标准消费人的 α 倍，老年人口的人均消费水平相当于标准消费人的 β 倍。李建民（2001）、陆杰华（2000）皆是采用标准人消费系数折算法推测老龄人口消费支出总量及银发产业的市场规模。

第三类研究多采用人口研究领域广为应用的年龄别模式，通过对微观家计调查（即居民家庭收支调查）数据的深入研究，挖掘年龄别的消费模式，预测人口规模和人口结构变动对消费的影响。消费行为与其他的人口学研究对象不同，其往往是由家庭户成员共同进行的，很难以个人为单位进行调查，无论是国内中国家庭收入调查（Chinese Household Income Project Survey，CHIP）、中国家庭追踪调查（China Family Panel Studies，CFPS）、中国健康与营养调查（China Health and Nutrition Survey，CHNS）等数据库，还是国外重要的家计调查数据库，消费问题都是以家庭户为单位进行的。利用微观数据研究人口转型对消费的影响需要分析了解年龄别的消费模式，有学者以户主的人口学特征替代整个家庭进行估计，这种个体直接替代家庭的方法会导致年龄别的消费模式产生较大误差，因此受到了不少学者的质疑。也有学者采用计量模型的办法将家庭需求分解为个体。Mankiw 和 Weil（1989）最早采用了这种方法研究美国人口转型对住房消费的影响，他们通过计量模型将家庭住房需求分解为家庭成员个体的年龄别需求。随着国内微观数据库的开发与积累，国内不少学者在 Mankiw-Weil 模型的基础上进行了拓展，估计出了分年龄别的消费模式及预测了未来消费需求的变动（米红和任正委，2014；朱勤和魏涛远，2015；朱勤和魏涛远，2016）。

第四类是考虑国民转移账户的研究方法，全球已有 60 多个国家参与到该研究中。国民转移账户研究是由 Lee 和 Mason 发起的将人口年龄结构引入国民账户的统计方法，为研究不同年龄人口的生产、消费、公共部门和私人部门的转移支付，以及代际的转移支付提供了崭新的视角。国民转移账户弥补了国民账户体系（system of national accounts，SNA）研究方法“见物不见人”的弊端，是研究人口转型对经济增长、公共财政及宏观经济影响的全新方法。

综上所述，宏观数据很容易通过数据回归分析出人口结构与消费支出之间的关系，但容易掩盖消费者的行为差异，而微观数据更关注人口的异质性，但没有考虑转移支付。为了进一步分析人口转型对人力资本投资型消费的影响，探索人力资本投资型消费的生命周期特征，本书的研究将国民转移账户方法中考虑的公共部门、私人部门和代际的转移支付考虑进来，利用 2014 年 CFPS 的数据及政府财政统计，分析人力资本投资型消费的生命周期特征及人口转型对人力资本相关产业的影响。

二、以我国为例的年龄别消费模式量化研究

（一）数据来源与统计性描述

本书利用北京大学中国社会科学调查中心（Institute of Social Science Survey，ISSS）2014 年开展的 CFPS 微观数据进行分析。数据包括中国 25 个省区市（不含港澳台、新疆、西藏、青海、内蒙古、宁夏、海南）中的家庭户和家庭户中的所有家庭成员，总样本包括 13 946 个家庭，57 739 个个体。本书的研究主要涉及 CFPS 数据库中家庭的总消费和消费结构等经济信息及家庭成员的性别、年龄等人口学特征，通过对总样本的提取，剔除全年收入及全年消费为空值的家庭，最终得到有效样本 10 761 户家庭，31 099 位家庭成员，户均 2.89 人。与 2014 年全国人口变动情况抽样调查数据对比（抽样比为 0.822‰），家庭规模数略低，人口年龄结构分布也呈现出相似的变化趋势，2014 年全国人口变动情况抽样调查数据显示全国平均家庭户规模是 2.97 人/户，抽样调查 2014 年中国人口年龄结构分布呈现出“双驼峰”的特征，其中 25～29 岁组与 40～44 岁组人口占比较多，经处理后所选取的 2014 年 CFPS 有效样本中 25～29 岁组与 45～54 岁组人口也是占比较多的组，说明了本书研究所采用的样本能够有效反映全国基本情况（图 3-1）。

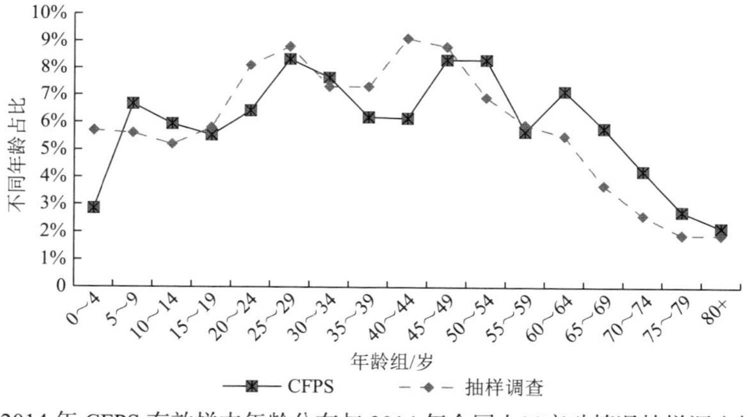

图 3-1　2014 年 CFPS 有效样本年龄分布与 2014 年全国人口变动情况抽样调查结果比较

CFPS 数据库对家庭成员的消费信息进行了详细的调查，本书按照国家统计局编制的《居民消费支出分类（2013）》，将调查问卷中的消费信息分为八大类，分别是食品烟酒，衣着，居住，生活用品及服务，交通和通信，教育、文化和娱乐，医疗保健，其他用品和服务八个方面。根据样本的描述性统计分析（表 3-1），除了食品烟酒外，其余七大类消费样本的标准差均大于平均值，说明不同

家庭的消费水平存在明显的变异性，其中，居住、交通和通信及医疗保健的变异性较大。从平均值来看，八大类的消费支出水平从高到低排序依次为食品烟酒，交通和通信，居住，医疗保健，教育、文化和娱乐，其他用品和服务，衣着，生活用品及服务。

表 3-1　样本家庭消费情况的描述性统计

消费种类	样本数/个	平均值	标准差	最小值	最大值	居民平均值*
总消费	10 761	17 429.32	20 064.19	333.33	411 320	14 491
家庭总收入	10 761	17 983.38	48 371.42	0.25	3 620 000	11 421
食品烟酒	10 761	5 698.16	5 631.28	24	90 000	4 494
衣着	10 761	666.44	811.18	0	10 000	1 099
居住	10 456	1 725.22	4 915.08	0	302 000	3 201
生活用品及服务	10 761	601.07	1 116.53	0	24 800	890
交通和通信	10 712	2 086.39	5 759.36	0	307 400	1 869
教育、文化和娱乐	10 761	1 225.68	3 111.84	0	100 030	1 536
医疗保健	10 761	1 616.91	4 290.23	0	125 000	1 045
其他用品和服务	10 750	842.19	2 559.19	0	65 000	358

*居民平均值数值来源于《2015 年中国统计年鉴》，数据为城乡一体化住户收支与生活状况调查

（二）研究方法

影响消费的因素有很多，凯恩斯经典的消费理论认为，收入是影响消费的重要因素，也有学者发现代表性消费者的受教育程度也对消费有着重要的影响（周弘，2011），义务教育阶段的延长、遗产税等政策的推行等都将影响居民消费水平（王霞，2012）。为了分析年龄别消费水平，研究人口转型对部门消费的影响，本书采用 Mankiw-Weil 模型，把家庭消费分解为不同年龄家庭成员的消费，并将结果纳入 CGE 模型中。

考虑到模型描述的分类消费项支出是一个向量方程，这种多方程系统主要分为两类，一类是“联立方程组”，即不同方程之间的变量存在内在的联系，一个方程的解释变量是另一个方程的被解释变量。另一类是“似不相关回归”，即各方程的变量之间没有内在联系，但这个方程的扰动项之间存在相关性，本书的研究主要是研究各支出的消费结构与年龄结构之间的关系，但在上文的分析中发现，教育支出和卫生支出之间不存在挤出效应，相反还存在促进作用，考虑到各项消费的离散度较高，为了建立更具解释力的模型，本书最终对家庭户的各类型的消费水平都取自然对数形式，这样有助于减少样本中异常值对回归估计的影响，即对

各项消费支出取对数后再进行回归。设定以下联立方程模型：

$$\begin{cases} \ln E = a + b\ln \text{income} + b(\ln \text{income})^2 + \sum_{j=0}^{80}\beta_j D_j \\ \ln Y_{\text{edu}} = \alpha_{\text{edu}} + \sum_{j=0}^{80}\beta_{\text{edu},j} D_j + \beta_2 \ln E + \varepsilon_{\text{edu}} \\ \ln Y_{\text{hea}} = \alpha_{\text{hea}} + \sum_{j=0}^{80}\beta_{\text{hea},j} D_j + \beta_2 \ln E + \varepsilon_{\text{hea}} \\ D_j = \sum_{i=0}^{N}\text{Dummy}_{i,j} \end{cases} \tag{3-3}$$

其中，$i = 1,2,\cdots,N$；$j = 0,5,10,\cdots,80$。$\text{Dummy}_{i,j}$ 为家庭中第 i 个成员年龄是否为 j 的哑变量。N 为家庭成员人数，举例来看，$\text{Dummy}_{i,0\sim4}$ 表示家庭中第 i 个成员年龄是否在 0～4 岁，是哑变量，以此类推。若一个家庭中有两个 0～4 岁的小孩及两个 25～29 岁的成年人，那么家庭成员人数为 4，$D_{0\sim4} = 2$，$D_{25\sim29} = 2$。需要说明 $\text{Dummy}_{i,80}$ 是指家庭中第 i 个成员是否为 80 岁及以上年龄。Y_{edu} 为家庭在教育、文化和娱乐上的人均支出。Y_{hea} 为家庭在卫生保健上的人均支出。α_{edu}、α_{hea}、$\beta_{\text{edu},j}$、$\beta_{\text{hea},j}$、β_1、β_2 均为待估计的模型参数。ε_{edu}、ε_{hea} 为随机误差项。

三、年龄别消费特征分析

本书利用 CFPS 2014 年的数据，在 Mankiw-Weil 模型的基础上进行了修正，分别对总消费、八大类消费进行了模型估计。模型中年龄别消费系数 β_j 仅表示年龄 j 的代表性消费者的支出水平，是决定消费支出的年龄效应。表 3-2、表 3-3、表 3-4 显示了总消费，教育、文化和娱乐消费及医疗保健消费的年龄别支出水平的估计结果，是分别进行单方程估计法、两阶段最小二乘法（two stage least squares，2SLS）、三阶段最小二乘法（three stage least squares，3SLS）的估计结果。三个模型的拟合优度在 0.5286～0.6951，由表 3-2 可以看出，2SLS 与 3SLS 的估计结果非常接近，与 OLS（ordinary least squares，普通最小二乘法）的估计结果略有差别，即单个方程的估计结果与完整的方程系统估计结果在预期符号上是一致的，且系数大小相近。从总消费的系数估计结果来看，OLS、2SLS、3SLS 估计的结果在 20～49 岁年龄组均不显著，如果采用单方程估计法，则能够有效避免系统将总消费的误差带入教育、文化和娱乐及医疗保健消费中，避免污染（contaminate）整个方程系统，但这种方法忽略了各方程之间的联系，包括各方程扰动项之间的联系，而系统估计法对整个联立方程系统同时进行估计是有效率的。

表 3-2 总消费的系数估计结果

分类	ln 总消费		
	OLS	2SLS	3SLS
ln 收入	–0.563 7***	–0.563 7***	–0.567 3***
	(–16.036 8)	(–16.036 8)	(–16.408 3)
ln 收入 ^{2}	0.050 5***	0.050 5***	0.050 7***
	(24.342 8)	(24.342 8)	(24.801 9)
*x*04	0.132 9***	0.132 9***	0.133 0***
	(3.008 7)	(3.008 7)	(3.012 2)
*x*59	–0.138 4***	–0.138 4***	–0.138 4***
	(–8.451 1)	(–8.451 1)	(–8.458 2)
*x*1014	–0.162 2***	–0.162 2***	–0.162 2***
	(–9.259 8)	(–9.259 8)	(–9.269 0)
*x*1519	–0.119 7***	–0.119 7***	–0.119 7***
	(–6.474 5)	(–6.474 5)	(–6.480 2)
*x*2024	–0.000 5	–0.000 5	–0.000 5
	(–0.030 4)	(–0.030 4)	(–0.028 6)
*x*2529	–0.018 8	–0.018 8	–0.018 8
	(–1.343 9)	(–1.343 9)	(–1.344 5)
*x*3034	–0.021 5	–0.021 5	–0.021 5
	(–1.453 6)	(–1.453 6)	(–1.454 1)
*x*3539	0.004 0	0.004 0	0.004 0
	(0.250 1)	(0.250 1)	(0.251 2)
*x*4044	–0.007 7	–0.007 7	–0.007 7
	(–0.465 8)	(–0.465 8)	(–0.462 9)
*x*4549	–0.006 1	–0.006 1	–0.006 0
	(–0.418 7)	(–0.418 7)	(–0.417 0)
*x*5054	–0.043 1***	–0.043 1***	–0.043 1***
	(–3.027 6)	(–3.027 6)	(–3.027 1)
*x*5559	–0.059 6***	–0.059 6***	–0.059 5***
	(–3.582 9)	(–3.582 9)	(–3.583 4)
*x*6064	–0.139 1***	–0.139 1***	–0.139 1***
	(–9.520 8)	(–9.520 8)	(–9.527 0)
*x*6569	–0.177 8***	–0.177 8***	–0.177 8***
	(–11.116 6)	(–11.116 6)	(–11.125 2)

续表

分类	ln 总消费		
	OLS	2SLS	3SLS
$x7074$	–0.172 7***	–0.172 7***	–0.172 7***
	(–9.376 3)	(–9.376 3)	(–9.382 6)
$x7579$	–0.193 1***	–0.193 1***	–0.193 1***
	(–8.425 8)	(–8.425 8)	(–8.432 8)
$x80^+$	–0.131 6***	–0.131 6***	–0.131 7***
	(–7.056 2)	(–7.056 2)	(–7.063 9)
_cons	10.458 7***	10.458 7***	10.474 5***
	(70.024 9)	(70.024 9)	(71.374 4)
N	10 761	10 761	10 761
R-Square	0.695 1	0.635 5	0.528 6

注：括号内数值为 t 的统计量

***表示 $p<0.01$

表 3-3　教育、文化和娱乐消费估计结果

分类	ln 教育、文化和娱乐		
	OLS	2SLS	3SLS
ln 消费	1.208 4***	1.455 2***	1.455 2***
	(35.079 1)	(20.184 5)	(20.202 3)
$x04$	–1.336 0***	–1.329 7***	–1.329 7***
	(–7.450 3)	(–7.397 6)	(–7.404 1)
$x59$	0.774 3***	0.835 5***	0.835 5***
	(11.615 1)	(12.172 2)	(12.182 9)
$x1014$	1.495 7***	1.563 2***	1.563 2***
	(20.950 7)	(21.232 2)	(21.250 9)
$x1519$	1.747 7***	1.798 8***	1.798 8***
	(23.218 4)	(23.488 8)	(23.509 6)
$x2024$	1.342 4***	1.349 2***	1.349 2***
	(19.787 4)	(19.834 0)	(19.851 5)
$x2529$	–0.030 1	–0.035 8	–0.035 8
	(–0.530 4)	(–0.629 0)	(–0.629 6)
$x3034$	0.347 2***	0.335 3***	0.335 3***
	(5.783 5)	(5.564 3)	(5.569 2)

续表

分类	ln 教育、文化和娱乐		
	OLS	2SLS	3SLS
$x3539$	0.768 0***	0.751 0***	0.751 0***
	(11.749 8)	(11.436 7)	(11.446 8)
$x4044$	0.817 5***	0.807 9***	0.807 9***
	(12.144 8)	(11.966 4)	(11.977 0)
$x4549$	0.653 2***	0.647 5***	0.647 5***
	(11.076 5)	(10.949 6)	(10.959 3)
$x5054$	0.177 3***	0.183 0***	0.183 0***
	(3.064 5)	(3.153 2)	(3.156 0)
$x5559$	–0.303 7***	–0.289 3***	–0.289 3***
	(–4.491 0)	(–4.261 1)	(–4.264 8)
$x6064$	–0.352 9***	–0.313 3***	–0.313 3***
	(–5.917 5)	(–5.167 3)	(–5.171 9)
$x6569$	–0.266 9***	–0.210 4***	–0.210 4***
	(–4.080 7)	(–3.133 7)	(–3.136 5)
$x7074$	–0.445 4***	–0.384 5***	–0.384 5***
	(–5.922 7)	(–4.995 1)	(–4.999 6)
$x7579$	–0.434 6***	–0.365 2***	–0.365 2***
	(–4.647 9)	(–3.827 8)	(–3.831 2)
$x80^+$	–0.301 2***	–0.249 8***	–0.249 8***
	(–3.962 4)	(–3.230 6)	(–3.233 5)
_cons	–9.563 6***	–7.947 4***	–7.947 4***
	(–25.293 6)	(–15.657 4)	(–15.671 3)
N	10 761	10 761	10 761
R-Square	0.689 7	0.686 3	0.686 3

注：括号内数值为 t 的统计量

***表示 $p<0.01$

表 3-4 医疗保健消费估计结果

分类	ln 医疗保健		
	OLS	2SLS	3SLS
ln 消费	0.764 7***	0.336 5***	0.336 5***
	(27.944 4)	(5.824 3)	(5.829 5)

续表

分类	ln 医疗保健		
	OLS	2SLS	3SLS
*x*04	0.391 7***	0.380 8***	0.380 8***
	(2.749 6)	(2.643 5)	(2.645 9)
*x*59	0.310 5***	0.204 3***	0.204 3***
	(5.863 8)	(3.714 1)	(3.717 4)
*x*1014	0.132 1**	0.015 2	0.015 2
	(2.329 3)	(0.256 9)	(0.257 1)
*x*1519	–0.069 7	–0.158 4***	–0.158 4***
	(–1.166 2)	(–2.579 9)	(–2.582 2)
*x*2024	–0.011 9	–0.023 7	–0.023 7
	(–0.220 7)	(–0.435 2)	(–0.435 5)
*x*2529	–0.081 5*	–0.071 6	–0.071 6
	(–1.805 4)	(–1.568 1)	(–1.569 5)
*x*3034	–0.055 1	–0.034 4	–0.034 4
	(–1.155 8)	(–0.712 7)	(–0.713 3)
*x*3539	–0.078 1	–0.048 6	–0.048 6
	(–1.504 9)	(–0.923 6)	(–0.924 4)
*x*4044	–0.136 0**	–0.119 5**	–0.119 5**
	(–2.544 0)	(–2.207 5)	(–2.209 4)
*x*4549	–0.112 0**	–0.102 0**	–0.102 0**
	(–2.390 1)	(–2.152 5)	(–2.154 4)
*x*5054	0.123 8***	0.114 0**	0.114 0**
	(2.692 7)	(2.451 7)	(2.453 9)
*x*5559	0.294 7***	0.269 7***	0.269 7***
	(5.485 5)	(4.955 8)	(4.960 2)
*x*6064	0.374 9***	0.306 2***	0.306 2***
	(7.913 1)	(6.301 0)	(6.306 6)
*x*6569	0.550 0***	0.452 0***	0.452 0***
	(10.586 5)	(8.400 2)	(8.407 6)
*x*7074	0.670 8***	0.565 3***	0.565 3***
	(11.230 6)	(9.162 5)	(9.170 6)
*x*7579	0.780 4***	0.660 0***	0.660 0***
	(10.506 0)	(8.630 9)	(8.638 5)

续表

分类	ln 医疗保健		
	OLS	2SLS	3SLS
$x80^+$	0.630 7***	0.541 6***	0.541 6***
	(10.446 2)	(8.739 6)	(8.747 3)
_cons	−1.928 1***	3.207 5***	3.207 5***
	(−7.168 7)	(3.939 3)	(3.942 7)
N	10 761	10 761	10 761
R-Square	0.591 6	0.570 9	0.570 9

注：括号内数值为 t 的统计量

*表示 $p<0.1$，**表示 $p<0.05$，***表示 $p<0.01$

从总消费，教育、文化和娱乐，医疗保健的 3SLS 估计结果来看，17 个年龄组中，绝大多数年龄组对家庭总消费的影响都具有显著性，但 20～49 岁年龄组的总消费系数没有通过显著性检验，教育、文化和娱乐年龄组的消费除 25～29 岁外均具有显著性，10～14 岁及 20～39 岁年龄组的医疗保健支出系数不显著。总体来看，年龄变量对居民总消费及人力资本投资型消费影响在所估计的模型中得到了较好的拟合和较显著的体现。

根据以上估计结果能够得到以下方程组：

$$\begin{cases}\ln C = 10.47 - 0.56\times\ln\text{收入} + 0.05\times(\ln\text{收入})^2 + 0.13\times x04 + \cdots - 0.13\times x80^+ \\ \ln E = -10.95 + 1.45\times\ln C - 1.33\times x04 + \cdots - 0.250\times x80^+ \\ \ln M = 2.21 + 0.34\times\ln C + 0.38\times x04 + \cdots + 0.54\times x80^+\end{cases} \quad (3\text{-}4)$$

要进一步分析年龄别的消费支出，需要将家庭人均收入的结果代入联立方程组中，然后求出 EXP（消费）即可得到不同消费类型的人均支出。图 3-2 显示了 2014 年全国分年龄的总消费支出估算结果。与生命周期理论有所不同，中国居民的消费特征并没有呈现出完美的倒“U”形曲线，而是表现为阶段性、周期性的波动（余永定和李军，2000）。我国居民的平均消费水平在 0～4 岁最高，第二个峰值于 35～39 岁达到，在 50 岁以后消费水平开始下降，到 80 岁及以上又出现了一个翘起回升的状态。由图 3-2 可以清晰看出，0～4 岁组年龄段的人口平均消费水平较高，这并非意味着 0～4 岁年龄组的人口拥有强烈的自发消费意愿，而是说明在其他条件不变的情况下，当一个家庭增加一个 0～4 岁的人口，家庭的总消费将平均增加 20 253 元，这是私人转移支付最直接的反映。这种消费行为充分反映了中国居民的消费特征，即与国外的消费特征相比，中国代表性消费者的消费行为不仅会考虑自身的效用，还会考虑家人的效用，代际、家庭之间的私人转移支付的动机非常强烈。中国计划生育政策自 20 世纪 70 年代末实行以来，直到 2015 年才决定全面放开二孩，现已放开三孩，消费水平特征也从侧面证实了独生子女在家庭中所受到的重视程度。在 50～69 岁，总消费水平呈现出明显的下降趋势，我国存在强制退休政策，一般来说 50～60 岁属于退休年龄段，由图 3-2 可以清晰看出，退休后总消费会显著下降，证实了我国也存在世界各国普遍发生的“退休消费之谜”问题（李宏彬等，2015）。

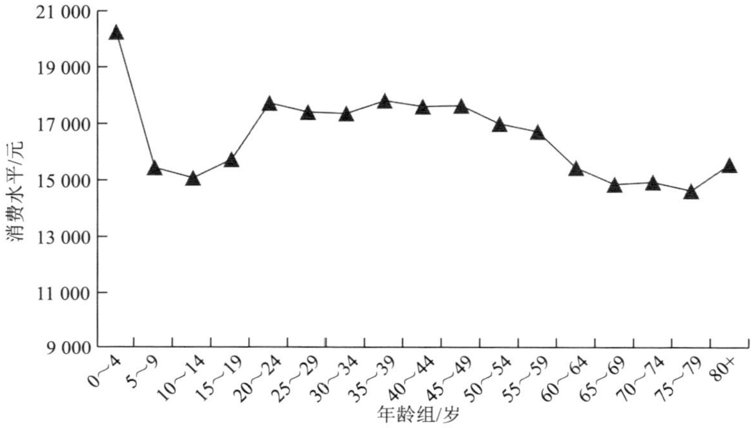

图 3-2　2014 年全国分年龄的总消费支出

人力资本投资型消费包括教育、文化和娱乐支出及医疗保健支出，而获取途径来自微观家庭和政府公共财政支出，本书使用的 CFPS 中教育、文化和娱乐及医疗保健的消费支出都是指微观家庭的支出，不包括政府公共财政支出。由图 3-3 和图 3-4 可以看出，教育、文化和娱乐及医疗保健的消费支出与总消费的年龄结构具有明显的差异，从教育、文化和娱乐的分年龄别支出来看，在整个生命周期，教育、文化和娱乐的支出在 15～19 岁和 40～44 岁形成了两个峰值，我国目前实行的是九年义务教育，义务教育阶段年龄大多在 6～14 岁，这一阶段家庭的教育、文化和娱乐支出攀升，反映了家庭对教育的重视程度越来越高。15～19 岁一般是非义务教育阶段，这个年龄段属于高中阶段或高等教育初期，生命周期的这个阶段教育、文化和娱乐支出最高符合预期。20～29 岁，教育、文化和娱乐的支出水平又逐渐在降低，25～29 岁达到了最低水平，一般来说，在经历了正规教育培训后，这一年龄段正是教育资本输出的重要阶段，而 30 岁以后，由于职业需要，个人又开始重视在职培训，因此 30～44 岁，教育、文化和娱乐的支出又呈现出上升趋势，反映了我国在职教育越来越受到重视，由此能够推动我国由人口大国向人才大国转变。

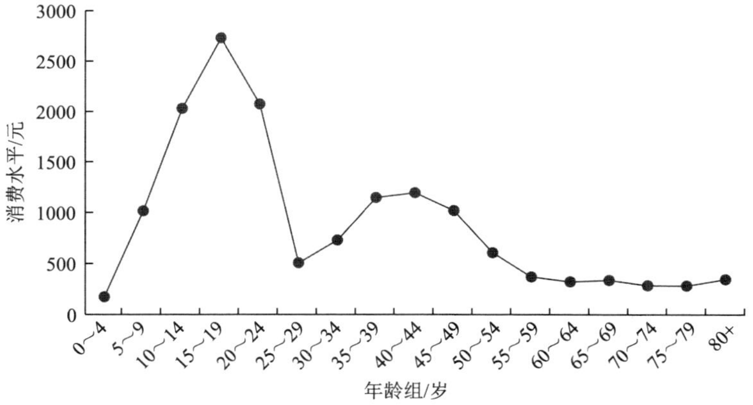

图 3-3 分年龄的教育、文化和娱乐支出

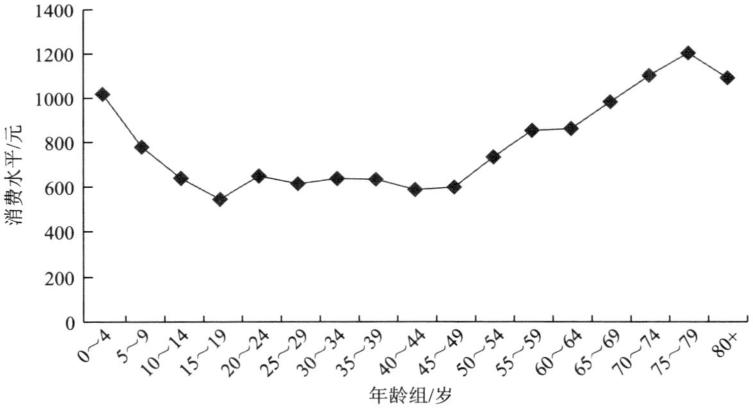

图 3-4 分年龄的医疗保健支出

对于个人而言，家庭教育支出主要来源于父母对子女的代际转移及个人对自身的教育资本投资，所以本节将生命周期分为两个阶段，第一阶段是父母投资阶段，个人由于没有收入来源，教育的获取主要来自父母对子女的教育投入，从趋势上来看，父母对子女的教育投入呈现出不断上升的趋势；第二阶段是自我投资阶段，一般来说 20 岁子女便应该从经济上独立，在个人投资初期，个人一方面缺乏提高教育消费的能力，另一方面不具备投资教育的需求，导致在个人投资初期教育支出大幅下降。在进入劳动力市场后，个人获得了资金的积累，工作中面临的新知识、新技能的需求增加了其将资金转化为教育投资的动力，这些因素共同推动了个人在自我投资阶段的教育消费，并在 40～44 岁前后达到峰值。从分年龄的医疗保健支出可以看出，医疗保健的消费呈现出中间低、两头高的“U”形。在后文的分析中，从人口抚养比的角度并没有证实“临近死亡效应假说”，本章的分年龄结果则显示了 80 岁及以上年龄的医疗保健支出有所回落，有学者认为年龄

本身就能反映出一个人的健康水平，生命能够进入 80 岁的老年人可能都是身体素质较强的，这部分老年人对医疗保健支出的需求相较较低。总体上来看，75～79 岁的医疗保健费用和 0～4 岁的医疗保健费用是生命周期中的两个峰值，未来随着人口老龄化程度的加深，医疗保健消费将进一步增加，随着我国近年来生育政策的调整，预计将在 2015～2040 年将堆积的生育意愿完全释放出来（姚引妹等，2015），因此，在未来 5～10 年，人口老龄化程度加深，出生人口增加，家庭对医疗保健的支出将进一步扩大。

消费结构是指各类消费支出在消费总支出中所占比重及相互间的质和量的关系，它直接反映消费水平、消费特色和消费发展趋势。图 3-5 显示了分年龄的人力资本投资型消费支出占总消费支出的比重，说明了不同年龄的消费者的消费结构存在明显差别。在 0～14 岁的少年儿童阶段，0～4 岁组的卫生支出占比较高，但教育支出占比较低，而 10～14 岁组的教育支出占比已经大大超过了卫生支出占比，且 10～14 岁组的人力资本投资型消费支出占比要远高于 0～4 岁及 5～9 岁组。如果采用宏观数据分析人口年龄结构变动对人力资本投资型消费的影响，0～14 岁组内部的差异会被忽略，进而影响分析结果。

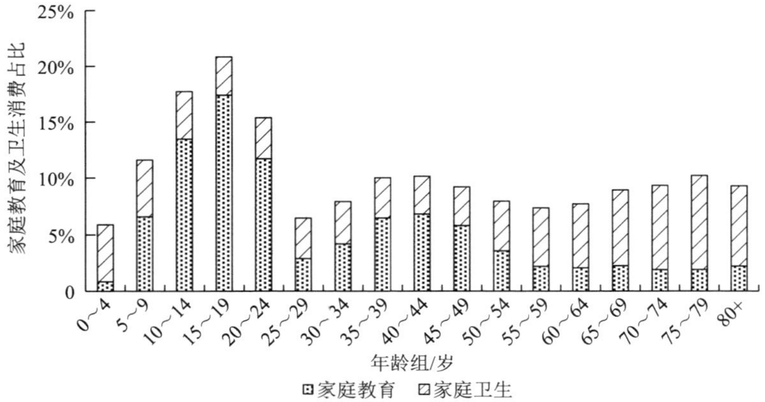

图 3-5　分年龄的人力资本投资型消费支出占总消费支出比重

医疗保健消费的比重及教育、文化和娱乐的消费比重不同，具体来说，0～4 岁的医疗保健消费比重较高，但随着年龄的增长，个体抵抗疾病的机能逐步提高，医疗保健消费的比重也开始逐渐减小。50 岁以后，人的健康资本折旧率提升，身体机能逐渐衰退，个人用于医疗保健的支出比重逐渐扩大。而在教育、文化和娱乐服务方面的消费占比则正好表现出相反的走势，一般认为，3～5 岁属于幼儿园阶段，并非义务教育阶段，家庭在这一阶段的消费应该是略低于甚至高于小学阶段的教育支出比重。但该比重在 0～4 岁组的教育、文化和娱乐支出占比非常低，似乎与常理不符，考虑到城乡之间的收入差距和教育资源的分布失衡，0～4 岁组的教育、文化和娱乐比重较低可以认为城乡之间入学率存在较大的差距。教育支出比重在15～19岁组达到峰值,年龄接近进入劳动力市场时,该比重不断在下降,当年龄逐渐高于进入劳动力市场时,该比重又开始回升,在40～44岁又达到一个小高峰。

总体来看,人力资本投资型消费比重的变化具有明显的周期性,15～19岁时该比重最高,超过20%,主要是由教育消费贡献的,在35～44岁时形成了第二个峰谷,说明了人力资本与物质资本一样,具有折旧性,在少年儿童时期积累的人力资本存量在步入劳动力市场后开始折旧,劳动者除了通过"干中学"提高教育资本,还需要通过额外的"充电"来增加教育资本流量。75～79岁时人力资本投资型消费比重再次超过10%,主要是由于卫生支出在这一阶段的占比较高。消费结构能够反映人们的需求变化,未来随着人口结构的变迁,消费结构也会发生改变,产业结构的调整只有与微观个体的消费需求相耦合,尊重消费需求的变动趋势,才能更好地满足人们的物质文化生活需求,发挥良好的引导作用。

第三节　教育、医疗和长期照护的年龄别总消费的估算

一、分年龄的教育消费总支出估算

分年龄教育总消费分为两个部分,一是政府消费支出,二是居民消费支出。由于两部分的测算基础数据来源不同,因而会分别计算之后再进行加总。总体思路如图3-6所示。

(一)分年龄人均国家财政性教育支出:来源及估算

1. 基本思路及假设

国家财政性教育支出既用于全日制教育也用于成人教育中,但这两部分对应的年龄段有所差异,因此在计算分年龄人均国家财政性教育支出时我们分成全日制教育和成人教育两部分。

(1)基本思路:全日制教育的分年龄国家财政性教育支出与在校生人数有关,而在校生人数与适龄人口数之间可通过毛入学率联系起来,三者之间的关系如式(3-5)所示:

$$
\begin{aligned}
\text{人均国家财政性教育经费} &= \text{国家财政性教育经费/该年龄段总人口} \\
&= (\text{国家财政性教育经费/在校学生数}) \\
&\quad \times (\text{在校学生数/该年龄段总人口数}) \\
&= \text{生均国家财政性教育经费} \times \text{毛入学率}
\end{aligned} \tag{3-5}
$$

成人教育的分年龄国家财政性教育支出直接按照相应年龄的人口规模计算。

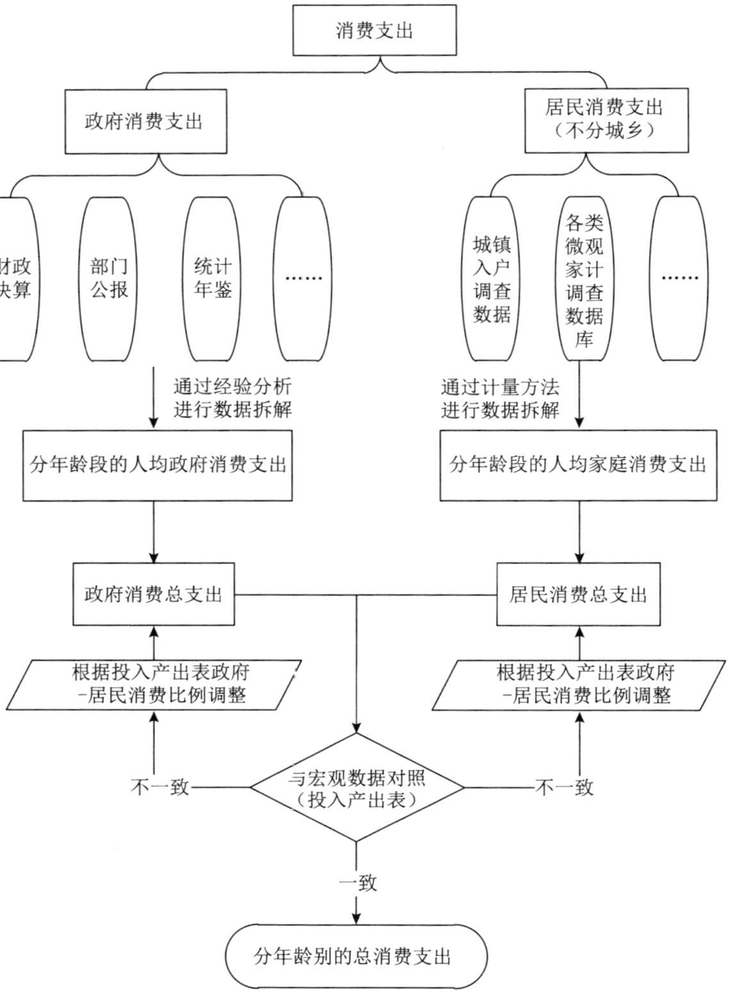

图 3-6　分年龄教育总消费模式的研究思路

（2）基本假设：假设 1，各级全日制教育严格对应各年龄，其中 3～5 岁为学前教育阶段，6～11 岁为小学阶段，12～14 岁为初中阶段，15～17 岁为高中阶段，18～21 岁为本科（含专科）阶段，22～26 岁为研究生阶段（硕士与博士共计 5 年）；假设 2，成人教育的年龄段有所放宽，其中 18～49 岁为高等教育阶段，15～49 岁为中等教育阶段，15～49 岁为小学及扫盲教育阶段；假设 3，不同年龄段成人教育经费的使用是不同的，国家财政性教育支出更多用于年轻人的教育，因而高等教育中 18～29 岁的标准消费人系数为 2，30～39 岁的标准消费人系数为 1，40～49 岁的标准消费人系数为 0.5，同理，中等以下教育中 15～29 岁、30～39 岁和 40～49 岁的标准消费人系数分别为 2、1 和 0.5；假设 4，同级教育中各年龄的生均国家财政性教育经费相等，大专、本科和研究生教育的生均国家财政性教育经费相等；假设 5，毛入学率将根据国家教育规划的规定变化；假设 6，生均国家财政性教育经费在未来的预测年份里保持不变。

2. 数据来源

国家财政性教育经费、在校学生数来自《2017 年中国教育统计年鉴》，2016 年各级全日制教育的毛入学率根据当年该级教育的在校学生数和相应年龄的总人口数计算得到。2016 年分年龄人口规模根据《2017 年中国人口和就业统计年鉴》中 2016 年全国人口抽样调查的分年龄人口比例与 2016 年全国总人口规模计算得到。对之后各年的毛入学率变动则根据教育事业发展五年规划等政策文件进行设定。具体见表 3-5 和表 3-6。

表 3-5 2016 年各类生均国家财政性教育经费来源口径

学校类别	年龄段	国家财政性教育经费/万元	在校学生数/万人	生均国家财政性教育经费/元
学前教育	3～5 岁	13 260 717.80	4 600.14	2 882.68
小学阶段	6～11 岁	103 174 231.70	10 093.70	10 221.65
初中阶段	12～14 岁	61 325 345.70	4 442.06	13 805.61
高中阶段	15～17 岁	50 764 396.50	3 967.05	12 796.51
高等教育阶段	18～26 岁（本科+硕士研究生）	61 988 339.70	3 779.00	16 403.37
	18～21 岁（本科）		2 753.59	
	22～26 岁（研究生）		263.96	
成人培训与扫盲教育	18～49 岁（高等教育）	890 182.40	1 688.45	527.22
	15～49 岁（中等教育）	872 942.90	4 681.88	186.45
	15～49 岁（小学及扫盲教育）	1 615.80	75.42	21.42

表 3-6 2016～2050 年各全日制教育阶段的毛入学率变化情况

教育阶段	年龄段	2016 年	2020 年	2025 年	2030 年	2035 年	2040 年	2045 年	2050 年
学前教育	3～5 岁	77.4%	85.0%	90.0%	95.0%	95.0%	95.0%	95.0%	95.0%
小学阶段	6～11 岁	104.4%	100%	100%	100%	100%	100%	100%	100%
初中阶段	12～14 岁	104.0%	100%	100%	100%	100%	100%	100%	100%
高中阶段	15～17 岁	87.6%	90.0%	92.5%	95.0%	95.0%	95.0%	95.0%	95.0%
高等教育阶段本科	18～21 岁	42.1%	50.0%	55.0%	60.0%	65.0%	70.5%	72.5%	75.0%
硕士研究生	22～26 岁	2.5%	4.0%	5.0%	6.0%	6.75%	7.65%	8.25%	9.0%

需要说明的是，在我国的高等教育发展中，并没有明确研究生教育的发展目标，考虑到近年来我国研究生扩招速度较快，但最终研究生教育需求相比本科需求低，所以本书的研究拟定 2020 年的研究生毛入学率为 4%。但之后速度放慢，2030 年为 6%，2050 年为 9%。

3. 计算结果

根据计算公式，在前提假设成立的情况下，随着我国各级教育的毛入学率变化情况，计算得到 2050 年时人均国家财政性教育经费支出，然后根据 2012 年我国投入产出表中的政府与居民消费比例调整得到年龄别人均国家财政性教育经费支出（表 3-7）。

表 3-7　年龄别人均国家财政性教育经费支出情况

年龄/岁	2016 年人均国家财政性教育经费支出/元	2050 年人均国家财政性教育经费支出/元
3	2 231.19	2 738.55
4	2 231.19	2 738.55
5	2 231.19	2 738.55
6	10 671.40	10 221.65
7	10 671.40	10 221.65
8	10 671.40	10 221.65
9	10 671.40	10 221.65
10	10 671.40	10 221.65
11	10 671.40	10 221.65
12	14 357.83	13 805.61
13	14 357.83	13 805.61
14	14 357.83	13 805.61
15	11 213.93	12 173.66
16	11 213.93	12 173.66
17	11 213.93	12 173.66
18	6 943.03	12 339.74
19	6 943.03	12 339.74
20	6 943.03	12 339.74
21	6 943.03	12 339.74
22	444.01	1 513.51
23	444.01	1 513.51
24	444.01	1 513.51
25	444.01	1 513.51
26	444.01	1 513.51

续表

年龄/岁	2016 年人均国家财政性教育经费支出/元	2050 年人均国家财政性教育经费支出/元
27	37.21	37.21
28	37.21	37.21
29	37.21	37.21
30	25.19	25.19
31	25.19	25.19
32	25.19	25.19
33	25.19	25.19
34	25.19	25.19
35	25.19	25.19
36	25.19	25.19
37	25.19	25.19
38	25.19	25.19
39	25.19	25.19
40	10.57	10.57
41	10.57	10.57
42	10.57	10.57
43	10.57	10.57
44	10.57	10.57
45	10.57	10.57
46	10.57	10.57
47	10.57	10.57
48	10.57	10.57
49	10.57	10.57
50	10.57	10.57

（二）分年龄个人教育消费数据：来源及估算

1. 基本思路

利用现有的中国家庭调查数据中的家庭教育消费数据，通过计量统计方法中的结构方程将家庭教育支出分解为个人，得到分年龄的人均家庭教育支出，再通过 2016 年的毛入学率对计量方法得到的数据进行修正。这部分的计算遵循假设 7，即预测年份的人均家庭教育支出变动水平与毛入学率的变动幅度相同。

具体计算思路如下。

为了区分不同年龄别的消费特征，我们借鉴 Mankiw 和 Weil（1989）将家庭住房需求分解为家庭个体层面的方法，具体来说，假设每一年龄别的消费者都具有一定的消费需求，家庭的总需求等于每位成员的需求之和。Mankiw-Weil 模型为研究年龄别消费结构提供了合理的研究方法，首先统计每个家庭中不同年龄组的人口规模，将家庭户对 k 类商品的消费总额分解为每位家庭成员的消费需求之和。考虑到总消费和各项消费的离散度较高，为了建立更具解释力的模型，本书最终对家庭户的消费总量和各类型的消费水平中的 0 值替换为 1，然后取自然对数，减少样本中异常值对回归估计的影响。具体模型如下：

$$\ln C_k = \sum_{i=1}^{17} \alpha_{i,k} N_i + \beta_k + \varepsilon_k \quad (i = 1,2,3,\cdots,17; k = 1,2,3,\cdots,8) \tag{3-6}$$

其中，C_k 为家庭关于 k 类商品的总消费量；$\alpha_{i,k}$ 为待估计的参数，表示年龄组为 i 的家庭成员对 k 类商品的边际需求；N_i 为家庭中年龄在 i 组的人口规模。

$$N_i = \sum_{j=1}^{N} \text{Dummy}_{i,j} \tag{3-7}$$

本节中个人年龄别消费模式估算均根据此方法，具体结构方程可参看上一节的内容。

2. 数据来源

家庭教育消费（支出）数据来源于 CFPS 2016 年的追访，该抽样调查在全国 25 个省区市展开。调查问卷中关于家庭教育消费支出的问题包含学杂费、培训费等费用。

3. 计算结果

根据前提假设及参数设定,然后根据 2012 年我国投入产出表中的政府居民消费比例调整得到表 3-8 的估算结果。

表 3-8　年龄别人均家庭教育支出情况

年龄/岁	2016 年人均家庭教育支出/元	2050 年人均家庭教育支出/元
3	1 120.11	1 374.81
4	1 120.11	1 374.81
5	1 120.11	1 374.81
6	4 220.74	5 180.50
7	4 220.74	5 180.50
8	4 220.74	5 180.50
9	4 220.74	4 042.86
10	4 220.74	4 042.86

续表

年龄/岁	2016年人均家庭教育支出/元	2050年人均家庭教育支出/元
11	4 220.74	4 042.86
12	3 738.98	4 003.34
13	3 738.98	4 003.34
14	3 738.98	4 003.34
15	3 016.32	3 274.86
16	3 016.32	3 274.86
17	3 016.32	3 274.86
18	1 800.27	3 207.13
19	1 800.27	3 207.13
20	1 800.27	3 207.13
21	1 800.27	3 207.13
22	810.11	1 443.18
23	810.11	1 443.18
24	810.11	1 443.18
25	810.11	1 443.18
26	810.11	1 443.18
27	682.10	1 215.14
28	682.10	682.10
29	682.10	682.10
30	779.98	779.98
31	779.98	779.98
32	779.98	779.98
33	779.98	779.98
34	779.98	779.98
35	1 011.59	1 011.59
36	1 011.59	1 011.59
37	1 011.59	1 011.59
38	1 011.59	1 011.59
39	1 011.59	1 011.59
40	1 359.11	1 359.11
41	1 359.11	1 359.11
42	1 359.11	1 359.11
43	1 359.11	1 359.11
44	1 359.11	1 359.11
45	812.10	812.10

续表

年龄/岁	2016 年人均家庭教育支出/元	2050 年人均家庭教育支出/元
46	812.10	812.10
47	812.10	812.10
48	812.10	812.10
49	812.10	812.10
50	373.08	373.08
51	373.08	373.08
52	373.08	373.08
53	373.08	373.08
54	373.08	373.08
55	357.59	357.59
56	357.59	357.59
57	357.59	357.59
58	357.59	357.59
59	357.59	357.59
60	342.09	342.09
61	342.09	342.09
62	342.09	342.09
63	342.09	342.09
64	342.09	342.09
65	326.60	326.60
66	326.60	326.60
67	326.60	326.60
68	326.60	326.60
69	326.60	326.60
70	249.41	249.41
71	249.41	249.41
72	249.41	249.41
73	249.41	249.41
74	249.41	249.41
75	215.69	215.69
76	215.69	215.69
77	215.69	215.69
78	215.69	215.69
79	215.69	215.69
80	181.98	181.98

（三）分年龄的人均教育总消费

将分别计算出的年龄别人均国家财政性教育经费支出和人均家庭教育支出加总，得到不同年份的年龄别人均教育消费总支出。

以 30 岁的人均教育消费总支出作为标准人，则可以得到分年龄的人均教育消费总支出标准系数，结果见表 3-9。

表 3-9　2016 年和 2050 年人均教育消费总支出及标准系数

年龄	2016 年		2050 年	
	人均教育总支出	标准系数	人均教育总支出	标准系数
0	1 120.11	1.39	1 120.11	1.39
1	1 120.11	1.39	1 120.11	1.39
2	1 120.11	1.39	1 120.11	1.39
3	3 351.30	4.16	4 113.36	5.11
4	3 351.30	4.16	4 113.36	5.11
5	3 351.30	4.16	4 113.36	5.11
6	14 892.14	18.50	15 402.15	19.13
7	14 892.14	18.50	15 402.15	19.13
8	14 892.14	18.50	15 402.15	19.13
9	14 892.14	18.50	14 264.51	17.72
10	14 892.14	18.50	14 264.51	17.72
11	14 892.14	18.50	14 264.51	17.72
12	18 096.81	22.48	17 808.95	22.12
13	18 096.81	22.48	17 808.95	22.12
14	18 096.81	22.48	17 808.95	22.12
15	14 230.25	17.67	15 448.52	19.19
16	14 230.25	17.67	15 448.52	19.19
17	14 230.25	17.67	15 448.52	19.19
18	8 743.30	10.86	15 546.87	19.31
19	8 743.30	10.86	15 546.87	19.31
20	8 743.30	10.86	15 546.87	19.31
21	8 743.30	10.86	15 546.87	19.31
22	1 254.12	1.56	2 956.69	3.67
23	1 254.12	1.56	2 956.69	3.67
24	1 254.12	1.56	2 956.69	3.67
25	1 254.12	1.56	2 956.69	3.67
26	1 254.12	1.56	2 956.69	3.67

续表

年龄	2016年		2050年	
	人均教育总支出	标准系数	人均教育总支出	标准系数
27	719.31	0.89	1 252.35	1.56
28	719.31	0.89	719.31	0.89
29	719.31	0.89	719.31	0.89
30	805.17	1.00	805.17	1.00
31	805.17	1.00	805.17	1.00
32	805.17	1.00	805.17	1.00
33	805.17	1.00	805.17	1.00
34	805.17	1.00	805.17	1.00
35	1 036.78	1.29	1 036.78	1.29
36	1 036.78	1.29	1 036.78	1.29
37	1 036.78	1.29	1 036.78	1.29
38	1 036.78	1.29	1 036.78	1.29
39	1 036.78	1.29	1 036.78	1.29
40	1 369.68	1.70	1 369.68	1.70
41	1 369.68	1.70	1 369.68	1.70
42	1 369.68	1.70	1 369.68	1.70
43	1 369.68	1.70	1 369.68	1.70
44	1 369.68	1.70	1 369.68	1.70
45	822.67	1.02	822.67	1.02
46	822.67	1.02	822.67	1.02
47	822.67	1.02	822.67	1.02
48	822.67	1.02	822.67	1.02
49	822.67	1.02	822.67	1.02
50	383.65	0.48	383.65	0.48
51	373.08	0.46	373.08	0.46
52	373.08	0.46	373.08	0.46
53	373.08	0.46	373.08	0.46
54	373.08	0.46	373.08	0.46
55	357.59	0.44	357.59	0.44
56	357.59	0.44	357.59	0.44
57	357.59	0.44	357.59	0.44
58	357.59	0.44	357.59	0.44
59	357.59	0.44	357.59	0.44
60	342.09	0.42	342.09	0.42

续表

年龄	2016年		2050年	
	人均教育总支出	标准系数	人均教育总支出	标准系数
61	342.09	0.42	342.09	0.42
62	342.09	0.42	342.09	0.42
63	342.09	0.42	342.09	0.42
64	342.09	0.42	342.09	0.42
65	326.60	0.41	326.60	0.41
66	326.60	0.41	326.60	0.41
67	326.60	0.41	326.60	0.41
68	326.60	0.41	326.60	0.41
69	326.60	0.41	326.60	0.41
70	249.41	0.31	249.41	0.31
71	249.41	0.31	249.41	0.31
72	249.41	0.31	249.41	0.31
73	249.41	0.31	249.41	0.31
74	249.41	0.31	249.41	0.31
75	215.69	0.27	215.69	0.27
76	215.69	0.27	215.69	0.27
77	215.69	0.27	215.69	0.27
78	215.69	0.27	215.69	0.27
79	215.69	0.27	215.69	0.27
80	181.98	0.23	181.98	0.23
81	181.98	0.23	181.98	0.23
82	181.98	0.23	181.98	0.23
83	181.98	0.23	181.98	0.23
84	181.98	0.23	181.98	0.23
85	181.98	0.23	181.98	0.23
86	181.98	0.23	181.98	0.23
87	181.98	0.23	181.98	0.23
88	181.98	0.23	181.98	0.23
89	181.98	0.23	181.98	0.23
90	181.98	0.23	181.98	0.23
91	181.98	0.23	181.98	0.23
92	181.98	0.23	181.98	0.23
93	181.98	0.23	181.98	0.23
94	181.98	0.23	181.98	0.23

续表

年龄	2016 年		2050 年	
	人均教育总支出	标准系数	人均教育总支出	标准系数
95	181.98	0.23	181.98	0.23
96	181.98	0.23	181.98	0.23
97	181.98	0.23	181.98	0.23
98	181.98	0.23	181.98	0.23
99	181.98	0.23	181.98	0.23
100	181.98	0.23	181.98	0.23

2050 年的人均教育支出模式与 2016 年相比（图 3-7），学前教育阶段和高等教育阶段的支出有明显上升，而义务教育阶段的支出有略微下降。义务教育阶段的支出下降原因是小学阶段毛入学率从 2016 年的 104%下降到 100%。

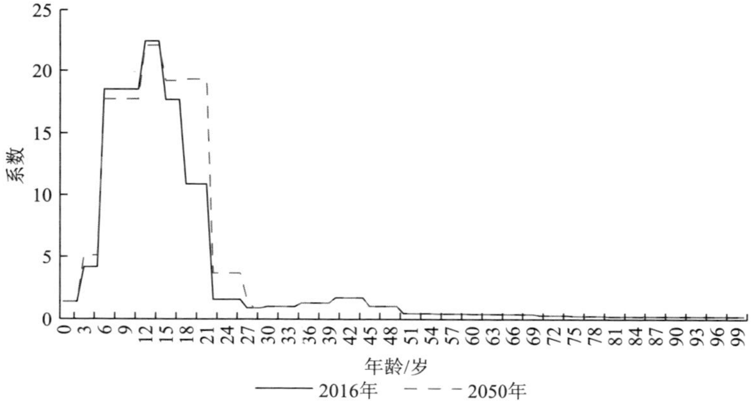

图 3-7　2016 年和 2050 年的人均教育总支出模式变化

二、分年龄的医疗消费总支出估算

估算分年龄的医疗消费总支出的思路与教育总支出的估算思路类似，先通过家计调查数据估算家庭人均医疗费用，再对总医疗费用中个人支出和公共支出的比例做出设定，进而构建出分年龄的医疗消费总支出。

（一）人均分年龄医疗消费数据的估算

为了全书预测数据的统一性，本节对年龄别医疗消费数据的估算也是基于 2016 年 CFPS 的家庭数据。

在进行微观数据处理时，首先通过建立联立方程组，建立起消费结构与年龄结构之间的关系，得到不同年龄对于医疗卫生消费的一套系数，然后将系数与标准人消费水平相乘得到不同年龄的医疗卫生消费支出。微观数据抽样样本及抽样方法等客观现实因素的存在，会导致微观数据的估算结果和宏观数据存在一定的差距。因此，我们以当年的宏观数据为基准，对微观数据进行等比例调整。

首先，利用微观数据测算的人均医疗支出现金部分和分年龄别的人口规模数据进行计算，得出分年龄别的个人卫生现金总支出，$P_{\text{mic}}=\sum p_i \times \text{pop}_i$。其次将分年龄别的个人卫生现金总支出加总，得到微观数据预测的个人卫生现金总支出。将其分别与 2016 年个人卫生支出总规模进行相除，得到相应的系数，$\alpha = P_{\text{mic}} / P_{\text{mac}}$。最后，根据系数，对分年龄段的人均个人卫生现金支出进行等比例调整，$p_{\text{iadjust}} = p_i / \alpha$。

估算政府的分年龄卫生支出时，假定报销比例随年龄提高，进而由家庭支出除以报销比例来估算总医疗费用（政府支出与家庭支出之和）。根据以上方法，得到分年龄别的个人卫生现金支出、社会卫生支出、政府卫生支出，具体见表 3-10。

表 3-10 人均分年龄卫生支出情况

年龄/岁	个人卫生现金支出/元	社会卫生支出/元	政府卫生支出/元	分年龄卫生支出/元
0	1 727.2	740.2	1 057.5	3 524.9
1	1 727.2	740.2	1 057.5	3 524.9
2	1 727.2	740.2	1 057.5	3 524.9
3	1 727.2	740.2	1 057.5	3 524.9
4	1 727.2	740.2	1 057.5	3 524.9
5	1 104.2	473.2	676.0	2 253.4
6	1 104.2	473.2	676.0	2 253.4
7	1 104.2	473.2	676.0	2 253.4
8	1 104.2	473.2	676.0	2 253.4
9	1 104.2	473.2	676.0	2 253.4
10	865.7	371.0	530.0	1 766.7
11	865.7	371.0	530.0	1 766.7
12	865.7	371.0	530.0	1 766.7
13	865.7	371.0	530.0	1 766.7
14	865.7	371.0	530.0	1 766.7
15	770.9	330.4	472.0	1 573.3
16	770.9	330.4	472.0	1 573.3
17	770.9	330.4	472.0	1 573.3
18	770.9	770.9	660.8	2 202.6
19	770.9	770.9	660.8	2 202.6

续表

年龄/岁	个人卫生现金支出/元	社会卫生支出/元	政府卫生支出/元	分年龄卫生支出/元
20	723.6	723.6	620.3	2 067.5
21	723.6	723.6	620.3	2 067.5
22	723.6	723.6	620.3	2 067.5
23	723.6	723.6	620.3	2 067.5
24	723.6	723.6	620.3	2 067.5
25	705.2	705.2	604.5	2 014.9
26	705.2	705.2	604.5	2 014.9
27	705.2	705.2	604.5	2 014.9
28	705.2	705.2	604.5	2 014.9
29	705.2	705.2	604.5	2 014.9
30	716.4	716.4	614.1	2 046.9
31	716.4	716.4	614.1	2 046.9
32	716.4	716.4	614.1	2 046.9
33	716.4	716.4	614.1	2 046.9
34	716.4	716.4	614.1	2 046.9
35	727.6	727.6	623.7	2 078.9
36	727.6	727.6	623.7	2 078.9
37	727.6	727.6	623.7	2 078.9
38	727.6	727.6	623.7	2 078.9
39	727.6	727.6	623.7	2 078.9
40	737.1	737.1	631.8	2 106.0
41	737.1	737.1	631.8	2 106.0
42	737.1	737.1	631.8	2 106.0
43	737.1	737.1	631.8	2 106.0
44	737.1	737.1	631.8	2 106.0
45	746.6	1 119.8	799.9	2 666.3
46	746.6	1 119.8	799.9	2 666.3
47	746.6	1 119.8	799.9	2 666.3
48	746.6	1 119.8	799.9	2 666.3
49	746.6	1 119.8	799.9	2 666.3
50	858.8	1 288.2	920.2	3 067.2
51	858.8	1 288.2	920.2	3 067.2
52	858.8	1 288.2	920.2	3 067.2
53	858.8	1 288.2	920.2	3 067.2
54	858.8	1 288.2	920.2	3 067.2

续表

年龄/岁	个人卫生现金支出/元	社会卫生支出/元	政府卫生支出/元	分年龄卫生支出/元
55	1 071.8	1 607.8	1 148.4	3 828.0
56	1 071.8	1 607.8	1 148.4	3 828.0
57	1 071.8	1 607.8	1 148.4	3 828.0
58	1 071.8	1 607.8	1 148.4	3 828.0
59	1 071.8	1 607.8	1 148.4	3 828.0
60	1 151.4	2 686.5	1 644.8	5 482.7
61	1 151.4	2 686.5	1 644.8	5 482.7
62	1 151.4	2 686.5	1 644.8	5 482.7
63	1 151.4	2 686.5	1 644.8	5 482.7
64	1 151.4	2 686.5	1 644.8	5 482.7
65	1 412.6	3 296.0	2 017.9	6 726.5
66	1 412.6	3 296.0	2 017.9	6 726.5
67	1 412.6	3 296.0	2 017.9	6 726.5
68	1 412.6	3 296.0	2 017.9	6 726.5
69	1 412.6	3 296.0	2 017.9	6 726.5
70	1 651.4	6 605.7	3 538.8	11 795.9
71	1 651.4	6 605.7	3 538.8	11 795.9
72	1 651.4	6 605.7	3 538.8	11 795.9
73	1 651.4	6 605.7	3 538.8	11 795.9
74	1 651.4	6 605.7	3 538.8	11 795.9
75	1 673.4	6 693.7	3 585.9	11 953.0
76	1 673.4	6 693.7	3 585.9	11 953.0
77	1 673.4	6 693.7	3 585.9	11 953.0
78	1 673.4	6 693.7	3 585.9	11 953.0
79	1 673.4	6 693.7	3 585.9	11 953.0
80+	1 845.5	7 382.1	3 954.7	13 182.3

（二）人均分年龄医疗消费数据的进一步调整

由于医疗卫生费用分为个人、社会和政府支出三部分，为了进一步与投入产出表对齐，本节根据对家庭消费支出的不同设定，进行了二次调整：假设 1，如若将家庭消费支出等同于个人卫生现金支出部分，政府消费支出等同于社会卫生支出部分加政府卫生支出部分，那么调整结果如图 3-8 所示。假设 2，若将家庭消费支出等同于个人卫生现金支出部分加社会卫生支出部分，政府消费支出等同于政府卫生支出部分，则调整结果如图 3-9 所示。

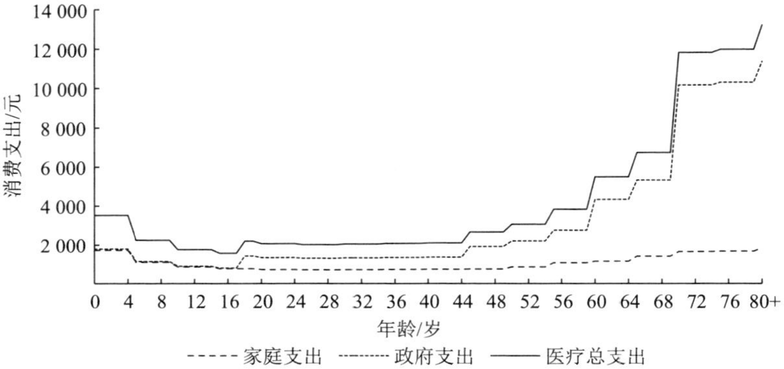

图 3-8　假设 1 情况下的分年龄医疗总消费支出情况

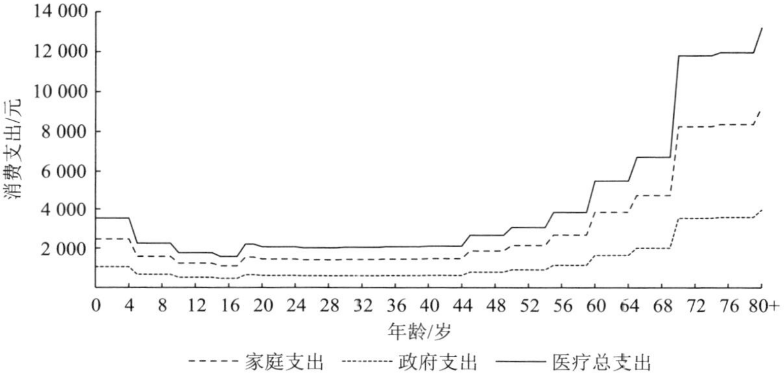

图 3-9　假设 2 情况下的分年龄医疗总消费支出情况

三、分年龄的长期照护消费总支出估算

随着人口老龄化的不断加剧，特别是高龄化程度的加深，长期照护消费在家庭消费中的比重将不断上升。在本书的研究中，对分年龄长期照护总消费的估算与教育和医疗总消费的估算思路有所不同，不是分别计算家庭支出和政府支出然后加总，而是先根据老年人口失能率、不同失能程度所需要的照料时间及单位照料时间的货币价值，估算出一定年龄结构下的长期照护总消费，然后按照假定条件将总消费分配到不同部门，进而分解为不同部门的家庭消费和政府消费。

（一）分年龄长期照护消费总支出的估算思路及数据来源

在我国现行的统计项目中，并没有单独的长期照护消费分类，这一点有别于教育和医疗。但根据 2011 年国民经济行业分类国家标准（GB/T4754-2011），有三类服务包含有长期照护的服务内容，而这三类服务被计入 GDP。这三类服务包括居民服务、修理和其他服务业中雇主雇佣钟点工或住家保姆提供的长期照护服务；卫生和社会工作中，医院、社区各类医疗机构为老人提供的非治疗性康复护理活动，为老人和残疾人等提供的社会服务工作。因此，分年龄长期照护总消费可按一定比例分到居民服务、卫生和社会工作两个部门中。

要计算分年龄的长期照护总消费，需按照老年人口的失能率及不同失能程度所需要的照料时间，估算出某年的长期照护照料总时长，然后按照单位工作的货币价值计算得到长期照护服务的总消费。长期照护服务的供给主体包括家庭和社会其他主体，家庭作为供给主体时成本无法进行货币化计算，这时的长期照护服务的成本是隐性的；而社会其他主体作为服务供给方时，成本能够进行货币化计算，因而是显性成本；由于能够计算到 GDP 的只有显性成本，因而在估算长期照护服务总消费时需要考虑显性成本占总成本的比例，换句话说，能够反映在 GDP 中的长期照护服务总消费会少于实际总消费。但随着我国人口发展形势的变化，家庭规模小型化导致家庭作为长期照护服务的供给主体的能力越来越小，因而显性成本占实际总消费的比例会上升。

综上所述，为了建立起年龄结构与长期照护服务需求之间的关系，需要分别估算不同年龄、不同程度的老年人口自理能力，不同年龄、不同失能程度下的照料时长，不同年龄老年人口规模，不同服务提供方式下的等效率的工作时长系数，长期照护服务的隐性成本与显性成本比例及随时间的变化情况，显性成本中分别计入居民服务及卫生和社会工作部门的比例与随时间的变化情况，居民服务、卫生和社会工作部门中属于政府支出和家庭支出的比例及随时间的变化情况。

本节的估算基础为 2011～2012 年北京大学中国健康与养老追踪调查（China Health and Retirement Longitudinal Study，CHARLS）的相关数据，以及本书第一章的人口预测。

（二）分年龄老年人口的照料时长估算

1. 分年龄老年人口分级的自理能力估算

根据 2011～2012 年 CHARLS 数据可以得到当年被调查老人的自理能力分布情况（表 3-11）。

表 3-11　2011 年 CHARLS 中分年龄老年人口自理能力分布

分级	60～64 岁	65～69 岁	70～74 岁	75～79 岁	80 岁及以上	总计
无困难	22.2%	19.1%	14.9%	13.8%	8.3%	18.1%
轻度困难	65.6%	66.3%	67.0%	64.5%	51.9%	64.8%
中度困难	9.4%	11.0%	12.6%	13.8%	25.6%	12.2%
重度困难	2.8%	3.7%	5.6%	7.9%	14.1%	5.0%
总计	100%	100%	100%	100%	100%	100%

资料来源：根据 2011～2012 年 CHARLS 相关数据整理得到

注：数据经四舍五入，相加与 100%有偏差

由于该项调查的对象仅包含居家老人，假定该调查中得到的老年人口自理能力分布是全体居家老年人口中自理能力分布的真实情况，则按CGE模型中方案下2011年人口年龄结构加权，调整后得到的居家老年人口的自理能力如表3-12所示。在这里我们将具有中度至重度自理困难的情况作为失能，则经过年龄结构调整后的失能率为18.4%。

表3-12 按照人口预测中方案2011年年龄结构调整后的居家老年人口自理能力

分级	60～64岁	65～69岁	70～74岁	75～79岁	80岁及以上	总计
无困难	22.2%	19.1%	14.9%	13.8%	8.3%	17.4%
轻度困难	65.6%	66.3%	67.0%	64.5%	51.9%	64.3%
中度困难	9.4%	11.0%	12.6%	13.8%	25.6%	12.9%
重度困难	2.8%	3.7%	5.6%	7.9%	14.1%	5.5%
总计	100%	100%	100%	100%	100%	100%

资料来源：根据人口预测中方案2011年的人口结构，对表3-11数据调整得到

注：数据经四舍五入，相加与100%有偏差

考虑到CHARLS数据中只有居家老人样本，而机构养老的老人相对于居家养老的老人可能有更高的失能率。如果假定全部老年人口的失能率为20%，则再次调整后的全部老年人口自理能力分布将如表3-13所示。

表3-13 将机构养老的老年人计算在内的全部老年人口的自理能力

分级	60～64岁	65～69岁	70～74岁	75～79岁	80岁及以上	总计
无困难	21.8%	18.7%	14.6%	13.5%	8.1%	17.1%
轻度困难	65.0%	65.0%	65.7%	62.9%	48.8%	63.0%
中度困难	10.2%	12.3%	13.7%	15.0%	27.8%	14.0%
重度困难	3.0%	4.0%	6.1%	8.6%	15.3%	6.0%
总计	100%	100%	100%	100%	100%	100%

注：数据经四舍五入相加与100%有偏差

2. 分年龄分自理能力的老人所需照料数据的估算

假定总体自理能力下老人需要的照料时间与CHARLS数据得出的日常生活活动（activities of daily living，ADL）①能力下的居家老人所需要的照料时间相同，

① 日常生活活动指人们在日常生活中，为了照料自己的衣食住行，保持个人卫生整洁和进行独立的社区活动所必需的最基本活动能力，主要包括穿衣、吃饭、上厕所、洗澡、室内活动等。

可估算出不同总体自理能力下失能老年人口需要的照料时间，如表 3-14 所示。

表 3-14 分年龄组老年人口的总体自理能力与照料时间状况 单位：小时/月

分级	60～64 岁	65～69 岁	70～74 岁	75～79 岁	80 岁及以上	总计
无困难	6.6	10.4	12.6	16.9	39.6	11.6
轻度困难	29.0	39.8	47.0	48.3	95.2	44.7
中度困难	88.9	123.5	127.0	109.7	167.4	122.6
重度困难	258.9	387.4	343.6	291.6	352.9	329.1
总计	37.1	52.5	68.9	83.2	150.2	67.1

资料来源：同表 3-11

（三）长期照护消费在不同部门的分配

1. 长期照料的提供方式和等效率工作时长系数

长期照料可按服务提供者与场所分为三种不同的方式：家庭非正规照料、家庭正规照料和机构照料。家庭非正规照料主要是由家庭成员提供的服务，也包括家庭获得或购买的非正规劳务；家庭正规照料则是家庭通过正规市场交易购买的上门服务；机构照料是在养老机构内提供的照料服务。在 2012 年投入产出表中，家庭非正规照料没有纳入，属隐性服务；家庭正规照料与机构照料分别纳入了居民服务、修理和其他服务部门（本书称为居民服务部门）、卫生和社会工作部门（本书将其分为卫生部门和社会工作部门），属显性服务。

由于家庭正规照料和机构照料的专业化水平与规模经济均优于家庭非正规照料，所以前者的服务效率更高。因此，相同的服务量如果分别由家庭非正规照料、家庭正规照料、机构照料等不同照料方式提供，所需的时间也不尽相同。假设家庭非正规照料与家庭正规照料的服务效率之比为 0.7，即每 1 小时家庭非正规照料提供的服务量与 0.7 小时家庭正规照料提供的服务量相当；家庭非正规照料与机构照料的服务效率之比为 0.35，即每 1 小时家庭非正规照料提供的服务量与 0.35 小时机构照料提供的服务量相当，则可以得到等效率工作时长系数（表 3-15）。

表 3-15 不同照料方式下的等效率工作时长系数

照料方式	服务量	等效率工作时长系数
家庭非正规照料	1 小时家庭非正规照料提供的服务量	1
家庭正规照料	1 小时家庭非正规照料提供的服务量	0.7
机构照料	1 小时家庭非正规照料提供的服务量	0.35

2. 长期照护服务总消费在不同部门的分配

长期照料显性成本将由家庭和政府共同承担。其中，政府承担的部分指政府通过长期护理保险或民政救济等方式提供的服务或承担的费用，其余费用由家庭承担。假定 2012 年两者分别占 30%和 70%。

根据前文，长期照料服务涉及“居民服务”、“社会工作”与“卫生”三个筹资部门。其中医院与卫生院提供的长期照料服务已经纳入卫生部门的相关统计，且我们已经对分年龄的人均医疗消费做了估计，所以为了避免重复计算，在长期照料的人均消费中，我们不再考虑“卫生”部门提供的长期医疗护理与康复服务，而只考虑由“居民服务”与“社会工作”部门提供的照料服务。

3. 分年龄人均长期照护服务总消费的估算

现有的研究表明，老年人口尤其是高龄人口占总人口的比例增加将推动长期照护成本的上升；而家庭规模小型化和家庭成员提供照料的能力下降，以及长期护理保险、民政救助等社会保障项目的更多介入，使得长期照料成本中隐性成本（全部由家庭承担）下降而显性成本（部分由家庭承担）上升。此外，在显性成本中家庭承担的部分下降而政府承担的部分相应上升。在此认知之下，我们假定在 2012～2050 年：第一，长期照料的显性服务比例从 2012 年的 10%线性增长到 2050 年的 50%；第二，显性服务中计入居民服务和社会工作部门的服务份额不变，均为 80%和 20%；第三，政府承担的显性服务的份额将由目前的 30%线性增长到 80%（包括家庭提供的有报酬的服务，如德国 LTC（long-term care，长期照护）可对家庭成员提供的服务给予补偿），相应地，家庭提供服务的显性服务的份额将由 2012 年的 70%逐步下降到 20%。2050 年以后保持不变。

由此估算得出，2012 年居民服务与社会工作部门提供的照料服务成本分别为 536.5 亿元和 67.1 亿元（计算公式为：$\sum_{age=60}^{100}$老年人口数×该年龄人均照料显性成本），分别占居民服务与社会工作部门增加值的 11.4%和 23.3%。2012～2050 年两个部门的分年龄老人长期照护人均消费变化如表 3-16 和表 3-17 所示。

表 3-16　2012 年和 2050 年居民服务部门分年龄人均长期照护总支出

年龄/岁	2012 年		2050 年	
	人均长期照护总支出/元	标准系数	人均长期照护总支出/元	标准系数
60	128.63	1.00	643.31	1.00
61	128.63	1.00	643.31	1.00
62	128.63	1.00	643.31	1.00

续表

年龄/岁	2012 年		2050 年	
	人均长期照护总支出/元	标准系数	人均长期照护总支出/元	标准系数
63	128.63	1.00	643.31	1.00
64	128.63	1.00	643.31	1.00
65	185.79	1.44	929.19	1.44
66	185.79	1.44	929.19	1.44
67	185.79	1.44	929.19	1.44
68	185.79	1.44	929.19	1.44
69	185.79	1.44	929.19	1.44
70	276.77	2.15	1 384.21	2.15
71	276.77	2.15	1 384.21	2.15
72	276.77	2.15	1 384.21	2.15
73	276.77	2.15	1 384.21	2.15
74	276.77	2.15	1 384.21	2.15
75	385.84	3.00	1 929.70	3.00
76	385.84	3.00	1 929.70	3.00
77	385.84	3.00	1 929.70	3.00
78	385.84	3.00	1 929.70	3.00
79	385.84	3.00	1 929.70	3.00
80	768.12	5.97	3 841.60	5.97
81	768.12	5.97	3 841.60	5.97
82	768.12	5.97	3 841.60	5.97
83	768.12	5.97	3 841.60	5.97
84	768.12	5.97	3 841.60	5.97
85	768.12	5.97	3 841.60	5.97
86	768.12	5.97	3 841.60	5.97
87	768.12	5.97	3 841.60	5.97
88	768.12	5.97	3 841.60	5.97
89	768.12	5.97	3 841.60	5.97
90	768.12	5.97	3 841.60	5.97
91	768.12	5.97	3 841.60	5.97
92	768.12	5.97	3 841.60	5.97
93	768.12	5.97	3 841.60	5.97
94	768.12	5.97	3 841.60	5.97
95	768.12	5.97	3 841.60	5.97
96	768.12	5.97	3 841.60	5.97

续表

年龄/岁	2012 年		2050 年	
	人均长期照护总支出/元	标准系数	人均长期照护总支出/元	标准系数
97	768.12	5.97	3 841.60	5.97
98	768.12	5.97	3 841.60	5.97
99	768.12	5.97	3 841.60	5.97
100	768.12	5.97	3 841.60	5.97

表 3-17　2012 年和 2050 年社会工作部门分年龄人均长期照护总支出

年龄/岁	2012 年		2050 年	
	人均长期照护总支出/元	标准系数	人均长期照护总支出/元	标准系数
60	16.08	1.00	80.41	1.00
61	16.08	1.00	80.41	1.00
62	16.08	1.00	80.41	1.00
63	16.08	1.00	80.41	1.00
64	16.08	1.00	80.41	1.00
65	23.22	1.44	116.15	1.44
66	23.22	1.44	116.15	1.44
67	23.22	1.44	116.15	1.44
68	23.22	1.44	116.15	1.44
69	23.22	1.44	116.15	1.44
70	34.60	2.15	173.03	2.15
71	34.60	2.15	173.03	2.15
72	34.60	2.15	173.03	2.15
73	34.60	2.15	173.03	2.15
74	34.60	2.15	173.03	2.15
75	48.23	3.00	241.21	3.00
76	48.23	3.00	241.21	3.00
77	48.23	3.00	241.21	3.00
78	48.23	3.00	241.21	3.00
79	48.23	3.00	241.21	3.00
80	96.02	5.97	480.20	5.97
81	96.02	5.97	480.20	5.97
82	96.02	5.97	480.20	5.97
83	96.02	5.97	480.20	5.97
84	96.02	5.97	480.20	5.97
85	96.02	5.97	480.20	5.97

续表

年龄/岁	2012年		2050年	
	人均长期照护总支出/元	标准系数	人均长期照护总支出/元	标准系数
86	96.02	5.97	480.20	5.97
87	96.02	5.97	480.20	5.97
88	96.02	5.97	480.20	5.97
89	96.02	5.97	480.20	5.97
90	96.02	5.97	480.20	5.97
91	96.02	5.97	480.20	5.97
92	96.02	5.97	480.20	5.97
93	96.02	5.97	480.20	5.97
94	96.02	5.97	480.20	5.97
95	96.02	5.97	480.20	5.97
96	96.02	5.97	480.20	5.97
97	96.02	5.97	480.20	5.97
98	96.02	5.97	480.20	5.97
99	96.02	5.97	480.20	5.97
100	96.02	5.97	480.20	5.97

第四章　老龄社会经济特征的 CGE 模型分析

CGE 模型作为对整个经济系统进行全面、系统分析的有效政策分析工具。与局部分析模型相比，CGE 模型可以更好地揭示人口变动对经济发展产生的影响。本章我们采用了 CGE 模型分几种情景来模拟分析老龄社会的经济影响。

我们使用的中国老龄社会 CGE 模型，以迪克生等开发的中国经济动态可计算一般均衡模型“CHINAGEM”（Feldman et al.，1983；Dixon and Rimmer，2001）为基础，增加了人口模块，并添加了中国城乡分层的劳动力市场、分部门（医疗、教育、社会工作和居民服务部门）的年龄消费模式、城镇职工基本养老保险与城乡居民基本养老保险及公共财政等模块。老龄社会 CGE 模型的基础数据库源于 2012 年中国 139 个部门的投入产出表，根据研究需要，将模型中的 142 个部门归并为 45 个部门。鉴于该模型已应用广泛且较为成熟，这里不对老龄社会 CGE 模型做更详细的描述，对模型的细节感兴趣的读者可向本书笔者索取。

下面我们将讨论利用老龄社会 CGE 模型进行的三组模拟。第一组模拟以人口中方案情景为例，将未纳入分部门年龄消费模式的后人口变动 CGE 模型模拟结果为基线模拟，并将纳入分部门人口年龄消费模式的后人口变动 CGE 模型模拟结果为对比方案，这将在本章第一节进行详细介绍。第二组模拟以人口中方案情景为基线模拟，而将人口高方案情景与低方案情景分别作为替代方案模拟，进而比较这两种替代方案对老龄社会的经济特征的影响，这正是本章第二节的内容。第三组模拟以现行养老保险体制为基线模拟，而以延迟退休年龄为替代方案模拟，来考察实施延迟退休年龄政策对养老金财务可持续性的影响，考虑到章节内容的安排，将此组模拟放入第六章。

第一节　老龄社会经济特征：引入年龄消费模式的模拟分析

一、基线模拟 S1.0：人口变动对供给侧的影响

在基线模拟 S1.0 中，我们没有引入分部门人口年龄消费模式对不同部门消费需求和总需求变动的影响。首先，在基线模拟 S1.0 中，我们利用统计数据进行历

史模拟，将中国经济情况更新到 2018 年，然后对 2019～2100 年情况进行预测模拟。其次，我们假设了模型的部分参数变动，见表 4-1，如假设 TFP 的年增长率将会从 2017 年的 4.17%逐渐下降到 2020 年的 3.80%，到 2030 年继续下降至 3.49%，2050 年、2080 年与 2100 年将分别进一步降至 3.30%、2.65%与 1.78%；同时假定劳动参与率保持在 2018 年的水平不变，且劳动力人口的年增长率取自中方案的人口预测结果，劳动力人口的年增长率将从 2019 年的–0.27%下降至 2030 年的– 0.62%，到 2050 年为–1.43%，2080 年与 2100 年将分别为–1.29%与–0.92%。

表 4-1　基线模拟参数校准

年增长率		2020 年	2030 年	2040 年	2050 年	2080 年	2100 年
设定外生变量年增长率	投资	5.84%	4.60%	3.45%	2.46%	2.06%	1.80%
	出口	7.49%	6.31%	5.28%	4.46%	3.40%	2.70%
	TFP	3.80%	3.49%	3.36%	3.30%	2.65%	1.78%
	劳动力	–0.34%	–0.62%	–1.10%	–1.43%	–1.29%	–0.92%
内生变量年增长率	资本积累	5.51%	5.09%	4.19%	3.16%	2.07%	1.76%
	实际 GDP	6.70%	5.77%	4.81%	4.04%	2.81%	2.00%
	实际工资率	6.85%	6.22%	5.80%	5.40%	4.04%	2.86%
	实际家庭消费	7.29%	6.31%	5.24%	4.59%	2.81%	1.90%
	进口	7.03%	6.57%	6.40%	5.29%	3.82%	3.00%

1. 对宏观经济的影响

模拟结果显示：从要素投入来看，劳动力投入呈下降趋势，而资本投入与 TFR 的增长率趋于下降并稳定在较低水平，中国实际 GDP 增长率将会从 2018 年的 6.7%下降到 2030 年的 5.77%，2050 年将继续降到 4.04%，到 2080 年与 2100 年将分别进一步降至 2.81%与 2.00%（图 4-1）。由于低生育率及人口迅速老龄化将使中国劳动年龄人口持续下降，所以在劳动力人口持续下降背景下，促使宏观经济持续增长的因素是资本存量与 TFP 的增长。从支出构成来看，消费、投资及进出口的增长率也均呈下降趋势（图 4-2）。

2. 对政府财政支出的影响

城镇职工基本养老金保险与城乡居民基本养老保险的累计赤字占 GDP 比重均呈现快速上涨趋势。模拟结果显示，到 21 世纪末，城镇职工基本养老保险基金累计赤字占 GDP 比重将高达 262%（图 4-3）；养老金水平较低的城乡居民基本养老保险基金累计赤字占 GDP 比重也将达 GDP 的 7%（图 4-4），表明未来老龄社会将给我国基本养老保险的财务可持续性带来严峻挑战。

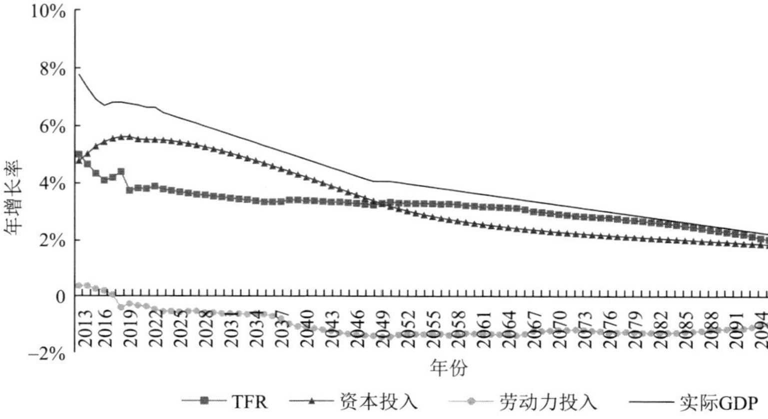

图 4-1　基线模拟 S1.0：人口中方案情景对宏观经济变量的影响

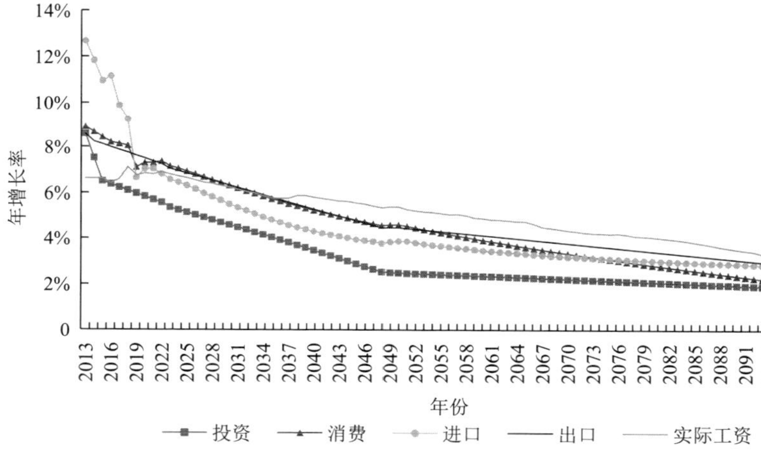

图 4-2　基线模拟 S1.0：人口中方案情景对其他宏观经济变量的影响

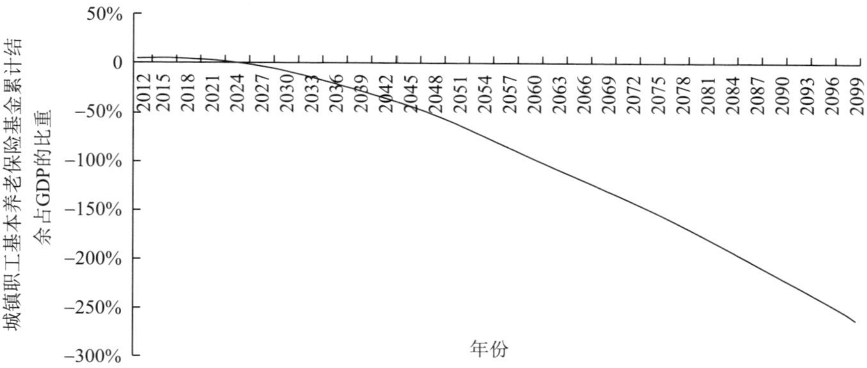

图 4-3　基线模拟 S1.0：城镇职工基本养老保险基金累计结余占 GDP 的比重

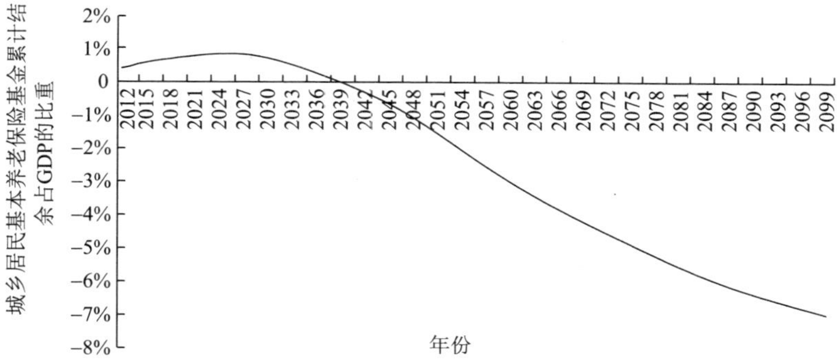

图 4-4　基线模拟 S1.0：城乡居民基本养老保险基金累计结余占 GDP 的比重

3. 对政府预算的影响

我国基本养老保险的亏损将对政府财政形成沉重负担。模拟结果显示，到 21 世纪末，我国年度政府预算赤字占 GDP 比重将高达 21.6%（图 4-5）。

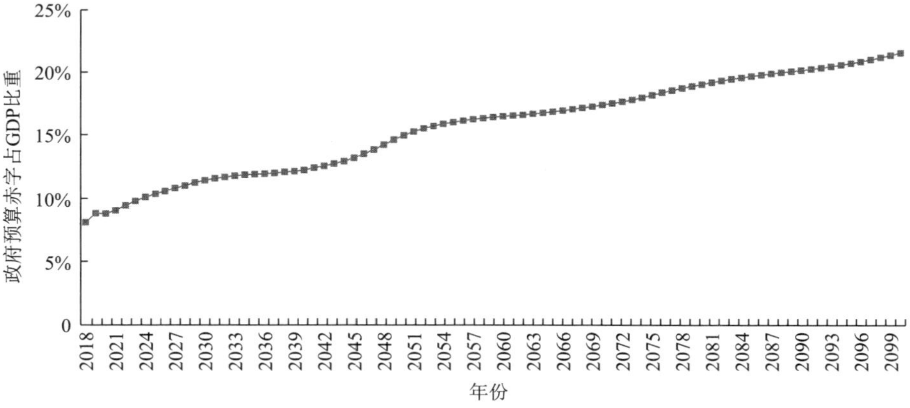

图 4-5　基线模拟 S1.0：政府预算赤字占 GDP 比重

二、替代模拟 S1.1：纳入年龄消费模式后人口变动对需求侧的影响

迄今为止，CGE 模型的研究大多基于人口变动引起的劳动力、资本投入变动对经济发展的影响，鲜有考虑人口年龄结构引起的不同部门消费需求和总需求变动对经济发展的影响。

在实际生活中，我们可以看到消费者在其生命周期中，对某些产品的消费需求是随年龄变化的，如在青少年阶段对学校教育需求较高，而在老年阶段尤其是高龄阶段对医疗服务及长期照料服务需求逐渐增加，这表明人口老龄化将减少对学校教育的需求而增加对医疗与长期照料服务的需求。鉴于此，在替代模拟 S1.1 中，我们首次将医疗、教育、社会工作和居民服务部门的人均消费随年龄变化即年龄消费模式纳入 CGE 模型，以分析考虑年龄消费模式的人口变动对部门需求的影响，进而考察老龄社会下年龄消费模式的人口变动对经济增长与经济结构的影响。

替代模拟 S1.1 是在基线模拟 S1.0 的基础上，在教育、医疗卫生及与长期照料服务有关的社会工作和居民服务部门（提供老年照料服务）中，引入年龄消费模式对这些部门需求的影响或冲击。我们只在上述四个部门中引入年龄消费模式对其消费需求的冲击，是因为这四个部门有较强的年龄消费模式，且这四个部门的相关数据可以设法获得或估算。此外，还有一些部门虽然也有较强的年龄消费模式，如房地产、私人汽车、耐用消费品和信息服务等产品，但目前这些产品的分年龄平均消费数据仍难以获得或估计。未来随着数据可获得性的改善，可以再进一步考虑年龄消费模式比较显著的更多部门。

1. 对宏观经济的影响

模拟结果显示：到 21 世纪末，替代模拟 S1.1 下中国的实际 GDP 将比基线模拟 S1.0 低 0.14%，即引入人口年龄结构的教育、医疗卫生及长期照料服务消费模式变动将比基线模拟 S1.0 对实际 GDP 的累计影响低 0.14%。同样，到 21 世纪末，替代模拟 S1.1 比基线模拟 S1.0 实际工资将低 0.58%，资本存量累计将低 0.22%，而就业累计将高 0.0056%。这种变化主要是由教育、医疗卫生及长期照料服务的年龄别消费需求变化对部门产出结构影响所致（图 4-6）。

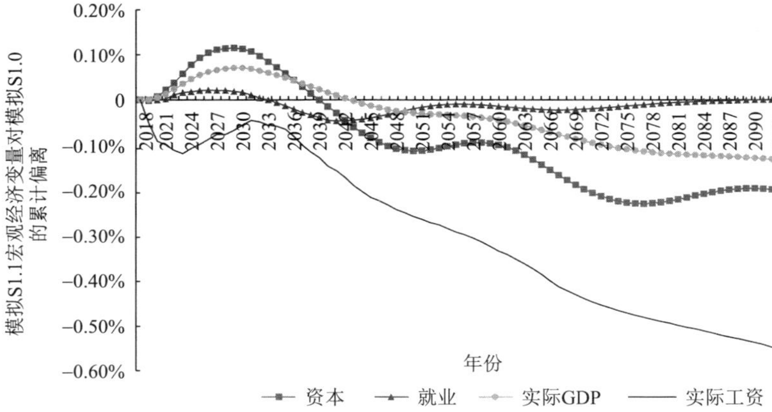

图 4-6 年龄消费模式变化对宏观经济变量的影响：模拟 S1.1 对模拟 S1.0 的累计偏离

从支出构成来看，引入人口年龄结构的教育、医疗卫生及长期照料服务消费模式变动对投资、家庭消费、政府消费及进出口的影响也非常小。模拟结果显示：到 21 世纪末，替代模拟 S1.1 下投资将比基线模拟 S1.0 累计低 0.36%，家庭消费和政府消费将比基线模拟 S1.0 累计低 0.27%，这一变化主要是人口年龄结构变动引起的家庭和政府对教育需求的下降所致，尽管家庭和政府对医疗卫生和长期照料服务的需求增加，但由于教育所占比重较大，会抵消医疗卫生和长期照料服务需求增加的影响。出口和进口分别比基线模拟 S1.0 累计高 0.66%和 1.00%（图 4-7）。

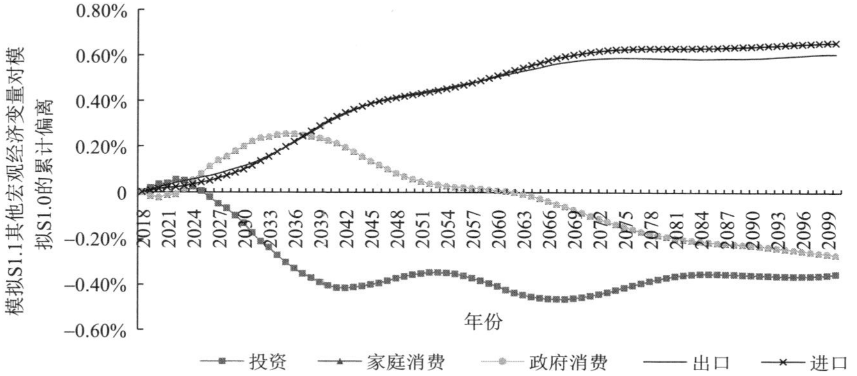

图 4-7　年龄消费模式变化对其他宏观经济变量的影响：模拟 S1.1 对模拟 S1.0 的累计偏离

2. 对部门就业的影响

模拟结果显示：到 21 世纪末，替代模拟 S1.1 下教育部门的就业将比基线模拟 S1.0 累计低 29.87%，而社会工作、居民服务及医疗卫生部门的就业将比基线模拟 S1.0 累计分别高 98.66%、14.36%和 42.49%；而对其他部门就业的影响相对都很小（图 4-8）。

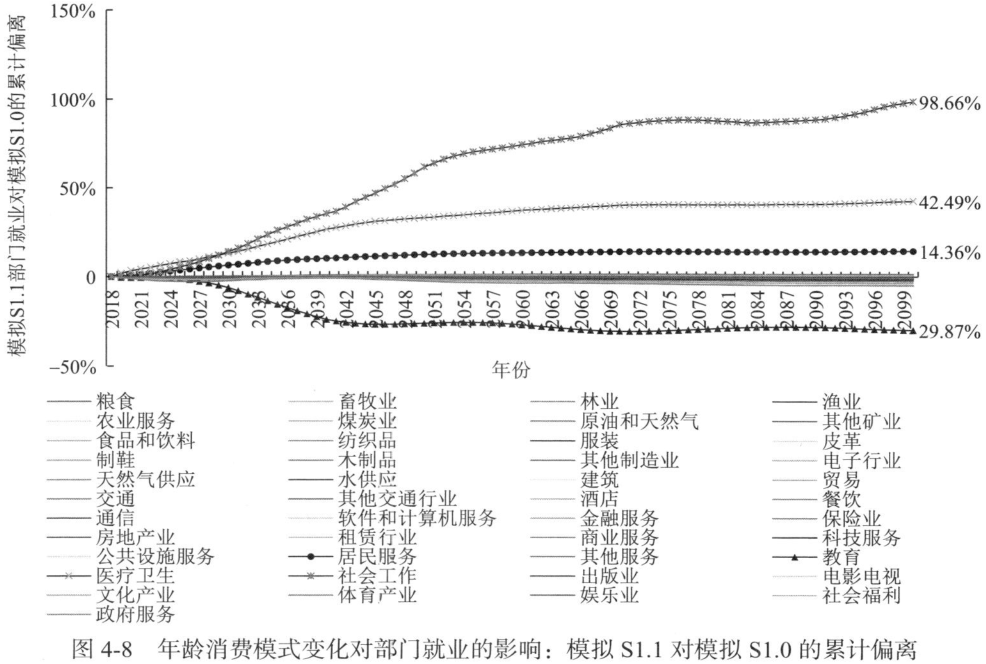

图 4-8　年龄消费模式变化对部门就业的影响：模拟 S1.1 对模拟 S1.0 的累计偏离

下文为了图表更加清晰可读，只将变动较大的四个部门列出，对其他影响相对较小的部门均删除

3. 对部门产出的影响

年龄消费模式的变化对教育、医疗卫生及长期照料服务的部门产出都产生了较大影响（图 4-9）。从模拟结果来看，到 21 世纪末，教育部门的产出将会比基线模拟 S1.0 累计降低 22.81%，而医疗卫生部门的产出将会比基线模拟 S1.0 累计高 41.48%，社会工作和居民服务[①]部门的产出将分别累计高 33.58%和 17.37%。

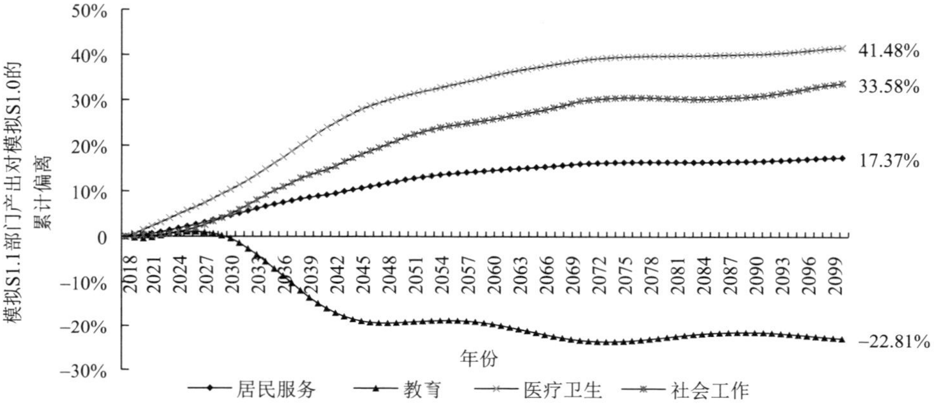

图 4-9　年龄消费模式变化对部门产出的影响：模拟 S1.1 对模拟 S1.0 的累计偏离

4. 对部门投资需求的影响

教育、医疗卫生、社会工作、居民服务这些部门的投资需求也会受到年龄消费模式的较大影响（图 4-10）。模拟结果显示，到 21 世纪末，替代模拟 S1.1 下教育部门的投资需求将比基线模拟 S1.0 累计低 24.86%，而医疗卫生部门的投资需

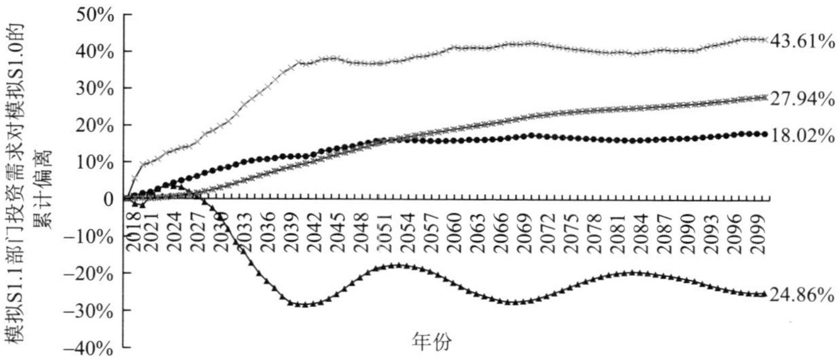

图 4-10　年龄消费模式的变化对部门投资需求的影响：模拟 S1.1 对模拟 S1.0 的累计偏离

① 在中国的投入产出表中，长期照料一部分计入社会工作，一部分计入居民服务。

求将比基线模拟 S1.0 累计高 43.61%，社会工作和居民服务的投资需求将比基线模拟 S1.0 分别累计高 27.94%和 18.02%。由于这四个部门的产出相对较小，且与其他部门的产业关联不强，所以在替代模拟中其他部门的投资需求受到的影响都很小。

5. 对家庭消费和政府消费的影响

教育、医疗卫生、社会工作与居民服务这些部门的家庭消费需求和政府消费需求都会受到较大影响。模拟结果显示，与基线模拟 S1.0 相比，到 21 世纪末，教育部门的家庭消费需求将降低 21.6%，医疗卫生部门的家庭消费需求将提高 25%，而社会工作和居民服务部门的家庭消费需求将分别提高 19%和 20%。其他部门的家庭消费需求受到的影响较小。

年龄消费模式对相关部门的政府消费需求也有较大影响。模拟结果显示，到 21 世纪末，与基线模拟 S1.0 相比，教育部门的政府消费需求将累计降低 26%，医疗卫生部门的政府需求将累计提高 68%，而社会工作部门的政府需求将累计提高 36%。同样，其他部门的政府消费需求受到的影响较小。

由于教育、医疗卫生、社会工作和居民服务四个部门在国民经济中所占的比重都相对较小（2012 年，教育、医疗卫生、社会工作和居民服务等部门的最终产品占最终产品的比例分别为 3.5%、1.9%、0.06%和 0.95%），加之教育部门与其他三个部门的变动方向相反可相互抵消，所以这些部门的年龄消费模式对宏观经济的影响不显著。不过我们认为，如果能获得更多的分部门年龄消费详细数据，并将年龄消费模式引入 CGE 模型，相关部门和宏观经济都将受到较大影响，这将是我们未来进一步研究的方向。

这一组替代模拟结果表明，当考虑年龄消费模式时，人口老龄化对不同部门产出的影响会表现出显著差异。与基线模拟 S1.0 相比，随着人口老龄化程度的加深，教育部门的产出显著下降，而医疗、社会工作和居民服务三个部门的产出会显著上升。

第二节　老龄社会经济特征：不同人口变动情景的模拟分析

本节模拟试图探讨的问题是：未来人口变动（主要取决于生育率变动）的不同情景，会对未来的经济特征产生什么样的影响或冲击？

在本节模拟中，基线模拟 S2.0 是在人口变动中方案情景下的（纳入年龄消费模式）CGE 模拟（等同于上述替代模拟 S1.1）结果，之后我们分别进行人口高方案情景下的 CGE 模拟（S2.1）和人口低方案情景下的 CGE 模拟（S2.2），并比较 S2.1 与 S2.2 模拟结果与基线模拟 S2.0 结果之间的偏离。

基线模拟 S2.0 等同于第一组模拟中的替代模拟 S1.1，其模拟结果的讨论请参见模拟 S1.1。下面我们重点讨论两个替代模拟 S2.1 和 S2.2。

一、替代模拟 S2.1：高方案对中方案的偏离

1. 对宏观经济影响

高方案情景下人口变动的 CGE 模拟（模拟 S2.1）结果显示，如果未来人口生育率提高，在长期内与中方案人口变动的基线模拟相比，有更大的人口总量和更年轻的年龄结构，那么将有利于促进经济增长。

首先，生育率的提高将增加未来的劳动年龄人口和劳动力供应，进而增加就业与资本。模拟结果显示，到 21 世纪末，模拟 S2.1 下就业将比基线模拟 S2.0 累计增加 36.17%，资本存量将累计增加 14.87%，实际 GDP 将累计增加 22.23%，同时实际工资将比基线模拟 S2.0 累计降低约 29.57%。值得说明的是，如果老龄社会 CGE 模型能充分考虑制造业产品在国际市场中的竞争，实际工资的下降就会比此情景下的模拟结果平缓。

其次，生育率的提高会刺激投资需求与促进家庭消费、政府消费需求的增加，资本的增长又会刺激投资需求的增加。从支出构成来看，模拟结果显示：到 21 世纪末，投资需求将比基线模拟 S2.0 累计增加 14.5%，家庭消费需求和政府消费需求将比基线模拟 S2.0 累计增加 18.0%，出口和进口需求将分别累计增加 29.8%和 18.0%。替代模拟 S2.1 与基线模拟 S2.0 的偏离程度请见图 4-11 和图 4-12。

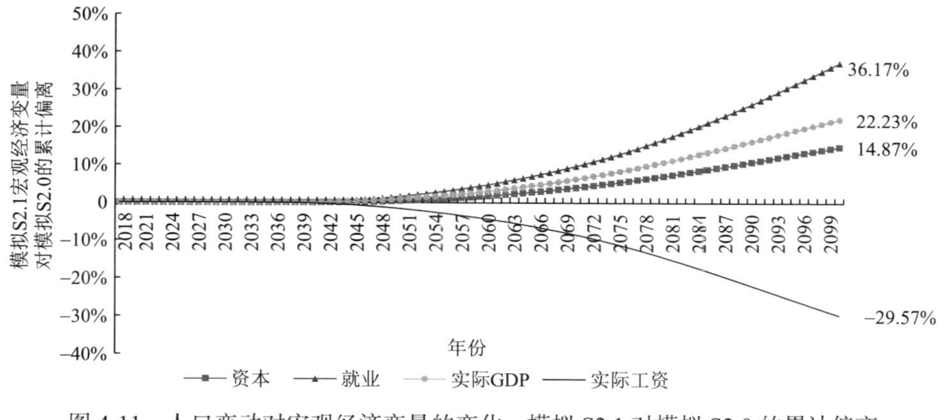

图 4-11　人口变动对宏观经济变量的变化：模拟 S2.1 对模拟 S2.0 的累计偏离

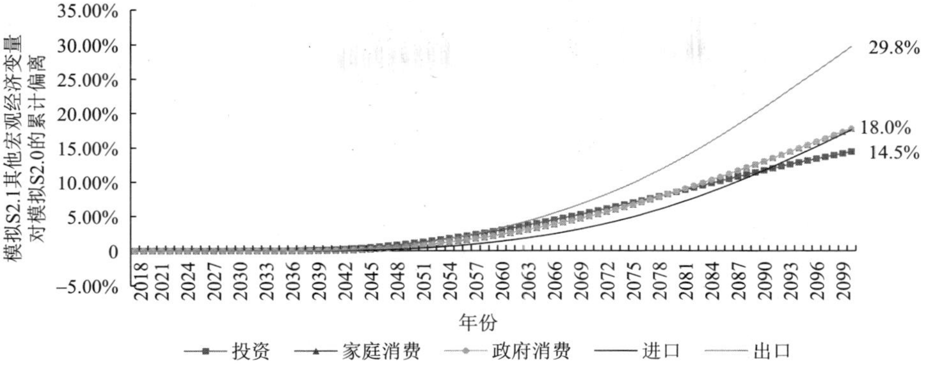

图 4-12　人口变动对其他宏观经济变量的变化：模拟 S2.1 对模拟 S2.0 的累计偏离

2. 对部门就业的影响

替代模拟 S2.1 较快的人口增长会促使所有部门就业的增长，对人口年龄结构变化比较敏感的部门，如教育、医疗卫生、居民服务及社会工作等部门的影响则比其他部门更为显著。模拟结果显示：到 21 世纪末，替代模拟 S2.1 教育部门的就业将比基线模拟 S2.0 累计高 77.02%，居民服务部门的就业将比基线模拟 S2.0 累计高 39.57%，而医疗卫生和社会工作部门的就业将比基线模拟 S2.0 分别累计高 17.64%和 12.71%（图 4-13）。

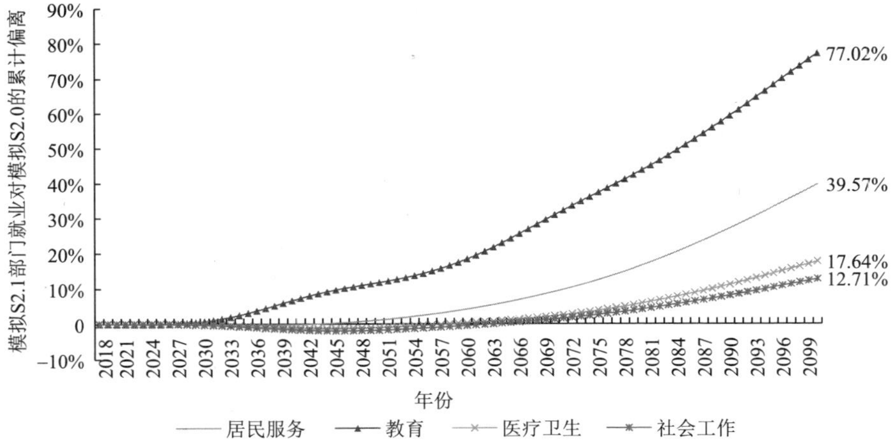

图 4-13　人口变动对部门就业变化的影响：模拟 S2.1 对模拟 S2.0 的累计偏离

3. 对部门产出的影响

高方案下人口变动（替代模拟 S2.1）不但会促进宏观经济的增长，也会促使几乎所有部门产出的增加（图 4-14）。相对于 S2.0 而言，S2.1 模拟中有较大的人口总量和较年轻的年龄结构，使教育部门的增长尤为明显。模拟结果显示：到 21 世纪末，与基线模拟 S2.0 相比，教育部门的产出将累计提高 61.29%，医疗卫生部门的产出将累计提高 6.34%、社会工作部门的产出将累计提高 9.87%。

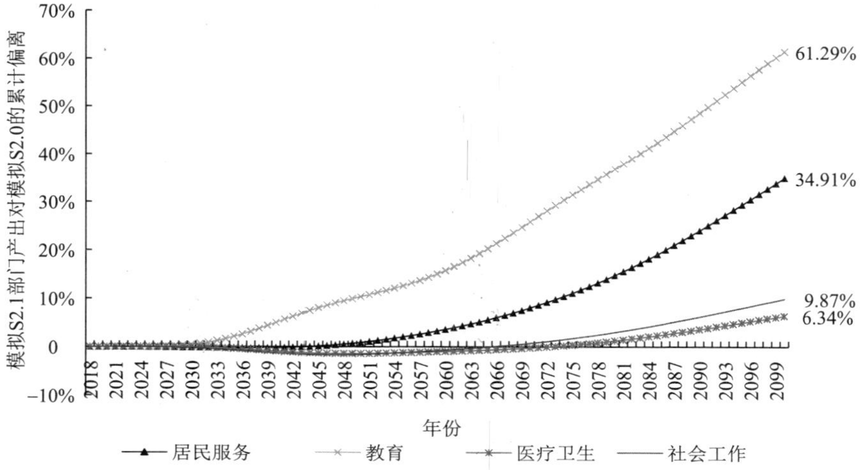

图 4-14　人口变动对各部门产出变化的影响：模拟 S2.1 对模拟 S2.0 的累计偏离

4. 对部门投资需求的影响

较快的人口增长会刺激几乎所有部门投资需求的增长（图 4-15）。模拟结果显示：到 21 世纪末，与基线模拟 S2.0 相比，教育部门的投资需求将累计提高 62.62%。但是医疗卫生部门的投资需求将累计略有增长（提高 0.81%），社会工作部门的投资需求则累计有所下降（降低 3.36%）。除社会工作外，居民服务、教育、卫生部门的家庭消费需求影响与投资需求的影响类似（图 4-16）。

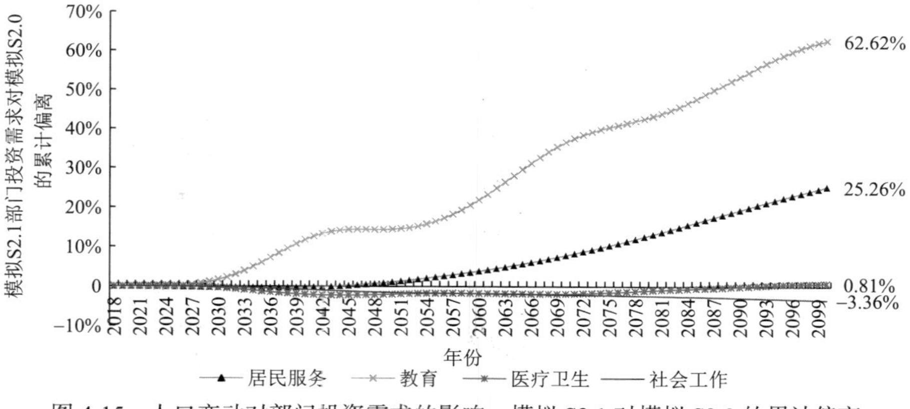

图 4-15　人口变动对部门投资需求的影响：模拟 S2.1 对模拟 S2.0 的累计偏离

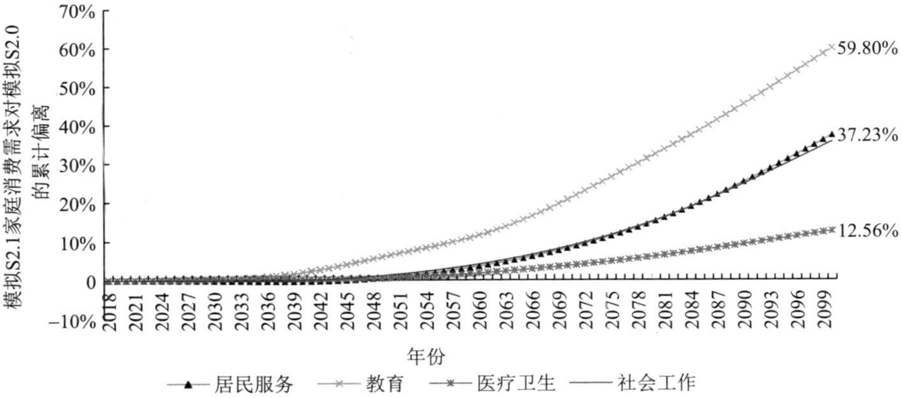

图 4-16　人口变动对家庭消费需求的影响：模拟 S2.1 对模拟 S2.0 的累计偏离

5. 对政府财政支出的影响

相对较快的人口增长将通过以下两方面缓解对政府公共财政的压力。第一，通过增加就业人口缓解政府养老金账户的亏空程度（图 4-17）；第二，通过拥有较年轻的人口结构减少对医疗和老年人长期照料的需求，进而减少政府公共财政压力。然而，由于人口总量相对基线模拟 S2.0 增加了，对教育、医疗需求增加了，因此对政府公共财政的最终影响是这几方面因素共同作用的结果（图 4-18）。

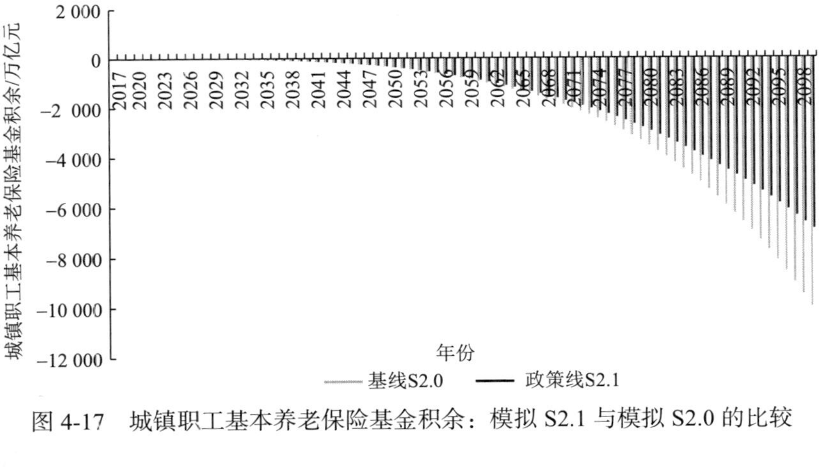

图 4-17　城镇职工基本养老保险基金积余：模拟 S2.1 与模拟 S2.0 的比较

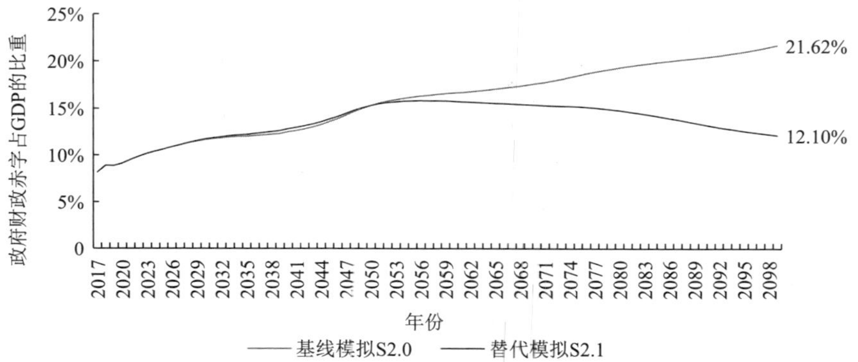

图 4-18　政府财政赤字占 GDP 的比重：模拟 S2.1 与模拟 S2.0 的比较

二、替代模拟 S2.2：低方案对中方案的偏离

1. 对宏观经济影响

在低方案情景下（替代模拟 S2.2），经济增长将放缓，社会保险和公共财政将面临更大财务压力。

首先，生育率的下降将会进一步减少未来的劳动力人口，进而减少就业与资本。模拟结果显示：与基线模拟 S2.0 相比，到 21 世纪末，S2.2 的就业将累计下降 35.85%，资本存量将累计下降 20.61%，实际 GDP 将累计下降 27.56%，但实际工资将提高约 43.76%（图 4-19）。

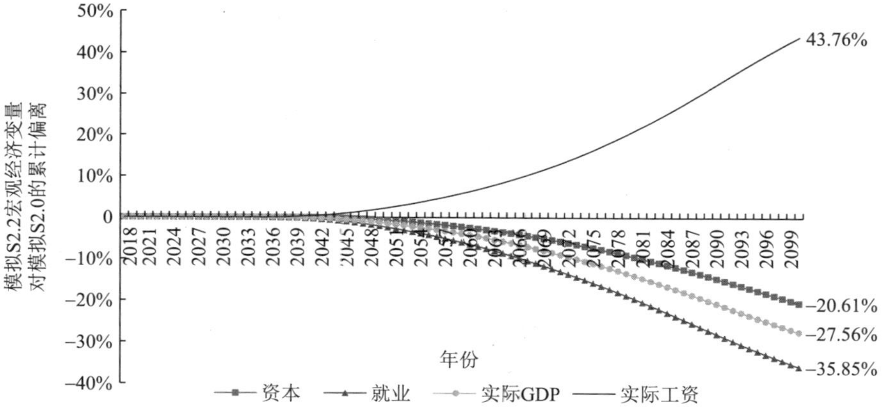

图 4-19　人口变动对宏观经济变量的影响：模拟 S2.2 对模拟 S2.0 的累计偏离

其次，资本的减少会引起投资需求、消费需求与进出口需求的下降。模拟结果显示：到 21 世纪末，与基线模拟 S2.0 相比，模拟 S2.2 的投资需求将累计减少 20.08%，家庭消费需求和政府消费需求将累计下降 23.42%，出口和进口需求将分

别累计下降 31.46%和 16.15%（图 4-20）。

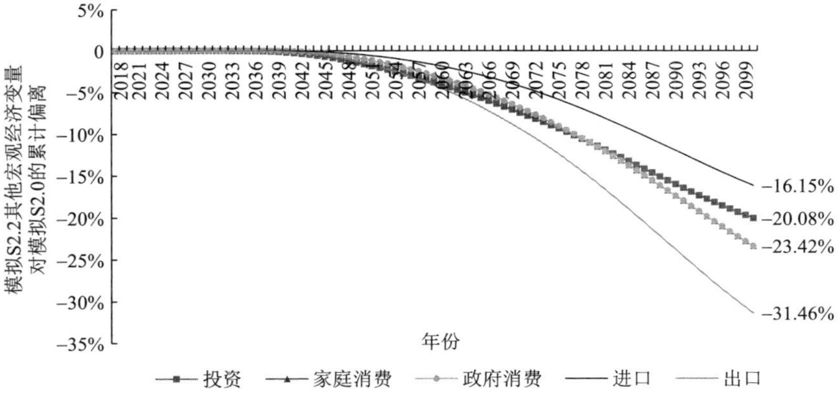

图 4-20　人口变动对其他宏观经济变量的影响：模拟 S2.2 对模拟 S2.0 的累计偏离

2. 对部门就业的影响

人口低方案中较慢的人口增长将对几乎所有部门的就业产生负面影响，对人口年龄结构变化比较敏感的部门，如教育、医疗卫生及社会工作等部门的影响更为显著。模拟结果显示：到 21 世纪末，教育部门的就业将比基线模拟 S2.0 累计低 51.61%，而医疗卫生、社会工作及居民服务部门的就业将分别比基线模拟 S2.0 累计低 21.67%、20.09%和 36.27%（图 4-21）。

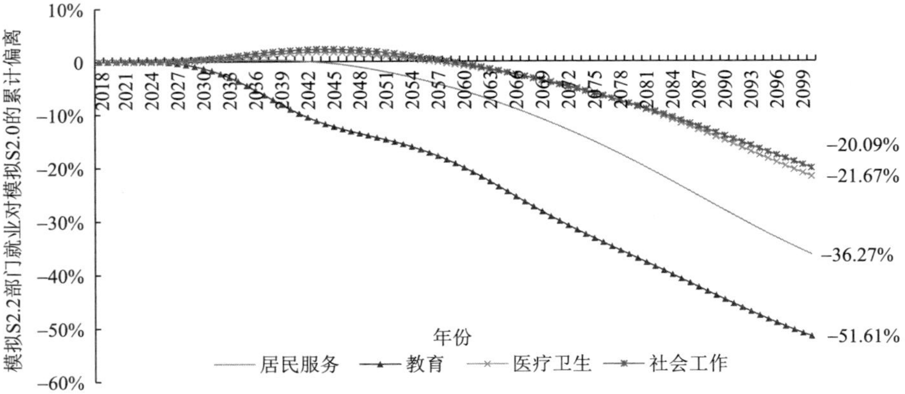

图 4-21　人口变动对部门就业的影响：模拟 S2.2 对模拟 S2.0 的累计偏离

3. 对部门产出的影响

低方案情景不但会减缓经济增长速度，而且会阻碍几乎所有部门的增长。模拟结果显示：到 21 世纪末，与基线模拟 S2.0 相比，替代模拟 S2.2 的教育部门产出将累计下降 46.73%，医疗卫生部门的产出将累计下降 13.19%（图 4-22）。虽然替代模拟 S2.2 的人口总量更小，但是更加老龄化的人口结构却在一定程度上推高了对医疗卫生的需求。在替代模拟 S2.2 中，社会工作部门产出的累计偏离与医疗卫生部门类似。显然由于替代模拟 S2.2 的人口老龄化水平更高，对老年人长期照料需求也相应更高。

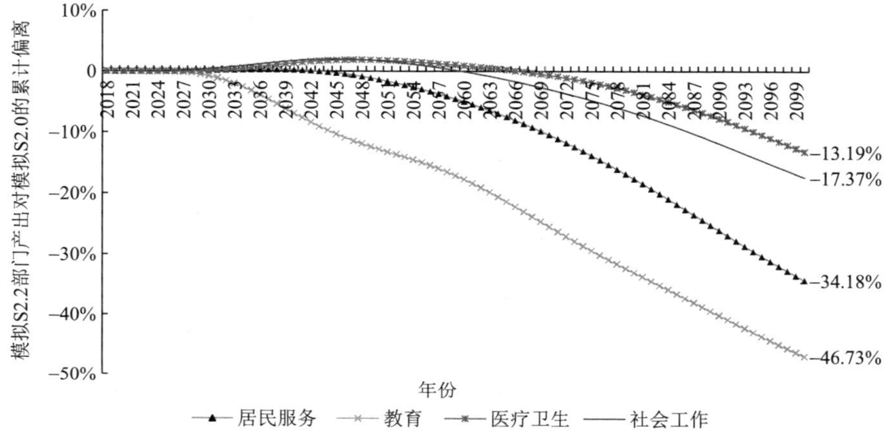

图 4-22　人口变动对部门产出的影响：模拟 S2.2 对模拟 S2.0 的累计偏离

4. 对部门投资需求的影响

较慢的人口增长会减少对几乎所有部门的投资需求。模拟结果显示：到 21 世纪末，与基线模拟 S2.0 相比，替代模拟 S2.2 对教育的投资需求将累计下降 50.56%，对社会工作的需求累计下降 1.3%（图 4-23）。对家庭消费需求的影响与对投资需求的影响类似（图 4-24）。

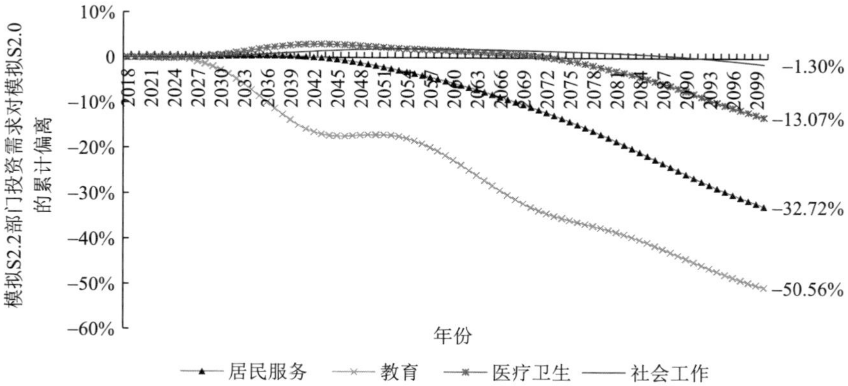

图 4-23　人口变动对部门投资需求的影响：模拟 S2.2 对模拟 S2.0 的累计偏离

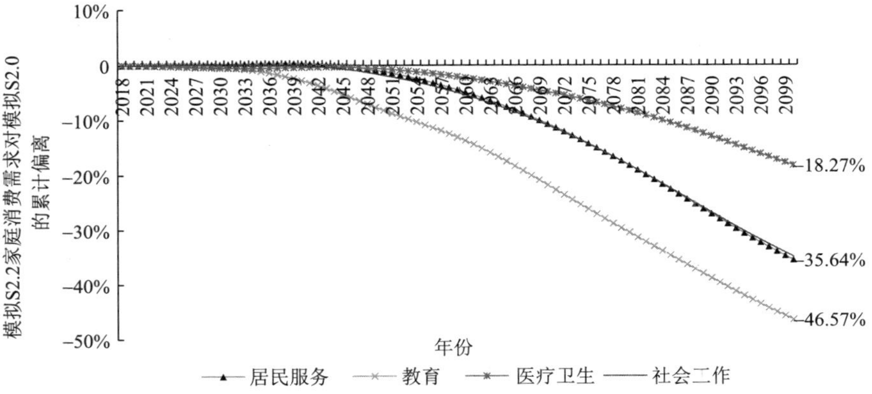

图 4-24　人口变动对家庭消费需求的影响：模拟 S2.2 对模拟 S2.0 的累计偏离

5. 对政府财政支出的影响

相对较慢的人口增长可通过以下两方面增加对政府公共财政的压力。第一，通过减少就业人口进一步加重政府养老金账户的亏空程度（图 4-25）；第二，通过更老化的人口年龄结构增加对医疗和老年人长期照料的需求，进而增加对政府公共财政的压力。但是由于人口总量相比基线模拟 S2.0 减少，对教育、医疗需求也会相应减少。对政府公共财政的最终影响是这几方面因素共同作用的结果（图 4-26）。

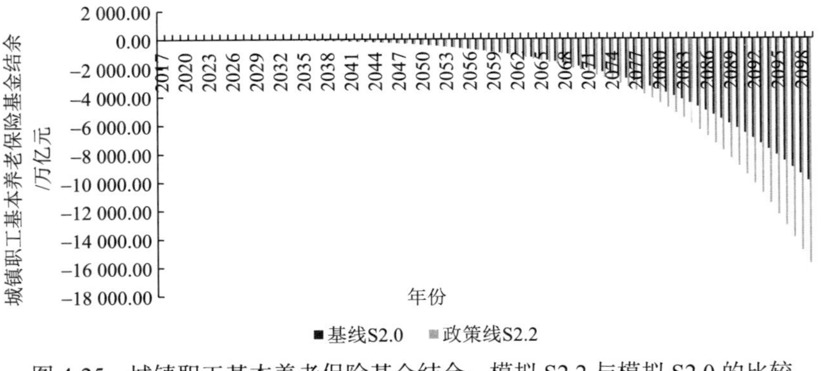

图 4-25　城镇职工基本养老保险基金结余：模拟 S2.2 与模拟 S2.0 的比较

模拟的结果表明，与人口变动中方案情景下的基线模拟相比，人口变动高方案情景下的替代模拟（S2.1）有更好的经济表现，社会支持体系的可持续性也更好。相反，人口变动低方案情景下的替代模拟（S2.2）的经济和社会支持体系的表现则差得多。这一组模拟的政策含义是明确的：我们需要努力提升生育率来提升我国未来长期发展的可持续性，而努力避免生育率过低的风险。

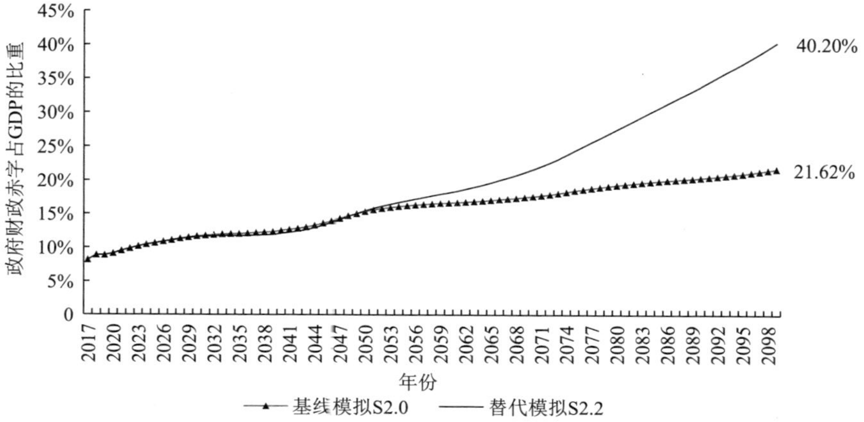

图 4-26　政府财政赤字占 GDP 的比重：模拟 S2.2 与模拟 S2.0 的比较

第五章　老龄社会的养老保险与公共债务可持续性

第一节　中国养老保险与公共债务

一、现行基本养老保险制度

我国社会基本养老保险制度历经多年的改革与发展，建立了覆盖城乡的基本养老保险制度。2011 年 7 月 1 日开始实施的《中华人民共和国社会保险法》将“社会统筹与个人账户相结合”确立为我国社会养老保险的制度模式。

为了对我国基本养老保险制度有较全面的认识，表 5-1 梳理了我国基本养老保险制度改革的时间表。

表 5-1　我国基本养老保险制度改革时间表

<table>
<tr><th>覆盖范围</th><th>养老金并轨</th><th>基本养老保险类型</th><th colspan="2">国发文件</th></tr>
<tr><td rowspan="4">就业人群</td><td rowspan="4">企事业单位</td><td rowspan="2">企业职工基本养老保险</td><td colspan="2">国发〔1997〕26 号《国务院关于建立统一的企业职工基本养老保险制度的决定》</td></tr>
<tr><td colspan="2">国发〔2005〕38 号《国务院关于完善企业职工基本养老保险制度的决定》</td></tr>
<tr><td rowspan="2">机关事业单位工作人员养老保险</td><td colspan="2">国发〔2008〕10 号《国务院关于印发事业单位工作人员养老保险制度改革试点方案》</td></tr>
<tr><td colspan="2">国发〔2015〕2 号《国务院关于机关事业单位工作人员养老保险制度改革的决定》</td></tr>
<tr><td rowspan="2">非就业人群</td><td rowspan="2">城乡居民</td><td>城镇居民社会养老保险（城居保）</td><td>国发〔2011〕18 号《国务院关于开展城镇居民社会养老保险试点的指导意见》</td><td rowspan="2">国发〔2014〕8 号《国务院关于建立统一的城乡居民基本养老保险制度的意见》</td></tr>
<tr><td>新型农村社会养老保险（新农保）</td><td>国发〔2009〕32 号《国务院关于开展新型农村社会养老保险试点的指导意见》</td></tr>
</table>

总结来看，就目前我国现行基本养老保险制度下的待遇模式而言，基本养老金由基础（统筹）养老金和个人账户养老金组成。其中，基本养老金根据个人累计缴费年限、缴费工资、当地职工平均工资、个人账户金额、城镇人口平均预期

寿命等因素确定。

就现行制度下的筹资模式而言，社会统筹层次采取现收现付制的筹资模式，但法律并没有明确规定个人账户到底是采用实账户还是名义账户，仅规定了个人账户的记账利率不得低于银行定期存款利率。通常来说，在筹资模式上，实账户采取基金制，名义账户采取现收现付制。按照 Holzmann 和 Palmer（2006）的定义，名义账户是一种具有精算公平功能的现收现付制缴费确定计划，缴费及其利息计入个人账户，记账利率反映现收现付制的内含回报率，以退休时个人账户累计余额除以反映预期寿命的年金系数计算个人的定期领取额，并终身发放。名义账户具备记账、精算公平和保险三大功能。与名义账户相比，实账户具备记账、精算公平、保险、基金积累与投资四大功能，实际上就是实账基金积累式的个人账户。因此，无论是采用名义账户还是采用个人账户，个人账户养老金终身发放的特征与寿险行业开发的生存年金①产品一样，这种特征决定了政府承担着养老金参保人群的聚合长寿风险。为此，政府需要在量化长寿风险的基础上，采用合适的调整机制，如鼓励缴费、推迟领取等方式以适应寿命延长对养老金待遇的调整，实现养老金个人账户的财务可持续。然而，目前我国现行基本养老保险的个人账户仅规定了记账利率和个人账户养老金计发月数②，如 60 岁退休人口的计发月数为 139 个月，采用的是确定年金支付方式。也就是说，我国基本养老保险的个人账户只具备记账功能，不具备精算公平和保险功能，也没有资金支持，可视为一种特殊意义下的名义账户。在实际中，个人死亡后，账户余额可以继承，长寿者个人账户余额用尽后，继续由统筹账户基金支付终身。因此，我国政府在养老金个人账户中并不承担长寿风险，仅在统筹账户中承担长寿风险。

综上所述，伴随着人口老龄化、老龄人口高龄化的进程，聚合长寿风险对我国基本养老保险制度的可持续发展影响日益凸显，量化聚合长寿风险对我国统筹账户养老金负债及财务可持续性变得越来越重要。鉴于此，本章基于对人口、经济和制度因素的考虑，选取不同的评估口径、评估期限和精算假设、评估模型及方法对未来 50 年我国城镇职工基本养老保险统筹账户基金支付缺口进行了测算分析，以期评估我国现行制度的财务可持续性，并量化长寿风险对现行制度的影响。

二、基本养老保险体系与公共债务的关系

步入老龄社会以后，养老保险的资金平衡将是制约一国财政可持续发展的重要因素。当前许多陷入主权债务危机的欧洲国家社会保障（包括养老和医疗）的

---

① 也称生命年金、或有年金（contingent annuities），属于不确定性年金产品范畴。

② 该计发办法从 2005 年公布后一直沿用至今，没有考虑长寿风险和养老金指数增长的影响。

可持续性正在受到质疑——不少人认为，保险待遇水平过高、支出费用过大，造成政府无法承担的财政和债务压力。中国的基本养老保险体系是否有朝一日同众多发达国家一样面临收不抵支的局面并加剧国家的债务负担？中国养老保险的负担能力也面临着老龄化的严峻挑战：中国是世界上唯一一个老年人口过亿的国家，并且老龄人口仍在以年均 2.7%的速度增长，其中 80 岁以上高龄人口增长速度更是接近 5%。在养老保险从“现收现付”到“部分积累”的转轨过程中，出现了保费拖欠、个人账户空账运行、隐性债务显性化、负担率高等问题，使得政府用于弥补资金缺口的各级财政补贴逐年增加（平均年增幅近 15%），也引起国人对养老保险体系可持续能力的担忧。

如何评价养老保险的可持续性呢？欧盟、世界银行都认为，一个可持续的养老金体系应该保证充足的资金支付能力、避免付出超出人们支付能力的高成本。但是纵观全球，真正实现养老保险账户自身平衡的国家极少，绝大多数政府需要对养老保险资金缺口进行补偿，从而造成了财政负担和公共债务问题。因此，本书提出一个更加宽松而实际的养老保险可持续性度量指标：养老金的筹集和发放必须考虑到未来 50～60 年的公共债务状况，养老保险的收支差异不会导致国家的公共债务超过某一警戒值。

在对养老保险制度可持续发展的研究上，已有文献大多集中于养老金体系收入和支出等基本财务测算。Sin（2005）在财政部和世界银行的支持下，利用世界银行开发的 PROST 软件和来自七省市的调查数据，估计出中国城镇企业未来 75 年的养老金缺口为 2001 年 GDP 的 141%。郭永斌（2013）建立了养老保险资金缺口精算模型，估算出从 2025 年中国养老保险系统开始出现资金缺口（618 亿元），到 2054 年这一缺口达到 8 万亿元，然后到 2089 年降到最低值 4.9 万亿元，之后又将上升到 2111 年的 7.5 万亿元；且缺口随着养老金替代率和养老金调整指数升高而增加，随贡献率提高而减少。王晓军和任文东（2013）同样建立了精算评估模型，得出的未来赤字却高得多：2035 年左右开始出现赤字，未来 50 年的长期综合精算平衡为–13.67%，未来总赤字达到 67.3 万亿元。一些学者对组成养老保险体系的具体账户也进行了预测。艾慧等（2012）估计中国养老保险统筹账户年度支付危机会在 2018～2036 年出现，如果没有外源性融资，仅靠制度本身的资金支持，统筹账户的财务可持续性将难以为继。社会保障课题组和闫海琪（2008）认为，如果不采取提高缴费率和适当降低退休金水平的措施，城市养老保险体系将不可持续，保险基金存量将于 2031 年枯竭。杨勇刚和姜泽许（2010）估算出中国城乡居民基本养老保险制度支出水平的适度界限为 GDP 的 46.7%～154%，这样，既能够保障劳动者退休后的生活水平，也不会加重个人、企业、政府的负担和损害养老保险制度的可持续运行。钱振伟等（2012）对新型农村社会养老保险可持续发展进行了仿真评估，认为未来 30 年左右养老金将会收不抵支，且通过调整基金收支约束变量以缓解基金缺口会与养老金的福利刚性发生冲突。薛惠元（2012）则要乐观许多，通过模拟预测中央、地方财政对新农保的年补助数额分别占中央、地方财政收入的比重，发现2010～2053年，只要中国经济能够实现持续稳定增长，中央和地方财政都可以负担得起新型农村社会养老保险的财政补助。

国外学者已经开始关注社保系统与公共债务的关系。Kato（2002）以日本为例对未来60 年进行预测，结论是养老金支出占GDP比重的增长率与公共债务均衡值成正比，同时与各世代居民福利水平成反比。Ono（2003）指出政府通过发行债务为老龄化压力下的社保系统筹资时，可能使经济进入两种不同的均衡状态，因而养老保险改革措施在不同均衡下将对公共债务存量产生截然不同的影响。van Groezen 等（2003）认为，实施养老保险必须伴随着生育津贴，才能保证代际转移的公平性和长期的财政收入来源，避免未来公共债务滚雪球似的积累。Yakita（2008）认为，公共债务初始水平存在一个门槛值，如果低于门槛，政府可以长期通过赤字政策和债务手段维持社保系统的运行。

第二节 一般均衡框架下含养老保险与公共债务的OLG模型构建

一、OLG模型构建

模型以OLG模型（Diamond，1965）为基础，结构类似Auerbach和Kotlikoff（1987）的研究，选择40年作为时间跨度。假设居民只存活2个时期——成年期和老年期，40 年为一个时期，幼年期抽象为成年期的支出负担。T为时期；t为具体年份；第t年人口数量为L_t，且$L_t=(1+n)L_{t-1}$；上标A为成年居民（21～60岁）；O为老年居民（61～100岁）；在每一年t中成年和老年居民共同存活。

（一）居民部门

居民21岁开始工作，60岁退休；20岁以前完全依赖父母（作为额外消费负担且不产生效用）；成年居民作为唯一的劳动供给者，将时间在养育孩子和工作之间分配，将收入在消费和储蓄之间分配；老年居民没有劳动收入，储蓄与养老金是其主要消费来源。居民在毕生收入的约束下效用最大化，瞬时效用函数采取不变相对风险厌恶（constant relative risk aversion，CRRA）形式：

$$u(c_T^A,c_{T+1}^O)=u(c_T^A)+\beta u(c_{T+1}^O)=\frac{(c_T^A)^{1-\theta}}{1-\theta}+\frac{1}{1+\rho}\frac{(c_{T+1}^O)^{1-\theta}}{1-\theta} \tag{5-1}$$

$$d_0 = d_t\left(\frac{1+r}{1+n}\right)^{-t} - \sum_{s=1}^{t}\frac{\text{ps}}{(1+n)^2} - (\tau_i + \tau_s)\left(\delta - \frac{1}{n}\right)w_{t+s-1}\left(\frac{1+r}{1+n}\right)^{-s} \tag{5-10}$$

其中，$g_t + \frac{\text{ps}}{(1+n)^2} - (\tau_i + \tau_s)\left(\delta - \frac{1}{n}\right)w_t$ 为政府当年的人均基础财政收支余额的相反数。这样，即使政府实现了预算平衡，只要 $1+r>1+n$、资本回报率高于人口增长，人均债务仍将上涨。因此，当前大多数发达国家人口的停滞甚至是负增长，也是其政府债务不断积累的原因之一。

（五）均衡条件

资本市场的均衡条件为，劳动者的储蓄与养老保险缴费之和等于下一年的资本存量：

$$k_{t+1} + d_{t+1} = \frac{sy_t + \tau_s w_t}{1+n_t} \tag{5-11}$$

产品市场的均衡条件为，总需求等于总供给：

$$y_t = c_t + g_t + k_{t+1} - k_t \tag{5-12}$$

二、养老保险与公共债务的动态演化

根据式（5-10）债务曲线的斜率和截距，人均公共债务的长期演化分为四种情况。

（1）如果 $\frac{1+r}{1+n}>1$ 且 $\frac{\text{ps}}{(1+n)^2} - (\tau_i + \tau_s)\left(\delta - \frac{1}{n}\right)w_t > 0$（基础财政赤字），曲线 d 和 45 度线无限发散，不存在稳定均衡状态。如果人口增长率小于利率且财政基本收支余额为负，公共债务将持续增长，政府预算无法满足非庞齐博弈条件。因此，需要降低养老金支付额或者提高税费率以保证社会保障体系的可持续性。

（2）如果 $\frac{1+r}{1+n}<1$ 且 $\frac{\text{ps}}{(1+n)^2} - (\tau_i + \tau_s)\left(\delta - \frac{1}{n}\right)w_t > 0$（基础财政赤字），曲线 d 和 45 度线相交，公共债务存在稳态长期均衡。即使政府存在赤字，如果人口增长超过利率，那么公共债务也能够收敛于一个长期均衡值。

（3）如果 $\frac{1+r}{1+n}>1$ 且 $\frac{\text{ps}}{(1+n)^2} - (\tau_i + \tau_s)\left(\delta - \frac{1}{n}\right)w_t < 0$（基础财政盈余），曲线 d 和 45 度线相交，公共债务存在不稳定的均衡状态，其变动趋势取决于债务的初始水平。当初始债务 d_0 低于均衡值，债务 d_t 将不断减少，最终成为负值，财政出现盈余；相反，当初始债务 d_0 高于均衡值，债务 d_t 将持续增加。这说明，即使政府

财政收支余额为正，由于利率相对较高，对本息的支付也可能造成公共债务积累。

（4）如果 $\frac{1+r}{1+n}<1$ 且 $\frac{\text{ps}}{(1+n)^2}-(\tau_i+\tau_s)\left(\delta-\frac{1}{n}\right)w_t<0$（基础财政盈余），曲线 d 和 45 度线不相交，不存在稳态。政府财政存在基本收支盈余，并且人口增长率大于利率，公共债务持续减少。

综上，第 2 种、第 4 种情况代表了公共债务可持续发展。当 $1+n>1+r$，来自未来成年人的税收收入相对高于对包括养老金在内的社会资本的支付，人口增长对债务的稀释作用超过债务的还本付息。因此，随着时间的推移，人均债务量趋向稳定或不断降低。而人口增长率取决于居民的期望收入水平。由式（5-5）可知，居民领取的养老金 ps 越高，人口增长率 n 越高。这样看来，提高养老金替代率将产生两种效应：一方面直接增加了公共债务存量水平，这是一种即时而直接的影响；另一方面，通过提高居民一生期望收入从而促进出生率和人口增长率的增加，随着中青年居民相对于老年居民数量增长，税收收入也相对于养老金支付额有所增长，所以还存在一种降低公共债务的间接效应。因此，提高出生率进而提高人口增长率，是应对老龄社会公共财政压力的一种对策。

以上四种状态的图例描述见图 5-1。沿着情景 3—4—2—1 的顺序，养老金 ps 的增加改变着人均公共债务额的动态演化。当 ps 很小时，人口增长率相对较低（图 5-1 第Ⅲ象限），公共债务可能增加或降低，取决于其初始水平；当 ps 逐渐提高，人口增长率相对上升（图 5-1 第Ⅳ象限），公共债务持续下降。当 ps 继续

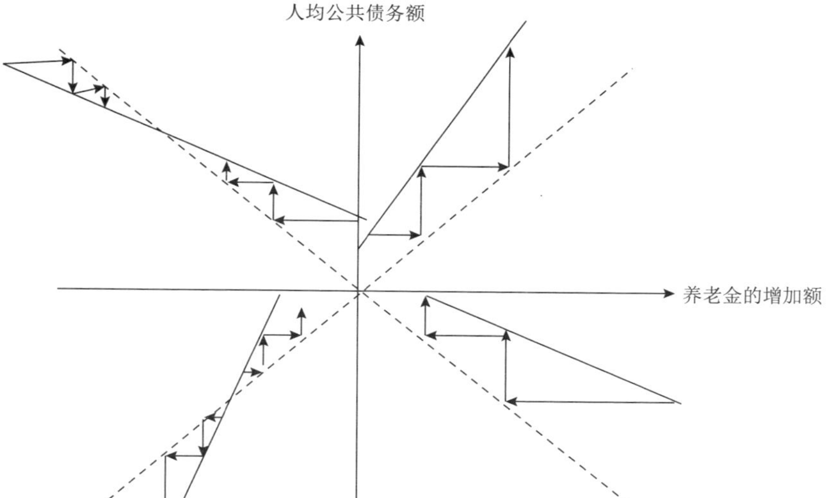

图 5-1　公共债务的四种演化动态

箭头表示变化方向，线条表示变化路径

增加并超过政府收入（图 5-1 第Ⅱ象限），公共债务将长期存在，并收敛于一个均衡值；随着 ps 持续上升，资本存量达到相当高的水平，利息支付额也随之高涨，财政赤字加剧（图 5-1 第Ⅰ象限），公共债务也呈现不断增长的趋势，社保体系不可持续，必须调整养老金支付数量或者替代率。

对于国家经济发展来说，完全不存在公共债务并非好事。因此，相对于情景 4，情景 2 更加理想——人均公共债务能够稳定在一定的合理水平，那么财政和社保体系便是可持续的。以上分析说明，尽管在传统印象中，养老保险会加重财政和社会负担，但它也能鼓励人口增长、扩大中青年劳动力规模，从而增加税收收入、减轻人均公共债务负担。如情景 1 和 3 所描述，养老金过低导致人口增长率过低，反而可能造成公共债务的不断积累，破坏财政的可持续性。因此，社会需要为居民提供充足的养老支持和保障，这样居民才能有足够的期望收入进行生养。

三、公共政策对债务长期均衡的影响

如果公共债务收敛于长期稳态，那么，养老保险是如何影响均衡状态的债务值呢？综合式（5-10）和式（5-11），将 d 和 k 写作它们一阶滞后值的线性函数：

$$d_t = B_1 d_{t-1} + B_2 k_{t-1} \qquad k_t = -B_1 d_{t-1} + B_3 k_{t-1} \tag{5-13}$$

其中：

$$B_1 = \frac{\rho\delta[(1+r)(1-\tau_i-\tau_s)+\eta]}{(1-\rho)\left(1-\tau_i-\tau_s+\frac{\eta}{1+r}\right)\left[\rho(1-\tau_i-\tau_s)-\frac{(1-\rho)\eta}{1+r}\right]}$$

$$B_2 = \frac{\delta\left[\frac{(1-\alpha)(1+r)(\tau_i+\tau_s)}{\alpha}-\frac{\eta}{(1+\rho)(1-\tau_i-\tau_s)+\frac{\rho\eta}{1+r}}\right]}{\rho\left(1-\tau_i-\tau_s+\frac{\eta}{1+r}\right)}+\frac{(1-\alpha)(1+r)}{\alpha}$$

两式相除，得到债务与资本之比：

$$\left(\frac{d}{k}\right)_t = \frac{B_1\left(\frac{d}{k}\right)_{t-1}+B_2}{-B_1\left(\frac{d}{k}\right)_{t-1}+B_3} \tag{5-14}$$

令$\left(\frac{d}{k}\right)_t=\left(\frac{d}{k}\right)_{t+1}$，得到稳态值$\left(\frac{d}{k}\right)^*=\left[B_3-B_1+\left((B_1-B_3)^2-4B_1B_2\right)^{1/2}\right]\Big/2B_1$。

由于$k=y^{1/\alpha}$，则公共债务与GDP比的长期均衡值和公共债务与资本之比成正比。$\left(\frac{d}{k}\right)_t$对养老金替代率的一阶导数如下：

$$\frac{\partial(d/k)^*}{\partial\eta}=\left[\frac{(1-\alpha)(1+r)}{\alpha}\right]^2\frac{\delta\dfrac{1-\tau_i-\tau_s}{1+r}}{(1-\rho)\left[1+\dfrac{B_1(B_2+B_3)}{(B_3-B_1)^2}\right]}>0 \tag{5-15}$$

由此可见，养老金替代率的上升将抬高公共债务率的长期均衡稳态值。即使公共债务满足长期收敛，仍需要将均衡值控制在某一警戒线之下，才能保证养老保险和财政的可持续运行。

第三节　基于OLG模型的中国养老保险与公共债务可持续性实证分析

一、数据说明与假设条件

2010年底，中共中央和地方政府债务规模为GDP的39%，那么未来中长期内，公共债务的走向将如何影响养老保险的平衡、经济发展和福利呢？这是接下来的模拟预测期待解决的问题。从2000年到2011年，中国人口自然增长率从7.58%下降到4.79%；而在过去10年，资本市场的真实回报率相对较低，全国社保基金的投资收益率基本为2.18%——粗略看来，满足公共债务收敛于长期稳态的条件。如前文所述，养老金支出的高低决定了长期债务均衡水平，如果换一种思路，假定公共债务的发展路径已知，在此基础上即可预测养老金的未来运行状况。预测区间设定为2011～2071年。

欧盟《马斯特里赫特条约》为各成员制定了债务不得超过GDP的60%的规则；世界银行在对债务可持续性进行研究时指出，类似美国、中国、加拿大等不过分依赖他国、经济独立性较强的大国，债务警戒门槛值可以适当提高到72%～75%。因此，本书假设中国公共债务在2011年和2071年将分别达到60%和75%的稳态值，在这两种情景下，即使养老保险存在收支缺口，也不会过分损害财政的可持续发展。作为参照，本书还建立基准情景：假设公共债务在预测期内基本维持在2010年底的水平。

中国现在正处在经济转型的过程中，资本市场相对不完善，假设在2020年之前真实贴现率为2%，2020年之后一直维持在3%。以下是对各关键变量所作的必要假设。

（一）人口预测

虽然上文模型通过居民最大化效用的决策来推导人口增长率 n，但是为了反映现实的老龄化趋势，在预测中仍然将其作为外生变量。2011～2070年中国人口数量和结构变动的预测值来源于世界银行的PROST软件分析结果（Sin，2005），如表5-2所示。

表5-2　预测期人口结构变化

人口结构	2011年	2020年	2030年	2040年	2050年	2060年	2070年
总人口/万人	136 598.7	144 926.7	148 291.5	151 227.6	151 200.6	150 356.0	148 642.2
0～19岁	20.0%	20.3%	17.7%	18.1%	18.3%	18.1%	18.0%
20～60岁	58.3%	52.3%	50.1%	46.7%	45.3%	45.1%	44.9%
60岁以上	21.7%	27.4%	32.2%	35.1%	36.4%	36.8%	37.1%
老年抚养比	37.2%	52.5%	64.3%	75.2%	80.3%	81.4%	82.6%

资料来源：Sin（2005）

注：数据经过四舍五入，相加与100%有误差

（二）宏观经济假设

实际经济增长率由模型内生决定，同时在一定程度上决定了实际工资增长率：假定2011年实际工资增长比GDP快5个百分点，而这种差异将到2070年匀速消失殆尽。通货膨胀率在预测期内保持在3%。社保缴费率 τ_s 设定为工资的28%，而代表政府财政政策的关键变量——平均综合税率 τ_i 则作为内生变量。

（三）政府债务假设

公共债务包括中央和地方政府债务。审计署2011年底公布的地方政府债务规模为10.72万亿元，由于缺乏精准估计地方债务变动趋势的机制，本书假设地方债务实际值在未来保持不变。其他难以确定的隐形债务和或有债务，如国有企业亏损的转嫁、对国有银行和其他金融机构不良资产及呆坏账的救助与粮食企业亏损挂账等，本书不予考虑。根据人力资源和社会保障部2012年发布的《2011年度人力资源和社会保障事业发展统计公报》，2011年末基本养老保险基金累计结存19 497亿元，因此预测期以前公共债务也不含社会保障欠款和养老金收支缺口。

2000～2011年公共支出占GDP比重维持在GDP的20%左右，假设这一比例在预测期内仍将延续；2010年末中国公共债务实际水平为GDP的39%。模型预

测依据公共债务水平分为三个情景：公共债务与 GDP 之比的长期稳态均衡值分别收敛于 41%（情景 1）、60%（情景 2）、75%（情景 3），具体变动情况见表 5-3。

一般政府支出包括中央和地方政府消费、公共投资和转移支付，但对社保账户的转移不包含在内。假设政府消费、转移支付的增长与人口老龄化的速度保持一致。

表 5-3　公共债务与 GDP 之比的三种情景

年份	情景 1 债务水平不存在明显提升	情景 2 逐步上升但低于欧盟规定的警戒值	情景 3 逐步上升但低于世界银行计算的警戒值
2010	39%	39%	39%
2011	39%	42%	48%
2015	40%	47%	55%
2020	40%	51%	62%
2025	40%	55%	68%
2030	41%	57%	71%
2035	41%	58%	72%
2040	41%	59%	73%
2045	41%	60%	74%
2050	41%	60%	75%
2055	41%	60%	75%
2060	41%	60%	75%
2065	41%	60%	75%
2070	41%	60%	75%

二、情景模拟与预测分析

（一）模拟情景建立

本书比较了三种不同长期公共债务水平下的宏观经济发展路径。情景 1 假设未来公共债务与 GDP 之比收敛到 120%，这代表将债务指标长期稳定维持在当前的水平。情景 2 假设公共债务与 GDP 之比将增长到更高的稳态值 150%，高于当前的实际值，反映了政府在未来中长期最可能面对的局面。情景 3 假设公共债务与 GDP 之比将逐渐下降至 90%，低于当前的实际值，代表政府降低公共投资以减少未来的赤字和债务。

（二）预测结果分析

模拟结果显示，人均收入的最高值出现在债务水平最高的情景 3 中；但未来高额的利息支付也提高了税率和利率。因此，这种伴随着高赤字的高增长既无法持续，也没有提高未来世代的福利。下文详细分析了税收、利率、人均 GDP 等主要内生变量，以及养老金收支、效用指标在预测区间的变动情况。

1. 利率和人均收入变动

利率的未来变动趋势决定了资本边际生产率、投资水平、消费代际替代规模及政府利息支出。图 5-2 说明，未来均衡状态的利率高低与政府债务水平成正比，债务比重为 75%、60%、41%时对应的长期均衡利息率分别为 2.94%、2.79%和 2.63%。当政府债务较高时，公共投资和生产性公共资本存量也比较高，私人资本占资本总量比重则较低，私人资本会被政府赤字或债务所挤占。

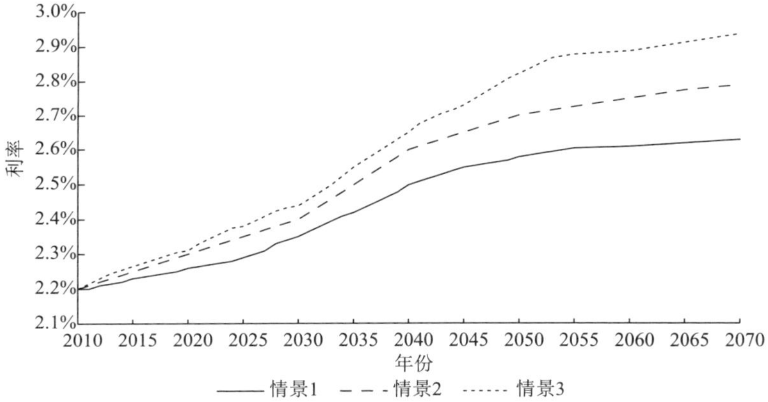

图 5-2　三种情景下的利率

人均收入的变化相对复杂。如图 5-3 所示，三种情景在初期都经历了人均收入的稳定增长。其中情景 3 在公共投资的驱动下增速最快，情景 2 次之，但增长仅持续到 2020～2025 年左右，之后便逐渐下滑。出现这种情况的原因有二：第一，老龄化程度加深使劳动力供给减少（本书假设不存在技术进步）；第二，财政赤字对私人投资的挤出效应逐渐取代了公共投资的增长效应。情景 1 由于公共债务负担较轻，因此增长期持续到 2040 年。根据传统的宏观经济分析思路，公共债务水平越高，国民储蓄越低，对私人投资的挤出作用越强，资本积累乃至国民收入越低，图 5-3 正印证了这一点：进入老龄化高峰期以后，代表最高债务指数的情景 3 的人均收入水平降到另外两个情景之下。然而这一趋势在未来远期又发生转变，大约在 2050 年以后，情景 3 人均收入重新超过情景 2，后又超过情景 1。对于这样的变动趋势，这里可以做这样的解释：在 OLG 模型中，居民为了实现一生的效用贴现值最大，需要在当前（中青年）消费和未来（老年）消费间进行决策，高利率意味着养老金收益的现值降低，故而居民将增加中青年时期的储蓄；面对大量的公共债务及待偿还利息，政府必须提高所得税率以增加支付能力，考虑到老年期退休收入不交所得税，年轻居民愿意将更多的收入进行储蓄以提高终生财富和消费水平，这样高税率和利率对资本供给及积累能够产生一定的刺激作用。随着时间推移，情景 3 中上述积极效应足以抵消大规模代偿公共债务带来的负面影响，会对未来公共债务增长速度下滑起到一定的抑制作用。

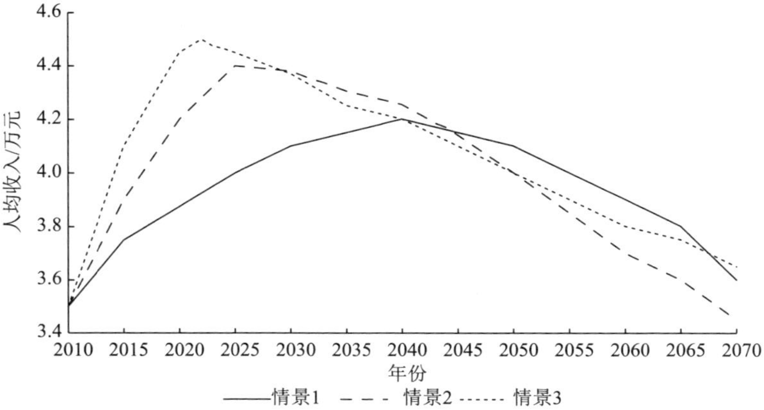

图 5-3　三种情景下的人均收入

2. 税收负担率变动

为了长期维持高额财政赤字及债务，政府需要连续提高税率用于支付大量利息，所以税收负担与政府的债务政策息息相关。图 5-4 描绘了不同情景下的逐年税收负担率——税收总量与 GDP 之比。在预测期最初几年，各情景的税收负担率并未产生明显差异；2035 年以后，情景 3 的税收负担率显著提高，增速也不断加快，情景 1 的税收负担率最低，情景 2 居中；2050 年之后，情景 3 的税收负担率

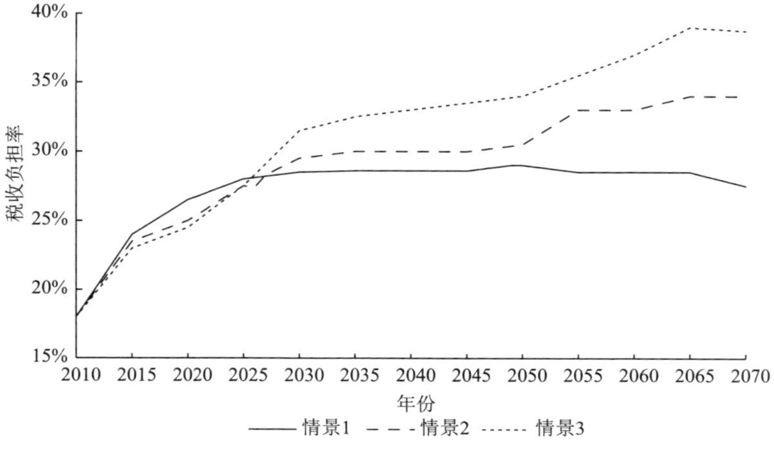

图 5-4　三种情景下的税收负担率

增速逐渐放缓，但仍高于其他两个情景。情景 1、情景 2、情景 3 税收负担在预测期内最高将分别上升到 28%、34%和 39%。

3. 效用水平变动

t 世代居民的效用水平指数为

$$EV_t = \frac{m(p^b;p^a,y^a)}{m(p^b;p^b,y^b)}$$

$$m(p^b;p^a,y^a) = E\left(p^b,V(p^a,y^a)\right) \tag{5-16}$$

其中，m 为货币度量间接效用函数；E 为支出函数；V 为间接效用函数；p 为价格向量，包含利率、工资率、税率；y 为收入；上标 b 和 a 分别为基准情景和或然情景。本书的基准为情景 1（债务指数 41%）：如果 $EV>1$，说明或然情景下的债务水平更有益于世代 t 的效用。这样，EV 衡量了不同公共债务政策对某一世代的福利影响。如图 5-5 所示，横坐标代表居民出生年份，纵坐标则表示情景 2 和情景 3 对情景 1 的相对效用，结果说明，如果以 41%的均衡债务水平为基准，债务比率升高将使绝大多数世代福利受损。

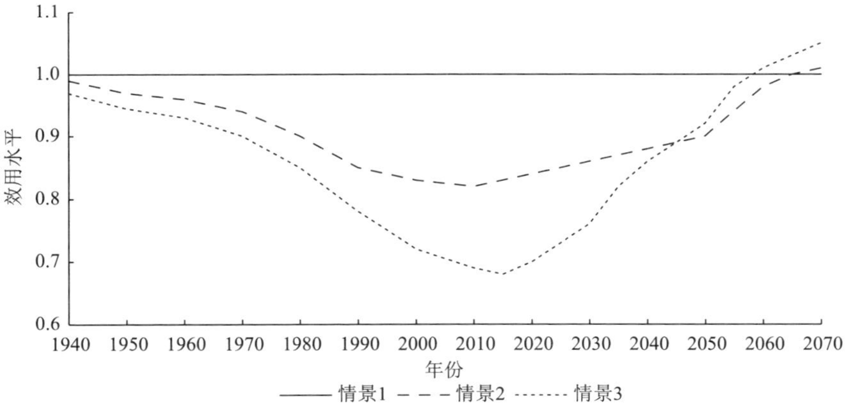

图 5-5　三种情景下的效用水平

在情景 2 和情景 3 中，2056 年以前出生居民福利均有所降低，损失幅度随世代推移呈现"U"形，最低点出现在 2010～2020 年。根据前文分析结果，2020 年以前，高水平的公共债务虽然能够贡献较高的人均收入，但偿债压力和税率升高带来的负面影响却最终降低了实际可支配收入；之后，资本积累的降低导致人均收入下降，进一步损害了居民效用。

但是，高公共债务政策的好处在未来远期内将逐渐显现。2045 年以后情景 3 的福利逐渐超过情景 2，2060 年以后甚至跃升到情景 1 之上；而情景 2 也在接近 2070 年的时候由福利损失转为福利提高。由于高利率对私人资本集聚能够产生一定的刺激作用，经过长时期的积累，其正面效应超过税率上升和偿付公共债务利息的负面效应，进而提高了未来世代居民的收入，高债务水平下的效用将最终得以提升。

4. 养老金收支变动

在通过假设给定各年公共债务和公共支出比重的前提下，根据式（5-10）可算得养老金给付数量 ps 。图 5-6 展示了各情景下养老金收入、养老金支出及养老金缺口情况及养老金缺口占 GDP 的比重，公共债务长期均衡值越高，养老金给付水平越高，对应预测期内养老保险收支缺口越大，因为政府需要更多地通过发债为养老金支付进行融资。情景 1 中，2010 年到 2030 年，养老金收入和支出均稳定增长，且前者速度快于后者，每年都有结余；之后 GDP 增速下降导致缴费额增长放慢，而发放额增长继续，盈余渐渐缩小，并于 2040 年首次出现收不抵支，赤字将在 2070 年扩大到 34.8 万亿元。

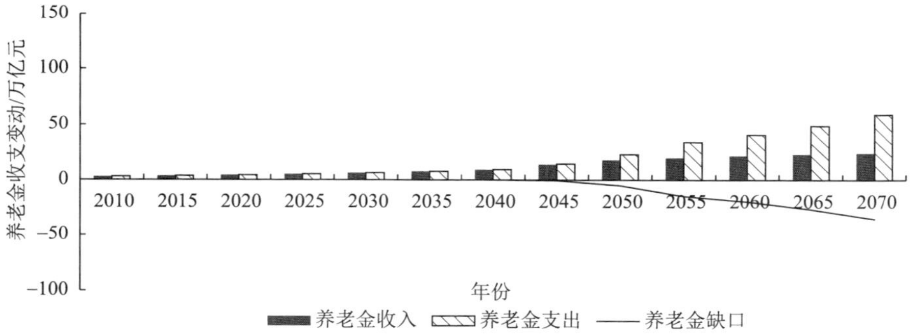

(a) 情景1：公共债务收敛于41%时

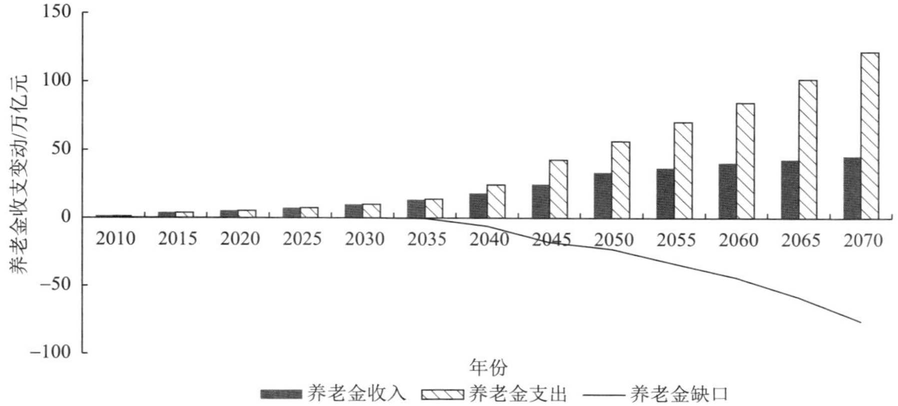

(b) 情景2：公共债务收敛于60%时

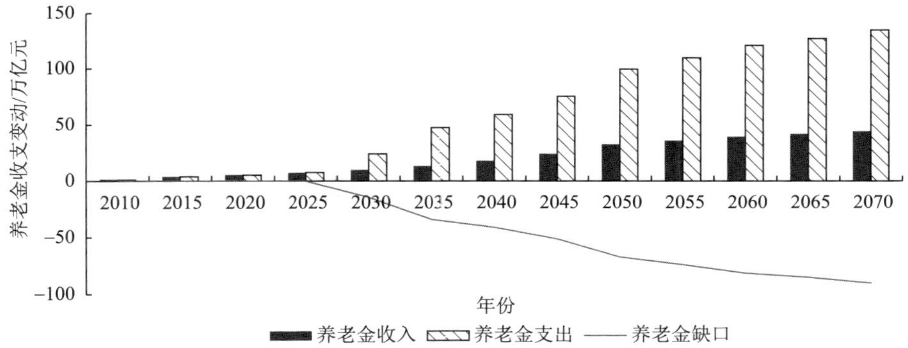

(c) 情景3：公共债务收敛于75%时

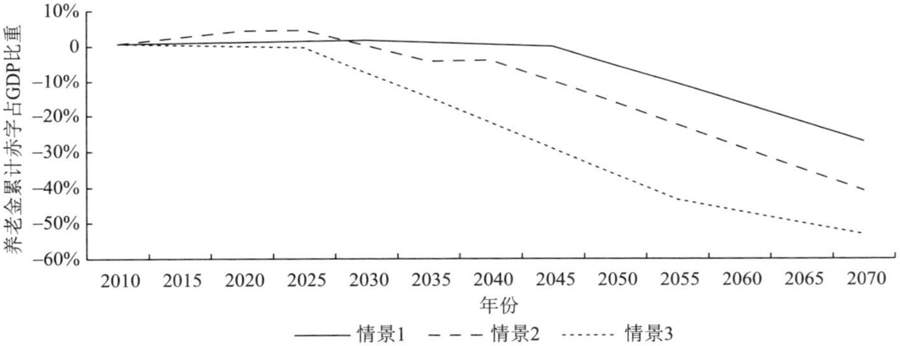

(d) 三种情景累计赤字比较

图 5-6　三种情景下的养老金收支及缺口情况

情景 2 中，预测区间内，养老保险收入由 2010 年的 1.60 万亿元扩大至 2070 年的 45.6 万亿元，增长约 27.5 倍，而支出规模则由 2010 年的 1.20 万亿元增加至 2070 年的 121.7 万亿元，增长约 100 倍。随着时间的推移，账户将在 2031 年左右出现收不抵支的状况，此后收支逆差逐年加大，2070 年形成 76.2 万亿元的账户赤字。

情景 3 中，除了最初 15 年略有盈余，养老保险体系将在其他预测期内出现收支缺口，并且 2050 年之前以不断升高的速度持续扩大，2050 年当年缺口已高达 67.5 万亿元，以后政府每年需要投入占 GDP6%～8%的补贴进行弥补。而后随着 GDP 下降放缓，养老金缺口扩张减慢，到 2070 年缺口稳步升高到 90.5 万亿元。

如果将预测期间所有年份的资金缺口通过贴现加总折算成累计现值，那么情景 1、情景 2、情景 3 的累计赤字分别相当于 2010 年 GDP 的 77.9%、105.7%和 164.2%。假使不依赖债务等外源性融资手段，仅靠社保缴费来弥补以上资金缺口，需要将有效缴费率分别调整到 37%、29%和 43%，才可避免在未来年份出现赤字。

图 5-6（d）比较了各情境下各年养老金累计赤字额占当年 GDP 的比重。情

景 1 中 2011 年的累计结余为 GDP 的 0.7%，以后结余逐年缓慢增加，到 2030 年增加到最高值占 GDP 的 1.72%，以后结余基金逐年消耗，到 2040 年后消耗殆尽转为赤字，截至 2070 年累计赤字达到 GDP 的 27.11%。

情景 2 最大结余额曾经累计到 GDP 的 4.6%，出现在 2025 年；而后于 2030 年左右产生缺口，2035 年约为 GDP 的–4.02%，而后随着 GDP 的迅速滑落，累计赤字呈现加速上升的局面，2070 年已经占到 GDP 的 41.03%。

情景 3 是所有情景中最早出现累计资金缺口的，2025 年赤字为 GDP 的 0.35%；随着养老金支付的不断增加与国民收入的减少，累计资金缺口不断加速扩张，到 2054 年达到 43.42%；随后缺口扩张速度降低，到 2070 年赤字占 GDP 的比重为 53.2%。

综上所述，虽然前几十年内得益于人均收入增长，养老保险收入大于支出，基金出现盈余，但随着人口老龄化逐步加剧、劳动供给减少、经济增长下滑，养老金支出不断递增而缴费额不断递减，最终会收不抵支。公共债务的长期均衡值越低，养老保险基金的收支逆差越延后。

第四节　结论及政策讨论

在人口内生化的三期 OLG 模型中，公共债务的动态将呈现四种不同路径。当基础财政出现赤字时，如果人口增长率小于利率，公共债务将持续积累，如果人口增长率超过利率，公共债务将收敛于长期均衡稳态。当基础财政出现盈余时，如果人口增长率大于利率，公共债务将持续减少；反之，公共债务存在不稳定的均衡状态，其初始水平决定了债务规模是不断扩张还是收缩。因此，作为决定人口增长率的重要因素之一，人均养老金支出也制约着公共债务的收敛或发散。养老金是居民终生收入的构成部分，养老金给付额越高，居民的期望收入越高，因此越有动力进行生育抚养，从而推动人口增长率的提升；当人口增长率大于利率，意味着未来的税收收入将超过债务的利息支付，随着时间的推移，人均公共债务趋向稳态或不断降低，财政和社保体系将是可持续的。

鉴于此，日本、意大利、北欧等一些地区实施“育儿津贴”制度，期望通过鼓励生育以稀释公共债务存量。但许多学者已经指出，“育儿津贴”和“养老保险”相辅相成才能发挥预期的效果（Bräuninger，2005；Groezen and Meijdam，2008；Fanti and Gori，2009）。本章以上结论无疑为国家生育政策提供了理论依据。

如果公共债务长期将收敛于稳态，那么必须控制稳态值低于警戒线。2010 年底中国公共债务占 GDP 的 39%，欧盟《马斯特里赫特条约》规定各国政府公债占 GDP 的比重不得超过 60%，2012 年世界银行国际发展联合会(The International

Development Association）指出经济具有较强独立性的大国主权债务门槛值为75%。据此，本章将中国公共债务与GDP之比的长期均衡值分别设定为41%、60%和75%，并预测了三种情景下2010～2070年的宏观经济发展。结果显示，公共债务均衡值的提升将带来预测区间税收负担率和利率的持续上升。根据宏观经济理论，公共债务越高，对私人投资挤出效应越强，但75%的均衡债务水平对应的人均收入不是三种情景中最低的，这主要得益于税率和利率提高对居民代际分配决策的影响——随着时间推移，对储蓄的刺激作用超过对投资的挤出作用，有助于缓解人均收入的下滑趋势。尽管如此，过高的公共债务比重还是降低了预测期内各世代的效用水平。

各情景下的养老金的平衡状况均是先盈余，再随着人口老龄化逐步加剧、劳动供给减少、经济增长下滑，最终收不抵支出现亏损。公共债务收敛于41%时，逆差最早出现在2040年，2070年扩大到34.8万亿元；收敛于60%时，2031年首次发生赤字，2070年扩大到76.2万亿元；收敛于75%时，缺口出现的年份最早，到2070年升高到90.5万亿元。

需要承认的是，本章研究的局限性也很明显：假设技术进步率$\frac{\dot{A}}{A}=0$，忽略了科技发展和人力资本积累对延长人口红利缓解老龄化冲击的积极效应；只考虑生产性公共投资，未探讨公共消费对居民行为选择的影响；没有将现存的养老金隐性债务纳入公共债务范围。如果研究进一步在以上方面扩展，无疑将会使模拟结果更具有现实说服力。

第六章　老龄社会养老支持体系的公平、效率与可持续

第一节　中国养老保险制度的公平性

一、21世纪全球养老保险制度改革的趋势与目标

进入21世纪，世界各国面临的一个重要挑战即人口老龄化。为应对这一挑战，世界各国的养老保障制度改革更加注重个人的养老责任。因而，引入养老保险个人账户的积累制养老保险制度应运而生。

世界各国养老保障制度的改革趋势主要有两种：一种是局部微调，另一种是整体改革。局部微调是指在不改变现行制度的前提下所实施的局部改革，包括延迟退休年龄、调整给付待遇、调整缴费基数和费率等。整体改革是指对现行制度进行根本性变革，主要体现在筹资方式和待遇计发方式方面。比如，筹资方式由现收现付制向完全积累或部分积累转变，待遇计发方式由待遇确定制向缴费确定制转变，或者是两者的结合。目前，世界各国正在这两种改革的思路上不断探索，并希望通过改革实现以下目标。

（一）充足性

养老金制度所提供的退休收入的绝对水平可以防止老年贫困，相对水平可以替代足够的终生收入。任何养老金制度改革的目标都必须确保所有人在退休后不会面临贫穷的状况，不管他们参与的是何种水平或何种形式的经济活动。同时，该目标还必须保证养老金制度能够为那些寿命长于平均寿命的人提供长寿风险的保护。

（二）可负担性

可负担性是指个人和社会的融资能力。更高的替代率需要更高的成本。一方面，直接成本会给个人造成更大的养老金缴费负担，从而影响一些当前更急需的消费需求（如抚养子女）和投资需求（如购买住房）；另一方面，大量雇员为了逃避高额缴费而涌入非正规部门导致了间接成本的产生，这不但影响了个人的求职

机会，而且对国家预算的稳定性和经济增长也产生了影响。世界银行的数据表明，强制性缴费率超过 20%，会对中高收入国家造成不利影响；低收入国家的强制性缴费率则不应超过 10%。

（三）稳健性

养老金制度有能力长期维持收入替代率的目标。在无法预知未来的情况下，养老金制度具有抵抗风险冲击的能力，包括经济风险、人口风险或政治风险。养老金制度都必须能够抵抗以上风险，在设计时必须清楚地考虑到制度实施环境的预期稳健性。

（四）可维持性

从根本上讲，可维持性主要与经济总产出相关，总产出决定养老金计划的所有约束条件。养老金计划应具有财务稳定性。养老金制度在设计时，必须确定如何对缴费水平、待遇水平、退休年龄进行调整，并将这些计划纳入改革方案中。

（五）促进经济发展

强制性养老金制度及其改革的附属目标是对经济发展做出贡献。一方面是通过减少负面影响来实现，如减少由不稳定的养老金制度对劳动力市场或宏观经济的稳定性产生的负面影响；另一方面是通过产生正面影响来实现，主要手段是增加国民储蓄和促进金融市场的发展。养老金计划能极大地影响产出水平及其增长，同时也能对可分配资源的水平及其增长产生同样的影响。因此，养老金制度的这一经济目标至关重要，因为所有退休收入本质上都是由国家的产出来筹资。

二、中国养老保险制度改革的问题分析

中国社会保障制度从计划经济转向市场经济的历史负担相当沉重，隐性负债相当巨大；城镇单位缴费负担沉重，参保激励机制较差；各地区社会保障收支趋势十分严峻，个人账户空账问题仍然突出；统筹层次太低，社会保障资金的投资管理体制落后，养老基金的保值增值能力低，导致我国养老保险制度效率较低。

（一）隐性债务问题

我国计划经济下养老模式向新体制的转轨中，存在着养老保险基金缺口。在我国养老制度由现收现付制向完全积累或部分积累转变的过程中，转轨成本未能

得到合理的承认与消化。我国养老制度的转轨成本主要是指新的统账结合制度建立以前，已经退休的职工（老人）的退休金和在职职工（中人）在旧制度下已经积累起来的养老金权益。关于这部分转轨成本的规模问题，很多学者从多个角度进行了估算，得出了不同的结论[①]。

（二）激励机制问题

在养老保险制度设计过程中，个人账户资金的筹集主要来源于劳动者个人的缴费，但在实施过程中，个人账户缴费与养老金领取的联系不密切，造成参保激励机制不足，不利于扩大养老保险基金的覆盖面。

（三）社会保险缴费率高的问题

我国各地的社会保险缴费率不尽相同，一般来讲，2019 年雇主的缴费费率合计为 28.5%（养老 16%、医疗 9.5%、失业 0.5%、工伤 1.5%、生育 1%），雇员的缴费费率合计为 10.5%（养老 8%、医疗 2%、失业 0.5%），雇主和雇员的缴费合计接近工资的 40%。除了上述五险以外，不少企业和雇员还分别负担 7%左右的住房公积金缴费。

从世界各国来看，基本养老保险和医疗保险是社会保险制度的主要部分，也是雇主缴费费率相对较高的两项社会保险。为了比较各个国家和地区雇主的实际保险缴费负担，根据国际劳工组织等机构发布的公开数据，对世界主要国家和地区的基本养老、医疗和失业这三项社会保险缴费费率进行整理，结果如表 6-1 所示。

表 6-1 部分国家和地区的社会保险费率比较

国家/地区	养老保险费率		医疗保险费率		失业保险费率		三项合计	
	雇员	雇主	雇员	雇主	雇员	雇主	雇员	雇主
奥地利	10.25%	12.55%	3.95%/3.75%	3.55%/3.75%	3%	3%	17.2%/17%	19.1%/19.3%
比利时	7.5%	8.86%	3.55%	3.8%	0.87%	1.46%	11.92%	14.12%
保加利亚	8.8%	13.2%	2.1%	3.9%	0.4%	0.6%	11.3%	17.7%
捷克	6.5%	21.5%	4.4%	9%	0.4%	1.2%	11.3%	31.7%
芬兰	4.1%	16.8%	0.77%a	2.06%a	0	0	4.87%	18.86%
法国	6.65%	8.3%	0.75%	12.8%	2.4%	4%	9.8%	25.1%

① 2005 年 3 月我国劳动和社会保障部部长表示我国养老基金缺口达 2.5 万亿元。2005 年 5 月，世界银行公布了一份关于我国未来养老金收支缺口的研究报告。报告指出，在一定假设条件下，按照目前的制度模式，2001 年到 2075 年间，我国基本养老保险的收支缺口将高达 9.15 万亿元。

续表

国家/地区	养老保险费率		医疗保险费率		失业保险费率		三项合计	
	雇员	雇主	雇员	雇主	雇员	雇主	雇员	雇主
德国	9.95%	9.95%	7%	7%	1.65%	1.65%	18.6%	18.6%
希腊	6.67%	13.3%	2.17%	4.3%	1.33%	2.67%	10.17%	20.27%
匈牙利	9.5%	24%	4%	11%	1.5%	3%	15%	38%
冰岛	0	5.34%	0	0	0	和养老共缴费	0	5.34%
爱尔兰	4%	10.75%	4%	8.5%/10.57%	和养老共缴费	和养老共缴费	8%	19.25%/21.32%
意大利	8.89%	23.84%	0	2.68%/0.46%	0	1.61%	8.89%	28.13%/25.91%
卢森堡	8%	8%	5.05%	5.05%	自由选择缴费	0	13.05%	13.05%
荷兰	17.9%	5.65%	6.5%a	0	3.5%	1.02%	27.9%	6.67%
挪威	7.8%	14.1%	和养老共缴费	和养老共缴费	和养老共缴费	和养老共缴费	7.8%	14.1%
葡萄牙	11%	23.75%	11%	23.75%	5.22%	5.22%	27.22%	52.72%
西班牙	4.7%	23.6%	4.7%	23.6%	1.55%	5.5%	10.95%	52.7%
俄罗斯	0	20%～26%	自由选择缴费	3.6%	0	0	0	23.6%～29.6%
瑞典	7%	10.21%	0	8.86%	0	承担全部费用	7%	19.07%
瑞士	4.2%	4.2%	自由选择缴费	0	1%	1%	5.2%	5.2%
英国	11%	12.8%	0	支付法定疾病现金	和养老共缴费	和养老共缴费	11%	12.8%
阿根廷	11%	12.71%	0	7.2%	0	1.11%	11%	21.02%
巴西	9%	20%	0	和养老一并缴费	0	0	9%	20%
智利	12.55%	1.3%	0	0.95%～3.4%	0.6%	2.4%	13.15%	4.65%～7.1%
哥伦比亚	3.88%	11.63%	4%	8%	0	8.3%	7.88%	27.93%
墨西哥	1.13%	5.15%	0	0.7%	0	承担全部费用	1.13%	5.85%
加拿大	4.95%	4.95%	0	1%～4.5%	1.8%	2.52%	6.75%	8.47%～11.97%

续表

国家/地区	养老保险费率		医疗保险费率		失业保险费率		三项合计	
	雇员	雇主	雇员	雇主	雇员	雇主	雇员	雇主
美国	6.2%	6.2%	1.45%	1.45%	0	6.2%	7.65%	13.85%
印度	12%	3.67%	1.75%	4.75%	和医疗共缴费	和医疗共缴费	13.75%	8.42%
日本	7.67%	7.67%	3.658%	4.736%	0.6%	0.9%	11.928%	13.306%
中国大陆	8%	20%	2%	6%	1%	2%	11%	28%
中国台湾	3.9%	4.55%	0	0.27%	0.2%	0.7%	4.1%	5.52%
韩国	4.5%	4.5%	2.105%	2.105%	0.45%	1.3%	7.055%	7.905%
菲律宾	3.33%	7.07%	1.25%	1.25%	NA	NA	4.58%	8.32%
新加坡	20%	14.5%	3%～4%	3%～4%	NA	NA	23%～24%	17.5%～18.5%
泰国	3%	3%	1.5%	1.5%	0.5%	0.5%	5%	5%
越南	5%	11%	1%	2%	1%	1%	7%	14%
澳大利亚	自由选择缴费	9%	1.5%	0	0	0	1.5%	9%
埃及	10%	15%	1%	4%	0	2%	11%	21%

注：NA 表示数据不可获得。本表的信息主要基于 2010 年或 2011 年的统计数据。其中，养老保险费率、失业保险费率的数据来自人力资源和社会保障部社会保障研究所组织翻译的《世界社会保障报告（2010—2011）——危机期间和后危机时代的社会保障覆盖》（中国劳动社会保障出版社 2011 年版）；医疗保险费率的数据来自周弘主编《125 国（地区）社会保障资金流程图》（中国劳动社会保障出版社 2011 年版）及《30 国（地区）社会保障制度报告》（中国劳动社会保障出版社 2011 年版）；由于个别国家缺少 2010 年或 2011 年数据，我们参考了 2005 年或 2006 年的数据，标注 a；有的国家有两个费率，是因为对体力 / 脑力劳动者或者因收入分区而实施差异化费率

表 6-1 中有关中国大陆的数据反映的是 2019 年以前的缴费情况。2019 年 5 月开始，中国大陆单位养老金缴费率已从 20%降低到 16%[①]。但是即使按降低以后的缴费率统计，从国际比较来看，无论是三项保险费率总和还是基本养老保险的单项费率，中国大陆雇主与雇员承担的缴费水平仍然是偏高的[②]。

刘长庚和张松彪（2014）通过国际比较发现，无论是和社会保险制度建立较早的一些高福利国家相比，还是和亚洲其他国家相比，我国大陆企业的养老保险缴费率都显著偏高，有必要重新审视这一缴费比例。Feldstein 和 Liebman（2006）通过国际比较指出，从世界范围来看，中国大陆养老保险缴费率远高于绝大多数

① 参见《国务院办公厅关于印发降低社会保险费率综合方案的通知》。

② 白重恩指出，按照世界银行 2009 年测算的实际承受税率，中国大陆的社会保险缴费在 181 个国家和地区中排名第一，约为“金砖国家”平均水平的 2 倍，是北欧五国的 3 倍，是 G7 国家的 2.8 倍，是东亚邻国和邻近地区的 4.6 倍。

国家，这将制约企业正常的生产运营，降低经济效益，并且阻碍社会保险体系的持续运作。

（四）养老保险统筹层次较低的问题

统筹层次关系到社会保障的公平与效率，统筹层次较低则加剧社会保障的碎片化，不利于实现社会保障资源的共济使用和高效管理，不利于劳动力的自由流动。当前我国城乡居民社会养老保险、最低生活保障制度处于县级统筹状态，其他社会保障项目的统筹层次也比较低，即便是统筹层次相对较高的城镇职工基本养老保险制度迄今为止也主要在地市级属地统筹，尚未全部实现省级统筹。

此外，中国养老保险制度还存在着个人账户空账问题、社会保障基金保值增值问题。社会保障基金是社会保障发展的物质基础，我国在社会保障制度发展的过程中，积累了巨额的社会保障基金。加强基金的管理与投资，实现基金的安全与保值增值，成为未来社会保障制度发展的重要任务。目前我国社会保障制度基金管理与投资体制不成熟，现有的社会保障基金过于分散，不利于进行规模化投资；投资渠道单一，现有社会保险基金主要存入银行，收益率不理想，尤其在通货膨胀时期，问题更为突出；再加上资本市场的不完善，社会保障基金的保值增值效果较差，不利于社会保障制度的持续快速发展。

三、降低缴费率对基金收入的影响分析

（一）降低社会保险缴费率的必要性

我国社会保险缴费率高居世界各国前列。社会保险缴费率高是困扰我国社会保障制度改革的根本问题。高缴费率迫使很多中小企业和非正规就业人员拒绝参保，有些转入“地下”或退出市场。此外，高缴费率迫使企业设法逃避、延迟缴纳社会保险，或者少缴社会保险费，最终导致社保难以惠及广大人民群众。2017年末全国农民工总量达 28 652 万人，但是截至当年年末参加基本养老保险（特指城镇职工基本养老保险）的农民工人数为 6202 万人，仅占全部农民工 21.6%，还有 78.4%的农民工没有参保。

根据国际经验，社会保险成本（与工资成本共同构成劳动力成本）的大幅上升，可能迫使很多中小企业和非正规就业人员拒绝参保、转入“地下”或退出市场。由于企业的社会保险费是企业劳动力成本的一部分，也是劳动报酬的重要组成部分，因此，企业缴纳社会保险费的一个直接影响，便是增加了企业自身的经营成本。从成本方面考虑，企业的社会保险缴费率越高，企业的欠费动机越强。企业逃缴的方式有以下多种：以临时工、家庭成员等身份雇佣员工；或把员工归入其他按规定不需要缴纳社会保险的种类；不到相关部门注册登记企业或其员工；

降低盈利水平或名义工资水平，以降低实际缴费能力等各种方式，少缴社会保险费；延迟缴纳社会保险。

为了解决企业逃缴社会保险费的问题，对于那些缴费率普遍较高、企业逃费比较严重的国家，国际劳工组织提出了“降低缴费率”的首要政策建议。

（二）降低社会保险缴费率的可行性

降低社会保险缴费率并不一定会导致社保基金收入下降。事实上，同税收与税率的关系类似，社保基金收入和社保费率的关系可用倒“U”形拉弗曲线来描述。当社会保险缴费率是零时，社保收入是零；当社会保险缴费率是100%时，社保收入也是零。在一个特定费率水平之下，费率越高，社保收入就越多。当达到这个特定费率水平以后，社保收入最大，此时的费率即为最优费率。但当费率超过最优费率后，企业经营社保负担大幅度提高，企业主不愿再扩大投资，缴费收入反而开始下降。从测算结果看，当前我国社会保险缴费率已经大大超过最优社会保险缴费率，导致总体缴费收入下降。因此，当前降低社会保险缴费率，不但不会导致缴费收入下降，反而会导致缴费收入增多。降低社会保险缴费率减轻了用人单位参保的缴费负担，有利于企业尤其是中小企业的发展，同时较低水平的社会保险缴费率又将极大地降低企业逃缴率，这样大大提高了企业缴纳社保的积极性，将有助于社保覆盖率提高，特别是占农民工总数80%的群体将逐步纳入城镇职工基本养老保险，有助于提高社保基金收入，同时减轻企业的社保缴费负担，促进企业发展和创造更多的就业机会，促进未来缴费基数的增长。

供给学派代表人物、美国经济学家阿瑟·拉弗于20世纪70年代提出了“拉弗曲线”，可以很好地解释高税率低税收。拉弗曲线包含了这样一个命题：总是存在能够产生同样税收收入的两种税率。如图6-1所示，税收与税率之间的关系在坐标轴上可表示为一条“倒U形”曲线。以*A*点对应的税率水平为界限，在税率从0逐步上升至*A*的过程中，税收收入是随之不断增加的，并且其增加的速度逐步下降，直至税率上升到*A*点时，税收收入的增速下降至0，此时税收收入额达到最大，*A*点以左的税率区间为可行税率区；税率由*A*上升至*B*的过程中，税收收入将会随着税率的上升而减少，并且其减小的速度逐步增大，直至税率达到*B*点时，税收收入下降至0，*A*点以右的税率区间为禁税区，此时，高税率所导致的挫伤积极性的影响大于收入的影响，因而尽管税率提高了，税收收入却在下降。税率水平*A*代表在其他条件不变的情况下，税收收入达到最高水平时所对应的税率水平。在*A*点两侧，总是存在着两个不同的税率水平，其对应的税收收入是相同的。例如，在税收收入为*C*时，对应着两个不同的税率水平*C*1和*C*2。*B*点表示当税率上升至某一极限水平时，一切国民经济活动都停止，过高的税率导致人们选择不进行劳作，企业也都停止了生产运营，此时税收收入为0。

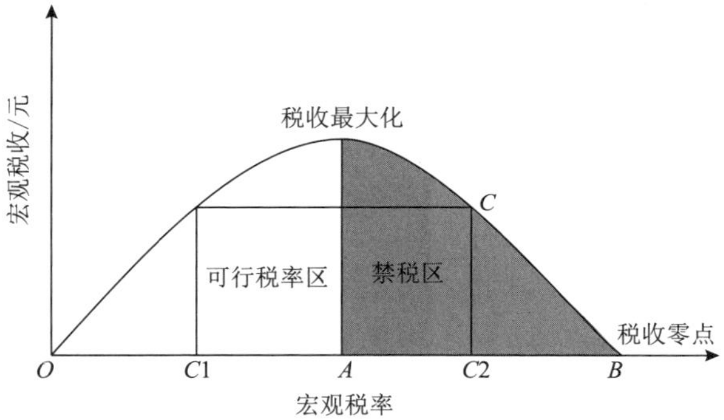

图 6-1　拉弗曲线

通常税收收入会随着税率的上升而增加，但是当税率上升到一定程度时，过高的税率会挤占纳税人的经济利益，从而导致人们的逃税倾向变强，甚至减少经济生产活动，最终阻碍经济的健康发展。

拉弗曲线的意义在于，高税率并不一定代表着高税收，当税率高到一定程度时，税收收入反而会降低。所以，税收和税率的关系是“倒 U 形”的关系。

用拉弗曲线也可以解释社会保险缴费率与缴费收入的关系。正常情况下，社会保险缴费率越高，社保基金的缴费收入就越多；但当社会保险缴费率水平超过一定限度时，企业缴费负担或经营成本就会变高，企业逃缴社会保险费的动机也就变强，导致社保基金的缴费收入开始减少，拉弗曲线开始出现转折。因此，过高的社会保险费率并不能带来社保基金的高收入。郑秉文（2016a）通过比较 2009 年的养老保险理论替代率和实际替代率很好地证实了这一点[①]。

1. 将过高的社会保险缴费率降低到最优费率

人们担心，降低社会保险缴费率会导致我国社会保险基金收入下降。其实，在上面我们已经用拉弗曲线说明，过高的社会保险缴费费率将导致参保企业和个人企业难以承受，逃费现象增多，反而会造成缴费收入减少。

当前我国社会保险缴费率与世界上发达国家相比，也已偏高，因此，当前降低社会保险缴费率，不但不会导致缴费收入下降，反而会导致缴费收入增多。

2. 缴费个体与社会整体的关系：参保率的大大提高

根据社保基金收入=社会保险缴费率×缴费工资基数×参保缴纳人数，降低社

① 郑秉文（2016a）发现，2009 年养老保险的制度抚养比为 32.27%，如果当年的缴费全部用于支出，则 28%的社会保险缴费率理论上可得 90%的替代率，然而实际情况是 2009 年的替代率仅为 46.48%，同为 28%费率的捷克和西班牙替代率分别为 50.2%和 81.2%。这说明，在多缴多得的对等原则基本缺位、激励相容机制问题没有解决、执行力不完全的情况下，社会保险缴费率过高将引发一系列道德风险，进而出现逆向选择，致使实际的社保基金收入大大减少。

会保险缴费率，从单个缴费个体来看，国家来自社会保险的征缴收入是下降了；但是，降低社会保险缴费率减轻了用人单位参保的缴费负担，有利于企业尤其是中小企业的发展，同时较低水平的社会保险缴费率又将极大地降低企业逃缴率，促进参保缴纳人数的大幅提高。从总体来看，国家来自社会保险基金的征缴收入不仅不会下降，而且还因企业的征缴率的大大提高、参保缴纳人数的大大提高及国家相关社会保险福利待遇的激励制度和措施（如多缴多得、长缴多得等）而大大增加了。

3. 缴费工资基数的纵向增长

根据社保基金收入=社会保险缴费率×参保缴纳人数×缴费工资基数，尽管降低了社会保险缴费率，但参保缴纳人数大幅增加（尤其是2017年底还有78.4%的农民工没有参加城镇职工基本养老保险），缴费工资基数近几年也大幅增加，因此，从总体上看，社保基金收入不但没有下降，反而可能有所增加，甚至大幅增加。因此，降低社会保险缴费率，不会导致社保基金收入的下降。

4. 缴费工资基数的横向调整

按照有关规定，严格执行确定的缴费工资基数，将使社保基金收入大幅增加。

发达市场经济国家的雇员收入规范化程度高，社会保险缴费基数和工资总额几乎相等。但在我国，企业可能不按照单位职工的实际工资总额申报，而是选择所在地区的“社会平均工资”的60%作为缴费基数[①]。

因此，如果严格按照规定的前提条件，以当地社会平均工资的60%～300%作为缴纳基数，而不是以60%作为缴纳基数，则可以大幅提高社保基金的收入。

近期，随着平均工资的公布，作为制定社会保险征缴标准的依据，各地的社保缴费基数也随之进行了调整。伴随着平均工资的增加，社保缴费基数也普遍出现上调。

5. 降低社会保险缴费率并不会导致个人退休收入的下降

人们担心，降低社会保险缴费率会导致个人退休收入的下降。其实，社会保险缴费率的下降，主要是针对企业单位缴纳的部分（如个人养老保险缴费率仍保持8%不变），而且阶段性降低社会保险缴费率的一个前提就是要确保参保人员的各项社会保险待遇不降低和待遇按时足额支付，因此降低社会保险缴费率不会导致个人退休收入的下降。

作为政府的一项强制性制度，包括养老、医疗、失业、工伤和生育等在内的

① 我国社保第三方专业机构“51社保”发布的2015年《中国企业社保白皮书》指出，有61.66%的企业在缴费基数上不合规，主要有三种情况：一是统一按最低基数缴纳，占24.01%；二是按企业内部的分档基数缴纳，占17.96%；三是按固定工资缴纳而不包括奖金等收入，占15.20%。

社会保险制度强制要求企业和员工个人按缴费工资的一定比例共同缴费。由于企业的社会保险费是企业劳动力成本的一部分，也是劳动报酬的重要组成部分，企业缴纳社会保险费的一个直接影响是增加了企业的经营成本，因此企业从成本考虑，社会保险缴费率越高，企业欠费动机越强。因此，降低社会保险缴费率是解决企业社会保险逃缴问题的首要政策。降低社会保险缴费率既可提高企业参保的积极性，又可降低企业的经营成本①，从而进一步释放作为微观经济活动主体的企业的活力。

（三）降低社会保险缴费率的路径选择

2016年人力资源和社会保障部及财政部联合出台《关于阶段性降低社会保险费率的通知》，只是要求全国各省区市阶段性降低社会保险费率，而且降低幅度很小，如单位缴纳的养老保险费率只降低一个百分点，还远没有到达最优费率。根据税收与税率的倒“U”形拉弗定律，只有社会保险缴费率达到最优费率时，才可获得更多的社保基金收入。

为了更准确地评估企业的社会保险缴费率水平，有些学者对企业的适度缴费水平进行了研究。郑功成（2013）提出可以适当调整养老保险总缴费率至20%的水平，其中，企业缴费率定为12%，职工个人缴费率定为8%，财政补贴稳定在年度养老金支出总额的15%左右，最高不超过20%，以此来均衡企业与职工个人之间的养老保险缴费负担，同时也使财政补贴责任更为明晰。路锦非（2016）以制度赡养率为切入点，研究了养老保险缴费率的适度水平，认为从我国当前的实际情况来看，养老金替代率应保持在50%的适度水平，并在中等替代率为50%的假定下提出了一种新的养老保险缴费率组合，即企业的缴费率定为15%，个人的缴费率定为5%，使得养老保险总缴费率降低到20%。

鉴于我国当前社会保险缴费率居于全球首列之一，美国社会保险缴费率则只有我国平均水平的1/3左右，为了尽快实现“十四五”期间“基础养老金全国统筹”的目标，建议未来适当时机进一步降低养老保险费率，将单位缴纳的基础养老金的强制缴费率定为工资的12%（目前一般为16%），以与《城镇企业职工基本养老保险关系转移接续暂行办法》规定的参保人员跨地区流动时转移接续的缴费率相衔接。

城镇地区就业的所有工资劳动者，包括机关、事业单位职工和各类企业雇员应全部强制参保，由雇主单位为他们缴纳相当于工资总额12%的养老保险费。所有非工资劳动者，包括农业劳动者、城乡个体经营劳动者和非正规就业人员也应

① 2016年4月15日人力资源和社会保障部副部长张义珍表示，根据初步测算，如果符合条件的地区养老保险降费政策全部落实到位，预计每年可降低企业成本386亿元。失业保险按各地总费率降低0.5至1个百分点来进行测算，每年可降低企业成本约300亿元至600亿元，再加上2015年先后降低失业保险、工伤保险和生育保险费率的有关政策，每年总计可降低企业成本1200亿元以上。

强制参保，但是允许他们的缴费有一定的弹性，建议以工资劳动者的社平工资为缴费基数，由本人按标准缴费率（12%）的一定折扣率向基础养老金缴费。对于那些缴费确有困难的低收入人群，政府可按相应办法给予一定补贴。

根据退休人员养老金替代率（平均养老金对平均工资的比率）=缴费职工养老保险缴费率×体制赡养比（缴费职工对退休人员的比率），只要全国统筹的基础养老金将赡养比保持在3.33，就可以用12%的缴费率实现40%的替代率而维持基础养老基金收支平衡。近年来全国城镇职工基本养老保险基金的赡养比稳定在3以上。目前农民工人数达2亿多人，但参保率较低，还有80%的农民工没有参加城镇职工基本养老保险。在以较低的强制缴费率实现全国统筹、促使大量农民工参保后，基础养老金的赡养比可达4甚至5以上，所以基础养老金提供40%的替代率，还会产生相当数量的统筹基金结余。

应合理使用基础养老保险全国统筹基金的结余，可用于改革过渡时期对部分困难地区养老金的补助，也可作为迎接未来人口老龄化高峰的储备资金。随着我国人口的老龄化，未来我国基础养老金的赡养比将不断下降。为了应对人口老龄化的挑战，我国可借鉴其他国家的经验，通过逐步提高法定退休年龄，以及提高享受养老金的最低缴费年限等措施，来防止社会养老保险赡养比下降过快。

四、基础养老保险基金全国统筹的路径与政策选择

党的十九大报告提出："加强社会保障体系建设。按照兜底线、织密网、建机制的要求，全面建成覆盖全民、城乡统筹、权责清晰、保障适度、可持续的多层次社会保障体系。全面实施全民参保计划。完善城镇职工基本养老保险和城乡居民基本养老保险制度，尽快实现养老保险全国统筹。"[①]要实现养老保险全国统筹，就需要降低社会保险缴费率。2016年4月人力资源和社会保障部及财政部要求全国各省区市分阶段降低社会保险缴费率，然而全国仍有一些省区市还没有出台降低社会保险缴费率的文件，从中央到地方产生梗阻的主要原因在于，基础养老金的强制缴费率过高，协调中央与地方政府之间的难度较大。因此，适时适当降低社会保险缴费率就显得非常必要，也是实现基础养老金全国统筹的重要路径。

（一）实现基础养老金全国统筹的障碍

1. 基础养老金的强制缴费率过高，增加了实现全国统筹的难度

实现基础养老金全国统筹的重要障碍之一，是基础养老金的强制缴费率过高，增大了实现全国统筹的难度。从城镇职工基本养老保险的参保人员和资金规模来

① 《习近平：决胜全面建成小康社会 夺取新时代中国特色社会主义伟大胜利——在中国共产党第十九次全国代表大会上的报告》，http://www.gov.cn/zhuanti/2017-10/27/content_5234876.htm[2021-10-15]。

看，城镇职工基本养老保险自然应该是实现全国基础养老金全国统筹的基础。但是目前城镇职工基本养老保险的强制缴费率过高，以至在我国的城镇就业人员中，还有一些农民工和城镇非正规就业人员没有参加城镇职工基本养老保险。

实际上，高缴费率往往对企业的参保积极性，以及对雇员的当前收入和他们的参保意愿产生负面影响（封进，2013）。扩大基本养老保险的覆盖面是实现全国统筹的基础。基础养老金的强制缴费率越高，扩大覆盖面就越难，实现基础养老金全国统筹的目标也就越难。

2. 协调中央与地方之间，以及不同地方政府之间的利益格局难度较大

协调中央与地方政府之间，以及不同地方政府之间的利益格局难度较大，财权与事权划分不清，影响一些省区市降低社会保险缴费率的积极性。要从"属地统筹"的基础养老保险制度向全国统筹转型，多少会影响中央与省区市之间，以及各省级区域内不同地、市之间的利益格局。

3. 区域间的公平性问题

养老金结余高的省区市与养老金缺口大的省区市的平衡是养老保险全国统筹的主要目的，以此来减轻财政负担，促进社会福利公平。实际上改革开放以来我国中青年劳动力跨地区流动的总体趋势是从中西部向东部省区市迁移，他们的养老金缴费也相应地由中西部向东部转移。在这样的情况下，如果东部省区市对基础养老金全国统筹心存疑虑，那么基础养老金实现省级统筹进展缓慢也就不足为奇了。

4. 资金缺口的弥补问题

尽管现行的养老保险制度是社会统筹账户与个人账户相结合的模式，但个人账户的空账现象严重。由于我国养老保险制度建立较晚，且中间经历了复杂的转制过程。个人账户的基金多被用于当期基础养老金发放，产生了历史欠账[①]（郑秉文，2016b）。若要实行养老保险全国统筹，各地区个人账户的资金缺口该由谁来弥补将成为一个难题。

5. 基础养老金碎片化管理模式带来多种弊端

尽管我国在1991年就提出了养老保险省级统筹，但至今真正实现的地区只有少数几个。这就是我国养老保险基金的"碎片化"现状。目前区域间的养老保险

① 《中国养老金发展报告2015》指出，截至2014年底，城镇职工基本养老保险的个人账户累计记账额达到40 974亿元，而全国所有试点省区市累计做实个人账户基金5001亿元，说明大量个人账户目前仍然是空账运行。2014年的城镇职工基本养老保险基金累计结余额为31 800亿元。也就是说，即使把城镇职工基本养老保险基金的所有结余资金都用于填补个人账户，也仍然会有接近10 000亿元的空账。

制度差异大，待遇方面更是各不相同①。我国城镇职工基本养老保险制度省级统筹带来明显弊端，一是各省区市平均缴费率差异较大；二是各省区市养老保险基金收支余额差异较大，部分地区养老金存在缺口，而部分地区养老金存在结余，养老保险制度的省级统筹使得存在收支盈余的地区的资金无法用于消除存在亏损地区的养老金缺口，养老金收支困难的地区不得已需要挪用个人账户缴费来满足当期的养老金支付，从而造成了个人账户空账问题；三是省级统筹导致基金管理分散，投资回报率低，不利于养老保险制度的可持续发展。

（二）基础养老金全国统筹的主要原则

（1）重视改革着眼于提高养老保险体制的公平性、效率和财务可持续性等长期性战略性目标的同时，重视从我国养老保险体制的现状出发来设计改革，重视改革前后的过渡安排。

（2）充分调动中央与地方两个积极性，明确中央与地方的责任，形成推动改革的合力。

（3）在较长时间的过渡期内承认各地的差异，按"帕累托改进"原则确保改革使不同地区和不同人群的原有利益至少不受损。

（4）在降低基础养老金的强制缴费率的基础上实行全国统筹，降低低收入人群参与基础养老金的缴费率门槛，避免人为地推高企业的用工成本。

（5）采用折扣费率（和相应的折扣替代率）的办法，将覆盖面扩大到农业劳动者、个体经营者（自雇）和其他非正规就业人员，当劳动者在城乡之间，以及在正规部门与非正规部门之间流动时，他们的基础养老金权益不受流动的影响。

（6）充分重视政府与企业、劳动者个人的积极性，改革城镇职工基本养老保险的第二支柱（个人账户部分）管理运作模式问题，推动建立和完善多支柱的养老保险体制。

（三）基础养老金全国统筹的框架设计

1. 国民基础养老金的缴费率

建议建立一个强制缴费率门槛较低、各类劳动者均能参加的"国民基础养老金"，将国民基础养老金的强制缴费率定为工资的 12%，与《城镇企业职工基本养老保险关系转移接续暂行办法》规定的参保人员跨地区流动时转移接续的缴费率相衔接，城乡各类劳动者均应参加国民基础养老金。城镇地区就业的所有工资劳动者，包括机关、事业单位职工和各类企业雇员应全部强制参加全国统筹的国

① 以河北省为例，在屡次上调城镇职工基本养老保险金后，2015 年河北省职工平均养老金约为平均工资收入的 30%，而公务员和全额拨款事业单位职工的养老金约为退休前平均工资收入的 90%。

民基础养老金，由雇主单位为他们缴纳相当于工资总额12%的养老保险费。国民基础养老金的收缴工作，可由中央社保部门负责，委托地方政府执行，也可考虑由税收部门统一征缴，账目分列。

2. 国民基础养老金的替代率

对于实现“现收现付”的国民基础养老金来说，由基金的养老金支出与基金的征缴收入的平衡条件，可得

平均养老金×退休人员人数 =（平均工资×缴费率）×缴费职工人数（6-1）

显然式（6-1）左边为基础养老金的支出，等式右边为缴费收入。将等式两边同时除以平均工资和退休人员人数，可得

平均养老金÷平均工资 = 缴费率×（缴费职工人数÷退休人员人数）（6-2）

定义式（6-2）左边为养老金的替代率，定义右边括号内项目（缴费职工人数÷退休人员人数）为支持比，式（6-2）可改写为

替代率 = 缴费率×支持比　　（6-3）

对于国民基础养老金来说，式（6-3）是一个非常重要的等式。根据式（6-3），如果缴费率为12%，支持比为3（即三位在职职工的缴费用于负担一位退休人员），那么平均每位退休人员就可实现12%×3=36%的养老金替代率。同样，如果缴费率为12%，支持比为3.3，便可实现12%×3.3=39.6%即40%的养老金替代率而维持收支平衡。

建议国民基础养老金在收取12%的缴费率的同时，承诺提供40%的养老金替代率。如上所述，只要全国统筹的基础养老金将支持比保持在3.33，就可以用12%的缴费率实现40%的替代率而维持基础养老基金收支平衡。近年来全国城镇职工基本养老保险基金的支持比稳定在3以上。目前农民工人数达2亿多人，但仍有部分农民工没有参加城镇职工基本养老保险。在以较低的强制缴费率实现全国统筹、促使大量农民工参保后，国民基础养老金的支持比可达4甚至5以上，所以基础养老金提供40%的替代率，还会产生相当数量的统筹基金结余，该结余可用于改革过渡时期对部分困难地区养老金的补助，也可作为迎接未来人口老龄化高峰的储备资金。

3. 过渡期中央与地方责任的分担：“中央保基数，地方补差额”

如上所述，在实现全国统筹后，中央建立全国统筹的国民基础养老金，所有参保企业须向全国统筹的国民基础养老金缴纳相当于企业工资总额12%的养老保险费。在参保职工退休并满足领取退休金的规定条件后，可由国民基础养老金发

放平均替代率为 40%的基础养老金。

但是目前各地养老金的缴费率和平均替代率有较大差异。为此，实现国民基础养老金全国统筹可继续遵循“帕累托改进”的原则，在相当长的过渡期内维持各地平均替代率不会因为全国统筹而下降。为了实现这一目标，建议采取“中央保基数，地方补差额”的办法。“中央保基数”是指全国统筹的国民基础养老金确保向这些已经退休或即将退休的人员发放平均替代率为 40%的基础养老金；“地方补差额”是指如果在实现全国统筹前某地的养老金替代率高于40%，则超过40%的差额部分由地方负责补足。

4. 鼓励多缴多得，适当兼顾不同人群和不同地区的利益

实现国民基础养老金全国统筹，需要通过多缴多得来提高大家参保的积极性，同时要适当兼顾不同人群之间和不同地区之间的利益，使养老金全国统筹的再分配功能一方面能向低收入的地区和人群适当倾斜，另一方面又能适当保护收入较高的地区和人群的积极性。

如上所述，工资劳动者由单位按工资的 12%缴纳基础养老保险费，该劳动者在（雇主）缴费期间每年可获得一个与缴费水平挂钩的年度得分。借鉴 Jokisch 等（2004）的研究成果，定义参保人 j 在年度 t 的基础养老金年度得分 $\beta_{j,t}$ 为

$$\beta_{j,t} = \frac{(1-\lambda)y_{j,t} + \lambda\overline{y}_t}{\overline{y}_t}, \quad \lambda \in [0,1] \qquad (6\text{-}4)$$

其中，$y_{j,t}$ 为参保人 j 在年度 t 的个人工资；$\overline{y}_t$ 为年度 t 的社平工资；λ 为在计算年度得分时社会平均养老金的权重，体现了基础养老金的再分配强度，λ 越大则再分配功能越强。如果 $\lambda=1$，则 $\beta_{j,t}=1$，参保人的年度得分与个人缴费不相关，体现为平均主义的养老金分配（称为“贝弗里奇型社会保障模式”）。如果 $\lambda=0$，则 $\beta_{j,t}=\frac{y_{j,t}}{\overline{y}_t}$，表示年度得分与个人缴费完全挂钩，体现为没有任何再分配功能的极端情况（称为“俾斯麦型社会保障模式”）。式（6-4）定义的年度得分是个人工资与社平工资的加权平均（分子）与社平工资（分母）的比率，也可改写为

$$\beta_{j,t} = (1-\lambda)\frac{y_{j,t}}{\overline{y}_t} + \lambda, \quad \lambda \in [0,1] \qquad (6\text{-}5)$$

如参保人 j 年度 t 的缴费工资等于社平工资，即 $y_{j,t}=\overline{y}_t$，则由式（6-5）可知，他在该年的年度得分 $\beta_{j,t}=1$。参保人 j 从开始工作到退休的全部工作年限内各年度得分累计起来成为他的总得分 β_j：

$$\beta_j = \sum_t \beta_{j,t}, \quad \lambda \in [0,1], \quad t \in T_w \tag{6-6}$$

其中，T_w为参保人j全部工作年限的集合。假定参保人j工作期间各年的缴费工资均等于社平工资，则他在各年的年度得分均为1，又假定他在工作期间共缴费40年，则由式（6-6）可知，他的总得分$\beta_j = 40$。参保人j退休后在年度τ的养老金待遇$B_{j,\tau}$为

$$B_{j,\tau} = \frac{\beta_j}{100} \times \overline{y}_\tau, \quad \tau \in T_\tau \tag{6-7}$$

其中，T_τ为参保人j从退休到死亡各年度的集合。假定某参保人的总得分$\beta_j = 40$，由式（6-4）可知他退休后各年的养老金为各年社平工资的40%，或者说，他的养老金替代率为40%①。

实行国民基础养老金全国统筹后，全国各地采用统一的全国社会工资，因此会对不同收入地区的基础养老金待遇产生不同影响。此外，实现全国统筹后，大量收入较低的农民工参保，会在提高基础养老金的支持比的同时降低全国的社平工资。对于这方面的影响，原则上可首先由地方过渡养老金进行调节，必要时由国民基础养老金提供帮助。

5. 国民基础养老金全国统筹的过渡措施

在过渡期内，可考虑将参加城镇职工基本养老保险的职工分为三部分：一是实现全国统筹时已经退休的人员，以及尚未退休但参保时间已达15年或以上的职工（以下简称为老人）；二是实行全国统筹时已经参保，但参保时间不足15年的职工（以下简称为中人）；三是在实行全国统筹后参保的职工（以下简称为新人）②。

1）对“老人”实行“老办法”

对于全国统筹时已经退休那部分“老人”，可按全国统筹前的养老金替代率继续领取养老金；其中40%的替代率由全国统筹的基础养老金发放，超过40%部分的替代率差额，由地方过渡养老金发放。

对于全国统筹时已参保15年或以上但尚未退休的“老人”，企业须继续按20%

① 实际上，如果将λ设定为0.5，则上述基础养老金年度得分的计分办法与《国务院关于完善企业职工基本养老保险制度的决定》（国发〔2005〕38号）的第六款的规定在原则上是一致的。但是第六款规定“退休时的基础养老金月标准以当地上年度在岗职工月平均工资和本人指数化月平均缴费工资的平均值为基数，缴费每满1年发给1%”，而与缴费期间其他年份的缴费工资无关。我们建议的计分办法能更好地反映在职职工在整个工作期间各个年度的缴费情况，因此能更好地体现基础养老金多缴多得的原则。

② 这里“老人”、“中人”和“新人”的划分办法与原来采用的划分办法有所不同。我们将在实行全国统筹时已经参保15年的职工划入“老人”，是因为原来规定参保15年后可以领取社会统筹养老金，将这些人划入“老人”可在更大程度上保障他们的养老金受益不受全国统筹的影响，以确保向全国统筹平稳过渡。

的缴费率缴纳社会统筹养老金，其中的 12%向全国统筹基金缴纳，其余 8%向地方过渡基金缴纳。“老人”本人继续缴纳相当于本人工资 8%的个人账户养老金，一并纳入地方过渡基金。放弃对这部分“老人”做实个人账户的目标，将他们的个人账户养老金与地方的社会统筹养老金混合使用，全部实行现收现付。他们退休后，养老金替代率保持不变，其中 40%的替代率由全国统筹的基础养老金发放，超过 40%的替代率差额，由地方过渡养老金发放。

2）对“中人”实行“新办法”

“中人”将继续同时拥有社会统筹账户（第一支柱）与强制性个人账户（第二支柱）。他们所在的企业须按 12%的缴费率为他们向基础养老金缴费。“中人”须继续向自己的个人账户缴费。可允许“中人”在本人工资 4%～12%的范围内自主选择个人账户缴费率。

对于“中人”来说，一个关键的改革举措是，全国统筹前“中人”所在企业历年向社会统筹缴费超过 12%的部分（一般社会统筹缴费率为 20%，超过部分为 8%），全部或部分按规定办法计入各人的个人账户并逐步做实。“中人”退休后的养老金由两部分构成，一部分来自替代率为 40%的国民基础养老金，另一部分来自他们的个人账户的年金化收益。

对于“中人”个人账户中可能的“空账”或负债，须由地方政府将债权明确量化到每个“中人”个人，并制订具体偿还计划在未来 20 年内逐步偿还。偿还个人账户负债的资金来源，同样可包括地方过渡养老金、地方国企分红、地方各级财政补助等，以及最后必要时来自全国社保基金或中央财政的转移支付。

3）对“新人”实行“新办法”

在实现全国统筹后参保的劳动者可称为“新人”。对“新人”完全实行全国统筹后的养老金体制，由他们所在企业向全国统筹的国民基础养老金缴纳相当于工资 12%的养老保险费，并在退休后从基础养老金获得替代率为 40%的国民基础养老金。他们可以在不同地区和不同职业之间自由流动，不会因流动而产生基础养老金权益受损的问题。他们个人还须向自己的个人账户缴费，可允许他们在本人工资 4%～12%的范围内自主选择个人账户缴费率。“新人”的个人账户实行完全积累制，不允许任何政府机构或个人挪用。

实现全国统筹后，各类参保人的缴费和受益情况可归纳如表 6-2 所示。

表 6-2　实行国民基础养老金全国统筹后各类参保人的缴费和受益情况

参保人类别	企业缴费	个人缴费	养老金受益（待遇）
已退休“老人”	无	无	维持原来的“目标”替代率不变，其中 40%由全国统筹基金提供，不足部分由地方过渡基金提供

续表

参保人类别	企业缴费	个人缴费	养老金受益（待遇）
在职“老人”	企业缴纳 20%，其中向全国统筹基金缴纳 12%，向地方过渡基金缴纳 8%	职工个人向地方过渡基金缴纳本人工资的 8%，全部纳入地方过渡基金并实行现收现付制	同上
“中人”	企业向全国统筹基金缴纳 12%	向个人账户基金缴纳个人工资的 4%～12%。全国统筹前历年由企业向社会统筹基金缴纳的超过 12%的部分（包括本金和回报），部分或全部按规定办法计入个人账户。个人账户全部逐步做实，实行完全积累制	一部分来自替代率为 40%的国民基础养老金； 一部分来自个人账户的年金化受益
“新人”	向全国统筹基金缴纳 12%	向个人账户基金缴纳个人工资的 4%～12%，实行完全积累制	同上

该方案的意义和影响将体现在如下几个方面。

一是在国民基础养老金以较低的缴费率实现全国统筹后，企业为“老人”负担的缴费率没有变化，但是为“中人”和“新人”负担的缴费率下降了，使企业的社会保险负担和劳务成本明显下降，从而改善企业尤其是创新型企业的用人环境，改善人才和劳动力跨地区流动的制度环境。

二是较低的缴费率门槛可大大提高农民工和他们所在企业的参保积极性，从而大大推进全国社会保障体制一体化和劳动力市场一体化，推动我国的城乡一体化建设和新型城镇化建设。

三是以较低的缴费率实现全国统筹，可以大大降低企业尤其是中小型企业的养老保险逃缴率。降低养老保险缴费率，从单个缴费个体来看，国家来自养老保险的征缴收入是下降了，但是，降低养老保险缴费率却可能大幅度地提高企业的征缴率，提高非正规就业群体的参保率，从总体来看，国家来自养老保险的征缴收入不仅不会下降，而且还因企业和非正规就业群体的征缴率的大幅度提高而上升。

四是提高了社会统筹的再分配功能，大大降低了全国跨地区实现基础养老金全国统筹的难度与阻碍，更易于实现基础养老金的全国统筹。此外，统一的国民基础养老金覆盖了包括机关事业单位职工在内的全体国民，这样养老金“双轨制”问题也就自然而然地得到了化解，尤其是覆盖了农业劳动者、城乡个体劳动者和其他非正规就业人员，确保了养老保险制度的公平性，有利于实现“广覆盖、保基本、多层次、可持续”的目标。

国民基础养老基金实行全国统筹，既能发挥基本养老保险互助互济的功能，又能提高社会养老保险基金抗风险的能力。提高统筹层次是社会养老保险制度发展的方向，全国统筹基金对于促进劳动力在全国范围内的合理流动和公平竞争，以及进一步降低企业平均缴费压力，降低参保人的缴费负担，为更多的人享受基本社会保障创造条件，克服地方统筹的弊端方面具有积极作用。

第二节　中国养老保险制度的效率

一、以国有资本划转和国资分红充实养老基金

国有资本划转和国资分红是充实社保基金的重要举措之一。针对我国养老基金的历史欠账及其缺口问题，国企上缴的红利应主要用于补充社保基金。目前多地为增强社保基金实力减少“空账”，已开始划转国有资本充实社保基金。2015年山东省出台了《省属企业国有资本划转充实社会保障基金方案》，至 2015 年底已分两次将 180.65 亿元国有资本金划转至省社保基金理事会。2017 年 11 月 18 日，国务院印发的《划转部分国有资本充实社保基金实施方案》明确了划转范围、对象、比例、承接主体、划转步骤，从而加大了国有资本充实社保基金的力度。

建议逐步扩大国企分红的覆盖面，逐步提高国企分红的比例，逐步提高国企分红用于民生的比例，逐步提高国企分红用于养老基金的比例，逐步提高养老基金的投资保值增值能力，央企分红充实全国养老基金，地方国企分红充实地方基本养老保险基金。

二、养老保险个人账户的结构改革

改革现有养老保险个人账户制度，将养老保险个人账户从第一支柱转移至第二支柱，在制度上保证统账分离，以防止统筹账户挪用个人账户造成个人账户空账进一步恶化。建议在做实个人账户的基础上，扩大个人账户相对统筹账户的比例。扩大个人账户相对比例，有利于提高个人缴费的积极性，从而提高整个社会保障基金的来源。

三、养老保险个人账户的投资与监管

提高养老金收入有多种途径．一是出台具体办法将个人的养老金待遇水平与缴费多少适当挂钩，鼓励劳动者积极参保、全民参保，努力扩大覆盖面、参保率和征缴率。二是从节制生育的政策转向鼓励生育的政策，适当提高人口的出生率，努力增加未来年轻劳动力人口占比。三是延迟退休，从现实情况看，适当延迟退休年龄是短期内较为妥当的措施。四是努力提高养老金的投资收益率。

拓展养老保险投资渠道，可以提高养老保险基金的投资回报率。建议拓宽个人账户基金的投资渠道，提高个人账户的回报率，目前广东、山东已将部分企业

城镇职工基本养老保险基金投资运营；2015 年全国社保基金投资收益率达到 15.19%，2000～2015 年的年均投资收益率为 8.82%。

做实个人账户，必须将社会统筹账户基金与个人账户基金实行分账管理，单独核算。建议在国务院下设一个独立的、有权威的，与中国银行保险监督管理委员会、中国证券监督管理委员会并列的专门机构——国家社会保障基金监督管理委员会，加强对全国各统筹单位养老保险个人账户基金的监管，提高其管理的透明度，从而既加强养老保险个人账户基金的安全性，又使其保值增值。

第三节　中国养老保险制度的可持续性

一、中央调剂金制度对各省区市基本养老保险基金的影响分析

（一）中央调剂金制度的实施

进入 21 世纪以来，随着中国人口老龄化程度的深化和庞大退休群体高峰期的即将到来，劳动力人口红利逐渐消失，劳动力流动的巨大变化尤其是高达 2 亿的农民工的跨地区流动，导致中国各省区市城镇职工基本养老保险基金当期收支出现明显的不平衡状况。最近几年来，有些省区市当期基本养老保险基金出现了明显的收不抵支情况，甚至连累计结余基金都出现了赤字。根据 2018 年的《中国统计年鉴》，到 2017 年底，尽管广东当期净收入高达 1559 亿元，累计结余高达 9245.1 亿元，但是全国还是有六个省份出现了基本养老保险基金当期净收入赤字情况，即辽宁、黑龙江、湖北、山东、青海、吉林当期净收入赤字额分别为 343.8 亿元、293.7 亿元、70.6 亿元、69.4 亿元、7.9 亿元、2.9 亿元，黑龙江还出现了高达 486.2 亿元的累计结余基金赤字。这种部分地区"收不抵支"与部分地区"结余"共存的非均衡局面，直接导致养老基金亏损的省份面临支付缺口，依赖当地政府与中央政府的财政补贴；而养老基金盈余的省区市无法将专项基金用于其他经济建设，造成了大量资金闲置浪费，导致不同地区无法共享经济发展的成果。

党的十九大报告明确指出，"我国社会主要矛盾已经转化为人民日益增长的美好生活需要和不平衡不充分的发展之间的矛盾"，同时提出要"加强社会保障体系建设""完善城镇职工基本养老保险和城乡居民基本养老保险制度，尽快实现养老保险全国统筹"。[①]鉴于各省区市基本养老金当期净收入与累计结余出现越来越不均衡的情况，为了均衡地区间城镇职工基本养老保险基金负担，实现基本养老保险制度可持续发展，国务院决定建立养老保险基金中央调剂制度，自 2018 年 7

① 《习近平：决胜全面建成小康社会 夺取新时代中国特色社会主义伟大胜利——在中国共产党第十九次全国代表大会上的报告》，http://www.gov.cn/zhuanti/2017-10/27/content_5234876.htm[2021-10-15]。

月1日起实施，上解比例从3%起步，逐步提高。2019年4月4日，国务院决定自2019年5月1日起，降低城镇职工基本养老保险单位缴费比例至16%，以减轻企业社保缴费负担；2019年城镇职工基本养老保险基金中央调剂比例提高至3.5%，进一步均衡了各省区市之间养老保险基金负担。基本养老金中央调剂制度实施以来，对各省区市之间的城镇职工基本养老保险基金的收支差异进行了有效调节。无论是降低城镇职工基本养老保险单位缴费比例至16%，以减轻企业社保负担，还是逐步提高基金中央调剂上解比例，以减轻某些省区市养老金支付压力，都表明我国已经迈出了实质性的步伐，以实现基础养老金全国统筹。

国外养老保险主要实行全国统筹，因而不存在旨在均衡各地养老金的中央调剂制度。目前国内有关养老保险基金中央调剂制度的研究文献较少，这些文献主要集中在两个方面，一是理论分析。何文炯（2018）认为，中央调剂基金筹集和拨付的计算公式是清晰的，但是如果某些基础数据如职工平均工资、在职应参保人数、离退休人数这三个关键数据不准确，则计算结果的正确性就可能被质疑。杨燕绥和黄成凤（2018）认为，基本养老金待遇过高会导致企业和在职人员的负担较大，待遇过低则导致老年人消费不足，中央调剂金的制度安排是实现全国统筹基本养老金的重要步骤。白彦锋和王秀园（2018）运用委托-代理模型分析了中央政府与地方政府博弈的内在机理，认为中央政府给予地方政府一定的激励，实现养老保险基金中央调剂制度下的激励相容。张威超（2019）认为严峻的老龄化态势、省际制度发展不平衡及全国统筹难以“一步而至”是中央调剂制度构建的原因所在。

二是测算分析。张勇（2019）以养老基金拨付额与上解额之比构建衡量调剂程度的指标，并基于2009～2016年省际面板数据展开实证分析，认为抚养比越高、工资水平越低的省区市，获得的调剂数额就越多。张松彪（2019）对养老保险基金中央调剂的省际再分配效应进行了模拟测算，认为养老保险基金中央调剂制度依然存在上解比例过低、未来实施阻力较大和未涉及更为深层次的基础养老金全国统筹问题。郭秀云和邵明波（2019）利用2012～2016年相关数据，测算养老保险基金中央调剂制度省际再分配的总体效应和结构效应，认为中央调剂制度具有均衡地区间养老负担的省际再分配效应，随着上解比例的提高，再分配效应会更强，但效应的力度会减弱。石晨曦和曾益（2019）建立精算模型模拟中央调剂制度对各省区市基本养老保险基金可持续性、财政补贴的影响，认为中央调剂制度的实际调剂效果受退休年龄、遵缴率、工资水平等因素影响，加大调剂力度应综合考虑养老保险基金运行现状、兼顾公平与效率。魏升民等（2018）模拟测算了各省区市上解中央调剂金和中央拨付各省区市调剂金的数额，认为中央调剂制度建立后，各省区市公共财政对养老保险的补助压力减小，间接上有利于促进地区间公共服务均等化，最终促进地区间均衡发展。王菊（2018）运用比较分析法分析省级调剂金与中央调剂金之间的联系与区别，设计出上解资金规模的基本公式，利用所设计的公式对上解资金的规模进行测算。高扬（2019）通过选取 2017 年全国 31 个省级行政区划单位横截面数据，以及 2010～2017 年面板数据进行政策模拟，设计调剂效力、调剂压力两个评估指标，认为调剂金机制呈现定向转移支付特征，有效缩小养老金亏损省区市的支付缺口，平衡各省区市之间非均衡的养老金支付压力。

基于这些研究的成果，本书从模型构建与政策效应分析角度对中央调剂金进行研究，与这些研究不同的是，首先依据国务院《关于建立企业职工基本养老保险基金中央调剂制度的通知》，构建了基本养老保险基金中央调剂的具体模型，对影响调剂率方向与大小的人口变量、工资变量、政策变量进行了数理推论，分析其影响机制；其次在上解比例为 3%和 3.5%的情景下，就基本养老保险基金中央调剂制度对各省区市基本养老保险基金的影响进行了模拟，并对三种情景（上解比例为 0，3%，3.5%）相关指标进行比较分析；最后提出相关政策建议，以期进一步完善我国基本养老保险基金中央调剂制度、顺利实现国民基础养老金全国统筹。

（二）模型构建

2018 年 6 月 13 日，国务院发布《关于建立企业职工基本养老保险基金中央调剂制度的通知》，决定在现行企业职工基本养老保险省级统筹基础上，建立中央调剂基金，对各省区市养老保险基金进行适度调剂，确保基本养老金按时足额发放。该政策覆盖全国所有省区市，各地按比例上缴养老保险基金资金形成中央调剂基金。基金不留存，按各地离退休人数全部向各地定额拨付，在全国各省区市之间进行养老金收入再分配。据此构建模型如下。

1. 上解额

根据《关于建立企业职工基本养老保险基金中央调剂制度的通知》，中央调剂基金由各省区市养老保险基金上解的资金构成。按照各省区市职工平均工资的 90%和在职应参保人数作为计算上解额的基数，上解比例从 3%起步，逐步提高。其中，各省区市职工平均工资，为统计部门提供的城镇非私营单位和私营单位就业人员加权平均工资；各省区市在职应参保人数，暂以在职参保人数和国家统计局公布的企业就业人数二者的平均值为基数核定。

用 U_i 表示 i 省的上解额，则

$$U_i = (w_{ni} \times \frac{l_{ni}}{l_{ni} + l_{pi}} + w_{pi} \times \frac{l_{pi}}{l_{ni} + l_{pi}}) \times 90\% \times \frac{l_{1i} + l_{2i}}{2} \times \gamma \tag{6-8}$$

$$l_{2i} = l_{ni} + l_{pi} \tag{6-9}$$

其中，w_{ni} 为该省城镇非私营单位就业人员平均工资；w_{pi} 为该省城镇私营单位就业人员平均工资；l_{ni} 为该省城镇非私营单位就业人数；l_{pi} 为该省城镇私营单位就业人数；l_{1i} 为该省城镇职工基本养老保险在职参保人数；l_{2i} 为该省城镇企业就业人数；ni 为 i 省城镇非私营单位；pi 为 i 省城镇私营单位；γ 为基本养老金中央调剂的上解比例，从3%起步，以后逐年提高。

2. 下拨额

根据文件，中央调剂基金实行以收定支，当年筹集的资金全部拨付地方。中央调剂基金按照人均定额拨付，根据人力资源和社会保障部、财政部核定的各省区市离退休人数确定拨付资金数额。其中，全国人均拨付额为筹集的中央调剂基金与核定的全国离退休人数之比。

用 D_i 表示 i 省的下拨额，则

$$D_i = l_{ri} \times \frac{\sum_{i=1}^{31} U_i}{\sum_{i=1}^{31} l_{ri}} \tag{6-10}$$

其中，l_{ri} 为该省当年参加城镇职工基本养老保险的离退休人数；$\sum_{i=1}^{31} U_i$ 为筹集的中央调剂基金总和；$\sum_{i=1}^{31} l_{ri}$ 为全国各省区市离退休人数总和。

由于基本养老金中央调剂政策规定，全国各省区市都需按照既定公式集中向中央上解养老金，然后中央汇集各省区市上解金并按照拨付公式全数下发，则

$$\sum_{i=1}^{31} U_i = \sum_{i=1}^{31} D_i \tag{6-11}$$

3. 净拨付额

由于 i 省同时贡献上解金 U_i 和接受拨付金 D_i，故以该省净拨付额衡量该省的调剂金缴拨情况，以观察全国范围内各省区市的调剂金流向。以 N_i 表示 i 省的净拨付额，则

$$N_i = D_i - U_i \tag{6-12}$$

当 $N_i < 0$ 时，则该省份调剂金净流出，为其他省区市贡献基本养老保险调剂金。

当 $N_i > 0$ 时，则该省份调剂金净流入，接受来自其他省区市的基本养老保险调剂金。

当 $N_i = 0$ 时，则该省份城镇职工基本养老基金不受中央调剂金政策的影响。

由式（6-11），可得

$$\sum_{i=1}^{31} N_i = 0 \tag{6-13}$$

$$\sum_{N_i>0} N_i = \sum_{N_i<0} |N_i| \tag{6-14}$$

中央调剂基金纳入中央级社会保障基金财政专户，采取先预缴预拨后清算的办法，资金按季度上解下拨，年终统一清算。

现行中央财政补助政策和补助方式保持不变。中央政府在下达中央财政补助资金和拨付中央调剂基金后，各省区市养老保险基金缺口由地方政府承担，从而进一步明确了中央与省级政府分级负责的管理体制。

4. 调剂率

对 i 省而言，用该省的净拨付额与全国筹集的中央调剂基金之比，衡量该省的基本养老金中央调剂率，用 β_i 表示调剂率，则

$$\beta_i = \frac{N_i}{\sum_{i=1}^{31} U_i} \tag{6-15}$$

当 $\beta_i < 0$ 时，则该省份调剂金净流出，为其他省区市贡献基本养老保险调剂金；其绝对值越大，表明该省份为其他省区市贡献的基本养老保险调剂金越多。

当 $\beta_i > 0$ 时，则该省份调剂金净流入，接受来自其他省份的基本养老保险调剂金；其绝对值越大，表明该省份接受来自其他省区市的基本养老保险调剂金越多。

当 $\beta_i = 0$ 时，则该省份城镇职工基本养老保险基金不受中央调剂金政策的影响。

由式（6-13），可得

$$\sum_{i=1}^{31} \beta_i = 0 \tag{6-16}$$

$$\sum_{\beta_i>0} \beta_i = \sum_{\beta_i<0} |\beta_i| \tag{6-17}$$

5. 调剂后基本养老金当期净收入

以 NI_{1i} 表示 i 省经中央调剂前的基本养老金当期净收入，以 NI_{2i} 表示 i 省经中央调剂后的基本养老金当期净收入，则

$$\mathrm{NI}_{2i} = N_i + \mathrm{NI}_{1i} \qquad (6\text{-}18)$$

由式（6-13），可得

$$\sum_{i=1}^{31} \mathrm{NI}_{2i} = \sum_{i=1}^{31} \mathrm{NI}_{1i} \qquad (6\text{-}19)$$

6. 调剂后基本养老金累计结余

各地在实施养老保险基金中央调剂制度之前累计结余基金原则上留存地方，用于本省区市范围内养老保险基金余缺调剂。

以 AC_{1i} 表示 i 省经中央调剂前的基本养老金累计结余，以 AC_{2i} 表示 i 省经中央调剂后的基本养老金累计结余，则

$$\mathrm{AC}_{2i} = N_i + \mathrm{AC}_{1i} \qquad (6\text{-}20)$$

由式（6-13），可得

$$\sum_{i=1}^{31} \mathrm{AC}_{2i} = \sum_{i=1}^{31} \mathrm{AC}_{1i} \qquad (6\text{-}21)$$

7. 基本养老金中央调剂的效果评估

文件指出实施养老保险基金中央调剂制度的目的，就是均衡各省区市之间养老保险基金负担。

因此，各省区市基本养老金经中央调剂之后，各省区市当期净收入 NI_{2i} 和各省区市累计结余 AC_{2i} 的分布越均衡（相互之间的差距越小，尤其赤字额的消除），则反映在总体上，中央调剂的效果越好。

（三）数据选取与模拟结果

根据《中国统计年鉴 2018》，选取 2017 年底的相关数据如下：①某省城镇非私营单位就业人员平均工资 w_{ni} 来源于《中国统计年鉴 2018》表 4-12 中的相关数据；②该省城镇私营单位就业人员平均工资 w_{pi} 来源于《中国统计年鉴 2018》表 4-16 中的相关数据，由于该表缺少西藏城镇私营单位就业人员平均工资，故以国家统计局公布的 2017 年西部地区域镇私营单位就业人员平均工资 41 242 元代替①；③该省城镇非私营单位就业人数 l_{ni} 来源于《中国统计年鉴 2018》表 4-5 中的相关数据；④该省城镇私营单位就业人数 l_{pi} 来源于《中国统计年鉴 2018》表 4-8 中

① 《2017 年城镇私营单位就业人员年平均工资 45761 元》，http://www.stats.gov.cn/tjsj/zxfb/201805/t20180515_1599417.html[2018-05-15]。

的相关数据；⑤该省城镇职工基本养老保险的在职参保人数 l_{1i} 和离退休人数 l_{ri} 来源于《中国统计年鉴2018》表24-27中的相关数据。

假设2017年全年实施企业职工基本养老保险基金中央调剂制度，上解比例为3%，根据上述所构建的模型，进行相关计算，得到模拟结果如表6-3所示。

表6-3　中央调剂金上解比例 γ =3%时的模拟结果（2017年底） 单位：亿元

地区	上解金 U_i	下拨金 D_i	净拨付 N_i	调剂率 β_i	调剂前基本养老金当期净收入 NI_{1i}	调剂后基本养老金当期净收入 NI_{2i}	调剂前基本养老金累计结余 AC_{1i}	调剂后基本养老金累计结余 AC_{2i}
四川	215.8	377.7	161.9	3.17%	1 019.4	1 181.3	3 245.8	3 407.7
广东	799.3	263.4	–535.9	–10.51%	1 559.0	1 023.1	9 245.1	8 709.2
北京	395.4	131.0	–264.4	–5.18%	828.6	564.2	4 394.9	4 130.5
浙江	361.9	346.0	–15.9	–0.31%	415.9	400.0	3 709.8	3 693.9
安徽	125.4	149.5	24.1	0.47%	208.7	232.8	1 393.9	1 418.0
江苏	466.9	368.5	–98.4	–1.93%	330.2	231.8	3 730.8	3 632.4
内蒙古	67.7	119.0	51.3	1.01%	146.3	197.6	605.2	656.5
山西	80.5	112.5	32.0	0.63%	152.3	184.3	1 457.7	1 489.7
湖南	122.9	195.7	72.8	1.43%	99.0	171.8	1104.1	1176.9
江西	104.7	142.4	37.7	0.74%	111.4	149.1	638.1	675.8
上海	286.4	226.4	–60	–1.18%	196.3	136.3	2 068.8	2 008.8
云南	85.2	79.3	–5.9	–0.12%	137.1	131.2	950.8	944.9
广西	85.5	116.6	31.1	0.61%	95.2	126.3	556.7	587.8
新疆	84.4	94.6	10.2	0.20%	100.2	110.4	1 074.0	1 084.2
重庆	134.2	167.0	32.8	0.64%	62.3	95.1	897.1	929.9
陕西	109.0	114.1	5.1	0.10%	87.4	92.5	566.1	571.2
河北	139.7	200.8	61.1	1.20%	27.5	88.6	735.2	796.3
吉林	66.8	153.8	87.0	1.71%	–2.8	84.2	340.0	427.0
贵州	75.1	65.4	–9.7	–0.19%	91.4	81.7	619.2	609.5
天津	94.3	99.0	4.7	0.09%	58.2	62.9	463.2	467.9
河南	205.5	212.9	7.4	0.15%	49.7	57.1	1 104.0	1 111.4
甘肃	49.9	65.5	15.6	0.31%	27.8	43.4	403.7	419.3
海南	28.0	31.9	3.9	0.08%	39.2	43.1	173.5	177.4
西藏	10.7	4.3	–6.4	–0.13%	46.1	39.7	123.6	117.2

续表

地区	上解金 U_i	下拨金 D_i	净拨付 N_i	调剂率 β_i	调剂前基本养老金当期净收入 NI_{1i}	调剂后基本养老金当期净收入 NI_{2i}	调剂前基本养老金累计结余 AC_{1i}	调剂后基本养老金累计结余 AC_{2i}
福建	170.4	84.2	–86.2	–1.69%	118.9	32.7	820.0	733.8
宁夏	21.1	27.9	6.8	0.13%	21.6	28.4	217.7	224.5
湖北	156.8	243.5	86.7	1.70%	–70.6	16.1	751.6	838.3
青海	16.1	19.8	3.7	0.07%	–7.9	–4.2	55.8	59.5
山东	317.3	295.7	–21.6	–0.42%	–69.4	–91.0	2 315.7	2 294.1
黑龙江	82.8	242.5	159.7	3.13%	–293.6	–133.9	–486.2	–326.5
辽宁	140.4	349.2	208.8	4.09%	–343.8	–135.0	572.8	781.6
合计	5 100.1	5 100.1	0	0	5 241.6	5 241.6	43 848.7	43 848.7

注：该表按“各省调剂后基本养老金当期净收入 NI_{2i}”进行降序排列，以反映出“收不抵支”的省区市

将以上模拟结果与 2017 年中国分地区城镇职工基本养老保险基金收支情况进行比较，可以发现以下几点。

1. 基本养老金当期净收入出现赤字的省份数量下降，当期赤字额大幅下降

2017 年基本养老金当期净收入出现赤字的省份有 6 个，按赤字额从小到大排序，依次为吉林、青海、山东、湖北、黑龙江、辽宁。经过中央调剂后，出现赤字的省份降至 4 个，按赤字额从小到大排序，依次为青海、山东、黑龙江、辽宁。其中，黑龙江、辽宁的赤字额分别由调剂前的 293.6 亿元、343.8 亿元，大幅度地下降到调剂后的 133.9 亿元、135.0 亿元，下降幅度超过 50%，这表明基本养老金中央调剂制度对均衡全国各省区市养老保险负担的效应十分显著。

2. 全国基本养老金当期净收入总规模、累计结余总规模在调剂前后不变

2017 年基本养老金当期净收入全国总规模在调剂前为 5 241.6 亿元，经调剂后仍不变；基本养老金累计结余全国总规模为 43 848.7 亿元，经调剂后仍不变。

可见，基本养老金中央调剂政策不影响调剂前后的全国基本养老保险基金净收入的总额大小，也不影响调剂前后的全国基本养老保险基金累计结余的总额大小。

3. 调剂金总规模

2017 年筹集的中央调剂基金为 5100.1 亿元，全国人均拨付额为 4628.61 元。

根据人力资源和社会保障部《2018 年度人力资源和社会保障事业发展统计公报》，2018 年 7 月 1 日，建立实施企业职工基本养老保险基金中央调剂制度，2018 年调剂比例为 3%，2018 年下半年的调剂基金总规模为 2422 亿元。可见，在调剂比例为 3%的情景下，对 2017 年全年进行模拟所得的全年调剂基金总规模 5100.1 亿元，与 2018 年下半年调剂基金总规模 2422 亿元的现实情况基本相符。

4. 调剂金流向

在基本养老金中央调剂的上解比例 γ =3%的情景下，对各省区市的调剂率 β_i 由大到小进行排序，如图 6-2 所示。

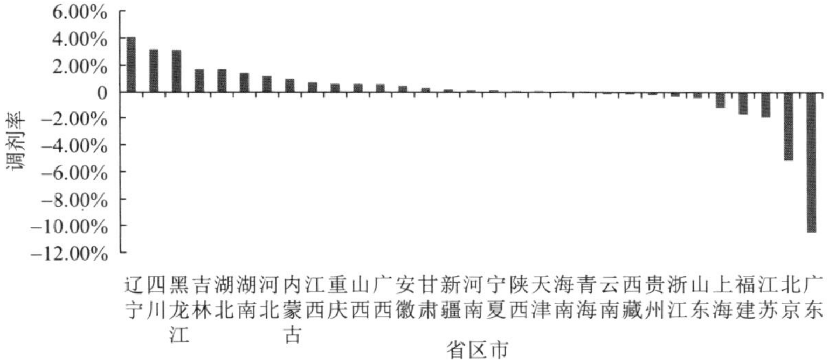

图 6-2　模拟 2017 年中央调剂金上解比例 γ =3%的情景下：各省区市调剂率 β_i 的排序

（1）当 i 省调剂率 β_i 为正时，其绝对值越大，表明该省获得的中央调剂金越多，基本养老保险中央调剂的政策效应就越大。显然，辽宁、四川、黑龙江、吉林、湖北、湖南、河北、内蒙古等 21 个省区市，是中央调剂金的净流入地，尤其辽宁、四川、黑龙江分别净接受中央调剂金 208.8 亿元、161.9 亿元、159.7 亿元。

（2）当 i 省调剂率 β_i 为负时，其绝对值越大，表明该省贡献的中央调剂金越多，基本养老保险中央调剂的政策效应就越大。显然，广东、北京、江苏、福建、上海、山东、浙江等 10 个省区市，是中央调剂金的净流出地，广东、北京、江苏、福建、上海分别净贡献中央调剂金 535.9 亿元、264.4 亿元、98.4 亿元、86.2 亿元、60.0 亿元。

根据财政部公布的 2019 年中央调剂基金收入（上缴）情况表、2019 年中央调剂基金支出（下拨）情况表、2019 年中央调剂基金缴拨差额情况表，获得 2018 年下半年各省区市实际执行情况的数据，并计算调剂率，结果表明模拟结果即 2017 年中央调剂金的流向与调剂率的幅度与 2018 年下半年实际执行的现实情况基本吻合。

（四）政策效应分析

1. 调剂率的影响变量

对于某一省区市的调剂率β_i，将式（6-8）、式（6-9）、式（6-10）、式（6-12）代入式（6-15），可得

$$\beta_i=\frac{l_{ri}\times\frac{\sum_{i=1}^{31}U_i}{\sum_{i=1}^{31}l_{ri}}-\left(w_{ni}\times\frac{l_{ni}}{l_{ni}+l_{pi}}+w_{pi}\times\frac{l_{pi}}{l_{ni}+l_{pi}}\right)\times 90\%\times\frac{l_{1i}+l_{ni}+l_{pi}}{2}\times\gamma}{\sum_{i=1}^{31}U_i}$$

进一步简化，可得下式：

$$\beta_i=\frac{l_{ri}}{\sum_{i=1}^{31}l_{ri}}-\frac{\left(w_{ni}\times\frac{l_{ni}}{l_{ni}+l_{pi}}+w_{pi}\times\frac{l_{pi}}{l_{ni}+l_{pi}}\right)\times(l_{1i}+l_{ni}+l_{pi})}{\sum_{i=1}^{31}\left[\left(w_{ni}\times\frac{l_{ni}}{l_{ni}+l_{pi}}+w_{pi}\times\frac{l_{pi}}{l_{ni}+l_{pi}}\right)\times(l_{1i}+l_{ni}+l_{pi})\right]}\tag{6-22}$$

由式（6-22）可得以下结论。

1）调剂率β_i与人口变量l_{ni}、l_{pi}、l_{1i}、l_{ri}密切相关

i 省调剂率β_i与该省的离退休人数l_{ri}成正向关系，与在职参保人数l_{1i}成反向关系[①]，也即该省离退休人数l_{ri}越多，或者在职参保人数l_{1i}越少，则该省的调剂率β_i越大，意指其接受中央调剂金的净拨付额就越大。反之亦然。

2）调剂率β_i与工资变量w_{ni}、w_{pi}密切相关

i 省调剂率β_i与该省的工资变量w_{ni}、w_{pi}成反向关系，也即该省的城镇非私营单位就业人员平均工资、城镇私营单位就业人员平均工资越少，则该省的调剂率β_i越大，意指其接受中央调剂金的净拨付额就越大。反之亦然。

3）调剂率β_i与政策变量即上解比例无关

从式（6-22）中可以明显看出，i 省调剂率β_i与基本养老保险中央调剂金的上解比例无关，但与中央调剂金制度即上解金与下拨金的政策公式密切相关。

这说明，基于包括各省区市在内的全国总体的人口变量与工资变量，对某一具体省份 i 省而言，其“净接受”或“净贡献”中央调剂金占中央调剂金总规模之比，即调剂率β_i的方向（净接受或净贡献）和比率的绝对值大小，取决于该省

① 这里的正向关系，不是正比例，也不是线性关系；这里的反向关系，不是反比例，也不是线性关系。

的人口变量（l_{ni}、l_{pi}、l_{li}、l_{ri}）和工资变量（w_{ni}、w_{pi}），而与政策变量即上解比例无关。

2. 政策变量的影响分析

中国各省区市于2018年7月1日开始执行基本养老金中央调剂政策，开始起步时执行3%的上解比例。2019年4月4日，国务院发布《降低社会保险费率综合方案的通知》，规定自2019年5月1日起，降低城镇职工基本养老保险单位缴费比例至16%；自2019年1月1日起，2019年职工基本养老保险基金中央调剂比例提高至3.5%，进一步均衡各省区市之间养老保险基金负担。

根据《中国统计年鉴2018》，假设2017年全年实施企业职工基本养老保险基金中央调剂制度，调剂比例为3.5%，根据上述所构建的模型进行相关计算，得到模拟结果，并对上解比例为3%和上解比例为3.5%的模拟结果进行比较，发现以下几点。

1）提高上解比例，并不影响调剂金流向。比较上解比例为3%和上解比例为3.5%时的调剂率大小（包括正负情况），发现基本养老保险中央调剂金上解比例从3%提高到3.5%时，调剂率并没有发生变化，调剂金流向也没有发生变化，这从而以模拟结果验证了调剂率β_i与政策变量即上解比例无关。

2）提高上解比例，并不影响全国基本养老金当期净收入总规模、累计结余总规模。在上解比例为3%和3.5%的两种情况下，2017年基本养老金当期净收入全国总规模都为5241.6亿元；基本养老金累计结余全国总规模都为43 848.7亿元，这表明，逐步提高上解比例并不影响全国基本养老保险基金净收入的总额大小，也不影响全国基本养老保险基金累计结余的总额大小。

3）提高上解比例，可以显著提高调剂金总规模。2017年全年筹集的中央调剂基金从上解比例为3%时的5100.1亿元，提高到上解比例为3.5%时的5949.76亿元，增幅为16.7%；全国人均拨付额也相应地由4628.61元提高到5400.05元，增幅也为16.7%。可见，逐步提高上解比例，可以显著提高调剂金总规模及全国的人均拨付额，表明提高上解比例可以有效地均衡全国各省区市养老保险负担。

4）提高上解比例，可以较大幅度地降低当期净收入赤字额，有效均衡各省区市当期净收入的分布。将上解比例从3%提高到3.5%，基本养老金当期净收入出现赤字的省份有4个，数量未变，但赤字额发生了显著变化，尤其辽宁、黑龙江经过提高上解比例后，其基本养老金当期净收入的赤字额分别从135.0亿元、133.9亿元下降到100.27亿元、107.24亿元，降幅在20%左右，这表明逐步提高上解比例，对均衡全国各省区市养老保险负担的效应十分显著。

比较调剂前、上解比例为3%、上解比例为3.5%这三种情景的各省区市基本养老保险基金当期净收入的分布，发现实施中央调剂金、提高上解比例，可以有效均衡各省区市当期净收入的分布。

5）提高上解比例，可以有效均衡各省区市基本养老金累计结余的分布。上解比例从 3%提高到 3.5%，虽然全国累计结余总规模不变，但是各省区市累计结余发生了相对变化。

全国只有黑龙江一省的累计结余是赤字，但是在调剂前、上解比例 3%、上解比例 3.5%这三种情景下，其累计结余的赤字额分别是 486.2 亿元、326.5 亿元、299.84 亿元。这表明，养老保险基金中央调剂制度，可以显著改善黑龙江累计结余的赤字状况（从 486.2 亿元降为 326.5 亿元，赤字额降幅超过 30%）；上解比例从 3%提高到 3.5%，可以改善其累计结余的赤字状况（从 326.5 亿元降为 299.84 亿元，赤字额降幅超过 8%）。这表明实施中央调剂金、提高上解比例，对基本养老保险基金累计结余赤字省区市的影响，是很大的。

广东基本养老金累计结余名列全国第一，在调剂前、上解比例 3%、上解比例 3.5%这三种情景下，其累计结余分别是 9245.1 亿元、8709.2 亿元、8619.9 亿元。与调剂前的情景相比，实施 3%的上解比例，广东累计结余下降 5.80%，幅度不大。上解比例从 3%提高到 3.5%，广东累计结余下降 1%，幅度更小。这表明实施中央调剂金、提高上解比例，对基本养老保险基金累计结余较多的省区市的影响，是很小的。

综合基本养老金累计结余的两个极端省份，即黑龙江和广东，在观察其他省份的情况后，可以发现，逐步提高上解比例，可以有效均衡全国各省区市基本养老金的累计结余状况。

比较调剂前、上解比例为 3%、上解比例为 3.5%时的各省区市累计结余基金的分布，可以发现：实施中央调剂金和提高上解比例，可以有效均衡各省区市累计结余基金的分布。

（五）中央调剂金制度与各省区市基本养老保险金支付的可持续性

我们首先依据国务院《关于建立企业职工基本养老保险基金中央调剂制度的通知》，构建了基本养老保险中央调剂金的模型。其次，根据《中国统计年鉴 2018》的 2017 年全年数据，假定调剂比例为 3%，进行了模拟测算，并将模拟结果与人力资源和社会保障部《2018 年度人力资源和社会保障事业发展统计公报》及财政部 2019 年中央调剂基金收入（上缴）情况表、2019 年中央调剂基金支出（下拨）情况表、2019 年中央调剂基金缴拨差额情况表进行了比较和验证。再次，依据构建模型，对影响调剂率的方向与比率大小的人口变量、工资变量、政策变量进行了数理推论分析。最后，依据国务院《降低社会保险费率综合方案的通知》，假定调剂比例为 3.5%，进行了模拟测算，并进行了三种情景（上解比例 γ =0，3%，3.5%）的相关指标的比较，研究发现以下几点。

（1）提高上解比例，可以显著提高调剂金总规模，但并不影响各省区市调剂率的方向与调剂率的大小，影响的是各省区市的净拨付额、当期净收入额和累计结余额。某一省区市净接受或净贡献中央调剂金占中央调剂金总规模之比，即调剂率的方向（净接受或净贡献）和比率的绝对值大小，取决于该省的人口变量（l_{ni}、l_{pi}、l_{1i}、l_{ri}）和工资变量（w_{ni}、w_{pi}），而与政策变量即上解比例无关。一般地，该省离退休人数l_{ri}越多，或者在职参保人数l_{1i}越少，或者城镇非私营单位就业人员平均工资w_{ni}越少，或者城镇私营单位就业人员平均工资w_{pi}越少，则该省的调剂率β_i越大，其接受中央调剂金的净拨付额就越大。具体来说，当前广东、北京、江苏、福建、上海、山东、浙江等是中央调剂金的主要贡献者，而辽宁、四川、黑龙江、吉林、湖北、湖南、河北等则是中央调剂金的主要受益者。

（2）提高上解比例，可以较大幅度地降低某些省区市基本养老金当期净收入赤字额，大幅降低某些省区市累计结余的赤字额，但对累计结余较多的省区市的影响并不大，从而有效均衡全国各地基本养老金累计结余的分布。

（3）基本养老金中央调剂政策，通过减少基本养老金当期净收入出现赤字的省区市数量，大幅降低某些省区市当期净收入的赤字额，有效地均衡了全国各省区市养老保险负担，在各省区市之间实现有效调剂。

（4）基本养老金中央调剂政策，并不影响全国基本养老金当期净收入总规模、累计结余总规模。

基于上述分析和结论，提出如下建议。

（1）鉴于提高中央调剂金的上解比例，可以较大幅度地降低某些省区市基本养老金当期净收入赤字额，有效均衡全国各省区市基本养老金累计结余的分布，建议未来逐步提高上解比例，进一步提高调剂效力。但是，上解比例不可能无限提高，必有一个最适度的上解比例，达到最适度比例，有效提高调剂力度；而超出最适度比例，就有可能适得其反。该最适度比例取决于各省区市的承受范围、累计结余、老龄化速度及劳动力变化等因素。

（2）鉴于中央调剂金政策并不影响全国基本养老金当期净收入总规模、累计结余总规模，但可以有效均衡全国各地养老保险负担，均衡全国各地基本养老金累计结余，建议在未来逐步提高上解比例时，充分考虑各省区市基本养老金累计结余的初始状况及历史负债情况，与利用国资收益分红补充基本养老金支付缺口的政策相配套，确保各省区市基本养老金待遇水平不变。

（3）鉴于中央调剂金的主要贡献者是劳动力流入较大的省区市，而主要受益者是劳动力流出较大的省区市，调剂金的流向与劳动力流向高度相关，建议未来在进一步完善中央调剂金政策时，充分考虑各省区市劳动力流向的变化因素。

（4）为确保中央调剂金政策兼顾各省区市具体的人口结构、经济状况、养老保险制度安排等差异因素，建议建立中央调剂金政策的反馈与调节机制，充分听取各省区市和社会各方面意见，以进一步完善相关政策。

总之，企业职工基本养老保险基金中央调剂作为实现全国统筹目标的第一步，是实现省级统筹的一项渐进式改革政策，而且在全国实现省级统筹进而迈向全国统筹的过程中，发挥了更大的作用，其直接影响是通过调盈补缺，强化再分配，减轻一些养老基金压力较大省区市的财务压力，以均衡各省区市养老金当期收支与累计结余情况；其间接影响是通过渐进式不断加大调剂力度，确保各省区市养老保险的可持续性，最终实现养老保险从属地管理走向全国统一，在全国范围内统一缴费比例、缴费基数核定办法、待遇计发和调整办法等，实现基础养老金从省级统筹走向全国统筹。

二、延迟退休年龄的 CGE 模型政策模拟

早在 2001 年，王燕、徐滇庆、王直等就区分了三种所有制形式（国有、私营和个体、其他非国有）的生产和就业，并将劳动力投入分成 22 个年龄/性别组，构建包括支柱 1（基本养老统筹基金）和支柱 2（强制性的个人账户）社会统筹体系模块的 CGE 模型，进而比较分析支付隐性养老金债务和转轨成本的各种选择方案的中国养老金改革影响。肖明智则在结合人口迭代模型预测数据的基础上，构建了一个纳入“老人”“中人”“新人”的中国养老金收支模块的 CGE 模型，分析研究中国未来养老金体系的可持续性。但是这些早期的研究无法反映中国基本养老保险体制后来发生的重大变化，如城乡居民基本养老保险制度的建立与发展等。

朱勤和魏涛远（2017）在综合考虑人口劳动年龄变动、不同年龄人口劳动参与率及其变动的基础上，进一步考察不同部门不同年龄劳动力劳动效率的差异，并将其作为有效劳动供给因素纳入 CGE 模型，模拟分析中国老龄化背景下劳动供给的变动趋势及其影响。但是他们的研究未能考虑中国劳动力市场的分割和两类基本养老保险中各类劳动力参保率的显著差异。

为此，我们的老龄社会 CGE 模型将劳动力市场细化为以下 10 类：即农村农业劳动力（AG）、农村非农业劳动力（RNAG）、进城农民工（RUE）、农村待业劳动力（RAGU）、新增农村劳动力（NRUR）、农民工待业劳动力（RUU）、城镇熟练劳动力（USE）、城镇非熟练劳动力（UUSE）、城镇待业劳动力（UU）、新增城镇劳动力（NURB），上述各类劳动力参加两类基本养老保险的参与率按实际数据加以区别。老龄社会 CGE 模型还根据相关规定，将参与城镇职工基本养老金改革过渡期的“老人”“中人”“新人”的养老金缴费和待遇加以区别，这样使模型能更加贴近我国的实际情况。

在此，我们将人口中方案情景下的模拟作为基线模拟（S1.0），将延迟退休年龄作为替代模拟（S3.1）。在替代模拟中，假设从 2020 年开始，平均退休年龄从 58 岁起每 2 年延迟 1 年，直至延迟到 65 岁后保持不变。同时假设由于退休年龄

延迟，55 岁及以上各类劳动力分年龄的劳动参与率也相应提高。其余设置与基线模拟相同。

1. 延迟退休年龄对宏观经济的影响

延迟退休年龄将促进经济增长。模拟结果显示，到 21 世纪末，延迟退休年龄下的实际 GDP 比基线模拟 S1.0 提高 2.68%，这主要由于：①有效劳动力投入（就业以工资为权重指数）将比基线模拟 S1.0 提高 3.81%；②资本存量将比基线模拟 S1.0 提高 2.22%（图 6-3）。延迟退休年龄还将增加实际家庭消费与刺激中国出口增长。到 21 世纪末，实际家庭消费将比基线模拟 S1.0 提高 2.38%，出口将提高 3.19%（图 6-4）。但延长退休年龄会由于劳动供给的增加而降低工资，实际工资将比基线模拟 S1.0 降低 3.24%（图 6-3）。

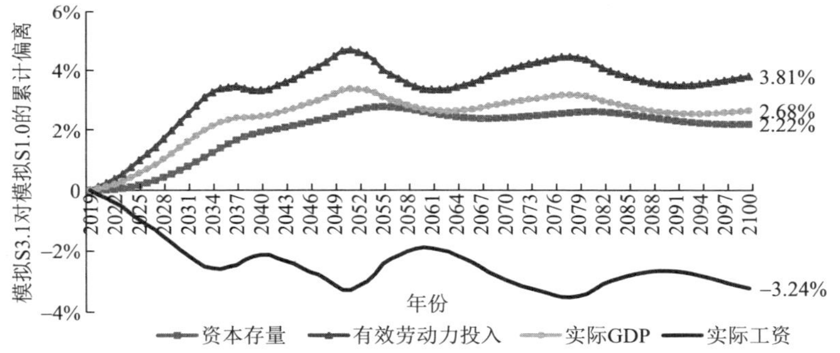

图 6-3　延迟退休年龄对宏观经济变量的影响：模拟 S3.1 对模拟 S1.0 的累计偏离

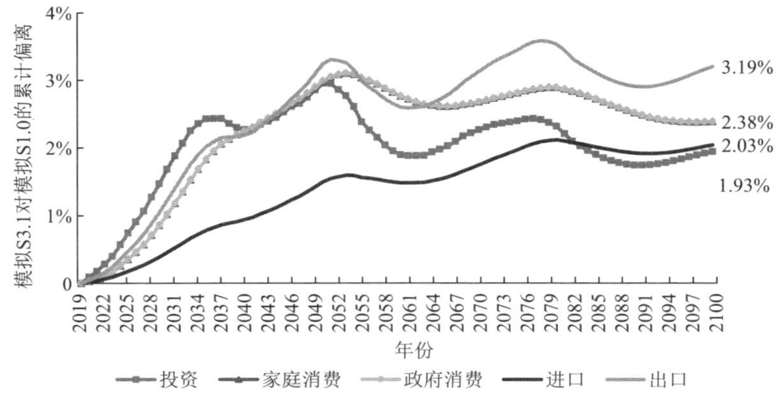

图 6-4　延迟退休年龄对 GDP 支出相关变量的影响：模拟 S3.1 对模拟 S1.0 的累计偏离

2. 延迟退休年龄对养老金的影响

延迟退休年龄一定程度上延缓了养老金赤字程度。在基线模拟 S1.0 情景下，养老金将在 2025 年耗尽转为负值，而在延迟退休年龄情景下，养老金存量将在 2028 年转为负值，比基线模拟有所推迟。到 21 世纪末，养老金累计赤字占 GDP 的比例为 161.33%，比基线模拟减少 38.23%（图 6-5）。

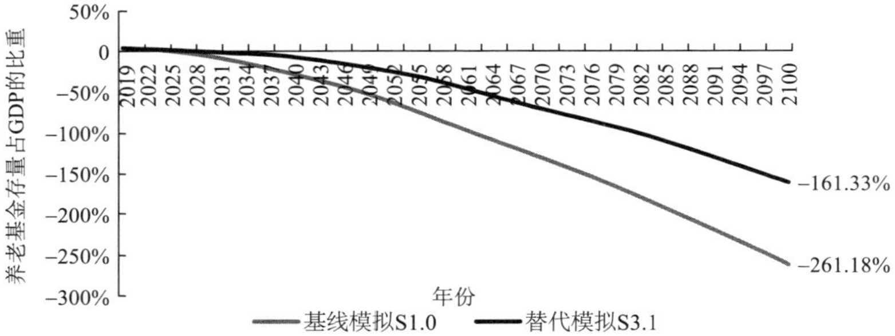

图 6-5　养老基金存量占 GDP 的比重：模拟 S3.1 与模拟 S1.0 的比较

3. 延迟退休年龄对政府财政影响

延迟退休年龄一定程度上缓解了政府财政赤字程度。到 21 世纪末，政府一般预算赤字占 GDP 的比重为近 17%，比基线模拟 S1.0 的 22.03%减少 23.33%（图 6-6）。

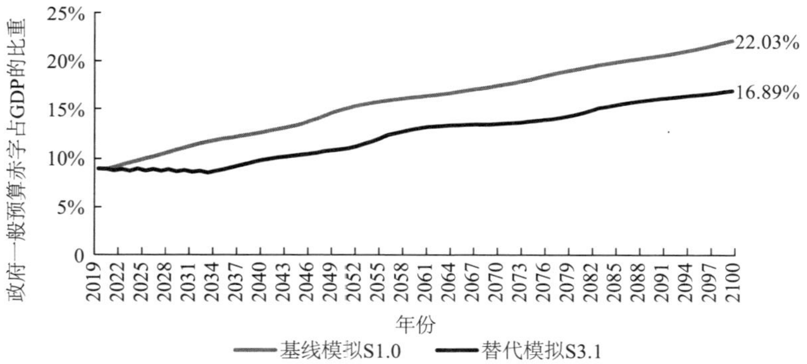

图 6-6　政府一般预算赤字占 GDP 的比重：模拟 S3.1 与模拟 S1.0 的比较

根据以上报告的政策模拟结果，我们可以得出结论，延迟退休年龄将显著改善我国基本养老保险的财务状况，延迟退休年龄势在必行。当然，在延迟退休年龄的同时，需要出台相关配套措施，为老年职工继续工作，以及为雇主单位继续雇用老年职工提供更多激励。

第七章　老龄社会的医疗服务、医疗卫生支出及医疗保险制度

医疗服务和医疗卫生支出是国家运行过程中受到关注的重要部分，医疗服务供给的充足程度和医疗保险保障的水平直接影响社会的公平公正，也直接影响公民的幸福指数，进而影响公民对政府的评价。在进行国家和地区之间发展程度的比较时，医疗服务和医疗卫生支出的相关指标都是重要参数。在本章中，我们将围绕老龄社会中的医疗服务和医疗卫生费用展开，通过将人口规模和年龄结构的变动带入预测模型,模拟到21世纪末人口发展对我国医疗服务需求和医疗卫生费用的变化趋势，同时运用 CGE 模型模拟延迟退休对于医疗保险可持续运行的作用，在此基础上提出相应的政策建议。本章的内容建立在已发表的论文成果及项目的未发表研究成果之上。

第一节　老龄社会的医疗服务

一、年龄与医疗服务需求

健康水平因人而异，每个人对于医疗服务的需求也因此而不同。但不管健康水平如何，一般而言，人在生命周期的不同阶段，对医疗服务需求的变化趋势是相同的：新生儿和幼儿时期医疗服务需求较多，之后随着年龄的增加而需求下降，到中年以后，个人对医疗服务的需求又会随着年龄的增加而快速上升，高龄之后可能会再次缓慢下降。

在探索年龄与医疗服务需求的关系时，国际通行的工具是用 Grossman（1972）建立的健康需求模型来进行定量分析。这一模型是基于人力资本理论建立起来的。Grossman 认为健康可以被看作一种人力资本，主要是通过延长劳动时间来提高个人的收益，虽然健康资本对人的效用的发生机制不同于教育资本，但健康资本的增加仍会带来效用的增长，因而为了获得更高的人力资本，人们愿意对健康进行投资。健康资本的增加可以通过获得医疗服务实现，因而人们对于健康的需求就以对医疗服务的需求表现出来。这一模型的提出为人们利用经济学框架研究健康需求和医疗服务需求打下了基础，从他之后，相关领域的理论模型扩展和实证研

究都大量涌现，直到现在，仍有相关主题的论文和研究成果在发表。

已有的研究表明，性别、年龄、种族、婚姻状况、受教育程度、收入水平、行为习惯、医疗服务可获得性、社会保障制度等都会对人们的医疗服务需求产生影响，无论世界哪个国家都是如此（Feinstein，1993；Mocan et al.，2004；Amaghionyeodiwe，2008；林相森和艾春荣，2008；张琳，2012）。在这些因素中，度过儿童期以后，年龄对于医疗服务的需求总体而言是正向的影响，年长者比年幼者需要的医疗服务更多（李芬等，2018）。

1. 从医疗费用看年龄与医疗服务需求的关系

在考察年龄与医疗服务需求的定量关系时，最常用也最直观的做法是用医疗费用来作为医疗服务需求的替代，也就是假定医疗服务需求越大医疗费用越多。有关年龄与医疗费用关系的研究，国内外都有很多，但结论并不相同。

Colombier 和 Weber（2011）的研究表明患病率是影响医疗费用的重要因素，由于年龄与患病率有显著的强相关关系，因而年龄是影响人均医疗费用的最主要因素。2001 年时日本学者对于日本的实证研究也表明年龄与医疗费用之间存在着正向的相关关系（Iwamoto，2001）。

倪红福、李善同及何建武在 2014 年发表的研究结果表明，家庭户主年龄和消费结构存在显著的动态变化关系，如医疗保障支出随着家庭户主年龄的增加而显著增大，他们进而利用这种消费结构的动态变化，构建了人口年龄结构和产业结构之间的关系模型，认为随着人口老龄化程度的加深，医疗和健康产业将获得巨大发展。

鉴于倪红福等的研究只表明了户主年龄和家庭消费结构之间的关系，并没有列出年龄别的消费模式，朱勤和魏涛远（2015）等又进行了更加深入的探讨。朱勤和魏涛远（2015）采用 2010 年 CFPS 数据，运用经典的需求和消费函数，通过扩展年龄变量构建了计量模型，并在此基础上刻画出分年龄、分性别的中国城乡居民消费模式。他们的研究表明，15～19 岁年龄组医疗保健支出是最低的，在 15 岁之前，人们的医疗保健支出随年龄的上升而下降，在 15 岁之后，医疗保健支出随年龄的上升而上升，到 75～79 岁组以后，医疗保健支出又会有一定程度的下降。但是在他们的研究中，最高和最低的人均医疗保健支出之间只有 2.25 倍的差距。杨昕等（2018）的研究得到同样的结论，即 15～19 岁和 75～79 岁分别是人均医疗支出最低和最高的年龄组，但最高和最低的人均医疗支出之间的差距达到近 14 倍（图 7-1）。

封进等（2015）采用 CHNS 的 1991～2011 年的数据，构造出出生组跟踪样本，在控制了其他因素后得到分城乡的医疗费用变动的单纯年龄效应。他们的研究同样表明 15～29 岁组的医疗费用是最低的，而 65 岁及以上组的医疗费用大约是

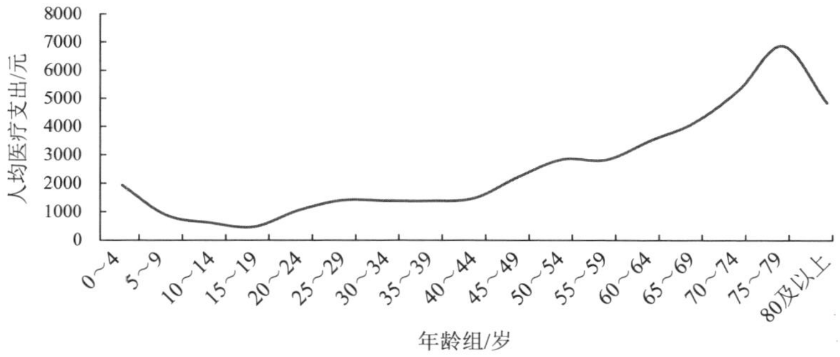

图 7-1　分年龄人均医疗费用变动情况

资料来源：杨昕等（2018）

15～29 岁组的四倍。但是医疗费用随年龄的上升而上升在城市地区更为显著，在农村地区不显著。周少甫和范兆媛（2016）采用了同样的数据，运用参数分位数回归模型和非参数分位数回归模型来考察年龄对医疗费用的影响。他们的研究结果是无论在城镇还是农村，人们的医疗费用支出都会随年龄的上升而上升，老年人的医疗费用远高于其他年龄组。

但有的学者却认为年龄和医疗费用之间的关系是伪相关关系，年龄的增长并不必然带来医疗费用的增加。Getzen 早在 1992 年时的论文中就指出，当控制了诸如人均收入等其他变量之后，年龄和医疗费用之间的关系就不再显著。然而，Zweifel 等（1999，2004）的研究明确指出医疗费用与年龄无关，与距离死亡的时间有关，或者说越临近死亡的人所用的医疗费用越高，也就是说临终阶段的医疗费用是最高的，但临终阶段在哪个年龄都有可能发生。但即使是持这一观点的学者也承认，由于年长者距离死亡的时间多数情况下是比年轻者短的，所以老年人的医疗费用的确比年轻人高。

综上所述，年龄和医疗费用之间的确存在较显著的相关关系，无论是有些学者认为的直接联系还是另一些学者认为的间接联系，年长者的医疗费用都数倍于年轻者。

2. 从患病率看年龄与医疗服务需求的关系

在生存问题得到解决之后，提高生命和生活质量成为人们追求的目标。从生命质量方面来讲就是尽可能保持身体健康，这意味着人们对于健康的投入不断增加，对医疗服务的需求不断增长。从我国历次全国卫生调查的数据来看，60 岁及以上的群体或 65 岁及以上的群体由于健康水平低于其他年龄，两周患病率、两周就诊率、住院率、慢性病患病率等，在各年龄段中都是最高的。当全部人口中老年人口比例上升时，诊疗人次和入院人数必然会受到影响。

封进等（2015）的研究将 CHNS 的 1991～2011 年的八轮数据分为五个年龄

组，即 0～14 岁组、15～29 岁组、30～44 岁组、45～64 岁组和 65 岁及以上组，分别考察了不同年龄组之间的四周患病率，数据显示，15～29 岁组的四周患病率最低，0～14 岁组次之，自 30～44 岁组开始四周患病率随年龄的上升而上升。

李芬等（2018）采用 2013 年第五次国家卫生服务调查中上海相关数据，也发现 60 岁及以上年龄组的老人两周患病率为 55.82%，是全市平均水平的 1.92 倍，分别是 15～59 岁组和 0～14 岁组的 3.28 倍和 25.26 倍。慢性病患病率方面，老年人为 61.09%，是中青年组（18.87%）的 3.24 倍，差异有统计学意义（$p<0.001$）。慢性病患病率随年龄的变化趋势与两周患病率相似，60～64 岁年龄组慢性病患病率为 52.79%，85～89 岁组达到最大（74.87%），之后出现较大降幅（图 7-2）。

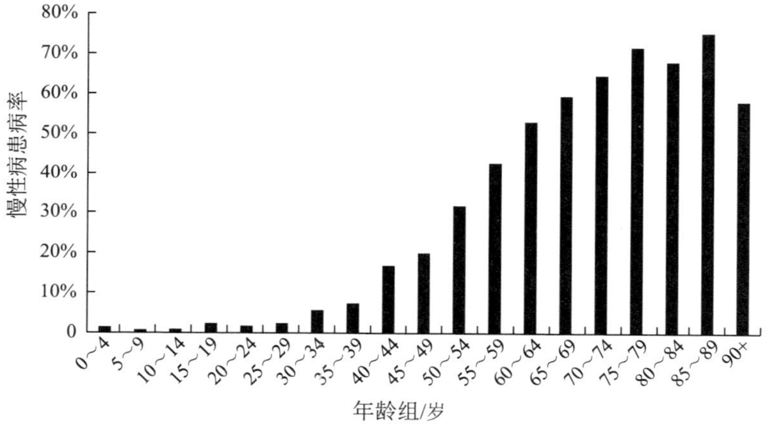

图 7-2　2013 年上海市居民分年龄慢性病患病率情况

资料来源：李芬等（2018）

国家卫生服务调查的数据也能表明我国人口老龄化带来慢性病患病率的上升。数据显示，1998 年至 2013 年间国家卫生服务调查的全部被调查对象的慢性病患病率从 15.75%上升到了 33.07%，但分年龄慢性病患病率的变动并不大。如果仅考察 1998 年和 2013 年两次调查的数据,可以看到除了 65 岁及以上组的慢性病患病率略有升高外，其他各年龄组的患病率均有不同程度的下降，那么全部被调查对象的慢性病患病率上升只能是被调查对象年龄结构发生了变动，慢性病患病率较高的老年人口占比有大幅上升（表 7-1）。

表 7-1　1998～2013 年五次国家卫生服务调查的慢性病患病率的变动

年龄组	1998 年	2003 年	2008 年	2013 年
0～4 岁	1.27%	0.63%	0.64%	

续表

年龄组	1998 年	2003 年	2008 年	2013 年
5～14 岁	1.71%	0.96%	0.87%	
15～24 岁	2.78%	1.80%	2.02%	1.44%
25～34 岁	8.34%	5.83%	5.13%	3.83%
35～44 岁	16.73%	11.71%	12.17%	11.50%
45～54 岁	26.89%	21.95%	25.95%	23.54%
55～64 岁	42.29%	36.21%	41.99%	38.90%
65 岁及以上	51.80%	53.88%	64.54%	53.99%
合计	15.75%	15.11%	19.99%	33.07%

资料来源：1998～2008 年数据来自《中国卫生统计年鉴 2009》；2013 年数据来自《中国卫生健康统计年鉴 2019》

老年人慢性病患病率的上升使得慢性病的诊疗服务需求有所上升。从图 7-3 可以看出，糖尿病和高血压两周就诊率在 1998～2008 年上升幅度非常明显。

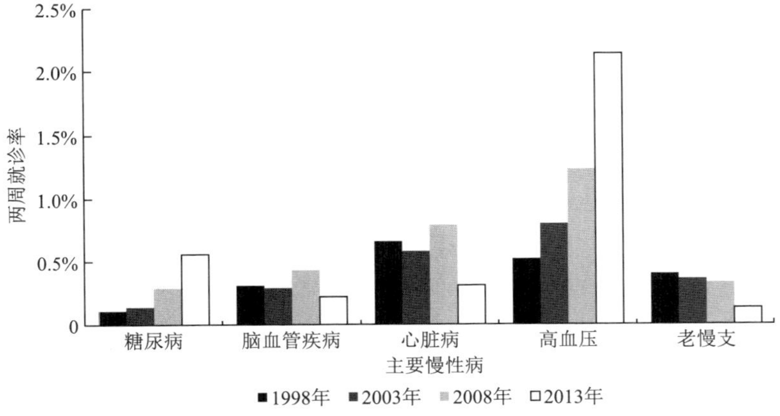

图 7-3　1998 年、2003 年、2008 年、2013 年调查地区居民疾病别两周就诊率

资料来源：同表 7-1

二、人口变动对医疗服务需求的影响

人口老龄化是人口年龄结构变动的一种表现形式，但年龄结构变动仅是人口变动的一个维度，人口规模变动则是人口变动的另一个维度。这两个方面都会对医疗服务需求产生明显影响。

1. 人口年龄结构变动对医疗服务需求的影响

按国际通行的标准,人口老龄化是指 65 岁及以上人口占总人口的比重上升的过程，但在我国则是指 60 岁及以上人口占总人口的比重上升的过程。

有关人口老龄化对医疗服务需求影响的研究有很多，其中实证研究占多数。一份有关 OECD（Organisation for Economic Co-operation and Development，经济合作与发展组织）的研究报告预测，随着其成员人口老龄化的不断加重，老年人的相关社会支出将大幅上升，2000 年时与年龄有关的支出占总公共支出的比例仅为 19%，到 2050 年时可能会超过 25%，其中医疗服务、长期护理和养老金的支出增长将占总的支出增长的一半以上（Dang et al.，2001）。即使有些研究发现技术和制度因素对医疗服务需求变动的贡献更大些，但也承认无论在发达国家还是在发展中国家，人口老龄化是影响医疗服务需求变动的主要人口学因素（Mayhew，2000；Yang et al.，2003）。Herwartz 和 Theilen（2010）用半参数方法做的研究表明，一国老龄化程度越高，其医疗费用的收入弹性越大，但当人口老龄化程度高到一定程度以后，老年人占比与医疗费用之间的关系会变得不稳定。

有关人口老龄化对我国医疗服务需求的研究也有很多，不少学者在 21 世纪初期就发表了相关研究成果。他们的研究虽然侧重点不同，但都认为我国人口老龄化进程加快是医疗费用快速上涨的原因（黄成礼，2004；何平平，2006；陈立中，2007；李军山，2009）。近几年来，这类的实证研究更细化为城镇居民或者农村居民人口老龄化、健康状况对城镇地区或者农村地区医疗保健需求的影响（张冲等，2015；徐雷和余龙，2016），但研究的结论并没有发生显著改变。

2. 人口规模变动对医疗服务需求的影响

人口规模变动对于医疗服务需求的影响并不是学者研究的热点，甚至可以说是被忽略的。但实际上，随着人口老龄化的加剧，人口规模会出现快速的下降。这一变化从某种角度上讲能够抵消部分由人口年龄结构变动带来的对医疗服务需求的上升。这个论点，黄成礼（2004）和杨昕等（2018）在他们的论文中均进行了阐述。

黄成礼（2004）在他的论文中从人口数量、人口结构、人口分布等多个角度分析了人口变动与医疗费用之间的关系，根据他的预测，人口老龄化会对医疗服务需求总规模产生正向影响，但随着人口规模的下降，这一影响会被部分抵消。杨昕等（2018）进一步定量分析了人口规模对医疗服务需求变动的发展轨迹，他们借鉴价格指数计算的思路构建了人口变动影响指数，并将之分解为规模变动影响指数和结构变动影响指数。经测算后发现，到 2050 年时人口结构变动影响指数始终处于上升通道中，而规模变动影响指数在 2025 年前后达到峰值后就快速下降，2045 年之后人口规模对于医疗服务需求的影响变为负值。也就是说，2045 年以后人口规模下降会削弱人口年龄结构变动带来的医疗服务需求的增长力度。

从我国历次国家卫生服务调查的数据来看，老年人口由于健康水平低于其他年龄，无论是两周患病率、两周就诊率、住院率或慢性病患病率，60 岁及以上或者 65 岁及以上的老年人的比例在各年龄段中都是较高的。当全部人口中老年人口比例上升时，诊疗人次和入院人数必然会受到影响。

2002～2018 年，我国各级各类医疗机构的诊治人次大幅增长，从 2002 年的 21.45 亿人次上升到 2018 年的 80 亿人次左右，医院入院人数从 2002 年的 0.6 亿人上升至 2018 年的 2.5 亿人（图 7-4）。

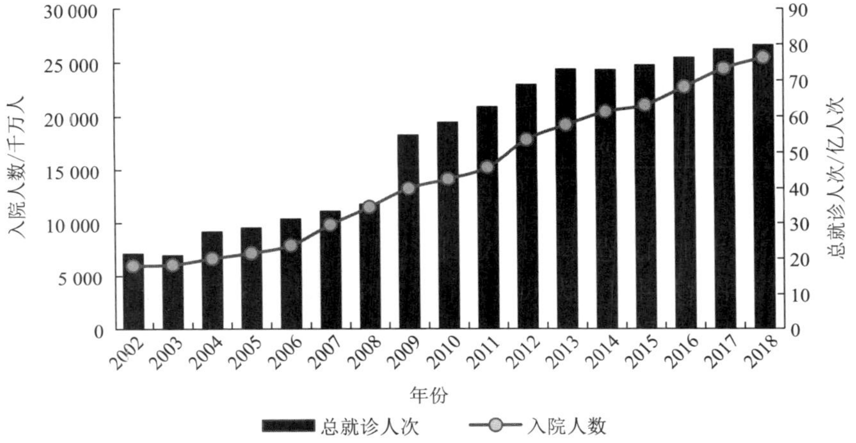

图 7-4　2002～2018 年我国医疗服务总量变动情况

资料来源：部分数据来自《中国卫生和计划生育统计年鉴 2014》

第二节　人口变动对医疗卫生总费用及医疗保险可持续运行的影响

一、21 世纪以来我国医疗卫生费用变动趋势

CHIP、CHARLS、中国老年健康影响因素跟踪调查（Chinese longitudinal healthy longevity survey，CLHLS）都曾对被调查者的医疗费用搜集了数据，虽然具体数值由于样本和调查时间的差异而不同，但均反映出类似的特征，即年龄别医疗费用的变化与年龄别死亡率的变化类似，在幼儿时期医疗费用较高，之后逐渐走低，到 30 岁以后开始有所上升，进入老年后医疗费用会上升较快（图 7-5）。

由此我们不难理解各级各类医疗机构业务收入的惊人增长。根据《中国卫生健康统计年鉴 2019》的数据，2002 年时医疗机构业务收入为 2834.57 亿元，占当年全国卫生总费用的 48.96%，2013 年时医疗机构业务收入为 1.91 万亿元，占当

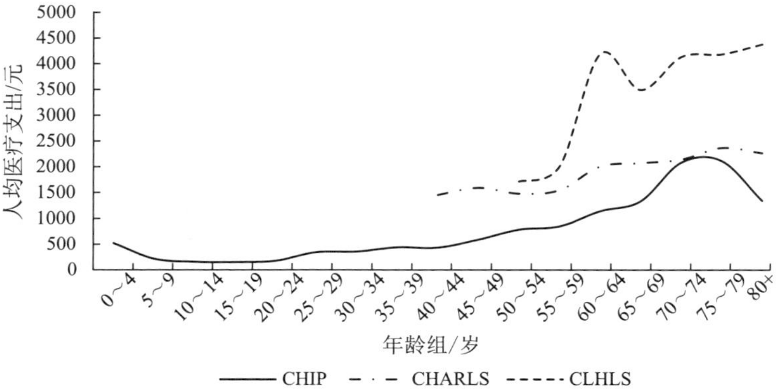

图 7-5　2007 年 CHIP、2008 年 CLHLS、2011 年 CHARLS 分年龄医疗费用

资料来源：根据三项调查原始数据计算得到

年全国卫生总费用的 60.08%，2018 年时医疗机构业务收入已经增长到 4.11 万亿元，占当年全国卫生总费用的 69.54%。16 年间医疗机构业务收入增长了 13.5 倍。

同时期我国的卫生总费用也呈现快速增长，2002 年时为 5790.03 亿元，2013 年时上升到 3.17 万亿元，2018 年时进一步上升至 5.91 万亿元，卫生总费用占 GDP 的比重从 4.36%上升到 6.57%。细分来看的话，政府支出从 2002 年的 590.06 亿元上升到 2018 年的 1.64 万亿元、社会支出从 1071.03 亿元上升到 2.58 万亿元，个人支出从 2017.63 亿元上升到 1.69 万亿元。具体到家庭和个人，我国城市居民人均医疗保健支出从 1995 年的 110.1 元上升到 2018 年的 4471.5 元，农村居民从 42.5 元上升到 1846.1 元。无论在城市还是在农村，人均医疗保健支出占消费支出的比例都有明显的提升。虽然以上数据的变动受到社会经济总体水平、医疗产品和服务价格等因素的影响，但由人口老龄化带来的医疗服务需求上升也是重要因素之一。

二、人口老龄化对卫生总费用变动的影响

1. 人口变动对卫生总费用增长率的贡献

在讨论一国在医疗卫生方面的投入时，卫生总费用是最常使用的指标，其中除了包括人们为了享有医疗服务而直接支付的成本，还包括政府和社会在公共卫生服务、疾病防控、妇幼保健服务、医疗机构基础设施建设、医疗卫生教育与科研等方面的投入。因而，卫生总费用的增长除了受到人口因素的影响，还会受到经济发展、医疗卫生技术进步、价格变动、疾病谱变化等因素的影响。

在本章中，我们将用“增长因子”的方法来估算我国卫生总费用增长情况及其中人口发展的贡献。这一方法被 Fuchs（1998）、Mayhew（2000）、黄成礼（2004）等用于考察人口老龄化进程中卫生总费用变动的研究。

这一方法的原理是将卫生总费用的增长分解为前文中所述的影响因素，这些因素相互独立、互不重叠。卫生总费用的增长与各影响因素之间的关系可用如下公式表示：

$$H(t)=H(0)\mathrm{e}^{\sum_i r_{it}} \quad (7\text{-}1)$$

其中，$H(0)$ 为基期卫生总费用；$H(t)$ 为报告期卫生总费用；$\sum_i^{r_i}$ 为各影响因素年均增长率之和；t 为时间。为了更直观地反映人口发展对卫生总费用变动的贡献，我们将所有的影响因素分成人口因素和非人口因素，则式（7-1）可以表示为

$$H(t)=H(0)\mathrm{e}^{\mathrm{trp}}\mathrm{e}^{\mathrm{trup}} \quad (7\text{-}2)$$

根据 2002 年以来医疗费用和卫生总费用的数据变动，我们发现两者之间具有高度相关关系，相关系数达到 0.99 以上，以医疗费用作为自变量，卫生总费用作为因变量建立线性回归模型，方程统计上显著且自变量对因变量的解释力达到 99.66%①。因而，我们有理由假定人口变动对卫生总费用的影响与对医疗费用的影响相同，也即 $I(t)=\mathrm{e}^{\mathrm{trp}}$，则因人口变动带来的卫生总费用的增长率可用公式表示为

$$\mathrm{rp}(t)=\frac{1}{t}\ln I(t) \quad (7\text{-}3)$$

将式（7-3）代入式（7-2），得到因非人口变动带来的卫生总费用的年均增长率：

$$\mathrm{rup}(t)=\frac{1}{t}\ln\frac{H(t)}{H(0)I(t)} \quad (7\text{-}4)$$

进一步，由于人口因素指数 $I(t)$ 可分解成人口规模指数 $T(t)$ 和人口年龄结构指数 $S(t)$，则式（7-3）可变形为

$$\mathrm{rp}(t)=\frac{1}{t}\ln T(t)+\frac{1}{t}\ln S(t) \quad (7\text{-}5)$$

我们采用价格指数计算的方法计算出了人口发展对医疗费用的影响指数，然后将计算结果代入式（7-5），得到了人口变动对卫生总费用增长的贡献情况（表 7-2）。

---

① 在这里我们假定前文所估算的医疗费用为各级各类医疗机构的业务收入。根据 2002 年以来各级各类医疗机构的业务收入和同年卫生总费用的数据，我们建立起方程 y=926.54+1.64x，其中 y 为卫生总费用，x 为医疗机构业务收入，自变量和常数项的显著性水平分别为 0.00 和 0.04，统计上显著，方程的 R^2 为 0.9966。

表 7-2 2015～2100 年因人口变动造成的卫生总费用的年均增长率变化情况

年份	年龄结构贡献	人口规模贡献	人口总贡献	年份	年龄结构贡献	人口规模贡献	人口总贡献
2015	1.75%	0.50%	2.25%	2060	1.00%	－0.28%	0.72%
2020	1.52%	0.41%	1.93%	2065	0.92%	－0.33%	0.59%
2025	1.56%	0.29%	1.85%	2070	0.85%	－0.37%	0.48%
2030	1.54%	0.18%	1.72%	2075	0.79%	－0.41%	0.38%
2035	1.47%	0.09%	1.56%	2080	0.73%	－0.43%	0.30%
2040	1.37%	0.01%	1.38%	2085	0.67%	－0.45%	0.22%
2045	1.28%	－0.07%	1.21%	2090	0.63%	－0.47%	0.16%
2050	1.23%	－0.14%	1.09%	2095	0.59%	－0.47%	0.12%
2055	1.11%	－0.21%	0.90%	2100	0.56%	－0.47%	0.09%

资料来源：根据相关数据计算得到

表 7-2 数据表明，人口变动造成的卫生总费用的年均增长率具有不断下降的趋势。2015 年时人口因素贡献的卫生总费用年均增长率为 2.25%，到 2030 年时下降至 1.72%，2050 年时为 1.09%，2075 年时为 0.38%，2100 年时已经跌至 0.09%。如果将人口变动细分为人口规模和人口年龄结构影响的话，会看到人口年龄结构贡献的年均增长率在 2025 年有略微上升，之后才开始逐年下降，而且下降的速度慢于人口规模贡献的增长率；人口规模贡献的卫生总费用年均增长率在 2045 年之后就变为负值，这意味着自 2045 年起人口规模的变动会导致卫生总费用的减少。

2. 卫生总费用及占 GDP 比例的变化估算

除了人口变动，经济发展、医疗卫生技术进步、先进设备的使用及疾病谱变动等都会对卫生总费用发生影响，这些非人口因素的影响还会带来人们对医疗服务享有习惯的改变。在较为经典的卫生总费用研究中，学者通常会对卫生总费用的非人口因素贡献的年均增长率做出假设。Robson（2001）的研究中假定非人口变动造成的卫生总费用的年均增长率与 GDP 的年均增长率一致，Waler 在其研究中假定卫生总费用增长较 GDP 快 1%，而 Mohr 等的研究认为卫生总费用与 GDP 的增长速度的是不一致的，在现阶段卫生总费用的增长会快于 GDP 1.5～2 个百分点，但从长期来看两者之间可能会保持一致，而发展中国家医疗技术的进步和先进设备的使用将会在一定时期内造成卫生总费用的快速上升。从 1980 年以来各年的实际数据来看，除个别年份，我国卫生总费用增长的确比同期的 GDP 增长快 2～3 个百分点。我们认为在未来这一关系可能继续保持。

基于以上原因，我们假设 2010～2050 年非人口因素贡献的卫生总费用的年均增长率快于 GDP 年均增长率，但两者的差异逐渐缩小，从 2 个百分点起每五年减少 0.25 个百分点，2050 年时非人口因素导致的卫生总费用和 GDP 同速增长。由此得到 2010～2100 年我国 GDP 与卫生总费用的增长速度（表 7-3）。

表 7-3　2010～2100 年我国 GDP 及卫生总费用的增长速度

年份	GDP 年均增长率	非人口因素贡献的卫生总费用年均增长率	人口因素贡献的卫生总费用年均增长率	卫生总费用年均增长率	人口变动贡献率
2010	9.20%	11.20%	2.65%	13.85%	19.13%
2015	7.33%	9.08%	2.25%	11.33%	19.83%
2020	6.52%	8.02%	1.93%	9.95%	19.41%
2025	5.78%	7.03%	1.85%	8.88%	20.83%
2030	5.16%	6.16%	1.72%	7.88%	21.80%
2035	4.59%	5.34%	1.56%	6.90%	22.58%
2040	4.08%	4.58%	1.38%	5.96%	23.09%
2045	3.63%	3.88%	1.21%	5.09%	23.88%
2050	3.23%	3.23%	1.09%	4.32%	25.17%
2055	3.23%	3.23%	0.90%	4.13%	21.74%
2060	2.55%	2.55%	0.72%	3.27%	22.12%
2065	2.55%	2.55%	0.59%	3.14%	18.62%
2070	2.02%	2.02%	0.48%	2.50%	18.93%
2075	2.02%	2.02%	0.38%	2.40%	15.83%
2080	1.60%	1.60%	0.30%	1.90%	15.56%
2085	1.60%	1.60%	0.22%	1.82%	11.95%
2090	1.26%	1.26%	0.16%	1.42%	11.18%
2095	1.26%	1.26%	0.12%	1.38%	8.67%
2100	1.00%	1.00%	0.09%	1.09%	8.36%

资料来源：卫生总费用年均增长率根据假设计算得到；人口变动贡献率由原始数据四舍五入计算得到，与利用本表数据计算存在误差

根据表 7-3 我们计算出 2010～2100 年我国 GDP、卫生总费用的变动情况（表 7-4）。数据显示未来我国卫生总费用的增长与 GDP 一样都呈现出随时间放缓的趋势。由于卫生总费用的增长速度略高于 GDP，所以卫生总费用占 GDP 的比重始终处于上升状态，从 2010 年时的 4.87%上升到 2100 年时的 18.40%。

表 7-4　2010～2100 年我国 GDP 及卫生总费用变动情况

年份	GDP/万亿元	卫生总费用/万亿元	占比
2010	40.89	1.99	4.87%
2015	63.49	3.81	6.00%
2020	90.43	6.51	7.20%

续表

年份	GDP/万亿元	卫生总费用/万亿元	占比
2025	124.02	10.46	8.43%
2030	164.25	16.00	9.74%
2035	211.23	23.38	11.07%
2040	264.37	32.64	12.35%
2045	322.89	43.58	13.50%
2050	385.90	55.88	14.48%
2055	452.38	69.03	15.26%
2060	530.32	84.51	15.94%
2065	601.47	99.28	16.51%
2070	682.17	115.84	16.98%
2075	753.91	131.01	17.38%
2080	833.19	147.50	17.70%
2085	902.02	162.01	17.96%
2090	976.52	177.28	18.15%
2095	1039.62	190.21	18.30%
2100	1106.78	203.70	18.40%

资料来源：根据相关数据计算得到，数据经过修约，年均增长率与表 7-3 相关数据有偏差

在卫生总费用变动的过程中，人口变动贡献率呈现出先升后降的特征。2015～2050 年人口变动对卫生总费用变动的影响力从 19.83%上升到 25.17%，之后的十年它的影响力维持在 20%～25%，2060 年后逐渐下降，到 2100 年人口变动带来的对卫生总费用年均增长率的影响只有 8.36%（图 7-6）。

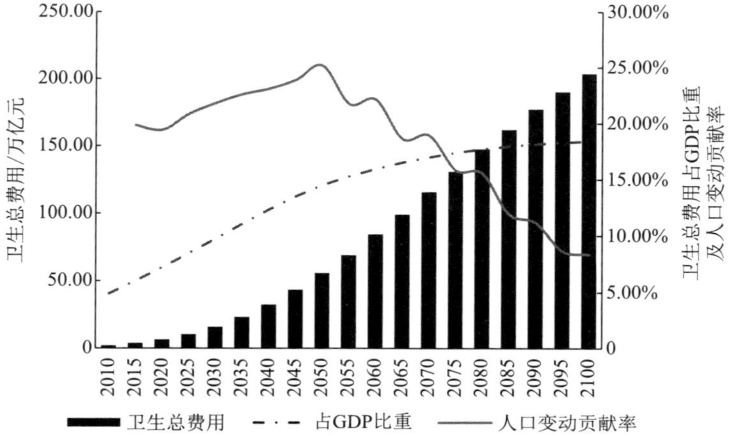

图 7-6　2010～2100 年占 GDP 比重、卫生总费用和人口变动贡献率的变化

资料来源：根据相关数据计算得到

数据显示，2010 年我国 GDP 总量为 40.89 万亿元，当年的卫生总费用为 1.99 万亿元，卫生总费用占 GDP 比重为 4.87%。假设 2010～2030 年卫生总费用年增长率比同期 GDP 年增长率快 3～5 个百分点，则到 2030 年时卫生总费用将占当年 GDP 的 9.74%。假设 2030～2050 年卫生总费用的年增长率逐渐下降，但较同期 GDP 年增长率仍高出 1.5～3 个百分点，则到 2050 年卫生总费用占当年 GDP 的比例上升到 14.48%。

当我们用分年龄死亡率替代分年龄医疗费用的变动时，得到的结果与以上结果类似。

三、人口老龄化对我国医疗保险制度的影响

1. 政府卫生支出的变化情况

卫生总费用由政府卫生支出、社会卫生支出和个人卫生支出三部分组成。自 1990 年以来，我国卫生总费用支出快速上升，同时支出结构也有较大变化，其中政府卫生支出占全部支出的比重经历了先降后升、继而上下波动的过程。1990 年我国卫生总费用支出总额仅为 747.39 亿元，政府卫生支出为 187.28 亿元，占比约为 25%，到 2000 年时卫生总费用支出总额增长到 4586.63 亿元，其中政府卫生支出为 709.52 亿元，占比下降到了最低点（15.47%）。进入 21 世纪后，我国卫生总费用的上升速度惊人，2018 年时的卫生总费用支出达到 59 121.91 亿元，2000～2018 年的年均增长率高达 15.26%，其中政府卫生支出增长到 16 399.13 亿元，占比回升至 27.74%。政府卫生支出占比自 2011 年达到 30.33%的阶段性峰值后有所回落，但近 10 年来始终维持在 27%以上，高于 1990 年时的 25%（图 7-7）。

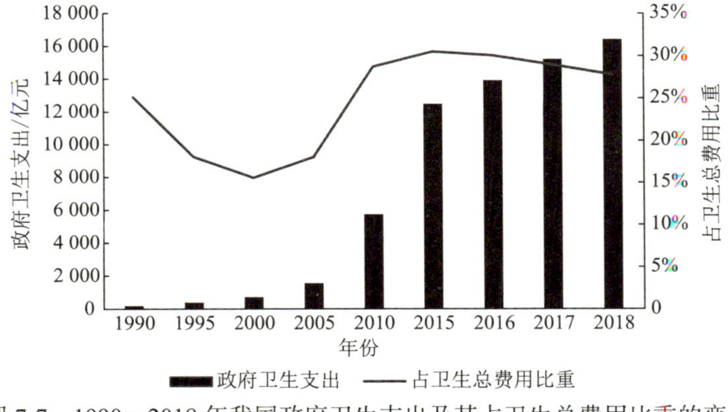

图 7-7　1990～2018 年我国政府卫生支出及其占卫生总费用比重的变化

资料来源：《中国卫生健康统计年鉴 2019》

卫生总费用支出结构的变动与我国医疗卫生制度改革紧密相关。在实行基本医疗保险制度之前国家机关事业单位实行的是公费医疗制度，企业实行的是劳保

制度，因而政府和社会卫生支出比例较高。之后随着卫生体制改革的推进，逐渐在全国范围内建立起基本医疗保险制度。但在制度转变的过程中，没有做好制度衔接的工作，所以造成一段时间内个人卫生支出占比上升、政府和社会卫生支出占比下降的问题。自 2009 年新医改政策实行后，各地基本医疗保险制度的覆盖面和保障水平有了明显改善，因而 2015 年以来政府卫生支出、社会卫生支出占比有明显增加而个人卫生支出占比有所下降。

从未来的发展趋势来看，建立健全城乡一体化的社会保障体系是必然的前进方向，随着城镇化的推进，城乡居民中绝大部分将被城镇职工基本医疗保险所覆盖，城乡居民医疗保险制度可能将只是用于保障儿童及丧失劳动能力者的医疗需求。由于城镇职工基本医疗保险是个人账户加社会统筹的运作方式，因而在老龄化的过程中将同样遇到资金可持续运转的问题。

2. 基准情形下我国基本医疗保险基金的账户变动测算

我们运用 CGE 模型测算了我国基本医疗保险基金的账户变动情况，计算基于 2010 年的全国投入产出表做出。

根据《2010 年全国投入产出延长表编制方法》的设定，投入产出表中城镇居民的医疗保健消费支出不仅包括居民在药品和诊治方面自己花费的支出，而且包括由财政部门和社会保险基金为居民支付的药费及诊治费。也就是说，城镇居民的医疗保健类支出是城镇居民个人医疗保健类消费支出与城镇居民公费医疗消费支出及城镇居民医疗社会保险支出之和。城镇居民个人医疗保健类消费支出取自国家统计局城市司“城镇居民家庭消费支出调查甲表（W204 表）”，归入卫生、社会保障和社会福利业；其中公费医疗指各类企业、事业和行政单位为其职工（包括离退休职工）支付的医疗卫生费，取自财政部行政单位支出决算资料（“全国预算单位支出决算明细表”，对个人和家庭的补助医疗费），归入卫生、社会保障和社会福利业；医疗保险指参加社会医疗保险计划居民的医疗支出，取自人力资源和社会保障部社会保险基金收支及累计结余，归入卫生、社会保障和社会福利业。与之类似，在统计农村居民 11 项消费计算介绍中，农村居民医疗保健消费中既包括居民在药品和诊治方面自己的花费支出，又包括农村居民公共医疗服务消费支出，但由于当时缺乏农村居民的社会保障医疗支出数据，所以对“农村医保支出”暂不统计在内[①]。

① 卫生总费用中的政府卫生支出可分为“公共卫生服务经费”（用于广大群众防病治病、保障群体健康的公共卫生服务经费）和“公费医疗经费”（各级政府为部分人群提供的医疗保障经费）。社会卫生支出则包含行政事业单位负担的职工公费医疗超支出部分，企业职工医疗卫生费，企事业单位和乡村集体经济单位举办的卫生机构设施建设费。比较卫生总费用中具体消费支出项与投入产出表中卫生、社会保障与社会福利消费支出可知，投入产出表中卫生、社会保障和社会福利业的消费支出只包含医疗卫生和社会保障服务的支出，不含其中涉及的药品、保健品和辅助器材的消费。所以统计公报中的卫生总费用大于投入产出表居民对于卫生、社会保障和社会福利业部分的消费。

我们的 CGE 模型假定每期基本医疗保险基金采取收支结余方式处理，公式表示如下：

$$\mathrm{Bmirev} = \sum_l \left(\frac{\mathrm{YL}_l}{1+\theta_{1l}+\theta_{2l}} \times \theta_{2l} \right) + \overline{\mathrm{TR}}^{\mathrm{gbmi}} \times \mathrm{PGDP} + (1-\tau^{\mathrm{ent}}) \times \mathrm{EY} \times \phi^{\mathrm{ebmi}} \quad (7\text{-}6)$$

$$\mathrm{Bmiexp} = \omega_{\mathrm{med}} \times (\mathrm{XA}c_{\mathrm{med}} \times \mathrm{PA}_{\mathrm{med}}) \times \mathrm{cov} \quad (7\text{-}7)$$

$$\mathrm{SBmi} = \mathrm{Bmirev} - \mathrm{Bmiexp} \quad (7\text{-}8)$$

其中，Bmirev 为医疗保险基金收入；Bmiexp 为医疗保险基金支出；SBmi 为医疗保险结余；cov 为居民领取城镇职工医疗保险的覆盖率；ω_{med} 为居民家庭医疗消费支出的报销收入与个人医疗消费支出的比值。

根据以上设定，我们计算出了在人口变动中方案下的以不变价格计算的社会医疗保险基金的变动情况（表 7-5）。

表 7-5　基准情景下的社会医疗保险基金变动

年份	医保收入/万亿元	医保支出/万亿元	医保当期盈余/万亿元	医保累计盈余/万亿元	医保支出占GDP比重	医保当期盈余占GDP比重	医保累计盈余占GDP比重
2010	0.37	0.31	0.06	0.57	0.74%	0.16%	1.37%
2015	0.82	0.56	0.26	0.84	0.95%	0.43%	1.41%
2020	1.29	0.91	0.38	1.25	1.12%	0.46%	1.53%
2025	1.80	1.38	0.42	1.74	1.28%	0.39%	1.61%
2030	2.39	2.01	0.38	2.19	1.45%	0.27%	1.58%
2035	3.04	2.80	0.24	2.50	1.61%	0.14%	1.44%
2040	3.76	3.68	0.08	2.59	1.74%	0.04%	1.22%
2045	4.53	4.72	－0.19	2.35	1.86%	－0.07%	0.93%
2050	5.35	6.03	－0.68	1.43	2.03%	－0.23%	0.48%
2055	6.20	7.12	－0.92	0.21	2.08%	－0.27%	0.06%
2060	7.08	8.10	－1.02	－1.15	2.09%	－0.26%	－0.30%
2065	7.97	9.07	－1.10	－2.60	2.09%	－0.25%	－0.60%
2070	8.86	10.08	－1.22	－4.20	2.10%	－0.25%	－0.88%
2075	9.74	11.18	－1.44	－6.06	2.13%	－0.27%	－1.16%
2080	10.59	12.26	－1.67	－8.21	2.16%	－0.29%	－1.45%
2085	11.40	13.22	－1.82	－10.53	2.17%	－0.30%	－1.73%
2090	12.14	14.08	－1.94	－12.98	2.17%	－0.30%	－2.00%
2095	12.82	14.94	－2.12	－15.62	2.18%	－0.31%	－2.28%
2100	13.45	15.84	－2.39	－18.58	2.20%	－0.33%	－2.58%

资料来源：CGE 模型模拟结果

注：本章讨论的医疗保险主要指城镇职工医疗保险；当期医疗保险盈余等于当期医疗保险收入与当期医疗保险支出之差；医疗支出、医保当期盈余、医保累计盈余占 GDP 比重由原始数据计算得到并修约，与利用表 7-4 中 GDP 数据计算存在偏差

CGE 模型的模拟结果显示，与卫生总费用会在 2050 年后随着人口绝对数量的下降而放缓增速相似，医保支出的年均增长率也是在逐年放缓的，但由于医保收入的增长率自 2020 年起就慢于支出的增长率，所以医疗保险的当期盈余在 2025 年之后就开始下降。2010 年医疗保险当期盈余为 0.06 万亿元，2025 年时达到峰值的 0.42 万亿元，之后逐渐下降，2045 年后出现收不抵支问题。在经过近 20 年的医疗保险当期收不抵支的情形后，自 2060 年前后医疗保险的累计盈余也消耗殆尽，下降到负值。根据模型的测算结果，2050 年时医疗保险收支当期盈余为–0.68 万亿元，到 2100 年时医疗保险收支当期亏损额已经达到 2.39 万亿元。随着当期盈余的亏损额不断加大，累计盈余的亏损额呈现出加速上升态势。2060 年时累计盈余为–1.15 万亿，到 2100 年时已经扩大到 18.58 万亿元，相当于 GDP 的 2.58%。按照目前的做法，当社会保险基金不足时，将由政府财政兜底，因而社会医疗保险的收不抵支将最终由政府财政来买单。2060 年时需要财政多负担的费用大概占 GDP 的 0.30%，但到 2100 年时这笔费用大概相当于 GDP 的 2.58%。

3. 延迟退休情形下人口变动对基本医疗保险基金可持续运行的影响

正如前文所说，随着社会经济的不断发展，人们的健康水平将随着人口平均预期寿命的延长而提高，如果将这一因素考虑进去，形成渐次的延迟退休制度，将使社会保险的收入有一定程度的增加。

（1）在基准情景的基础上，从 2020 年开始，退休年龄每两年延迟 1 年，直到 65 岁。表 7-6 和表 7-7 的模拟结果显示，延迟退休年龄促使医疗保险收入有所增加，而医疗保险支出有小幅较少，故一定程度上降低了医疗保险收支缺口。2050 年延迟退休年龄情景下的医疗保险收入为 6.43 万亿元，比基准情景提高了 20%；医疗保险支出为 6.02 万亿元，与基准情景下的医疗保险支出几乎相当；相比于基准情景下当期赤字的医疗保险基金，2085 年前延迟退休年龄情景下的当期医疗保险仍有一定的盈余（除 2060 年、2065 年外）。到 2085 年，延迟退休年龄情景下的当期医疗保险基金开始一直为负，当期医疗保险赤字额占 GDP 的比重为 0.04%，比基准情景的保险赤字额占 GDP 比重高 0.26 个百分点。在 2060 年，基准情景下累计的医疗保险盈余就已经开始为负，而延迟退休年龄情景下累计的医疗保险基金直至 21 世纪末仍有一定的盈余。因此，延迟退休年龄会增加医疗保险收入，降低医疗保险赤字，从而减轻财政负担。

表 7-6　延迟退休年龄情景下的医疗保险基金变动（一）　　单位：万亿元

年份	医疗保险收入		医疗保险支出		医疗保险当期盈余	
	基准方案	调整方案	基准方案	调整方案	基准方案	调整方案
2010	0.37	0.37	0.31	0.31	0.06	0.06
2015	0.82	0.82	0.56	0.56	0.26	0.26

续表

年份	医疗保险收入		医疗保险支出		医疗保险当期盈余	
	基准方案	调整方案	基准方案	调整方案	基准方案	调整方案
2020	1.29	1.29	0.91	0.91	0.38	0.38
2025	1.80	1.92	1.38	1.33	0.42	0.59
2030	2.39	2.69	2.01	1.93	0.37	0.76
2035	3.04	3.46	2.80	2.72	0.24	0.74
2040	3.76	4.25	3.68	3.65	0.08	0.60
2045	4.53	5.20	4.72	4.70	–0.19	0.50
2050	5.35	6.43	6.03	6.02	–0.68	0.41
2055	6.20	7.36	7.12	7.24	–0.92	0.12
2060	7.08	8.23	8.10	8.35	–1.02	–0.11
2065	7.97	9.29	9.07	9.38	–1.10	–0.09
2070	8.86	10.48	10.08	10.45	–1.22	0.04
2075	9.74	11.76	11.18	11.62	–1.44	0.13
2080	10.59	12.87	12.26	12.87	–1.67	0.01
2085	11.40	13.76	13.22	14.04	–1.82	–0.28
2090	12.14	14.64	14.08	15.11	–1.94	–0.47
2095	12.82	15.59	14.94	16.15	–2.12	–0.56
2100	13.45	16.59	15.84	17.25	–2.39	–0.66

资料来源：CGE 模型的模拟结果

表 7-7　延迟退休年龄情景下的医疗保险基金变动（二）

年份	医疗保险支出占 GDP 比重		当期盈余占 GDP 比重		累计盈余占 GDP 比重	
	基准方案	调整方案	基准方案	调整方案	基准方案	调整方案
2010	0.74%	0.74%	0.16%	0.16%	1.37%	1.37%
2015	0.95%	0.95%	0.43%	0.43%	1.41%	1.41%
2020	1.12%	1.12%	0.46%	0.46%	1.53%	1.53%
2025	1.28%	1.16%	0.39%	0.51%	1.61%	1.67%
2030	1.45%	1.23%	0.27%	0.49%	1.58%	1.83%
2035	1.61%	1.39%	0.14%	0.38%	1.44%	1.92%
2040	1.74%	1.53%	0.04%	0.25%	1.22%	1.91%
2045	1.86%	1.63%	–0.07%	0.17%	0.93%	1.80%
2050	2.03%	1.70%	–0.23%	0.12%	0.48%	1.62%
2055	2.08%	1.81%	–0.27%	0.03%	0.06%	1.47%
2060	2.09%	1.87%	–0.26%	–0.03%	–0.30%	1.29%
2065	2.09%	1.87%	–0.25%	–0.02%	–0.60%	1.12%

续表

年份	医疗保险支出占 GDP 比重		当期盈余占 GDP 比重		累计盈余占 GDP 比重	
	基准方案	调整方案	基准方案	调整方案	基准方案	调整方案
2070	2.10%	1.86%	–0.25%	0.01%	–0.88%	1.01%
2075	2.13%	1.86%	–0.27%	0.02%	–1.16%	0.93%
2080	2.16%	1.89%	–0.29%	0.00%	–1.45%	0.86%
2085	2.17%	1.93%	–0.30%	–0.04%	–1.73%	0.76%
2090	2.17%	1.96%	–0.30%	–0.06%	–2.00%	0.64%
2095	2.18%	1.96%	–0.31%	–0.07%	–2.28%	0.52%
2100	2.20%	1.97%	–0.33%	–0.08%	–2.58%	0.39%

资料来源：CGE 模型的模拟结果

（2）在基准情景的基础上，自 2050 年起再次每两年退休年龄延迟 1 年，直至 70 岁。二次延迟退休年龄将进一步降低医疗保险收支缺口。表 7-8 的模拟结果显示，2100 年，二次延迟退休年龄情景下的医疗保险支出占 GDP 的比重为 1.77%，虽比一次延迟退休年龄情景与基准情景分别低 0.2 个百分点和 0.43 个百分点，但相比于延迟退休年龄情景与基准情景下当期赤字的医疗保险基金，二次延迟退休年龄情景下的当期医疗保险仍有一定的盈余，而且直至 21 世纪末，当期盈余与累计盈余一直未出现亏空。

表 7-8　二次延迟退休年龄情景下的医疗保险基金变动

年份	医疗保险支出占 GDP 比重			当期盈余占 GDP 比重			累计盈余占 GDP 比重		
	基准情景	一次调整	二次调整	基准情景	一次调整	二次调整	基准情景	一次调整	二次调整
2010	0.74%	0.74%	0.74%	0.16%	0.16%	0.16%	1.37%	1.37%	1.37%
2015	0.95%	0.95%	0.95%	0.43%	0.43%	0.43%	1.41%	1.41%	1.41%
2020	1.12%	1.12%	1.12%	0.46%	0.46%	0.46%	1.53%	1.53%	1.53%
2025	1.28%	1.16%	1.16%	0.39%	0.51%	0.51%	1.61%	1.67%	1.67%
2030	1.45%	1.23%	1.23%	0.27%	0.49%	0.49%	1.58%	1.83%	1.83%
2035	1.61%	1.39%	1.39%	0.14%	0.38%	0.38%	1.44%	1.92%	1.92%
2040	1.74%	1.53%	1.53%	0.04%	0.25%	0.25%	1.22%	1.91%	1.91%
2045	1.86%	1.63%	1.63%	–0.07%	0.17%	0.17%	0.93%	1.80%	1.80%
2050	2.03%	1.70%	1.70%	–0.23%	0.12%	0.12%	0.48%	1.62%	1.62%
2055	2.08%	1.81%	1.61%	–0.27%	0.03%	0.22%	0.06%	1.47%	1.61%
2060	2.09%	1.87%	1.62%	–0.26%	–0.03%	0.23%	–0.30%	1.29%	1.72%
2065	2.09%	1.87%	1.68%	–0.25%	–0.02%	0.19%	–0.60%	1.12%	1.81%

续表

年份	医疗保险支出占 GDP 比重			当期盈余占 GDP 比重			累计盈余占 GDP 比重		
	基准情景	一次调整	二次调整	基准情景	一次调整	二次调整	基准情景	一次调整	二次调整
2070	2.10%	1.86%	1.67%	–0.25%	0.01%	0.21%	–0.88%	1.01%	1.89%
2075	2.13%	1.86%	1.64%	–0.27%	0.02%	0.25%	–1.16%	0.93%	2.00%
2080	2.16%	1.89%	1.64%	–0.29%	0.00%	0.26%	–1.45%	0.86%	2.14%
2085	2.17%	1.93%	1.69%	–0.30%	–0.04%	0.22%	–1.73%	0.76%	2.29%
2090	2.17%	1.96%	1.74%	–0.30%	–0.06%	0.17%	–2.00%	0.64%	2.40%
2095	2.18%	1.96%	1.77%	–0.31%	–0.07%	0.15%	–2.28%	0.52%	2.45%
2100	2.20%	1.97%	1.77%	–0.33%	–0.08%	0.14%	–2.58%	0.39%	2.47%

资料来源：CGE 模型的模拟结果

对基准情形、一次延长退休和二次延长退休的数据模拟结果表明，如果按照目前的政策执行下去，自 2060 年起城镇职工基本医疗保险制度会面临运行的可持续性问题，如果不提高保费，财政就必须投入巨资补贴，到 2100 年时，基金收支缺口可能相当于 GDP 的 2.58%。从资金的可持续运转上来看，延迟退休年龄是一个比较有效的办法，一方面会增加保费收入，另一方面会使医疗保险基金支出减少。如果到 2030 年延迟至 65 岁，医疗保险基金在 2060 年会出现当期赤字，但累计盈余直到 2100 年仍为正。如果到 2060 年再次延迟到 70 岁的话，则 21 世纪内无论是当期盈余还是累盈余都不会出现赤字。

第三节　健康人口老龄化视角下的社会政策推进

一、人口老龄化的再思考

人口老龄化是世界各国普遍接受的一个概念，默认将超过 65 岁（国际通行）或者 60 岁（我国标准）的人口视为老年人口。这个默认标准自 1956 年题为《人口老龄化及其社会经济后果》的联合国文件问世起就没有改变过。以生理年龄作为老年人的唯一划分标准，意味着将所有生理年龄达到标准的人们视同为同质群体，他们在健康水平、工作能力、服务需求、行为方式等方面都被视为无差别。不仅如此，固定的标准还掩盖了人口变化的现实。如今，距离这份文件问世已经超过半个世纪，无论是从世界平均水平或者是发展中国家的水平来看，现在与那个时代都已经有了本质的区别。根据联合国《世界人口展望（2017）》，1955～1960 年世界平均预期寿命仅为 49.34 岁，发达国家平均预期寿命不过只有 67.72 岁，欠发达国家平均预期寿命为 44.06 岁，最不发达地区的平均预期寿命仅为 38.67

岁。那时候，我国的平均预期寿命略高于欠发达国家平均水平，为 44.47 岁[①]。然而在联合国《世界人口展望（2019）》中，2019 年时世界人口平均预期寿命已经达到 72.6 岁，其中澳大利亚和新西兰的平均水平已经高达 83.2 岁，最不发达国家的平均预期寿命也已超过 65 岁，接近 1955～1960 年时期世界发达国家的平均水平。可以说，65 岁或者 60 岁的人在不同历史时期内的状态是完全不同的，现在 65 岁或者 60 岁的人们更加健康、更加有能力，对世界的认知也更加深刻和广阔。从这个角度上看，人口老龄化虽然同样是老年人口占总人口的比重不断上升的过程，但老年人口的特性已经发生了变化，继续沿用过去的静态标准，已经不符合实际情况且会带来对人类面临问题的夸大。

对于人口老龄化的再思考，归根结底是要对老年人口进行再定义，也就是说，不能从静态的视角来定义老年人口，而要从人类动态发展的视角来定义。以下文献综述，来自本章作者 2018 年 3 月发表在《人口研究》上的论文[②]。

关于老年定义的动态标准学界早有关注，但结论并不一致。Ryder 在 1975 年时就建议将预期余寿低于 10 年的生理年龄作为老年的起点。后来的学者借鉴经济学中“名义价值”和“真实价值”的概念区分，更清晰地将年龄分为“名义年龄（nominal age）”和“真实年龄（real age）”，名义年龄即生理年龄，真实年龄则根据期望寿命或者死亡率的变化而变化（Fuchs，1998）。进入 21 世纪后，对这一问题的研究多起来。学者提出对年龄的定义可以根据人的多种特性来定义，如果仅从时间的视角来衡量，回顾过去可以得到传统意义上的“日历年龄（chronological age）”或者“回溯年龄（retrospective age）”，展望未来可以得到“前瞻年龄（prospective age）”，前者代表了一个人或者一批人从出生到考察时点的存活时间长度，后者则代表了他或他们基于期望值的估计。预期从考察时点到死亡时点的存活年数，即该年龄时的预期余寿（Sanderson and Scherbov，2005，2007，2008）。如果将预期余寿等于 15 年的相应年龄定义为老年期的起点，则随着预期寿命的不断延长，老年的起点会逐渐升高，从这一角度来看，世界各国的老龄化的速度会放慢，老龄化程度也没有那么深（Sanderson and Scherbov，2010）。国内的学者对重新定义老龄化的关注是近年才开始的。翟振武和李龙（2014）梳理了国内外对老年定义的演化过程，认为对老年定义的动态化是人口变迁的必然要求，也是社会发展的内在结果。在对我国人口老龄化的状况进行重新测量后，学者得出结论，即尽管从“前瞻年龄”的视角测量人口老龄化可能忽略了健康预期寿命不一定与预期寿命同步延长的问题，但用传统指标反映的人口老龄化程度可能是偏高的（郭震威和齐险峰，2013）。利用新的测度方法，我国总人口的年龄中位数、

① 数据来源：https://esa.un.org/unpd/wpp/Download/Standard/Mortality/。

② 资料来源：杨昕，左学金，王美凤. 2018. 前瞻年龄视角下的人口老龄化及其对我国医疗费用的影响. 人口研究，42（2）：84-98。

老年系数和老年抚养比在未来的变动将较为平缓并逐渐趋于稳定。从人口寿命状况的角度出发，我国可以适时调整退休政策，将退休年龄的设定与平均预期寿命的延长挂钩（李汉东等，2014）。

综上所述，现在已经到了调整老年人口定义的历史阶段，但如何定义还需要学界充分讨论并达成一致。因为定义既要能够符合现实需要，又要简单易行便于使用。如果从预期余寿的角度来考虑这个问题，那么可以根据近50年来预期余寿所对应的日历年龄的变动确定老年人口阈值标准的变化轨迹，或者直接以政策规定的退休年龄作为标准，而退休年龄根据预期余寿的变化每5年调整一次。

二、健康水平改善视角下的人口老龄化

我们提出调整老年人口的阈值范围，除了考虑到平均预期寿命的大幅提升，还考虑了健康水平的改善。但需要注意的是，健康水平改善与平均预期寿命提升之间的关系并没有确定，尽管平均预期寿命经常被作为健康水平改善的代表指标。

关于健康水平与平均预期寿命之间的关系自20世纪70年代后期就有学者进行研究，但直到今天，各方观点并没有达到统一。乐观的学者认为，在预期寿命不断延长的背景下，人们完全自理的时间会以更快的速度增加，也就是说人的一生中健康时间占全部生命时间的比例在上升（Fries，1980，1989，2003；Robine and Michel，2004）。但悲观的学者认为，先进的医疗技术只会让人们带病时间延长而已，与过去相比，可能人类卧床的时间反而在上升（Gruenberg，1977；Kramer，1980；Freedman et al.，2002）。持中立观点的学者则认为，人类健康时间占全部生命时间的比例可能是一个相对固定的值，预期寿命延长了，健康时间（也可以说不健康时间）也同步延长（Manton，1982；Robine and Michel，2004）。我国为数不多的实证研究表明，从全国层面看，人口健康状况的改善慢于预期寿命的延长，也就是说预期寿命的延长不代表老年人口的健康水平同步改善（杜鹏和李强，2006），但如果分区域来看，东部地区老年女性的健康水平的改善速度快于预期寿命的增长（张文娟和杜鹏，2009）。

但在这里需要强调的是，健康水平的衡量是一个多维的工作，仅靠目前常规卫生统计中的指标是无法反映真实情况的。从这个角度上讲，以社区医疗服务的信息化平台为基础搜集反映我国人口健康水平的大数据是非常必要的。

三、健康老龄化目标实现的政策建议

1. 关于人口老龄化、健康及卫生总费用

（1）人口老龄化会对我国的卫生总费用带来较大影响。老年人口占全部人口比例上升是未来人口变动的必然趋势，即使我国的生育水平上升到更替水平也无

法逆转这一趋势。在21世纪上半叶，我国的卫生总费用将快速增长，占GDP的比重也会不断上升，其中人口变动的贡献将占1/4左右。在这一时期，人口年龄结构的变动是主导因素。到21世纪下半叶，人口变动对卫生总费用增长的贡献将有一定程度的下降，这主要源于伴随总人口规模下降，老年人口总量也不断减少，人口规模的变动成为主导因素。

人口老龄化的影响更突出地表现在卫生总费用在不同人群中的分布上。由于老年人口占比不断上升，卫生总费用中用于老年人口的比例越来越大，到21世纪末将超过60%，其中用于80岁及以上高龄老人的医疗费用又占到老年人医疗费用的一半左右。

（2）健康老龄化将有效减少卫生总费用的支出并改善其结构。人口老龄化不断加深的重要原因之一是人们健康水平的提升，平均预期寿命不断延长。有研究表明，2000年时的老年人比1960年时要年轻10岁左右。从健康的角度，我们也可以假定2050年时的老年人比2010年时年轻10岁。在这样的假定下我们测算出的卫生总费用比不考虑健康水平改善情况下测算出的卫生总费用要减少20%～25%。这表明，健康老龄化将有效减少我国卫生总费用的支出。

除此之外，健康老龄化还将影响卫生总费用在不同年龄人群中的分布。用于老年人的卫生总费用比例将明显下降，其他年龄人口的比例会相应上升，而用于80岁及以上老年人的卫生总费用比例也将下降到35%以下。

（3）延迟退休政策是保证医疗保险基金可持续运行的有效办法。人口老龄化对于医疗保险基金的影响是显而易见的。在现行制度不发生改变的情况下，人口老龄化将造成医疗保险基金在2040年前后就出现收不抵支的局面，到2060年前后累计盈余也会消耗殆尽。如果不能进一步提高保险缴费率，那么国家财政部门就必须投入越来越多的资金用于补缺。到2100年时，补缺所需资金占GDP的比重将超过2.5%。

在这种情况下，延迟退休可能是一个有效办法。根据测算如果退休年龄能够在2030年时延迟到65岁，医疗保险基金的当期赤字在2060年才会出现，累计盈余在21世纪末将始终保持正值。如果到2060年时退休年龄进一步延迟到70岁，则医疗保险基金在21世纪末将始终保持收入大于支出的可持续运行状态。

2. 政策建议

1）从以医疗为中心迈向以健康为中心

（1）构建大健康系统，从容应对老龄化。以上分析中已经显示健康因素对医疗费用具有较大影响。已有的医疗保险制度体系主要注重的是健康丧失、患病之后的经济补偿，而没有考虑、也无法设计疾病带来的精神、心理痛苦损失的补偿方案，为了应对未来老龄化的挑战，我们需要在医疗制度设计中增添人性化因素来补充完善相关制度。健康不仅是一种消费品，更是一种投资品，其含义不仅是指人力资本投资，而且是一种精神投资。保持身体健康不仅仅是为了提供更多人力资本，更是人的基本权益获得和幸福获得的前提。

疾病后公平获得医疗服务和公平地获得经济补偿是对于医疗制度公平性的基本要求，而在制度设计中考虑健康与人的幸福的关系是最终要追求的目标。大健康系统构建就是围绕人的衣食住行、生老病死，对生命实施全程、全面、全要素呵护，既追求个体生理、身体健康，也追求心理、精神及社会、环境、家庭等各方面健康。建立大健康系统，需要树立大健康理念、进行大健康教育、创新大健康技术、发展大健康产业、完善大健康服务。

（2）建立以健康为中心的卫生体系。建立以健康为中心的卫生体系需开展旨在改善老年人健康的基础和应用科学研究，切实探究老人生命质量之间的差异；进行健康长寿影响因素的跨学科研究，从以疾病为主导（“治已病之人”）转向以健康为主导（“治未病之人”），从思想观念、经费投入、研究重心等各个方面实现战略“前移”。

这种以健康为中心的卫生体系应当体现出以下特点：第一，健康导向性，即针对群众中的主要健康问题（公共卫生和基本医疗），提供相应的促进、预防、治疗及康复服务。第二，内容基本性和部门协调性，即以基本医疗为核心，除卫生部门外，还涉及国家及群众发展各有关部门及有关方面。第三，群众参与性和上下互动性，这主要是指应用连贯的，相互结合、相互支持的有效的转诊制度。第四，资源广泛性和信息充分性，建立多渠道沟通机制并涵盖所有的相关工作人员，以及时满足群众中反映出来的卫生需求。

（3）制定超越卫生部门的健康老龄化策略。健康老龄化是世界卫生组织提出的理念，其核心是以生命历程的视角来看待健康，即在人生各个阶段，对能够影响到老年人健康长寿和生活质量的各种因素加以重视，预防和减少危险因素，推进和增加保障因素。从个体层面来看，实施健康老龄化可以使老年人在老年期尽可能长地保持健康和独立生活，保障老年人及其家庭享有较高的生活质量。从社会层面来看，实施健康老龄化能够提升全体国民的健康水平，从源头上最大限度地降低患病率和失能发生率，减轻人口老龄化给国家和社会在医疗卫生、社会照护等方面带来的负担。

我们需要制定健康老龄化战略，在充分考虑老人的身体状况和其社会经济环境的情况下，为老人提供能够负担得起的卫生保健服务，特别是要更好地预防并管理慢性病。其中包括鼓励老年人坚持工作更长时间；强调低成本的疾病预防和早期发现而不是治疗（如减少盐摄入量并增加疫苗的使用）；更好地利用现有医疗技术（如针对农村人口的流动医院）；就多种慢性病培训卫生保健工作人员，将实现健康老龄化作为应对我国人口老龄化挑战的最优先基础工程。

A. 实施全民健康素养提升计划

通过中长期的健康素养提升计划，动员多方力量，加大投入，创新方式，做到人群全覆盖，努力提升各个人群健康素养，提高全民健康意识和健康生活方式行为能力；特别加大对老年人及其照料者的健康教育和护理知识培训，注重以有效的方式在老年人群中普及精神卫生保健知识，让老年人保持积极乐观的心理状态。

B. 实行健康管理策略，构建全民健康管理服务网络

第一是生活方式管理：主要关注健康个体的生活方式（行为）可能带来什么健康风险，这些行为和风险将影响他们对医疗保健的需求。

第二是需求管理：以人群为基础，通过帮助健康消费者维护健康及寻求适当的医疗保健，来控制健康消费的支出和改善对医疗保健服务的利用。

第三是疾病管理：着眼于某种特殊的疾病，主要是慢性病如糖尿病，为患者提供相关的医疗保健服务。

第四是重症病伤管理：为患癌症等重症病伤的病人及家庭提供各种医疗服务，要求高度专业化的疾病管理，解决罕见病和医疗费用高昂的问题。

第五是残疾管理：试图减少工作地点发生残疾事故的频率和费用代价，并从雇主的角度出发，根据伤残程度分别处理，以尽量减少因残疾造成的劳动和生活能力下降问题。

第六是综合的人群健康管理：针对特殊人群（如儿童、孕妇、职业人群等）或通过协调以上五种不同的健康管理策略来对个体提供更为全面的健康和福利管理。这些策略都是以人的健康需求为中心而发展起来的。

第七是实现从“注重疾病诊治”到“对生命全过程的健康监测、疾病控制”的模式转换。建立健康管理专业人员队伍，逐步完善全科医生的制度设计，全面提升全科医生的服务能力，充分发挥全科医生“健康守门人”的作用。

C. 普及科学适度的治疗理念

随着人口年龄结构的转变、疾病谱的转变，特别需要大力提倡科学适度的治疗理念和模式，让社会医疗资源产生更高的综合效益，让老年人享有更高的生活质量。在强调科学适度治疗的同时，应该更多地关注临终关怀问题，“以人为本”而不是“以病为本”。

D. 大力加强老年宜居环境的建设

健康老龄化离不开支持性的环境保障。随着老龄化的快速发展，城市规划和建设暴露出的问题也越来越突出，不利于老年人健康独立地生活，甚至还造成安全隐患。今后，应在全社会大力宣传和树立老年宜居的理念，加强老年宜居环境的建设。

E. 确立积极老龄化的思维模式

当前应跳出费用问题的拘囿，充分认识更健康、更快乐、更具生产力的老龄

人口能够给整个社会带来的好处。应对卫生保健和社会护理系统进行深入的根本性改革，以避免老年人因为健康状况和身体机能受限而感到不平等。

F. 政府主导健康老龄化

政府在促进健康老龄化方面应担负起政治责任、法律责任、政策责任和管理责任。围绕提高老年人的健康素质制定健康老龄化对策。例如，促进老年人保持良好的精神状态，提高生活满意度；开展老年慢性病的健康教育，帮助他们改变不良生活习惯，促进健康行为的形成；提倡抗衰老药物的应用；等等。“健康老龄化”应纳入政府议事日程，成为政府行为、政府需要。

2）完善医疗保障制度，应对人口老龄化

随着医疗保障普及面扩大和筹资力度的提高，以及医疗保障制度的统一和完善，医疗保障制度发挥的作用将越来越大，需要着力结合人口老龄化的发展趋势完善我国的医疗保障制度。

（1）健全医疗保障体系和控制医疗费用快速增长并行。就医疗保险制度而言，政府投入和监管不力造成经费效率低下；基本医疗保险按人群分割，以及不同的制度之间不可衔接问题，影响制度承受能力；医院补偿结构不合理，运行机制效率低影响医保基金使用效率。今后需要针对老年人医药费用的不同负担形式与经济承受能力，建立不同收入、不同需求、不同形式的老年医疗保障机制，在宏观、中观、微观三个层面上，充分发挥国家与社会、社区、家庭和个人的作用，做到“老有所医”，确保老年人口医疗保障的普及性，尤其要注重农村人口的医疗保障水平提升，建立城乡一体化的医疗保障制度。同时建立多元化医疗保障方式，在增加政府投入同时强调个人对医疗保障投入的责任，医疗保障制度改革的重点是节流，而节流的重点是医疗服务提供成本的控制。

（2）制定医保资金投入公共决策程序。在我国目前制度下，医保资金面临在供给方配置（医保定点和医保基金预付额度或支付额度、医保药品目录和医保项目确定）还是需求方配置（纳入医保的疾病种类、医保报销比例）问题，而目前这些配置基本由主管部门决定。今后需要成立专门的基金管理委员会，并制定更合理有效的决策程序，处理不同医疗机构（公立、非营利或民营；中医或西医；医院或门诊）、不同人群（不同代际、不同年龄、不同疾病）之间利益平衡问题。

（3）继续改革医保支付制度，建立公共资金配置的规则程序，主要包括以下方面。

A. 建立混合型支付制度，控制医疗费用上涨

医疗费用增长的原因可以归纳为不可控因素，如人口增加、老龄化、疾病谱改变、新技术应用和物价上涨等，以及可控因素，如过度服务、诱导需求等。支付制度是服务利用者和费用支付方管理风险的主要方式之一，影响供、需、支付方三方的风险分担和关系协调，影响卫生服务的效率和公平。今后可以实行混合

型支付方式：对门诊服务按项目支付或在预算约束下按服务点数支付；对全科医生初级医疗保健服务以按人头支付为主，辅以特殊项目按服务付费和利用特殊津贴的混合支付；对医院住院服务以按病种支付为主，按床日等服务单位支付为补充的混合方式。随着时间推移，支付方式改革逐步控制费用并提高绩效。

B. 制定医疗保险支付决策原则

目前医疗机构设置有明确的原则规定，但医疗保险基金配置的公共决策原则有待形成。在医保资金有限的情况下，究竟哪种疾病、哪些病人的哪项治疗应该纳入医保支付范围，最好的循证医学信息也无法为有限的医疗资源如何在公共医疗保险覆盖人群中分配提供判断依据，因而必须通过专门的程序来决策是否将医疗技术或新药品纳入公共医疗保险支付。

医疗保险支付范围的决策评估应当遵循四条原则：第一，公开透明原则，即合理决策并向公众公开决策理由。第二，合理性原则，即决策标准合理化，建立在“公正人群”认为合理的基础上。第三，修正和复议原则，即任何决定和政策都应适时审查和修订。第四，监管原则，即无论是自发监管还是政府监管，都必须确保前三个原则的实现放在首位。

C. 建立医疗保险项目配置的公众参与和公共程序

除依据基本的医疗信息配置医保资源外，还必须考虑政治因素对医疗保险支付决策的影响。医疗保险支付范围决策涉及各方利益，而公共部门在三者互动中应扮演三重角色：决策的制定者、利益的协调者、实施的监管者，可以采用大多数国家的基于疗效、有效性效益和医疗必要性三个标准来做出支付决定，“合理且必要”是卫生技术评估（health technology assessment，HTA）中考虑的重要因素，也是医疗保险支付决策的依据，同时要求医疗保险支付决策程序公平公开，评估机构具有独立性。

使用医疗技术来评估项目涉及价值判断，在有争议项目的选择过程中都需确立基本的价值判断原则，其中不同团体和群众广泛参与是很重要的。大部分国家将具有预防功能、使大部分人受惠、能够保障人民生活质量及对社会具有重大影响的服务作为基础服务，给予优先保障，第一类是母婴保健、儿童和成人的预防服务，生殖健康服务和临终关怀安慰服务；第二类是那些不危及生命但明显能够改善生活质量的服务；第三类是对某些人有价值的服务项目，如不育治疗和仅能些微改善生活质量的服务。医保资金在这些服务中的配置具有先后顺序，第三类服务将更多依靠市场购买机制实现。

3）构建医疗服务治理体系

21 世纪老龄化和健康医疗保障关系跨度长、涉及人群广，健康资本积累及其损耗是个长期过程，其中影响因素广泛、变化大，因此服务治理体系不仅要立足现有老人，还要着眼于未来老人——即所有年龄段的人。在建立了全体人群医疗保障体系后，更关键的问题是如何保障医疗保障体系运作高效，即如何能通过保障资金投入，得到较好的健康产出效果。其中的关键是医疗卫生服务系统的社会效益保证。

（1）建立指标引领的综合治理机制。可以根据世界卫生组织的建议（国家卫生总费用中个人支出比重降低到15%～20%），按照3：5：2的比例建立健康保障筹资指数。对于大于财政支出30%的指标，建立预算和决策制度和人民代表大会审核制度；对于大于社会支出50%的指标，建立基金筹集和医疗服务结算的治理机制；对于小于个人支出20%的目标，建立合理医疗服务的谈判、考核和补偿机制。以此目标指数引导医疗卫生体制改革，制定实现该目标的时间表和依法明确相关主体的责任①。

（2）聚焦基层医疗卫生体系以人口为基础的模式构建，实现医养结合。根据前面的分析预测，高龄老人的医疗服务和保障将成为我国未来面临的严峻挑战，因而需要重点关注和制定相应对策。除了已经提到的健康老龄化策略和医疗保障制度完善策略，尤其需要关注强化基层医疗卫生体系的发展。要将初级医疗卫生保健从以病人和事件为基础的模式转变成以人口为基础的模式。整合后的综合型护理对医疗卫生保健服务提供意味着要在很多层面上进行改变，未来构建以基层医疗为基础的综合型医疗系统主要是针对老年社区的三层级医疗组团设计的，以提供性价比更高、服务质量更好、更能适应人口变化的卫生服务。

A. 第一层级用于满足身体健康的自理老人养生保健的医疗需求

可独立设置体检及相应检查设施，进行常规的老年病、慢性病的检查、诊断，并提供社区老人体征档案信息保存。这些设施内主要设置内科、外科、妇科、五官科等，并有独立的影像科室；设施的功能流线布局需充分考虑病患分流；在设计上应考虑重型影像设备的摆放及防护要求，如考虑肿瘤筛查，应有相应的核医学检查设施；还可以通过模块化的医疗服务单元在住区组团内设置，定时对老人进行健康检查及及时的救治，以缩小医疗服务半径。

B. 第二层级用以满足包括需要监护的老年人在内的人群的康复需求

考虑心脑血管、糖尿病、帕金森病、呼吸系统、骨质疏松等老年人高发疾病的康复治疗要求，按住院床位总数100张以上二级康复标准来建设这一层级的医疗设施。在临床科室适当考虑周边全龄人群的就诊康复，包括设置骨关节康复科、神经康复科、老年康复科、听力视力康复科、疼痛康复科；在医技科室应布置超声、检验、影像、消毒供应等，并且要有相关的治疗部门及评定部门。也可以在院内设置老年病专科，如老年人常发的脑卒中，急症期数天在三级医院内救治后，长达数周或数月恢复可考虑转入社区治疗，康复医院内设置专业的康复卒中单元，

① 胡乃军. 2014. 中国人口老龄化与老年人口医疗费用研究[J]. 老龄化研究，（1）：34-43.

为卒中病人提供药物治疗、肢体康复、语言训练、心理康复和健康教育。

第一、二层级的设施可以实现资源共享，合并考虑其功能组合，采用网格型布局及多通道体系结合的模式，形成合理的分区。

C. 第三层级以满足生活不能自理的介护老人的需求为主

在这阶段的老年病患，可能在护理院内要走完生命最后的日子，在功能规划上更应人性化，如护理单元可以多样化布局，除了传统的病房模式，还可以考虑居室单元组团形式，内设一定的共用空间，每个居室单元也可进行个体化护理干预。居间类型可按病种分级护理设置，包括肢体不便、卧床老人的护理、康复等。护士站的用房设置应考虑与单元间的护理间距，以及轮椅、监护设备、医疗移动检查设备的放置场所。还应考虑独立的临终关怀室等用房，应与护理区相对分隔，营造安静的氛围，并应设置告别室及有宗教信仰需求的祷告室等功能用房。

在未来老年社区医疗及保障设施体系中我们应充分考虑老人各年龄阶段的医疗需求的复杂性，根据健康状况划分人群，结合老年病种、就医及护理状况，合理布局从而给出持续医护的解决方案。

（3）积极鼓励社会组织参与老年人健康、医疗和医养结合服务。允许民间团体和基于社区的非政府组织进入初级医疗卫生保健领域作为补充力量，弥补公立医院的弱点和不足，开展针对老年人的社会服务和家庭护理。

4）利用新科技构建城乡一体化的老年健康保障体系

医疗卫生和保障的公平性提升，尤其是城乡医疗卫生的一体化需要借助医疗信息化来推进实现。以医疗信息化和大数据为核心的保健革命将掀起未来的财富浪潮，深受快速老龄化和超负荷运转的传统医疗体系困扰的中国，更需要积极发展“互联网+医疗健康”这一持续性的朝阳产业。

（1）建立健全协调机制，实现卫生信息化建设的系统推进。医疗卫生信息化工作不是简单的技术实现，而是复杂的系统性工程，尽快建立健全以政府为主导、多方参与、互联互通的协调机制是该项工程顺利推进的关键。可以实行联席会议制度，鼓励政府职能部门、医疗机构、公共卫生服务部门、技术研发单位及其他相关部门共同参与，形成“政府主导、业务部门执行、专家支持”的工作机制。该联席会议承担如下职责：督促相关部门在医疗卫生信息化建设工作中相互配合，负责区域医疗卫生信息资源的共享、交换和整合的推动，负责拟定医疗卫生信息资源的管理规范和技术标准。

（2）加强卫生信息网络的顶层设计，推进体系建设的标准化。要从国家医疗卫生信息化的大局出发，科学构架省、市、县、乡的一体化卫生信息网络，从宏观上统一规划、统一布局、分布建设。尽快制定出统一可行的标准规范，统筹系统标准化的资金投入。“规范标准”只能由国家主管部门制定，应加快着手信息标准化建设的工作，规范资料来源、业务标准、统计口径和统计方法，真正使医疗卫生数据能够互通互联、共享交流。

（3）引入多元化投入渠道，保障经费支持。医疗卫生信息化投入如果不足，会造成卫生资源和信息资源的浪费，而单一依靠政府投入来实现医疗卫生信息化工程显然是不现实的。因此，建立多元化投入渠道，引入企业、非营利组织、个人来投入这个领域，充分利用社会资源无疑是明智的选择。除了保障经费支持，引入社会力量还会解决专业人才不足和专业技术缺乏的问题。采取多样化的PPP（public private partnership，公共私营合作制）模式，即企业投资并承担工程的设计、建设、运行、维护、培训等工作，硬件设施及软件系统的产权归属企业，由政府部门负责宏观协调、创建环境、提出要求，政府部门每年向企业支付一定费用。

（4）以健康医疗大数据为基础，推进智慧医疗建设。健康医疗大数据有三个层级，第一层是数据的采集，第二层是数据整合与机器分析，第三层是数据干预。对于中国而言，破除内部和外部、公共和商业之间的壁垒是首先要解决的难题，必须将不同渠道的信息内容整合在一起，用统一的标准去建立信息流动的数据库，为大数据的计算分析提供信息池。当然，医疗机构从业者仅仅把得到的信息输入到电脑中还不够，还需要利用临床决策系统去支持诊断，利用临床分析系统做效果分析。

已有的百度的健康云平台①和腾讯微信智慧医疗解决方案②就是构建未来智慧医疗的初步设想。通过互联网技术打造“放在口袋里的医院”，如电子病历查询、用微信自我管理健康、实现微信远程会诊。储存在云端的健康大数据，为流行病和重大疾病的预警管理铺路，通过“连接一切”沉淀医疗大数据，为推行分级诊疗、健康预防提供支持。通过将移动技术、远程医疗技术和互联网技术引入医院，实现设备和医生之间的人机互动。移动医疗解决方案使得设备和医生、医生和患者之间都能够通过数据的无缝连接协同医疗，如远程超声、远程心电。利用远程技术能够改变边缘乡村的医疗服务水平，相当于提升城乡卫生院、社区卫生院和三级医院协同作战的效率，进而真正建立城乡一体化、公平的医疗服务体系。

---

① 健康云平台通过智能设备来搜集用户的身体数据，结合百度的大数据分析、处理能力，对数据进行筛选、整合、匹配、分析，并得出结论。分析结果同步推荐给线下的医疗服务机构和专家，包括健康咨询公司、减肥教练等，可以为用户提供个性化的健康服务，如减肥瘦身辅导、健康管理咨询、远程心电监测等。

② 这一方案试图通过结合微信的移动电商入口，来优化医生、医院、患者及医疗设备之间的连接能力。整个流程包括微信预约挂号，候诊提醒；微信导航，诊疗室和化验室之间的路线指引；微信支付诊间费用，电子报告微信实时送达、离开医院后的医嘱提醒等。目前全国已有近100家医院通过微信公众号实现移动化的就诊服务和快捷支付，累计超过1200家医院支持通过微信挂号，服务累计超过300万名患者，为患者节省超过600万小时就诊时间，大大提升了就医效率，节约了公共资源。

第八章　老龄社会中的长期照护

第一节　中国长期照护体系的变迁与国际比较

一、中国长期照护体系的变迁

20 世纪 80 年代之前，中国受传统儒家文化的影响，老年人口的养老及照料护理基本在家庭内部完成。然而，伴随市场经济的迅猛发展，劳动力进入市场且流动性不断增强，老年人口照料护理的传统安排受到了一定程度的冲击。在人口老龄化、高龄化和人均期望寿命延长等因素带来老年人口长期照护需求上升的背景下，家庭规模缩小、老人子女数下降、人口流动率提高、居住安排变化、女性就业率上升等因素却导致了老年人口长期照护供给资源下降，使得我国老年人口长期照护面临严峻挑战。

从普查数据来看，我国 60 岁及以上老年人口占总人口比重从 1964 年第二次全国人口普查时的 6.11%上升到 2010 年“六普”时的 13.32%，翻了一倍多；而 80 岁及以上高龄老人占总人口比重从 1964 年第二次全国人口普查时的 0.26%上升到 2010 年“六普”时的 1.57%，增长了 5 倍[①]。2018 年，我国 60 岁及以上老年人口占总人口比重达到 17.88%，而 80 岁及以上高龄老人占总人口比重也达到 2.12%[②]。根据本书中方案人口预测数据，到 2050 年，我国 60 岁及以上老年人口占总人口比重将上升到 40.2%，而 80 岁及以上高龄老人占总人口比重也将达到 11.0%；即总人口中超过 2/5 将会是 60 岁及以上老人，11%将会是 80 岁及以上高龄老人。人口高龄化的主要原因是人均期望寿命得到提高。我国人均期望寿命从 1950～1965 年的 45 岁左右提高到 2010 年“六普”时的 74.83 岁，其中，男性为 72.38 岁，女性为 77.37 岁，而根据本书中方案人口预测的假设，2100 年男女人均期望寿命将分别提升到 89.13 岁和 94.01 岁。如果分年龄别老年人口的自理能力状况保持不变，人口老龄化和高龄化将带来需要照料的老人比例的上升。

然而，由于生育率下降和现代化的影响，我国家庭规模小型化和核心化的趋

---

① 数据来源：根据历次人口普查数据计算得出。

② 数据来源：《中国统计年鉴 2019》，根据 2018 年全国人口变动情况抽样数据计算得出，抽样比为 0.820‰。

势明显，家庭户规模从1953年第一次全国人口普查时的户均4.33人下降到2010年“六普”时的3.10人。根据2000年、2006年、2010年三次中国城乡老年人口状况追踪调查，2010年我国60岁及以上老人的平均子女数为3.0个，其中城镇老人的平均子女数为2.7个，农村老人的平均子女数为3.3个，较2000年和2006年明显减少。2010年，城市老年人家庭户规模为3.0人，农村老年人家庭户规模为3.8人。而随着1950～1960年出生人口进入老年，由于计划生育政策的影响，他们的平均子女数更少，家庭规模也将更小。老年人口居住安排也相应发生改变（表8-1），老人空巢家庭户比例不断上升。2010年，有48.5%，即接近一半的老年人口生活在空巢家庭（仅自己或自己和配偶居住），城市更是高达53.8%，而农村由于大规模青壮年劳动力的流出，老人空巢家庭的比例也高达46.1%，也有相当比例的非空巢家庭中只有老人和孙辈单独居住。

表8-1　我国老年人口家庭户居住安排的变化

类别		城乡合计			城市			农村		
		2000年	2006年	2010年	2000年	2006年	2010年	2000年	2006年	2010年
空巢家庭户	独居户	11.8%	14.4%	18.7%	11.8%	13.9%	21.5%	11.8%	14.6%	17.5%
	仅与配偶居住户	23.0%	25.6%	29.7%	23.0%	34.7%	32.3%	21.7%	22.6%	28.6%
	总计	34.7%	40.0%	48.5%	34.7%	48.6%	53.8%	33.5%	37.2%	46.1%
非空巢家庭户	与配偶和家人户	25.9%	32.4%	29.2%	25.9%	32.1%	22.5%	24.3%	32.5%	31.9%
	独自与家人户	39.4%	27.5%	22.4%	39.4%	19.3%	23.7%	42.2%	31.4%	22.0%
	总计	65.3%	59.9%	51.5%	65.3%	51.4%	46.2%	66.5%	63.9%	53.9%
合计		100.0%	100.0%	100.0%	100.0%	100.0%	100.0%	100.0%	100.0%	100.0%

资料来源：根据2000年、2006年、2010年三次中国城乡老年人口状况追踪调查数据计算而得

注：数据经过四舍五入，总计与数据相加有偏差，合计与100%有偏差

家庭规模和居住安排的变化导致老年人口长期照护的供给下降，且机构和社区养老服务并没有相应很快补足。根据《2018年民政事业发展统计公报》，截至2018年底，全国各类养老机构和设施为16.8万个，养老床位合计达到727.1万张，每千名老年人拥有养老床位29.1张，其中社区留宿和日间照料床位达到347.8万张。也就是说，大约只有2.91%的老人利用了机构照料或社区照料中的养老床位。

2005年，中国出现第一个长期护理商业保险产品，即国泰人寿的康宁长期护理保险。2005～2012年，各地对长期护理保险制度进行了初步探索，出台了一些老人护理补贴或医疗补贴等相关政策。2012年，青岛建立长期医疗护理保险制度，随后长春、南通及上海等地也开始探索建立各具特色的长期护理保险制度。2016

年3月,《中华人民共和国国民经济和社会发展第十三个五年规划纲要》提出“探索建立长期护理保险制度，开展长期护理保险试点”，2016年6月，人力资源和社会保障部发布《关于开展长期护理保险制度试点的指导意见》(人社厅发〔2016〕80号)，在14个省区市的15个城市开展长期护理保险制度试点工作，标志着长期护理保险正式被纳入中国社会保障制度建设体系。

二、长期照护体系的国际比较

老年长期照护属于社会福利体系中的一个类别。Esping-Andersen（1990）在《福利资本主义的三个世界》(*The Three Worlds of Welfare Capitalism*）一书中，根据社会福利分配的去商品化程度和公民社会权利水平，把西方发达资本主义国家的福利体系划分为三种模式：①自由主义体系，以美国、英国、加拿大等为代表。制度安排主要包括基于家庭收入调查确定的社会救助、适量的普适性转移支付和适量的社会保险。社会福利的去商品化水平满足最低标准，其余部分用市场补充。②保守主义合作体系，以澳大利亚、德国、法国、意大利等为代表。这些国家主要通过建立有差别的社会保险制度，以劳动力市场参与和缴费情况分配社会福利，其中，政府官员享有福利特权。该体系还保留了某些宗教的家庭传统，不鼓励女性工作，社会保险将家庭主妇排除在外，日间照料和类似的家庭服务发展程度很低。社会福利的去商品化水平根据社会阶层而有所不同，市场发展程度很低。③社会民主主义体系，以斯堪的纳维亚国家，如挪威、瑞典等为代表。国家以统一的社会保险制度，基于公民资格或长期居住权分配社会福利，突出普遍保障和公平性。社会福利的去商品化水平很高，市场发展程度也很低。上述分类在社会福利制度研究中具有一定的范式意义。此后有学者提出了福利四分法、五分法等新的划分标准。但是“去商品化”与“公民社会权利”仍是各种模式进行比较的核心范畴。去商品化程度越高代表着社会福利水平越高，公民的社会权利越大。大部分国家的社会福利制度实践，实际上都可以归结为安德森所划分的某种模式，或是不同模式的混合。

不过，老年长期照护又有其特殊性，目前设立专门长期护理社会保险制度的国家有荷兰、卢森堡、德国、日本和韩国等，另外，美国和新加坡建立了商业保险体系；而其他国家或地区的老年长期照护并未制度化，只有少量医疗护理服务可以经由医疗保险支付费用和提供服务。

各国老年照料的服务模式大体相似，主要分为正式照料和非正式照料两类，其中正式照料的形式主要有基于社区的家庭照料、基于社区的其他照料和机构照料，非正式照料则主要由家庭成员提供（Wanless et al.，2006）。中国老年人目前最主要的照料护理方式是家庭内部成员及亲朋好友的非正规照料护理（韩丽，2015）。

第二节　老龄社会与长期照护

一、老龄化对长期照护的影响

（一）老龄化对健康预期寿命的影响

随着预期寿命的不断延长，人们越来越关心健康预期寿命的发展变化。以往的研究成果发展出三种理论：Fries（1980，1989，2003）提出“功能缺损压缩理论”（compression of morbidity），该理论指出功能完好的时间不仅在绝对量上会增加，相对于生命长度的比重也会增加；与此相反，Gruenberg（1977）和 Kramer（1980）认为，由于医疗护理及提前预防会延长患病人口和功能缺损人口的寿命，随之带来功能缺损时间的延长，因而可能导致功能缺损寿命在余寿中的比重不断扩大，也就是“功能缺损扩张理论”（expansion of morbidity）；第三种理论认为在预期寿命延长的同时，健康预期寿命也在延长，两者是同步发展的（Manton，1982）。

国际上的实证研究结果对这三种理论均有支持的。Freedman 等（2002）的回顾性研究表明，美国在 20 世纪 80 年代和 90 年代功能缺损时间持续下降，支持功能缺损压缩理论。法国在 1981～1991 年预期寿命的增长伴随着健康预期寿命的同步增长，但是不带病预期寿命保持稳定，前者支持 Manton 的同步发展理论，后者则支持功能缺损扩张理论（Robine and Michel，2004）。

国内学者也逐渐关注老年人的健康状况及其健康预期寿命，研究结果也各不相同。多数学者的研究支持功能缺损扩张理论（汤哲等，2005；杜鹏和李强，2006）。也有学者发现，由于地区和人群差异，功能缺损扩张和压缩其实是并存的（张文娟和杜鹏，2009），即东部地区的老年男性和中部地区、西部地区的老年人口的预期寿命增长速度快于健康预期寿命，符合功能缺损扩张的特征；而东部地区的老年女性的健康预期寿命增长则相对较快，符合功能缺损压缩的模式。

（二）老龄化对长期照护需求的影响

从 20 世纪 90 年代开始，很多国家及国际组织（如 OECD）对长期照护需求量的发展趋势展开预测，使用的方法大体可以分为三类。第一类用人口信息推断未来需求，通过建立模型模拟人口不同失能程度，预测长期照料服务总成本的变化。有重要理论和实践意义的是 PSSRU（personal social services research unit，个人社会服务研究中心）模型，它在基本情境下得出的结论是英国长期照护服务从 1995 年到 2031 年需要扩张 31%。Malley 等在此基础上采用规范分析方法考虑应该向谁提供服务、提供什么样的服务，以及达到这种状态所需的成本，被称为

PSSRU wanless 模型。第二类方法基于 Markov 模型展开，通过模拟老年人口在不同健康状况间的转变过程进行预测。Garber 和 MaCurdy（1989）利用这一模型预测了美国护理院的床位需求量。Xie 等（2005）分析了美国照料机构中老年人的居住时间。由于这一模型需要大量精确的个体跟踪观测数据，在一些地区应用时会受到数据可得性的限制。第三类是住户仿真综合分析模型（integrated analytical model of household simulation，INAHSIM），20 世纪 80 年代最早应用于日本，是一个动态微观仿真模型，在初始人口基础上利用动态转换率分析预测与住户有关的特征，最基本的因素包括初始人口数据（包括人口特征）和不同状态间的转换率。在早期的应用中初始人口数据通过住户调查得到，转换率通过人口普查和既有数据获得。经历了 2005 年和 2008 年两次应用和改进后，初始人口也由 INAHSIM 本身得出。Fukawa（2011）对其进行了进一步的改进，测算出日本 2010～2050 年的医疗和照料费用。

国内也出现了不少针对老年照料需求和成本的预测，大致可以分为两类：第一类利用人口面板调查数据分析长期照料服务需求和成本，通过建立模型模拟人口的不同失能程度，预测未来长期照料服务需求和成本（俞卫和刘柏惠，2012；黄匡时，2013；周云和封婷，2015）。第二类利用人口追踪调查数据，通过模拟老年人口在不同健康状况间的转变过程，预测老年人口照料和护理的需求及成本的变化（曾毅等，2007；黄匡时和陆杰华，2014）。也有学者利用 Markov 模型的思想，分析了内地和香港的老年照料需求及成本（Chan et al.，2004；彭荣，2009）。

二、中国分年龄别长期照护模式的实证分析

（一）数据来源

本章主要利用 CHARLS 的 2011～2012 年全国基线调查数据来研究中国分年龄别长期照护模式。该调查数据覆盖了全国 150 个县、区的 450 个村、社区，成功访问了 10 257 户家庭的 17 708 个 50 岁及以上人口，总体上能代表中国中老年人群。本书的研究仅取其中 60 岁及以上老人的数据信息。

同时，配合利用中国老龄科学研究中心 2000 年、2006 年和 2010 年开展的三次中国城乡老年人口状况追踪调查的汇总数据。该调查数据样本涉及 80 个市、80 个县，320 个街道、320 个乡镇，1000 个居委会和 1000 个村委会，共计 2 万名老年人；2006 年和 2010 年的追踪调查是在前次调查基础上开展的，除得到截面数据之外，还分别获得了 7235 个和 11 300 多个纵向样本，为分析这些老年人及其家庭的生活变化提供了重要信息。

（二）研究方法

运用软件 Stata12.0，对老年人口残障和患病状况、ADL 状况、工具性日常

生活活动（instrumental activities of daily living，IADL）状况、认知能力、情绪行为等影响生活自理能力的因素进行分析，在此基础上试图构建总体自理能力指标体系，确定自理能力缺失程度的标准；并结合照料提供者、照料时间、照料模式等老年人口长期照护供给的若干变量，得出中国分年龄别的长期照护模式。

三、老年人口长期照护的分年龄别模式

（一）CHARLS 主要变量描述

2011～2012 年的 CHARLS 的老年人口的主要变量描述如表 8-2 所示。

表 8-2　2011～2012 年的 CHARLS 老年人口的主要变量描述

主要变量		样本量/人	比例	2010 年“六普”比例
性别	男	3671	50.3%	49.0%
	女	3632	49.7%	51.0%
年龄	60～64 岁	2792	38.2%	33.0%
	65～69 岁	1799	24.6%	23.2%
	70～74 岁	1277	17.5%	18.6%
	75～79 岁	836	11.4%	13.4%
	80 岁及以上	599	8.2%	11.8%
户口性质	农业户口	5508	75.4%	—
	非农业户口	1748	23.9%	—
	统一居民户口	42	0.6%	—
	无户口	5	0.1%	—
合计		7303	100.0%	100.0%

资料来源：CHARLS2011～2012 年基线调查数据

注：数据经过四舍五入，相加与 100%有误差

在 CHARLS 2011～2012 年基线调查中，提取调查时点年满 60 岁及以上的老年人口，得到 7303 个样本，其主要变量如表 8-2 所示。样本老人中，50.3%为男性老人，49.7%为女性老人；60～64 岁的老人占 38.2%，65～69 岁的老人占 24.6%，70～74 岁的老人占 17.5%，75～79 岁的老人占 11.4%，80 岁及以上老人占 8.2%；非农业户口的老人占 23.9%，农业户口的老人占 75.4%，还有 0.6%的老人是统一居民户口，0.1%的老人没有户口。

CHARLS 的 2011～2012 调查数据中 60 岁及以上人口年龄结构与 2010 年“六

普”数据相比，差异很小，只是CHARLS数据中60～69岁年龄组人口比例比“六普”的数据高，而70岁及以上年龄组人口比例比“六普”的数据低。这可能是CHARLS调查是家户调查，并没有调查养老机构中的老人，因此造成样本框抽样误差，养老机构中的入住老人多为70岁及以上。

（二）老年人口总体自理能力指标的构建

为了预测未来老年人口长期照护的需求，需要先对老人总体自理能力进行评估。在以往的研究中，老人自理能力一般都用ADL能力来测量。ADL能力指人们在日常生活中，为了照料自己的衣食住行，保持个人卫生整洁和进行独立的社区活动所必需的最基本活动能力，主要包括穿衣、吃饭、上厕所、洗澡、室内活动等。但随着人们对自身老年生活质量的期待不断提升，学术上对自理能力的概念也须进行扩展。如果只用ADL的困难程度来评估老人的自理能力，可能并不能包含IADL困难带来的自理能力缺失及相应的一些长期照料需求（如做家务、做饭、买东西、管理财务等），也不能完全包含由于老人认知能力缺损及情绪行为不稳定而带来的自理能力缺失及其长期照料需求（如提供认知能力训练或情绪疏导和陪护等），所以需要构建更为广泛的总体自理能力评估指标体系。

由于目前还没有全国性的养老服务需求评估体系，我们参考长期护理保险试点城市之一——上海在2018年颁布的《上海市老年照护统一需求评估标准（试行）2.0版》的评分标准和权重设置，根据CHARLS调查问卷的内容进行调整，从而形成了老年人口总体自理能力评估指标体系（表8-3）。

表8-3　老人总体自理能力评估指标体系

一级指标	二级指标	权重
A ADL能力	A_1 穿衣	0.075
	A_2 洗澡	0.075
	A_3 吃饭	0.075
	A_4 室内活动	0.075
	A_5 上厕所	0.075
	A_6 控制大小便	0.075
B IADL能力	B_1 做家务	0.040
	B_2 做饭	0.040
	B_3 买东西	0.040
	B_4 管理财务	0.040
	B_5 吃药	0.040

续表

一级指标	二级指标	权重
C 认知能力	C_1 自评近期记忆	0.050
	C_2 情景记忆	0.050
	C_3 心智状态	0.100
D 情绪行为	D_1 情绪	0.100
	D_2 沟通能力	0.050
总计		1.0

根据表 8-3 中老人总体自理能力的评估指标，参考按 100 分计算的《上海市养老服务需求评估表》的评估标准，将 0～5 分定为总体自理能力无困难；6～17 分定为总体自理能力轻度困难；18～30 分定为总体自理能力中度困难；31～100 分定为总体自理能力重度困难。

（三）老年人口分年龄别总体自理能力的实证分析

1. 日常生活活动（ADL）能力

在 CHARLS2011～2012 年调查问卷中，ADL 能力用六个问题来测量，包括穿衣、洗澡、吃饭、室内活动、上厕所、控制大小便等。如果将“没有困难”赋值为 0，重新定义为“无困难”；“有困难仍可以完成”赋值为 1，重新定义为“轻度困难”；“有困难，需要帮助”赋值为 2，重新定义为“中度困难”；“无法完成”赋值为 3，重新定义为“重度困难”。然后将六项指标加总得出 ADL 总分，测量老人的 ADL 能力。

表 8-4 显示了老年人口各项 ADL 的困难程度，有困难的比例从高到低依次为上厕所、洗澡、室内活动、穿衣、控制大小便、吃饭。如果看“重度困难”的比例，从高到低依次为洗澡、上厕所、控制大小便、穿衣、室内活动和吃饭。由此可见，洗澡和上厕所是老人困难比例最高的两项 ADL。

表 8-4　老年人口各项 ADL 的困难程度

困难程度	穿衣	洗澡	吃饭	室内活动	上厕所	控制大小便
无困难	91.6%	88.7%	94.5%	90.8%	81.9%	92.9%
轻度困难	5.5%	5.2%	3.1%	6.6%	12.7%	4.2%
中度困难	1.6%	3.3%	1.1%	1.4%	2.8%	1.1%
重度困难	1.4%	2.8%	1.1%	1.2%	2.6%	1.8%
总计	100.0%	100.0%	100.0%	100.0%	100.0%	100.0%

资料来源：同表 8-2

注：数据经过四舍五入，相加与 100%有偏差

图 8-1 显示了 ADL 总分的分布及其对应的月均照料时间[①]，除个别项外，月均照料时间基本随着 ADL 总分的上升在增加。有 74.7%的老人 ADL 总分为 0，也就是六项 ADL 都完全没有困难，其亲属或其他照料者在最近一个月为他们提供了平均 11.6 小时的照料帮助，即每天不到半小时。ADL 总分在 1～3 分的老人，可视为 ADL 有轻度困难，其亲属或其他照料者在最近一个月为他们提供了 23.2～68.6 小时的照料帮助，即每天 0.7～2.2 小时。ADL 总分在 4～9 分的老人，可视为 ADL 有中度困难，其亲属或其他照料者在最近一个月为他们提供了 72.1～202.5 小时的照料帮助，即每天 2.3～6.5 小时。ADL 总分在 10～18 分的老人，可视为 ADL 有重度困难，其亲属或其他照料者在最近一个月为他们提供了 256.5～588 小时的照料帮助，即每天 8.27～18.97 小时。

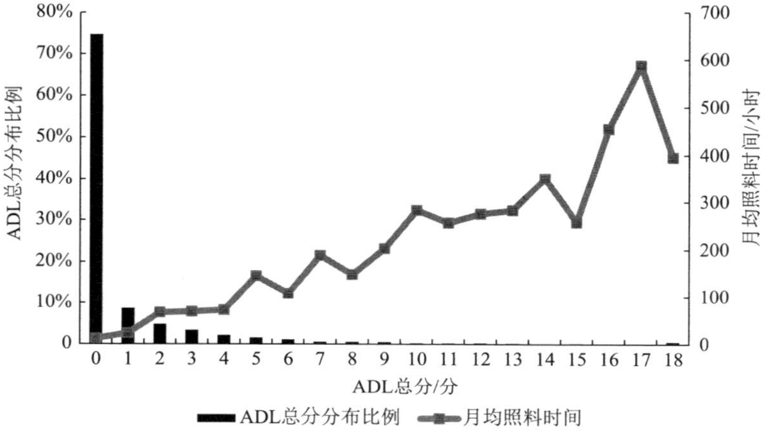

图 8-1 老年人口 ADL 总分分布比例与月均照料时间（2011 年）

资料来源：同表 8-2

按照以上标准，根据 ADL 总分对 ADL 能力进行分类，可得到分年龄组老人 ADL 的总体困难程度，如表 8-5 所示。很明显，随着年龄的上升，老人的 ADL 总体困难程度也在上升：无困难的老人比例从 60～64 岁的 80.9%下降到 80 岁及以上的 53.4%；轻度困难的老人比例从 60～64 岁的 14.4%上升到 80 岁及以上的 21.9%；中度困难的老人比例从 60～64 岁的 3.9%上升到 80 岁及以上的 15.5%；重度困难的老人比例从 60～64 岁的 0.8%上升到 80 岁及以上的 9.2%。

表 8-5 分年龄组的老年人口 ADL 总体困难程度

困难程度	ADL 总分值	60～64 岁	65～69 岁	70～74 岁	75～79 岁	80 岁及以上	总计
无困难	0	80.9%	77.3%	71.7%	68.3%	53.4%	74.7%

① 老人的月均照料时间由 CHARLS 问卷中每个照顾者上个月的照料时间加总而得。

续表

困难程度	ADL 总分值	60～64 岁	65～69 岁	70～74 岁	75～79 岁	80 岁及以上	总计
轻度困难	1～3	14.4%	16.6%	18.6%	19.5%	21.9%	16.8%
中度困难	4～9	3.9%	5.3%	7.8%	9.2%	15.5%	6.5%
重度困难	10～18	0.8%	0.8%	2.0%	3.0%	9.2%	2.0%
总计	—	100.0%	100.0%	100.0%	100.0%	100.0%	100.0%

资料来源：同表 8-2

注：数据经过四舍五入，相加与 100%有偏差

2. 工具性日常生活活动（IADL）能力

在 CHARLS2011～2012 年调查问卷中，IADL 能力用五个问题来测量，包括做家务（指房屋清洁、洗碗盘、整理被褥和房间摆设）、做饭、买东西、管理财务（指支付账单、记录支出、管理财物）、吃药等。采取与 ADL 能力指标相同的处理方式，将“没有困难”赋值为 0，重新定义为“无困难”；“有困难仍可以完成”赋值为 1，重新定义为“轻度困难”；“有困难，需要帮助”赋值为 2，重新定义为“中度困难”；“无法完成”赋值为 3，重新定义为“重度困难”。然后将五项指标加总得出 IADL 总分，测量老人的 IADL 能力。

表 8-6 显示了老年人口各项 IADL 的困难程度，有困难的比例从高到低依次为管理财务、做家务、做饭、买东西和吃药。如果看“重度困难”的比例，从高到低依次为管理财务、买东西、做饭、做家务和吃药。由此推断，管理财务、买东西和做饭是老人困难比例最高的三项 IADL。

表 8-6　老年人口各项 IADL 的困难程度

困难程度	做家务	做饭	买东西	管理财务	吃药
无困难	84.2%	84.6%	84.9%	81.4%	89.6%
轻度困难	6.8%	5.6%	4.8%	5.2%	4.5%
中度困难	2.2%	2.0%	2.2%	2.9%	3.2%
重度困难	6.8%	7.8%	8.1%	10.5%	2.8%
总计	100.0%	100.0%	100.0%	100.0%	100.0%

资料来源：同表 8-2

注：数据经过四舍五入，相加与 100%有偏差

图 8-2 显示了 IADL 总分的分布及其对应的月均照料时间，随着 IADL 总分的上升，月均照料时间也在加长。有 69.3%的老人 IADL 总分为 0，也就是五项 IADL 都完全没有困难，其亲属或其他照料者在最近一个月为他们提供了平均 1.3 小时的照料帮助，即每天只有几分钟。IADL 总分在 1～2 分的老人，可视为 IADL 有轻度困难，其亲属或其他照料者在最近一个月为他们提供了平均 2.1～35.6 小

时的照料帮助，即每天 0.68～1.15 小时。IADL 总分在 3～7 分的老人，可视为 IADL 有中度困难，其亲属或其他照料者在最近一个月为他们提供了平均 73.4～114.6 小时的照料帮助，即每天 2.37～3.7 小时。IADL 总分在 8～15 分的老人，可视为 IADL 有重度困难，其亲属或其他照料者在最近一个月为他们提供了平均 127.9～365.5 小时的照料帮助，即每天 4.13～11.8 小时。

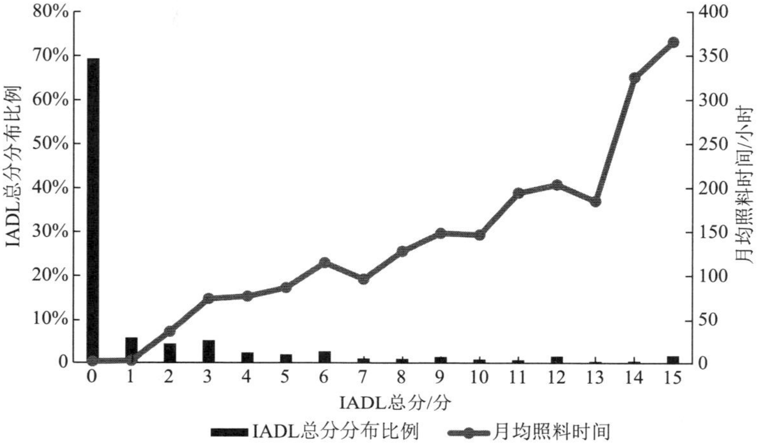

图 8-2　老年人口 IADL 总分与月均照料时间（2011 年）

资料来源：同表 8-2

按照以上标准，根据 IADL 总分对 IADL 能力进行分类，可得到老人 IADL 的总体困难程度，如表 8-7 所示。相对于 ADL，随着年龄组的上升，老人的 IADL 总体困难程度上升幅度更大：无困难的老人比例从 60～64 岁的 77.5%下降到 80 岁及以上的 38.7%；轻度困难的老人比例从 60～64 岁的 8.5%上升到 80 岁及以上的 11.0%；中度困难的老人比例从 60～64 岁的 10.6%上升到 80 岁及以上的 20.4%；轻度困难的老人比例从 60～64 岁的 3.4%上升到 80 岁及以上的 29.9%。这可能是由于 IADL 的难度比 ADL 高，所以在 ADL 同样的总体困难程度下，IADL 的总体困难程度会更高。

表 8-7　分年龄组的老年人口 IADL 总体困难程度

困难程度	IADL 总分值	60～64 岁	65～69 岁	70～74 岁	75～79 岁	80 岁及以上	总计
无困难	0	77.5%	73.0%	67.4%	59.3%	38.7%	69.3%
轻度困难	1～2	8.5%	10.2%	11.8%	11.6%	11.0%	10.1%
中度困难	3～7	10.6%	12.6%	12.1%	16.9%	20.4%	12.9%
重度困难	8～15	3.4%	4.2%	8.8%	12.3%	29.9%	7.7%
总计	—	100.0%	100.0%	100.0%	100.0%	100.0%	100.0%

资料来源：同表 8-2

注：数据经过四舍五入，相加与 100%有偏差

3. 认知能力

认知能力在人类生活的大部分决定中起着关键作用，而对老年人来说，认知能力对他们的生活自理能力尤为重要。这是因为中国目前的很多制度还不太健全，如社会保障制度、医疗制度、长期照料制度等；金融体系也不是很健康，社会诚信缺失，导致老年人在很多方面都需要依靠自己的判断，从而做出正确的决策以规避风险。一旦老年人认知能力缺损，就需要家人或专业人员及时介入和帮助，否则可能会导致各种实际损失。

在 CHARLS 2011～2012 年调查中，认知能力可以由两个指标来测量。第一个指标是情景记忆（episodic memory），CHARLS 调查中有两次回忆词汇的测试，每次都是 10 个词汇，第一次回忆是调查员读完后立即进行回忆，第二次回忆是间隔四分钟左右再次回忆。将每次没有回忆出的词汇数量值作为回忆能力缺损的观测值，用两次回忆能力缺损的观测值平均值作为情景记忆缺损的观测值。第二个指标是心智状态（mental status），CHARLS 的问卷与美国的健康与退休研究（Health and Retirement Survey，HRS）中的问卷很相似，HRS 调查问卷中借鉴了认知能力电话访问（telephone interview of cognitive status（Brandt et al., 1988）)，设置了心智状态的问题。CHARLS 对这一系列问题进行了简化，保留了 100 连续五次减去 7，以及说出年、月、日、星期几、季节等 10 个问题，每个问题答对赋值为 1，答错赋值为 0，再将答错题的数量作为心智状态缺损的观测值。

表 8-8 显示了分年龄组的老年人口认知能力缺损状况，随着年龄的升高，老年人的认知能力缺损状况也越严重。其中，情景记忆缺损从 60～64 岁的 6.5 上升到 80 岁及以上的 7.8，也就是 60～64 岁老人能记住 3.5 个词汇，但 80 岁及以上老人只能记住 2.2 个词汇。心智状态缺损的变化更大，从 60～64 岁的 2.4 上升到 80 岁及以上的 4.3，也就是说，60～64 岁老人能答对 7.6 道题，但 80 岁及以上老人只能答对 5.7 道题。

表 8-8　分年龄组的老年人口认知能力缺损状况（2011 年）

指标	60～64 岁	65～69 岁	70～74 岁	75～79 岁	80 岁及以上	总计
情景记忆缺损	6.5	6.7	7.1	7.5	7.8	6.8
心智状态缺损	2.4	2.6	3.1	3.4	4.3	2.8

资料来源：同表 8-2

4. 情绪行为

老年人是否情绪稳定或存在情绪障碍也是影响自理能力和照料护理需求的重

要因素，但是在我国还没有得到足够的关注。在国际上，CES-D（center for epidemiologic studies depression scale，流调中心用抑郁）量表是运用很广泛的自我检测抑郁状况的量表，也被用在调查中（Radloff，1977）。CES-D 量表一般有 20 个问题，选项有 5 个，包括："上周很少或根本没有（少于 1 天）""上周不太多（1～2 天）""上周有时或有一半时间（3～4 天）""上周大多数的时间（5～7 天）""两周内几乎每天"。赋值分别为 0～4 或 0～3（"两周内几乎每天"有时也赋值为 3），如果得分超过 16 分则视为达到抑郁状态的临界值。

在 HRS 调查中，采用了缩减版的 CES-D 量表，共有 8 个问题，并用"yes（是）"和"no（否）"标示测量值。CHARLS 2011～2012 年调查中，关于情绪行为的问题有 10 个，都属于 CES-D 量表，选项有 4 个，包括"上周很少或根本没有（少于 1 天）""上周不太多（1～2 天）""上周有时或有一半时间（3～4 天）""上周大多数的时间（5～7 天）"。如果分别赋值为 0～3，将 10 个问题的得分加总，可以得到 CES-D 总分，参照 CES-D 整体量表的分值标准，将 8 分定为抑郁状态的临界值。

从表 8-9 来看，老年人口的情绪状态普遍都不太稳定，均值达到了 9.1，而其中，女性老人的情绪状态明显不如男性老人稳定，平均高了 2.2 分；农村老人的情绪状态也明显不如城镇老人，平均高了 3 分。

表 8-9　分年龄组、性别和城乡的老年人口情绪行为状况（2011 年）

类别	60～64 岁	65～69 岁	70～74 岁	75～79 岁	80 岁及以上	总计
男性老人	7.8	8.1	8.1	7.9	9.7	8.1
女性老人	10.3	10.1	9.9	10.9	11.2	10.3
农村老人	9.7	9.8	9.8	10.3	11.2	9.9
城镇老人	6.7	6.9	6.7	7.0	8.3	6.9
总计	9.0	9.1	8.9	9.3	10.5	9.1

资料来源：同表 8-2

5. 老年人口分年龄别总体自理能力

按表 8-3 的总体自理能力评估标准，CHARLS 2011～2012 年样本中分年龄组老年人口总体自理能力困难程度如表 8-10 所示。如果以中度困难、重度困难为标准定义总体失能，那么失能老人的比例为 17.2%。老人的失能比例从 60～64 岁的 12.2%上升到 80 岁及以上的 39.7%，而且与其他年龄组相比，80 岁及以上老人中的失能比例骤然上升，这预示着如果分年龄组自理能力状况不变，随着人口高龄化的发展，需要长期照护的老人比例将会有相当程度的提高。

表 8-10　分年龄组的老年人口总体自理能力

困难程度	总体自理能力/分	60～64 岁	65～69 岁	70～74 岁	75～79 岁	80 岁及以上	总计
无困难	0～6	22.2%	19.1%	14.9%	13.8%	8.3%	18.1%
轻度困难	6.1～18	65.6%	66.3%	67.0%	64.5%	51.9%	64.8%
中度困难	18.1～30	9.4%	11.0%	12.6%	13.8%	25.6%	12.2%
重度困难	30.1～100	2.8%	3.7%	5.6%	7.9%	14.1%	5.0%
总计	—	100.0%	100.0%	100.0%	100.0%	100.0%	100.0%

资料来源：同表 8-2

注：数据经过四舍五入，相加与 100%有误差

四、老年人口分年龄别长期照护模式的实证分析

（一）老人长期照护的提供者

根据 2010 年中国城乡老年人口状况追踪调查，家庭成员仍是老年人照料的主要提供者。在城市，前三位的照料者是配偶、儿子、女儿；在农村，前三位的照料者是儿子、儿媳妇和配偶。

CHARLS 2011～2012 年调查数据显示，60 岁及以上老人样本中 ADL 或 IADL 中有一项为“有困难，需要帮助”或“无法完成”的为 3268 人，占 60 岁及以上老人样本的 44.7%，即将近一半的老人需要长期照护。在需要长期照护的老人中，有 43.6%，也就是约一半得到了亲属的照料。更具体地，在需要长期照护的老人中，有 26.7%得到了配偶的照料，13.6%得到了子女及其配偶的照料，2.5%得到了（外）孙子女的照料，也有 0.1%得到了父母或公婆的照料，0.3%得到了兄弟姐妹的照料。只有 0.6%得到了雇佣人员（保姆等）的照料（表 8-11）。自报无人提供帮助的老人占需要长期照护的老人的 7.1%，但统计得到的这一比例为 55.8%，比自报的高出许多，这有以下几种可能。一是 CHARLS 中询问帮助者的问题是“请问在以上困难中，谁帮助您最多（最多可选择 3 个）”，当老人在某些需要帮助的 ADL 和 IADL 中有请人帮助，但由于选择帮助者数量的限制一些人未列入。不过，由于 ADL 和 IADL 是日常生活活动，发生频率很高，如果 ADL 和 IADL 有困难，帮助者也会相对固定，有超过三个帮助者的比例大概也不会很高。二是老人在某些需要帮助的 ADL 和 IADL 中得到了社会化或市场化的服务，如吃饭和购物等，老人可以在餐馆进餐而不需要自己做饭，可以请商家送货上门或网上购物而不需要自己去商场购物等，而这些帮助并没有在问卷中体现。三是老人在某些需要帮助的 ADL 和 IADL 中强撑着自己完成，或减少次数得以让自己能够完成。比如，做家务、买东西、管理财务等，可以缩减次数，强撑着完成，但不意味着不需要帮助。

表 8-11 分年龄组老年人口长期照护提供者状况

长期照护提供者		60～64 岁	65～69 岁	70～74 岁	75～79 岁	80 岁及以上	总计
亲属	配偶	24.3%	27.7%	36.4%	21.5%	23.9%	26.7%
	父母或公婆	0.1%	0.0%	0.0%	0.0%	0.3%	0.1%
	子女及其配偶	4.9%	8.8%	13.1%	26.4%	42.5%	13.6%
	兄弟姐妹	0.3%	0.3%	0.0%	0.5%	0.6%	0.3%
	（外）孙子女	1.1%	1.5%	2.7%	4.8%	6.8%	2.5%
	总计	29.4%	37.8%	51.5%	57.5%	80.1%	43.6%
	雇佣人员	0.1%	0.0%	1.0%	0.8%	2.6%	0.6%
	无人提供（自报）	5.3%	7.3%	8.7%	11.7%	5.7%	7.1%
	无人提供（统计）	70.5%	62.2%	47.8%	41.2%	16.8%	55.8%

资料来源：同表 8-2

注：“亲属”行总计为有亲属帮助的老人比例，非各行相加所得

从不同年龄组来看，得到配偶照料的老人大概占需要帮助的老人的 1/4，其中，70～74 岁老人得到配偶照料的比例最高，为 36.4%，但之后可能由于丧偶的影响，比例有所下降。得到子女及其配偶照料的老人比例在 60～64 岁和 65～69 岁均不到 10%，而在 70 岁以后不断攀升，70～74 岁为 13.1%，75～79 岁为 26.4%，80 岁及以上的则高达 42.5%。这可能是因为 70 岁以后的老人需要照料的强度加大，而子女也相对有精力照料。如果把帮助者中的所有亲属加总，随着老年人口年龄组的升高，得到亲属照料的比例也在提高。其中，60～64 岁需要帮助的老人中有 29.4%得到了亲属的照料，65～69 岁需要帮助的老人中有 37.8%得到了亲属的照料，70～74 岁、75～79 岁和 80 岁及以上需要帮助的老人中，超过一半的老人得到了亲属的照料，其中，80 岁及以上需要帮助的老人中有 80.1%得到了亲属的照料。而无人照料的老人比例，不论是自报还是统计得出，80 岁及以上的相对较低，这说明 80 岁及以上高龄老人的照料还是得到了家人最大的关注。

从老人自己预估未来照料者情况来看，中国城乡老年人口状况追踪调查显示，有三成以上的城乡老年人担心没有人照料；而 CHARLS 2011～2012 年调查中，也约有七成认为如果今后在日常生活方面需要照顾，除了配偶外有亲友能长期照料自己，见表 8-12。与表 8-11 的现实情况相比，似乎老人高估了未来亲属中照料者的可得性。如果不出意料，未来老人的子女数将越来越少、子女不在身边的比例也会越来越高，而且随着作为传统照料者的女性家庭成员参与劳动力市场的就业率逐步上升，能长期照料自己的除配偶之外，亲属尤其是子女及其配偶比例不太可能有这么高。

表 8-12　分年龄组老年人口自估未来长期照护提供者状况

长期照料提供者	50～54 岁	55～59 岁	60～64 岁	65～69 岁	70～74 岁	75～79 岁	80 岁及以上
有亲友长期照料	71.4%	68.8%	67.8%	70.0%	66.9%	70.7%	75.6%
子女及其配偶	63.5%	60.7%	60.4%	62.2%	59.9%	61.7%	67.5%
兄弟姐妹	1.5%	1.3%	1.3%	0.8%	0.3%	0.2%	0.5%
（外）孙子女	3.6%	4.2%	5.3%	6.1%	6.9%	8.2%	10.2%
总计	65.2%	62.6%	62.5%	64.9%	61.6%	64.5%	71.1%

资料来源：同表 8-2

退一步讲，假如老人的预估能够成为现实，那么余下三成老人认为如果今后在日常生活方面需要照顾，除了配偶（如果有且能照顾）外没有亲友能长期照顾自己，而且就算有配偶能长期照顾自己，如果配偶的年龄与被照料者相当，健康状况和精力也不足以支撑长期持续的照料任务，就一定需要社会提供服务，需要雇佣保姆或机构和社区提供照料服务。

（二）老人接受长期照护的时间

表 8-13 显示了分年龄组的老年人口 ADL 自理能力与月均照料时间。ADL 自理能力无困难的老人月均接受 11.6 小时的照料时间，即每天 20 分钟左右；ADL 总体轻度困难的老人月均接受 44.7 小时的照料时间，即每天 1.4 小时左右；ADL 总体中度困难的老人月均接受 122.6 小时的照料时间，即每天 4 小时左右；ADL 总体困难的老人月均接受 329.1 小时的照料时间，即每天 11 小时左右。不同年龄组的老人总体照料时间也有相当大的差距。60～64 岁老人月均接受 15.1 小时的照料时间，即每天半小时左右；65～69 岁老人月均接受 24.4 小时的照料时间，即每天不到 1 小时；70～74 岁老人月均接受 34.6 小时的照料时间，即每天略超过 1 小时；75～79 岁老人月均接受 39.7 小时的照料时间，即每天约 1.3 小时；80 岁及以上老人月均接受 100.4 小时的照料时间，即每天约 3.2 小时，与其他年龄组相比有了相当大的提升。

表 8-13　分年龄组老年人口的 ADL 总分与照料时间状况　　单位：小时/月

困难程度	ADL 总分值	60～64 岁	65～69 岁	70～74 岁	75～79 岁	80 岁及以上	总计
无困难	0	6.6	10.4	12.6	16.9	39.6	11.6
轻度困难	1～3	29.0	39.8	47.0	48.3	95.2	44.7
中度困难	4～9	88.9	123.5	127.0	109.7	167.4	122.6
重度困难	10～18	258.9	387.4	343.6	291.6	352.9	329.1
总计	—	15.1	24.4	34.6	39.7	100.4	30.6

资料来源：同表 8-2

表 8-14 显示了分年龄组老年人口的照料者的照料时间，60 岁及以上老人在平均每月 30.6 小时的照料时间里，有 29.3 小时是亲属提供的，其中 18.1 小时由配偶提供，占比为 61.8%；10.0 小时由子女及其配偶提供，占比为 34%。从不同年龄组来看，75 岁以下老人接受配偶照料时间要大大高于接受子女及其配偶的照料时间，接受雇佣人员照料时间可忽略不计。75 岁及以上老人接受子女及其配偶的照料时间明显增加，尤其是 80 岁及以上老人，接受子女及其配偶的照料时间比接受配偶的照料时间高了一倍多，而 75 岁及以上老人接受雇佣人员的照料时间也明显增加。

表 8-14　分年龄组老年人口的照料者与照料时间状况　　单位：小时/月

照料者		60～64 岁	65～69 岁	70～74 岁	75～79 岁	80 岁及以上	总计
亲属	配偶	12.5	18.8	25.5	17.8	26.9	18.1
	子女及其配偶	2.2	4.5	8.0	16.6	57.5	10.0
	（外）孙子女	0.2	0.8	0.2	1.7	4.9	0.9
	总计	15.0	24.2	33.7	36.7	91.4	29.3
雇佣人员		0.0	0.0	0.7	2.0	7.1	1.0

资料来源：同表 8-2

注：总计一行数据包含除配偶、子女及其配偶、（外）孙子女外的其他亲属

（三）老人长期照护的方式

从老人照料者和照料时间来看，如表 8-14 所示，目前中国老人的长期照护还是以家庭照料为主，尤其是配偶和子女及其配偶，雇佣劳动力市场中的专业人员进行照料的比例微乎其微。CHARLS 调查除了个人问卷，还专门设置了社区问卷，覆盖了全国 150 个县区的 450 个基本抽样单位（村庄或社区），在这 450 个村庄或社区中，平均只有 1.26%的家中雇佣保姆在家照料老人。

而从社区层面来看，表 8-15 显示了社区中养老设施和老年组织的设立及使用情况。450 个村庄或社区中，有 11.3%设立了养老院，25.0%设立了社区养老服务中心，2.6%设立了居家养老服务站；另外，有 37.7%设立了协助老弱病残的组织，33.3%设立了老年协会。社区养老服务中心平均有 532 人使用，而居家养老服务站平均有 120.9 人使用。这表明社区照料机构和设施在我国普遍还未设立起来，社区内可利用的机构照料服务和社区及居家照料服务提供还远远不够。

表 8-15　社区养老设施和老年组织的设立和使用状况

养老设施和老年组织		比例	使用人数/人
养老设施	养老院	11.3%	—
	社区养老服务中心	25.0%	532.0
	居家养老服务站	2.6%	120.9

续表

养老设施和老年组织		比例	使用人数/人
老年组织	协助老弱病残的组织	37.7%	—
	老年协会	33.3%	—

资料来源：同表 8-2

第三节　结论与政策建议

一、研究结论

本章主要利用 CHARLS 的 2011～2012 年全国基线调查数据，同时配合利用中国老龄科学研究中心 2000 年、2006 年和 2010 年开展的三次中国城乡老年人口状况追踪调查的汇总数据，对老年人口生活自理能力的影响因素和老年人口长期照护供给的若干变量进行分析，在此基础上构建了总体自理能力指标体系，并对中国老年人口的长期照护模式进行了实证分析。在利用 CGE 模型对人口和经济变动预测的基础上，预测和评估我国老龄社会中长期照护服务需求、成本及模式的变化（见第三章）。主要研究结论如下。

（一）老人长期照护的需求现状及预测

老年人口长期照护需求随老人总体自理能力下降而提高，也随年龄升高而上升，并受 ADL 能力、认知能力、情绪行为等因素的影响。

在 CGE 模型的中方案假设下，老年人口的失能率为 20%。2012 年“居民服务”与“社会工作”部门提供的照料服务成本分别为 536.5 亿元和 67.1 亿元，分别占“居民服务”与“社会工作”部门增加值的 11.4%和 23.3%；2050 年的分年龄老人长期照护人均消费约为 2011 年的 5 倍。考虑到我国目前的老人照料和护理其实基本并没有包括预防和干预认知能力下降及情绪行为失常直接导致的训练和陪护，因此各类总体自理程度对应的人均照料成本将会更高。

（二）老人长期照护的供给模式现状及预测

1. 长期照护的提供者

老年人口长期照护服务的供给者主要是亲属，在需要长期照护的老人中，有 43.6%，也就是约一半得到了亲属的照料。其中，有 26.7%得到了配偶的照料，13.6%得到了子女及其配偶的照料，2.5%得到了（外）孙子女的照料，只有 0.6%得到了雇佣人员（保姆等）的照料。自报无人提供帮助的老人占需要长期照护的老人的

7.1%。配偶提供的照料时间最多，超过总体照料时间的一半，而子女及其配偶提供的照料时间约占总体照料时间的 1/3。

约有七成老人认为如果今后在日常生活方面需要照顾，除了配偶外有亲友能长期照料自己，与现实情况相比，老人似乎高估了未来亲属中照料者的可得性。

2. 长期照护的供给模式

目前中国老人的长期照护模式还是以家庭成员的非正规照料为主，社区照料机构和设施在我国普遍还未设立起来，社区内可利用的机构照料服务和社区及居家照料服务的提供还远远不够。除了机构和社区照料供应不足，雇佣专业照料人员的比例也很小。

未来的老年人口长期照料将仍以非正规照料为主，但社会化的正规照料比重必然会增加，如雇佣保姆或机构和社区提供照料服务等。

二、相关政策建议

（一）加强老年疾病预防和保健意识，推行健康生活方式

在人口老龄化和高龄化背景下，老年人长期照护成本增加的最主要原因是疾病或意外导致失能或失智。老年人慢性疾病的防治可以通过加大公共卫生投入及推行个人健康生活方式得到一定程度的控制，从源头上预防慢性疾病的发生及在一定程度上控制慢性疾病的发展是减轻未来老年人口长期照护成本的根本手段。

欧洲国家如英国等一直重视公共卫生的投入，地方政府直接对本地公共卫生负责。未来的医疗理念应该是重视疾病的预防，但是我国的医疗体制目前还是“轻预防、重治疗”，疾病预防的资源投入严重不足。近年来，我国试图以社区为中心改善居民的健康状况。但是，由于部分社区卫生服务机构由地段医院转制而来，公共卫生服务能力和医疗能力较弱，而且，居民的观念也没有转变，还是停留在“看病就是开药”的层面，阻碍了医疗服务模式向“重预防”转变的进程。此外，在各医疗卫生机构未根据科学的区域卫生规划进行资源配置的前提下，医疗、预防、康复和护理机构未进行有效整合与资源共享，造成了我国医疗服务体系相对隔离的局面。今后，可以考虑加强公共卫生资源的投入和整合，加强各级医疗机构和其他相关机构组织的合作，在预防领域打下坚实基础，减轻未来老年人口长期照护服务的负担。

（二）建构老年长期护理筹资体系，鼓励多元渠道筹资

在国际上，发达国家对老年人口的长期照护经历了大规模机构化，而后又迫于财政压力而“去机构化”，利用福利多元主义和就地化的思想，让老年人口的长期照护回归社区和家庭。我国与发达国家相比，人口老龄化速度更快、长期照护

资源更有限，应坚持以社区和家庭长期照护为主，辅以机构照料的路径。

然而，目前主要由家庭成员提供非正规长期照护的情况也带来专业性不够、效率不高、照料者就业受影响等问题，可以利用融资体系得到一定程度的化解。国际上对老年人口长期照护的融资主要有三种形式：一是以家计调查为基础的社会救助类，以美国为代表，主要以公共财政开支；二是覆盖全民的社会照料类，以北欧国家为代表，主要以公共税收开支；三是长期护理保险类，以德国、日本、韩国为代表，公共税收和个人缴费混合融资。我国也有关于建立长期护理保障制度的讨论，但由于目前我国社会保障缴费率已经很高，再增加一块长期护理的缴费是比较困难的。因此，我国可以先考虑用公共财政资金支付部分困难人群的长期照护费用、用医疗保险基金中的部分支付医疗护理康复费用、用地方公共卫生经费支付家庭照料者符合规范的照料补贴部分等，在此基础上，随着社会保障制度的改革，再视情况决定是否建立长期护理保障制度。另外，也应动员社会各方力量，筹集社会资金投入老人长期照护体系中。具体地，包括居家照料服务的社会化和市场化，允许外资力量进入居家和社区照料服务，扶助社会企业开办养老机构等。

（三）推进老年住宅通用化改造，规划老年长期照护服务的空间配置

通用设计是指：设计的产品和环境不带有特定性和专用性，可以被尽可能多的人甚至所有的人使用。它消除了“无障碍设计”中隐含的“歧视”因素，因为如果设计满足失能者的特殊需求，那么它就可以被所有人使用，也就无须对其他人再进行单独设计。它的宗旨和意义更为强烈地表达出人人平等的概念。通用设计的房屋可以降低老年人跌倒的风险，减轻老年人室内活动及外出活动的负担，还方便老年人根据照料需求而改变居住地，如需要照料时搬到子女家。日本自20世纪80年代起，开始在老年居住建筑中推行“通用设计”理念，通过一系列研究和工程经验积累，20世纪90年代之后几乎所有的新建住宅都能够满足通用设计的要求。我国老年人口住宅得到统一改造的比例并不高，目前的改造也仅限于加装电梯、改造卫生间等基础设备，远未达到通用设计的标准，且新建房屋也并未考虑通用设计。

合理规划各类老年长期照护服务机构和设施的空间配置，更能提高各类长期照护服务资源的有效配置。持续照料退休社区（continuing care retirement community，CCRC）发源于美国，在美国已有100多年的历史，是一种复合式的养老社区，通过为老年人提供从退休到临终关怀的一站式的居住设施和助老服务，使老年人在健康状况和自理能力发生变化时，依然能继续在熟悉和稳定的环境中居住，并获得与身体状况相应的照料服务。CCRC的核心理念是为居住者提供持续照料，包括三大区块服务：独立生活区服务、协助生活区（日间照顾、辅助生

活、关怀照顾）服务、护理生活区（持续照顾、家庭式医疗）服务。我国20世纪90年代后也逐渐涌现出一批商业开发的CCRC，但由于地块较偏、照料成本较高等原因，只适合少部分经济状况较好、子女不在身边的老人。大部分老人可能需要利用原有住区附近的长期照护机构和设施，所以注重老人长期照护机构和设施的空间配置将是未来构建老人持续照料系统的较为合理的方向，如日本的“机构养老住区化”便是这一思路的体现，其是一种网络型的持续照料社区。

（四）支持老年长期照护科技产品研发，利用科技助老

老年人由于知识更新慢，大多跟不上科技发展的潮流。然而，未来社会将由科技引领,科学技术的发展可以逐步解决很多目前看起来不可能的长期照护困难，如国外已经开发机器人帮助老人做饭、打扫房屋等，国内也有了简单的协助老人与家人交流的机器人。目前，我国失能老人利用拐杖、轮椅、助听器等辅助器具的比例很低，但是随着人力成本的增加，未来辅助器具及人工智能机器人的使用可以在一定程度上节省长期照护人力成本，信息技术的推广也使得老人和家人能够及时得到沟通，得到情感慰藉，也能使家人或照料者可以远程监控老人的状况，一旦发现情况可以紧急求助。

为了利用科技进步给老人长期照护带来便利，需要支持老年长期照护科技产品研发，利用科技助老培训，普及科学知识，提高老年人的科技技能。可以整合各方资源，搭建科技助老应用平台，举办各类活动，通过平台和活动让科技惠泽更多老年人。

（五）规范老年长期照护职业体系，培养专业护理人才

我国目前老年人照料护理的从业人员还没有建立起一套完整的职业体系，从业培训也不够严格和规范。在家庭照料资源短缺的情况下，急需社会专业人员的补充，要加快老年长期照护服务队伍的专业化建设步伐，通过院校培养、在职教育、岗位训练、科普教育等多种途径，使老年长期照护服务人员都成为掌握专业社会工作知识和服务技能的专门人才。

努力把专业为老人服务的工作者的职业资格认证制度和职称评聘体系建立起来，建立专业长期照护人员的培训，让社会产生认可，进而激发劳动人口从事老年照料护理的意愿。发展养老服务教育以适应社会的发展，适应市场需求的专业学位教育、职业发展教育、科普教育、职业培训和岗前培训等都能起到促进相关社会事业和产业发展的先行作用。

第九章　老龄社会中最优公共品供给与支出结构

第一节　老龄社会中长期公共品供需结构变动

中国经济持续高速增长，近年来政府在制定政策目标时多次强调要把经济增长的质量放在首要位置。质量代表增长的优劣或品质，其内涵范围之广、细节之多，恐怕很难全面而详细地概括成若干条目。但是从保障民生的角度，“有质量的增长”首先要实现以下目标——居民增收、提高福利、促进公平、扩大就业、降低税负。因此，本章依据上述几个标准，探讨政府的公共支出政策导向在改善经济增长质量上的作用。

之所以从公共支出的角度出发，是因为其与中国经济增长的质量问题密不可分。根据导向或侧重点的不同，政府支出政策大体可以分为偏重经济建设型和偏重社会服务型，随着中国政府从“生产者”和“管理者”逐步转变成社会的“服务者”，财政支出是否也应当从“以生产投资为中心”走向“以公共服务为中心”呢？面对这一颇具规范性色彩的问题，本章并无意确切地给出“应该”或“不应该”的答案，只是希望通过政策模拟，量化性地展示不同导向的公共支出战略对经济增长和人民收入的作用效果，为财政政策选择提供实证性的依据。

虽然经济增长是人民生活和社会福利改善的基础，且后者是增长的根本落脚点，但在短期内这两大目标并非完全一致，甚至互相冲突。当政府将大量公共资金用于投资国有企业和生产建设时，必将使得公共服务和社会保障相对滞后，迫使居民自己承担教育、医疗、养老的负担，不仅降低其可支配收入水平，而且可能加剧贫富分化；当财政支出流向民生攸关的公共产品和服务供给，又可能挤占经济建设投资、暂时牺牲资本深化与经济增长的幅度。因此，公共支出政策的选择，存在着一定的取舍，而全方位地理清各类政策的影响和效果，是正确决策首要的任务。

经济建设支出又称公共投资，主要用于公共基础设施和城市建设，支援农业、国有企业和金融机构补贴等，一度在中国改革开放之后 30 年间占据财政总支出的 60%之多，并被认为是国家资本积累和深化的重要源泉（王小鲁等，2009），以及 1978 年以后经济持续高速增长的动力之一（魏婕和任保平，2012；栾大鹏和欧阳日辉，2012）。尽管我国在经济增长上取得了突出成效，但这种在特定历史阶段下形成的投资型公共支出政策还是在当代受到了质疑甚至诟病，主要原因是在总量财富迅速增长的同时，未能实现居民收入和公平的同步提升——居民收入占国民收入的份额从 20 世纪 90 年代初的 69%直线下降到 2015 年的 53%，经济的绝对增长反倒伴随着劳动者的相对收入降低；再加上城乡、地区、个人之间的贫富差距还存在，于是对“民生财政”的呼声越来越强烈。

民生财政，顾名思义，就是要求财政支出重点投入教育、医疗卫生、社保和就业等公共服务领域，并通过对居民转移支付保证，弱势群体能够平等地享有增长成果，也就是服务导向型公共支出政策。这种支出政策符合“以人为本”的主旨，将群众福利水平的普遍提高和改善福利水平的不平等作为根本目的，特别重视健全公共服务、提高教育医疗水平等与人的全面发展密切相关的议题。2012 年中国民生支出占比仅为 29.5%，与主要发达国家 60%以上的比重存在较大的差距（罗志红和朱青，2012），那么，如果扩张公共消费和转移支付相关支出，能否从根本上解决收入分配不均？是否会对经济的持续增长造成阻碍？尽管公共服务类支出对居民消费的促进作用得到了不少实证研究的证明（宫晓霞，2011；汤跃跃和张毓雄，2012；张荣霞等，2013），但其对收入和分配及经济增长的影响并不清晰。针对公共支出的方向选择问题，Anand 和 Ravallion（1993）曾经指出，政府应当优先投资于公共服务领域，其中基础教育和医疗卫生都是最有可能提高人类发展水平的领域；同时公共支出也应优先照顾低收入群体，这样可以获得最大的社会边际效用。Barro（2002）尽管同意公共支出应该考虑政治、宗教信仰、犯罪行为、贫富差距等社会因素，但由于这些领域难以度量和把握，因而退一步讲，坚持最大化经济增长的投资型公共支出政策仍是现实中政府的最优选择。Tavneet 等研究了经济增长与民生发展之间的两种作用机制，认为在拉美、中东、东亚、南亚、非洲等发展中地区，民生发展是公共支出的首要目标，因为它有助于促使经济增长步入可持续模式。亚洲开发银行（Asian Development Bank，ADB）在其《包容性增长指标框架》（2011 年）中提出，健全的公共支出目标体系需要包括以下方面：贫困与不平等、经济增长与就业、关键基础设施禀赋、享受教育和医疗、享用基础设施及其服务、性别平等和机遇，尤其强调通过改善健康、教育和基础设施方面的基本服务，帮助生活福利条件比较差的人群参与经济活动，分享经济增长成果。在中国，经济转型期间经济迅速扩张大多体现在总体增长数量的层面上，居民福利水平虽在稳步提升但速度较慢，且增长成果的分配状况有待改善（钞小静和任保平，2011），因而政策制定者在“增长”和“民生”导向的公共支出间的抉择更加重要且迫切。郭晗和任保平（2011）认为，在经历了经济快速增长期之后，政府财政政策只有加大支出中基本公共服务比重、提高基本公共服务及其均等化水平，才能缩小区域差距和城乡差距，提高社会福利总水平。董万好等（2011）的 CGE 模拟结果表明，保持当前的公共支出结构将降低劳动报酬占比，而增大科技等财政民生支出比重对国民经济各产业部门劳动报酬的正向影响较为显著。魏婕和任保平（2012）分析了各省区市经济增长和居民福利水平及分配状况，中国各地区增长数量与福利改善不一致现象十分明显，因此各省区市在公共支出重点的选择上也应有所差异。刘沁清（2012）也指出，需要根据各地区需求结构和比较优势的不同，适当地选择加大民生支出还是建设投资。选择投资型还是服务导向型的公共支出政策，既要看其是否利于经济增长，更要考察其能否高效地为人民群众创造收入和提高福利效用，改善不平等的收入分配状态。所以本章在包含多种公共产品的多部门 CGE 框架下，分别模拟经济建设和社会服务侧重型的公共支出政策，探析不同支出策略对居民的收入、福利（效用）、公平及经济增长等指标的影响，为公共财政政策导向的选择和确立提供理论依据。

第二节　含公共品的多部门 CGE 模型

之所以选择 CGE 模型，因为相较于计量回归方法对经济总量指标的强调，它更关注经济系统各个因子间的结构性关联与互动，不会桎梏于因果关系的方向性，并且情景分析更加灵活，便于模拟政府行为及政策变动所带来的经济、社会影响。模型以 SAM（social accounting matrix，社会核算矩阵）为基础，包括 9 个生产部门——农业、矿产、教育、医疗、公共服务业、制造业、建筑业、贸易和运输、私人服务业，6 个居民部门——城乡高中低收入组，3 类劳动力要素——低学历（小学及以下教育）、中等学历（初高中教育）和高学历（大学以上教育）劳动者。

综合 Jung 和 Thorbecke（2003）、Clausen 和 Schürenberg-Frosch（2012）的模型，本书的研究遵循标准多部门 CGE 建模技术，令 y_i 表示 i 部门最终产品产量，x_i 表示 i 部门总产量，DLABOR_k 表示 k 技术水平劳动力需求量，w_{ik} 表示 k 技术水平劳动力的边际收入产品，SLABOR_k 表示 k 技术水平劳动力供给，r_i 表示 i 部门资本需求量，SKAPITAL 表示 i 部门资本供给量，则得到如下产品及要素使用方程：

$$
\begin{cases}
y_i = \alpha\left[\gamma_i \mathrm{LABOR}^{-\rho} + (1-\gamma_i)\mathrm{KAPITAL}^{-\rho}\right]^{1/\rho} \\
x_i = Au_i + y_i \\
\mathrm{DLABOR}_k = \eta\prod_{k=1}^{3}\mathrm{LD}_{ki} \\
w_{ik} = P_i \times \dfrac{\partial x_i}{\partial \mathrm{LABOR}_i} \\
\mathrm{SLABOR}_k = \overline{\mathrm{SLABOR}_l} \\
r_i = P_i \times \dfrac{\partial x_i}{\partial \mathrm{KAPITAL}_i} \\
\mathrm{SKAPITAL}=\overline{\mathrm{SKAPITAL}}
\end{cases}
\tag{9-1}
$$

令 p_i^v 表示 i 部门产品增加值价格，PK 表示资本品价格，$\mathrm{PRICE}_{\mathrm{index}}$ 表示价格指数，则得到如下价格方程：

$$\begin{cases} p_i^v = p_i^x(1-\delta_i^x) - \sum_j p_j A \\ \mathrm{PK} = \sum_j p_j c_{ji} \\ \mathrm{PRICE}_{\mathrm{index}} = \dfrac{\mathrm{GDP}_{\mathrm{value}}}{\mathrm{RGDP}} \end{cases} \tag{9-2}$$

令 $\mathrm{LABOR}_{\mathrm{income}_k}$ 表示 k 技术水平的劳动报酬，$\mathrm{KAPITAL}_{\mathrm{income}}$ 表示资本收益，$\mathrm{HOUSEHOL}_{\mathrm{income}_h}$ 表示 h 组居民的可支配收入，$\mathrm{GOV}_{\mathrm{income}}$ 表示政府收入，$\mathrm{GORP}_{\mathrm{income}}$ 表示企业收入，H_{savings} 表示居民储蓄，$\mathrm{GOPR}_{\mathrm{savings}}$ 表示企业储蓄，$\mathrm{GOV}_{\mathrm{savings}}$ 表示政府储蓄，SSF 表示社保基金构成，则得到如下收入方程：

$$\begin{cases} \mathrm{LABOR}_{\mathrm{income}_k} = \sum_i w_k \times \mathrm{LD}_{ki} \\ \mathrm{KAPITAL}_{\mathrm{income}} = \sum_i r \times a\mathrm{KD}_i \\ \mathrm{HOUSEHOL}_{\mathrm{income}_h} = \sum_k \delta_{hk} \times \mathrm{LABOR}_{\mathrm{incom}_k} + \delta_h^c \times \mathrm{KAPITAL}_{\mathrm{income}} \\ \qquad + \mathrm{SSF}_h \times \mathrm{PRICE}_{\mathrm{index}} + \mathrm{GOV}_{\mathrm{aid}_h} \times \mathrm{PRICE}_{\mathrm{index}} \\ \mathrm{GOV}_{\mathrm{income}} = \mathrm{prop}_g \times \mathrm{KAPITAL}_{\mathrm{income}} + D_{\mathrm{itax}} + \mathrm{IN}_{\mathrm{tax}} \\ \mathrm{GORP}_{\mathrm{income}} = \mathrm{prop}_c \times \mathrm{KAPITAL}_{\mathrm{income}} \\ H_{\mathrm{savings}} = \sum_h \mathrm{MPS}_h \times \mathrm{HOUSEHOLD}_{\mathrm{income}_p} \times (1-t_h) \\ \mathrm{COPR}_{\mathrm{savings}} = \sum_i (1-t_i^x)\mathrm{CORP}_{\mathrm{income}} \\ \mathrm{GOV}_{\mathrm{savings}} = \mathrm{GOV}_{\mathrm{incom}} - \sum_i p_i \times \mathrm{GOV}_{\mathrm{consumption}} \\ \qquad - \sum_h \mathrm{GOV}_{\mathrm{aid}_h} \times \mathrm{PRICE}_{\mathrm{index}} - \mathrm{GOV}_{\mathrm{transfer}} \times \mathrm{PRICE}_{\mathrm{index}} \\ \mathrm{SSF} = \sum_k t_h \times \mathrm{LABOR}_{\mathrm{income}_k} + \mathrm{GOV}_{\mathrm{transfer}} \times \mathrm{PRICE}_{\mathrm{index}} \end{cases} \tag{9-3}$$

令 P_iHCONS 表示 h 组居民的消费，GCONS_i 表示政府消费，$\mathrm{INVENTROY}_i$ 表示 i 部门存货变动，F_{invest_i} 表示固定资产投资，VA 表示总增加值，RGDP 表示实际 GDP，则得到如下支出方程：

$$\begin{cases} P_i\text{HCONS} = \sum_h \text{patt}_h \times \text{HOUSEHOLD}_{\text{income}_h}(1-\text{MPS}_h)\times(1-t_h) \\ \text{GCONS}_i = \text{patt}_g \times \text{GCONS}_{\text{total}} \\ \text{INVENTROY}_i = \text{inv}_i \times x_i \\ F_{\text{invest}_i} = \text{INVEST}_i - \text{inv}_i \times x_i \\ \text{VA} = \sum_i p_i^v x_i + \text{IN}_{\text{tax}} \\ \text{RGDP} = \sum_i(\text{HCONS}_i + \text{GCONS}_i + \text{INVENTROY}) \end{cases} \tag{9-4}$$

由于本书的研究关注的重点是公共支出，在一般 CGE 模型的基础上还将引入四类重要的民生公共产品，包括：养老保险、医疗保险、失业保险、公共教育。作为与普通居民生活最息息相关的公共服务，这四类产品的供给和配置直接影响了居民的可支配收入和消费-储蓄决策，进而对经济增长方式也有着深刻的意义。

一、公共养老金体系

假设居民 21 岁开始工作，60 岁退休；20 岁以前完全依赖父母（作为额外消费负担且不产生效用）；成年居民作为唯一的劳动供给者，将时间在养育孩子和工作之间分配，将收入在消费和储蓄之间分配；老年居民没有劳动收入，储蓄与养老金是其主要消费来源。居民在毕生收入的约束下效用最大化，瞬时效用函数采取不变相对风险厌恶形成：

$$u(c_T^A, c_{T+1}^O) = u(c_T^A) + \beta u(c_{T+1}^O) = \frac{(c_T^A)^{1-\theta}}{1-\theta} + \frac{1}{1+\rho}\frac{(c_{T+1}^O)^{1-\theta}}{1-\theta} \tag{9-5}$$

其中，c_T^A 为成年期消费；c_{T+1}^O 为老年期消费；$\rho > -1$ 为贴现因子或时间偏好率；β 为跨期消费替代弹性的倒数。成年人的储蓄和消费不能超过税后工资收入：$s_T + c_T^A = w_T(1-\tau_i-\tau_s)$；老年人的消费不能超过储蓄、利息收入和养老金，即 $c_{T+1}^O = (1+r_{T+1})s_T + \text{ps}$。将两者结合在一起，出生于 T 时期居民的代际预算约束为

$$c_T^A + \frac{c_{T+1}^O}{1+r_{T+1}} = \sum_{t=1}^{40} w_t(1-\delta n_t)(1-\tau_i-\tau_s) + \frac{\text{ps}}{1+r_{T+1}} \equiv A_t \tag{9-6}$$

其中，τ_i 为所得税率；τ_s 为社会保障缴费率；n 为人口增长率（近似出生率）；δ 为居民工资中用于抚养幼年的比重；ps 为养老金按照工资的一定比例 η 发放。以上预算约束对现收现付型和积累型养老保险均适用，保险类型将影响变量 ps 、τ 、w 、r 。

中国现阶段实行的是个人账户和社会统筹相结合的养老保险系统。个人养老

金账户实行基金积累制。居民在成年时期T向社保基金缴费$\tau_s w_T L_T$，缴纳的社保金用于购买资本，$T+1$时期进入老年，积累的资本总额为$(1+r_{T+1})\tau_s w_T L_T$，则每户居民得到的平均养老金为

$$\text{ps}=(1+r_{T+1})\tau_s w_T \tag{9-7}$$

统筹账户实行现收现付制，没有资本积累，T期老年人的养老金由T期的成年人支付，平均每人领取金额为$\text{ps}=(1+n_T)\tau_s w_T$，$n_T$为$T$期平均人口增长率。

二、公共医疗保险体系

如果将税收、养老、医疗系统作为外生制度，则第i代居民在第t年需要满足预算约束：

$$a_i(t)=(1+r)a_i(t-1)+(1-\tau_i-\tau_s)[w(t)+r(t)]+(1-\varphi)h(t)+\text{ps}_i(t)+\frac{\text{GT}(t)}{N(t)}-c_i(t) \tag{9-8}$$

其中，w为有效工资率；r为资本回报率；GT 为政府对居民转移支付总量；N为居民数量；φ为医保共付率；ps 为人均养老保险福利金。社保账户由养老和医疗保险构成，因此居民缴纳的社保费用最终将分配为这两种用途。$\sum_{i=1}^{R-1} b_t^U N_t^i + X_t^p + X_t^H = \sum_{i=1}^{R-1} \tau_t^E w_t^i (h-l_t^i) N_t^i + Z_t^U$为医疗支出中由公共医疗保险覆盖的部分。以上预算约束强调，居民第t年的财富等于上一年财富本息和及缴纳税费后的工资资本收入、政府福利、养老保险金、医疗保险金的总和减去当年消费。

假设政府拥有一个一般账户和一个社会保险账户。一般账户支出包括政府的公共消费、投资、债务利息、对居民转移支付与对社保基金的转移支付，资金来自税收。社保账户包括公共养老金和公共医疗保险，定义政府对社保基金转移支付金额与社会保险金总额之比为μ，那么$1-\mu$由居民和企业缴纳。令τ_g、τ_y分别代表生产税和所得税税率。因此，政府需要满足预算约束：

$$\sum_k \tau_g P_{x_k}(t)x_k(t)+\sum_i \tau_y P_F(t)\text{FE}_i(t)=\sum_k P_{x_k}(t)\text{GC}_k(t)+\text{GT}(t)+\mu S(t) \tag{9-9}$$

三、公共教育体系

现在考察公共教育对不同层次劳动力供给的影响。设受教育居民一生的期望收入为I_t^E，不接受教育的期望收入为 I_t^N：

$$I_t^E = R_t^i \sum_{t=1}^{T} W_{t-1}^m (1+g_{t-1})(1-\tau)\left(\frac{1+g_{t-1}}{1+r_{t-1}}\right)^t \qquad (9\text{-}10)$$

$$I_t^N = W_{t-1}^l (1+g_{t-1})(1-\tau) + \sum_{t=1}^{T} W_{t-1}^m (1+g_{t-1})(1-\tau)\left(\frac{1+g_{t-1}}{1+r_{t-1}}\right)^t \qquad (9\text{-}11)$$

其中，指数R为教育资源的可获得性；W^l为教育水平为l的劳动者工资率；m为比l更高的教育水平；W^m为劳动者在l基础上继续受教育所得到的更高的工资率；τ为所得税率；T为总工作年份。如果I_t^E大于I_t^N，劳动者将选择接受教育，因此劳动者选择上学的条件为

$$R_t^i \geqslant \left(\frac{W_{t-1}^l}{W_{t-1}^m}\right)\left[\frac{(r_{t-1}-g_{t-1})+(1+g_{t-1})\left(1-((1+g_{t-1})/(1+r_{t-1}))^T\right)}{(1+g_{t-1})\left(1-((1+g_{t-1})/(1+r_{t-1}))^T\right)}\right] \qquad (9\text{-}12)$$

居民i能够获得的教育资源主要取决于公共教育支出GE：

$$R_T^i = x_i + \varphi \mathrm{GE}_i \qquad (9\text{-}13)$$

那么，一个国家受教育的劳动力供给结构近似为

$$\mathrm{LS}_t = \varepsilon_1(\mathrm{GE}_t)^{\rho t} + \varepsilon_2\left(\frac{W_{t-1}^m}{W_{t-1}^l}\right)\left(\frac{1+g_{t-1}}{1+r_{t-1}}\right) \qquad (9\text{-}14)$$

第三节　基于多部门CGE模型的政策模拟实验

一、政策实验情景与分析思路

（一）实验情景建立

政策实验1构建了一个宽松的预算约束情景：假设政府可支配的财政收入增加25%。增加的资金可能来自国家当前倡导的“厉行节约、反对浪费”政策，通过严厉制止公款浪费，为政府进行有效的公共支出提供额外资源，这一假设与李克强提出的“31个省份本级公务接待费减少26%”[①]的目标相一致。财政收入增

①《李克强：改进社会治理方式 保持社会和谐稳定》，http://www.gov.cn/guowuyuan/2014-03/05/content_2629218.htm[2021-09-31]。

加也可能来自加强税收征管、打击逃税避税等。因此，政府预算收入在随经济常态化增长的基础上，出现了额外的资金。那么，这笔资金的合理支出方式是什么？本章主要考察四类主要的支出战略：①完全进行生产性公共投资（即公共投资，以PUBINV 表示），加大基础设施建设，支持国有企业发展，扩大公共资本的积累；②完全投入公共消费（即公共消费，以 PUBCON 表示），如投入医疗卫生、教育文化等领域是公共服务支出；③通过外包、投资信用等手段转移到私人企业用于私人投资（即私人投资，以 PRIVINV 表示）；④完全作为转移支付以改善低收入居民的生活状况（即转移支付，以 TRANS 表示），增加私人消费和储蓄。作为以上实验情景的比较标准，基准情景（BASE）假设在使用增加的预算收入时，政府沿用当前的支出结构配比，即公共投资为 44%，公共消费为 31%，转移支付为 15%，行政管理为 10%。政策实验 2 放弃预算约束宽松的假定，而是在遵循常态化财政收入增长的前提下，假设政府用于医疗和教育这两大关键民生公共品的投入提高 15%，同时生产性公共投资降低 15%。这一情景的设定从表面上看，符合当前政府努力弱化 GDP 数量目标而把人民生活放在首位的政策导向，那么这种牺牲经济增长的做法能否如愿换来改善民生的预期效果呢？政策实验 3 是前两个实验的后续，无论是公共消费还是投资，其扩张都需要充足的资金来源。“遏制浪费、提倡节约”固然可行，但更需要从体制上为政府寻求可持续的压缩开支渠道，而降低养老金支付规模正是可能的选择之一。因此政策实验 3 模拟当下备受争议的养老保险改革方向——延迟退休：假设自 2013 年底男性劳动者领取养老金的年龄提高到 65 岁，而女性则推迟到 63 岁，为了鼓励劳动者接受这种改革，将未达规定年龄标准退休的劳动者每月养老金领取额降低 0.5%。如今中国养老保险基金有亏损情况，承担兜底义务的政府也面临沉重的社保负担，因此，政府期望通过实施这一政策来削减社保乃至总体公共支出，这也是公共支出政策可能的改革方向之一，但是否具有合理性，模型预测的宏观经济影响和社会福利效应将给予一定的解答。

（二）实验模拟思路

图 9-1 展示了政策实验 1 的分析过程：扩张公共支出带来的最直接影响在于需求拉动——政府既可以自己购买消费品和投资品，又能够转移给私人企业和居民进行消费或投资，其变动直接影响经济系统的最终需求，进而波及产出、增加值及各类要素的收入。这些影响能够在公共支出变动后的短时间内显现出来，因此称为即时效应（immediate effect）。本章首先通过变动模型中的资本要素投入量，计算需求驱动的即时效应，其对部门产出均衡稳态值的影响见表 9-1。

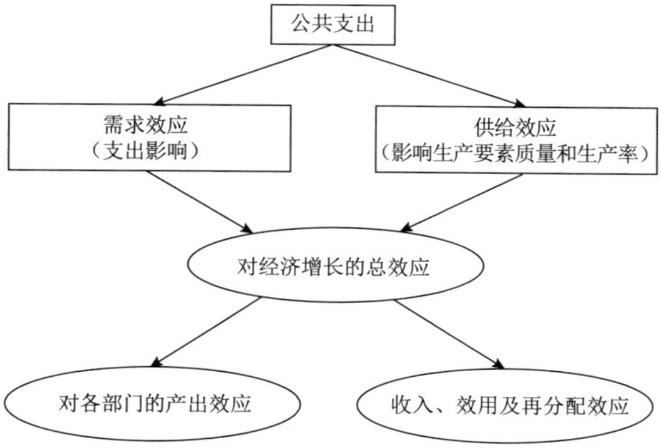

图 9-1　模型分析思路

表 9-1　各公共支出政策下各部门的产值

	项目	基准情景	公共投资	公共消费	私人投资	转移支付
仅需求效应	农业/亿元	51 140.26	54 347.97	51 342.20	51 041.23	51 291.71
	矿产/亿元	29 024.72	31 159.71	28 939.52	29 166.72	28 996.32
	教育/亿元	14 972.31	14 514.44	15 378.12	14 914.50	17 145.73
	医疗/亿元	7 046.21	7 579.06	8 964.52	7 011.74	8 135.84
	公共服务业/亿元	33 281.53	34 716.70	37 446.86	32 900.08	34 345.11
	制造业/亿元	183 728.02	185 544.38	181 983.21	185 043.15	184 774.90
	建筑业/亿元	35 788.78	37 558.38	36 462.97	37 570.30	35 822.32
	贸易和运输/亿元	86 306.62	86 690.93	86 550.19	87 605.68	86 469.00
	私人服务业/亿元	88 111.84	88 456.03	87 365.13	90 771.20	88 194.81
	净出口/亿元	15 667.29	15 893.42	15 444.30	15 901.58	15 414.80
	GDP/亿元	545 067.58	556 461.02	549 877.02	551 926.18	550 590.54
	GDP 增长率	6.19%	7.23%	5.96%	6.55%	6.10%
包括需求效应和供给效应	农业/亿元	54 098.05	54 506.62	54 976.77	53 819.45	54 622.11
	矿产/亿元	30 433.03	30 662.87	30 927.36	30 276.30	30 727.84
	教育/亿元	15 486.64	15 603.60	15 738.19	15 406.88	15 636.66
	医疗/亿元	7 388.10	7 443.90	7 508.11	7 350.06	7 459.67
	公共服务业/亿元	34 063.15	34 320.40	34 616.44	33 887.73	34 393.13
	制造业/亿元	186 971.38	188 383.45	190 008.36	186 008.51	188 782.63
	建筑业/亿元	35 942.69	36 214.14	36 526.51	35 757.59	36 290.88
	贸易和运输/亿元	87 003.95	87 661.03	88 417.16	86 555.89	87 846.78
	私人服务业/亿元	88 907.39	89 578.85	90 351.52	88 449.53	89 768.67

续表

项目		基准情景	公共投资	公共消费	私人投资	转移支付
包括需求效应和供给效应	净出口/亿元	15 807.00	15 926.38	16 063.76	15 725.60	15 960.13
	GDP/亿元	556 101.38	560 301.24	565 134.18	553 237.54	561 488.50
	GDP 增长率	7.16%	7.97%	8.90%	6.61%	8.20%

然而由于时滞因素，公共投资对经济增长的作用更多地表现在未来，本书将这种影响称作能力提升效应（capacity-adjustment effects），属于非即时影响，通过提高生产要素的数量和质量，能够使经济活动摆脱现有的能力限制与条件约束，开拓生产进一步提升的空间和潜能，属于供给方面的效应。因而，除了分析各类公共支出的即时影响，更重要的是考虑其在未来长期带来的资源容量扩大和生产要素质量提升。尤其是用于教育、培训、医疗、文化事业的公共支出，尽管在短期内不会直接增加产出，但是通过几年甚至更长时间来提高劳动力质量、改进劳动生产率，无疑会对经济增长产生强有力的推动作用。这种供给方面的影响主要通过公共投资对各产业部门 TFP 的改善而实现，因此本章从现有的实证研究中取得中国 TFP 的投资弹性，以此为依据对生产函数的技术参数进行调整，重新运行模型，得到包括供给效应在内的产出变动（表 9-1）。政策实验 2 的分析思路与实验 1 类似，由于篇幅限制，不再分别考虑需求和供给影响。政策实验 3 对部门产出和经济增长的影响较小，因此将主要集中于税收负担率、社保缴费率及居民效用的变动。下文将在产出影响的基础上，详细考察公共支出的收入和分配效应。

二、政策实验结果分析

（一）政策实验 1

图 9-2 描绘的需求驱动效应仅指政府支出扩张通过直接增加国内需求进而对各行业和部门的影响。从产出角度看，除教育、医疗、国防外，公共投资情景对其他行业的产出都发挥了明显的带动作用，尤其是贸易和运输、建筑业。私人投资情景除了抑制农业、医疗、教育和国防之外，基本上提高了其他各行业的产出水平。在公共消费情景下，受到显著积极影响的有教育、医疗、国防、建筑业。同时制造业的下滑幅度在所有情景中最大，因为政府购买的商品主要是不可交易产品（如社会服务、住房等），进而降低了可交易产品的相对价格，实质上诱导生产资源从加工、制造和出口部门向服务业部门的再分配，这对于推动产业结构转型具有一定的意义。在转移支付情景下，由于增加的公共转移大多数将指向低收入群体，而这部分居民对食品、衣物、日用品、电器等生活必需品需求尤为强烈，需求的增加导致以上商品价格的提升，必然吸引厂商重新分配有限的生产能力、

削减出口以更多地服务国内市场，所以转移支付政策下的净出口额最低。就 GDP 的绝对水平来看，公共投资最高，其次为私人投资。

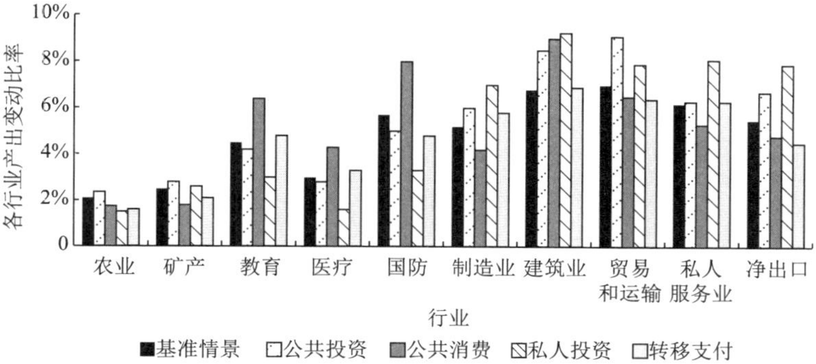

图 9-2　不同公共支出政策下的行业产出变动（仅考虑需求效应）

相较于需求影响，公共支出的供给驱动效应对国家经济的影响更加深远。从要素供给角度来看，公共投资情景促进社会资本积累和基础设施供给，私人投资情景直接将资源转移给企业以增强其投资能力，公共消费情景通过医疗和教育改善劳动力质量，赋予居民积极参与市场的机会，转移支付情景直接实现中低收入群体可支配收入的增加——在本章中，这些效应均是通过促进 TFP 的提升实现的。

图 9-3 描述了包含 TFP 提升效应的 GDP 增长率。显然，无论采取何种方式，公共支出增长都能通过 TFP 提升进而提高 GDP。根据实证估计，TFP 对教育和医疗支出的弹性高于其他部门（表 9-2），因此，最强的实际 GDP 增长效应出现在公共消费情景下。

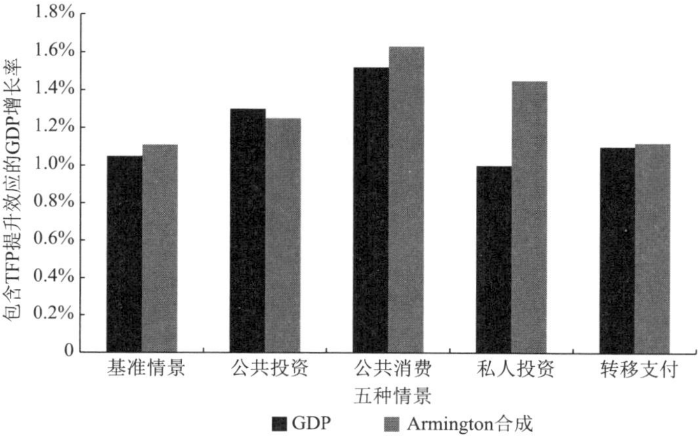

图 9-3　公共支出对经济增长率的影响（包含 TFP 提升效应）

表 9-2　TFP 对各部门投资的弹性

政府支出类别	TFP 弹性估计值	弹性估计值标准误
农业	0.032	0.024
矿产	0.041	0.044
教育	0.411	0.034
医疗	0.215	0.034
国防	–0.182	0.034
制造业	0.161	0.032
建筑业	0.027	0.032
贸易和运输	0.021	0.021
私人服务业	0.177	0.032

资料来源：Zheng 等（2009）；Shiu 和 Heshmati（2006）；Ozyurt（2009）

图 9-4 比较了公共支出结构不变时与侧重公共消费时若干宏观经济指标的增长率——考虑了 TFP 提升效应之后，公共消费政策使 GDP 增长率从基准情景的 6.5%提高到 8.0%，增长 23.08%；TFP 年均增长率比基准路径提高 0.59%；国内总需求相对于基期路径上扬了 20.7%；其中投资和居民消费比基准情景分别上涨了 9.55%和 20.42%。因此，从长期来看，服务导向型的公共支出战略通过增加高质量生产要素的供给形成了显著的经济增长效应。

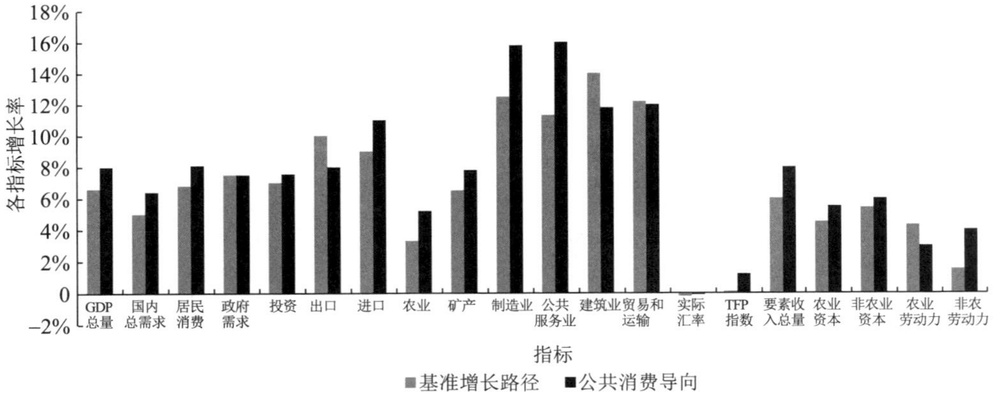

图 9-4　基准情形和公共消费情形下各指标增长率的比较

综上，如果仅仅考虑支出的即时需求推动效应，公共投资情景对各产业的促进作用最强，并实现 7.23%的 GDP 增长率；而公共消费和转移支付情景下的增长率只有 5.96%和 6.10%，甚至低于基准情景的 6.19%，可以说暂时牺牲了经济增长。但如果综合考虑公共支出对生产率的长期提升效应，公共消费情景将超过其他支出方式，带来 8.90%的最高增长速度。因此，服务导向型的公共支出政策虽然在短期内以降低增长速度为代价，但从长远来看，要素质量的提高终将带动 TFP 提升及经济增长的回升，成为持久、稳定的内生性增长的重要源泉。那么，如果综合考虑需求和供给两方面的效应，以“民生”为目标的服务导向型公共支出能否真正改善居民收入呢？表 9-3 显示，从要素回报来看，无论是公共投资还是公共消费，均拉升了劳动力的平均价格——前者通过增加劳动力需求，后者则带来了技术溢价（skill premium）；在公共消费情景下，劳动力价格的提升幅度较大，尤其是中低学历劳动者由于健康和教育水平改善而获益匪浅。资本价格在公共消费情景下基本未受影响，反而在公共投资情景下有略微降低，说明中国社会的资本并不稀缺。中高等学历劳动力供给量仅在公共消费和转移支付情景下均有显著增长。综合起来，公共消费情景下劳动力总收入扩张最高，是基准情景的 2.38 倍，其次是转移支付（1.74 倍）和公共投资情景（1.19 倍），私人投资情景劳动力总收入仅为基准情景的 0.66 倍。

表 9-3　要素价格、数量与收入（相较于基础情景）

项目		基准情景	公共投资	公共消费	私人投资	转移支付
劳动力价格	低（无）学历	1	1.07	2.11	0.64	1.27
	中等学历	1	1.53	2.23	0.85	1.04
	高等学历	1	1.19	1.36	1.08	0.92
资本价格		1	0.73	1.02	1.36	1.00
劳动力供给量	低（无）学历	1	1.00	0.63	0.92	0.81
	中等学历	1	1.00	1.97	1.04	1.56
	高等学历	1	1.05	1.13	1.00	1.02
资本供给量		1	1.35	0.73	1.35	0.62
劳动力总收入		1	1.19	2.38	0.66	1.74
资本总收入		1	1.28	1.00	1.59	0.93

判断公共支出方式是否有效还需要考量福利指标是否合适。一般来说，消费是效用函数的关键决定变量，因而能够近似地反映福利变动。图 9-5 黑色柱形代表各个情景下居民（私人）消费相对于公共支出扩张前的增长率，结果显示，所有情景下的居民消费都随着劳动力总收入的增加而增长：转移支付由于将 100%的额外公共资源直接用于增加居民可支配收入，因而对消费的促进作用最大；公共消费一方面减轻了居民在医疗、教育上的支出负担，另一方面政府购买也挤占了居民可使用的商品和服务总量，所以对消费的综合效果要弱于转移支付。当然，

仅仅考察居民消费不够全面，因为当政府公共产品供给变化时，居民效用也会受到影响。所以本章还计算了 Hicks 等价性变化（equivalent variation，EV）即将居民和公共消费之间的变动率作为居民福利测度指标，由私人消费改变产生的效用变化为 $\mathrm{EV}(t)=\left[\dfrac{U^t-U^0}{U^0}\right]I^0$，假设公共总支出 GEXP 中对 k 产品的购买为 G_k，则包含公共消费的 EV 为 $\overline{\mathrm{EV}}(t)=\mathrm{EV}+\Sigma_k\left[\dfrac{\left(G_k^t-G_k^0\right)}{G_k^0}\right]\mathrm{GEXP}^0$。图 9-5 灰色柱形描绘了 EV 指标的变动情况。除公共消费之外，其他情景下的公共支出的增长均提高了 Hicks 等价，而福利效应的强弱仍取决于公共资金的用途。当额外的公共支出完全投入公共消费，衡量个人福利的 Hicks 等价受到负面影响；转移支付对 Hicks 等价提升最大，因为其将 24%的额外公共资源用于改善个人福利。与此相反，扩展的福利指标几乎在除了完全用于私人投资以外的情景都增长显著，尤其是转移支付和公共消费情景。

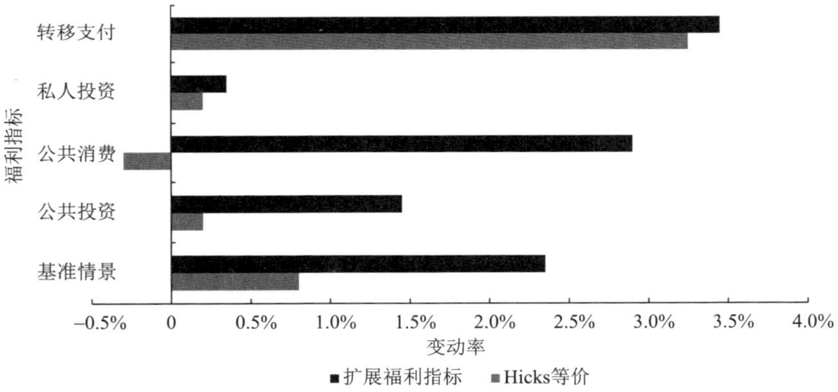

图 9-5　不同公共支出政策下福利指标的变动率

再看公共支出政策对收入分配的影响。图 9-6 进一步考察了收入差距的三种衡量指标：城镇高低收入群体平均收入之比即最富最穷收入比、贫困线上下人口之比及城乡居民收入之比。在服务主导的政策情景中（公共消费情景和转移支付情景），劳动收入占比从 53%上升到 60%左右，而资本收入占比则相对下降，因而收入分配效应更有利于被雇佣劳动者不利于个体经营者和企业主；而投资主导（公共投资情景和私人投资情景）政策的再分配效应则恰恰相反。由于最高收入阶层主要由资本所有者构成，而依靠工资生活的普通劳动者是中低收入群体的组成部分，所以贫富阶层收入差距在公共消费情景和转移支付情景下较基期下降，而在公共投资情景和私人投资情景下进一步扩大。转移支付情景最大限度地缩小了城乡差距。公共消费情景由于显著地提高了中低水平劳动力价格，因而在降低贫富收入差异上取得了突出的效果，但是对城乡差距的缓解作用略低于转移支付，原因可能在于城市居民比农村居民更有机会享受政府资金支持的学校、医院等公共服务。侧重投资的公共支出政策虽然能够促进增长，却几乎没有改善收入不公平。遗憾的是，几乎所有政策情景都未能显著减少贫困线以下人口规模。

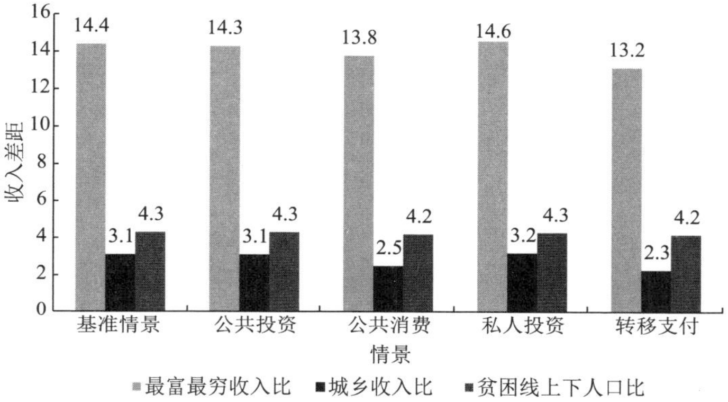

图 9-6　公共支出政策对收入分配的影响

通过模拟公共支出对产出和居民收入、福利、分配的影响，本章揭示了一个深刻的政策矛盾：投资型公共支出政策能够通过需求驱动效应即刻促进经济增长，却无法改善低收入群体的收入状况；侧重于公共消费和转移支付的公共支出政策能够缩小居民内部收入差距并通过提升 TFP 产生持久的增长效应，不仅高于投资对经济的促进作用，而且将会推动居民消费和效用的提升，提高劳动者（尤其是中低水平）的边际报酬、改进收入分配的公平度。投资型公共支出政策的效果是即时的、在短期能够显现的，而服务导向型公共支出政策在供给方面的效应却有相当长的滞后期。因此，发展中国家的政策制定者必须在短期和长期目标中做出选择，在当前利益和未来的福利与公平之间进行权衡。

（二）政策实验 2

政策实验 1 表明，政府在获得额外的财政收入前提下，将更多的资金投入教育和医疗等公共消费项目将会产生持久的增长和公平效应。那么，在预算约束不变时，能否将教育作为最优先发展部门，从其他部门抽调资金支持教育呢？政策实验 2 假设公共教育支出增长 15%，而生产性公共投资降低 15%，并通过模型预测劳动力供给、回报率及收入所受的影响，这里将同时考虑公共教育投资对需求的带动效应和对劳动要素的生产率改善效应。假设总劳动力增长率与预测区间平均人口增长率 2.5%相同。

表 9-4 模拟结果显示，受教育劳动者供给的增长率比基准情景提高了 0.3～0.4 个百分点，而未受教育劳动者的增长率则比基期值有所下降。与此相对应的是，

中高学历者由于供给相对富余而工资率的增长速度放慢，低学历者由于变得稀缺而工资增长率显著提高，不难预见在未来，剩余的非熟练劳动者（当前可能处于失业状态）将重返就业市场，这种流动直到工资率降至预期最低水平（基准情景工资率）才会停止。

表 9-4　教育优先的公共支出政策的经济影响

指标		基准情景	教育扩张情景
居民收入增长率	城镇低收入	4.2%	3.3%
	城镇中等	5.5%	4.9%
	城镇高收入	8.3%	8.7%
	乡村低收入	2.2%	2.3%
	乡村中等	4.2%	4.4%
	乡村高收入	6.1%	6.5%
劳动供给增长率	低（无）学历	2.5%	1.7%
	中等学历	2.5%	2.8%
	高等学历	2.5%	2.9%
工资率增长率	低（无）学历	3.1%	6.2%
	中等学历	4.6%	4.0%
	高等学历	4.7%	4.3%
GDP 增长率		6.4%	6.7%
储蓄和投资占 GDP 比重		29.9%	30.1%
劳动力总收入增长率		8.3%	7.7%
资本总收入增长率		1.4%	1.9%

为什么教育投入的增长反倒导致整个经济的平均工资增长率下降呢？可能的解释是：公共投入向教育倾斜使得生产建设性公共投资的绝对水平下降，加上中国长期存在的私人投资不足的问题，导致社会资本积累不够，未能满足快速增长的中高水平劳动力对资本的需求；当熟练劳动者数量的增加没有充足的资本增长相匹配时，劳动生产率及工资水平将会受到限制。这一点恰好印证了现实中的现象：高校毕业生逐年增长，但是政府和企业部门能够提供的就业机会有限，导致高学历人才大量富余和闲置进而减缓了高学历劳动力的工资率。相较于高学历劳动力，中等学历劳动力的收入增速下降更大，因为低学历劳动者的替代性远远大于高学历劳动者。积极的方面是，在公共教育支出增长带动下，GDP 增长率略有提高，但考虑到 TFP 对教育投资高达 0.411 的弹性，因此 0.3 个百分点的提升幅度相当有限。原因依旧来自两方面：第一，被挤占的公共投资导致需求对生产的直接扩张效应减弱；第二，劳动力供给的增长加快，高于储蓄投资率的增长速度 0.2%，这样新增加的劳动者可能得不到相应的工作机会和设备。由此可见，政府在重视人力资本培养的同时，也不能放松对物质资本的深化。随着中高等学历教

育背景劳动者数量的增长，资本变得相对稀缺，资本回报率自然在增速上快于劳动回报率，资本收入的增长幅度大于工资水平，成为推动私人投资的激励因素。土地作为资本的一部分，农村居民拥有土地并获得土地租金收入，进而在某种程度提高自身在收入分配中的地位，虽然幅度并不算大。

然而，不容忽视的是，城镇低收入及中等收入居民的增长率降低，原因在于，这一群体主要是没有资本收入的中高等教育水平劳动者，正如前文所述，此类型劳动力在公共教育投资扩张后变得相对富足，收入情况恶化就不足为奇了。与此相反，具有低等或者毫无教育背景的农村人口从不熟练劳动力稀缺溢价中得到好处。综上所述，收入提升显著的是乡村居民组和城镇高收入组，前者获得土地租金及低水平劳动力稀缺租金，从而提高了自身在收入分配中的相对地位，后者包括企业主和个体经营者，他们的收入地位随着资本回报率的上升而提高。

图 9-7 沿用图 9-6 的三个指标描述公共支出方式对收入差距的影响，并且加入城镇高收入与中等收入组收入之比。城乡收入比由基准时期的 3.96 下降到教育扩张情景下的 3.02，主要得益于农村居民平均收入的提高和占城镇人口多数的受教育雇佣劳动者工资率相对下降；城镇高收入和低收入居民的差距却由 14.89 提高到 16.51，而高收入与中等收入的差距由 6.47 提高到 7.33，分别扩大了 11%和 13%；贫困线上下人口数量依然变动不大。因此，通过牺牲其他公共产品而优先发展教育将损害依靠工资生活的普通劳动者的利益，这一结果恰恰与政策的初始目标是相悖的。

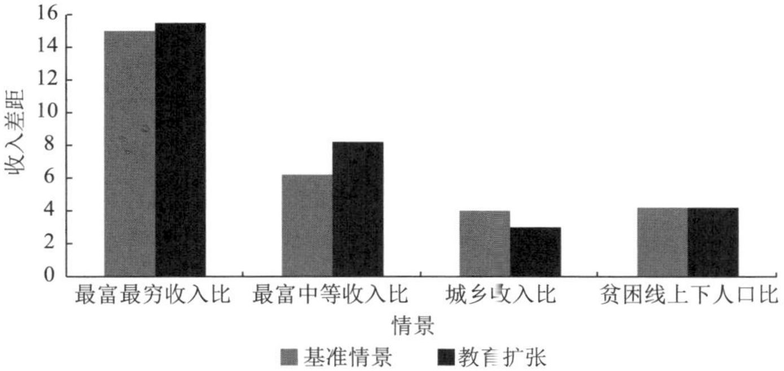

图 9-7　公共支出政策对收入差距的影响

模拟结果显示，单纯地增加公共教育支出虽然有助于经济总量增长，缓解部分弱势群体的贫困状况，却无法改善收入分配的公平度。为了消除这种负面影响，必须同时实施其他的政策措施以支持教育支出扩张战略。其中较为关键的是提高对劳动力的需求。否则，由于熟练劳动力供给和需求的不协调，教育投资扩张也只能对“扶贫济困”起到有限而寥寥的作用。如同当前的中国，一些受过教育甚至学历较高的劳动者由于工作机会的缺乏依然不富裕。以上结论的政策含义很明显：加强人力资本的扶贫战略必须由充足的公共或私人资本积累作为补充，这样才能保证占低收入群体主力的中低教育水平劳动者报酬率增长，社会的总体收入水平和公平度得以提升。如果大规模扩张资本有难度的话，增加劳动力需求的最有效措施就是改革教育产出结构，使其生产出的人力资本类型更好地迎合当前的经济结构和就业市场，尽可能地减少结构性失业。

（三）政策实验 3

政策实验 1 强调了教育和医疗等服务型公共支出的重要性，同时政策实验 2 又提醒不能在扩张教育的同时削减公共投资，那么，在有限的预算约束下，如何有效地降低公共支出是政府的当务之急。现存的养老保险基金是政府未来需要长期背负的包袱，那么，中国能否通过延长退休年龄的方式，降低养老金支付额，为政府消费和投资节省资金呢？政策实验 3 将探究这一提案的经济和社会影响。

其一，社会保障和宏观经济影响。图 9-8 对比了两种情景下养老金收支缺口的演化路径。如果不实行改革，养老保险收入由 2013 年的 1.56 万亿元扩大至 2070 年的 44.5 万亿元，而支出规模则由 1.33 万亿元增加至 120.6 万亿元；账户将在 2031 年左右出现收不抵支的状况，收支逆差将在 2070 达到 76.1 万亿。如果延迟退休，那么资金缺口首次出现的年份将延长至 2040 年以后，在此之前收入增长速度快于支出，每年都有结余；2070 年赤字额为 34.8 万亿，几乎是不改革时的一半。显然，养老金亏空额越低，政府的社保负担越轻，可以节省下资金更多地用于公共服务和建设投资。

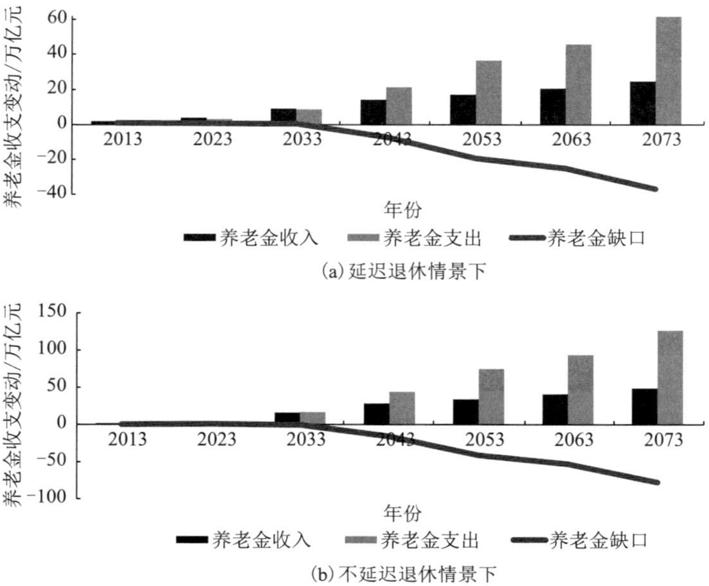

图 9-8　延迟退休与否对养老基金缺口的影响

为了应对退休年龄的延迟和养老金收益的降低，居民将增加劳动力供给和储蓄，同时降低消费以弥补退休后养老金收入降低的损失。但是在政策施行的最初五年内，这些响应总体来看非常小，因而社保缴费率并未立刻明显下降，而仅仅是增速放缓，并在 2045 年左右达到最大值 20.06%（图 9-9），这一年以后，所有世代都将按照推迟后的年龄退休并领取养老金,因而社保缴费率始终保持下行状态。

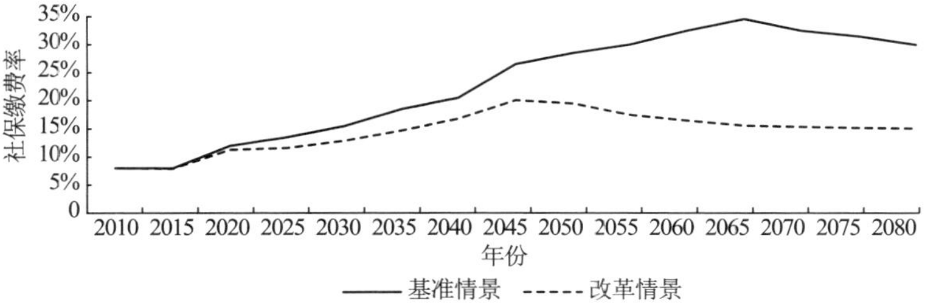

(a) 对社保缴费率影响

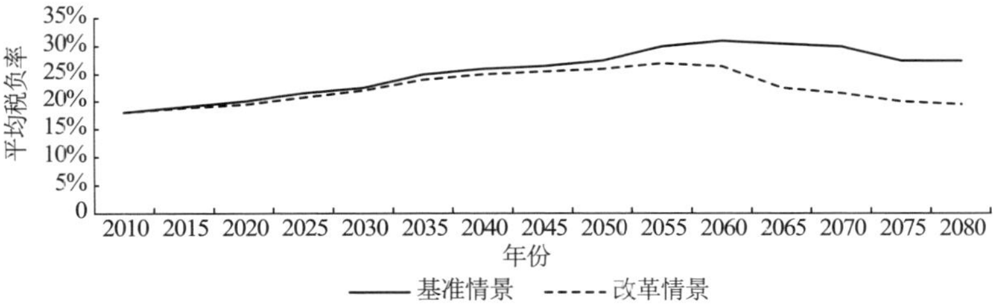

(b) 对平均税负率影响

图 9-9　延迟退休政策对居民负担率的影响

失业率的相对变化来源于净工资的变动，对于青年群体，社保缴费率降低带来其隐性税负率下降及净收入增加，同时极大抬高了闲暇的机会成本，青年劳动力供给相对增加，反而导致这一群体失业率的上升——改革开始的第一年最年轻工龄人口的失业率由 9.42%增加到 9.55%。相反，中年劳动力面临的则是隐性税率的增加和净工资收入的减少，因为他们不仅退休后领取的养老金减少，而且退休前并未赶上社保贡献率的大幅降低，因而中年劳动者供给减少，反而使其失业率降到基准情景以下——改革初期最年长劳动者的失业率由 16.17%下降到 15.89%。由于整个社会处于人口老龄化状态，所以总体失业率在预测区间的路径比基准情景略低（图 9-10）。

最后，随着养老保险支付的减少和失业率的降低，政府得以削减对养老及事业保险基金补贴和公共支出，这样在整个预测区间，居民的综合税收负担相对于基准情景将平均减轻约 7.3%（图 9-9）。

其二，福利和收入分配影响。根据 Hirte（2002），效用变化可以分解为额外税收负担变动和收入效应变动，而收入效应变动能够进一步分解为要素收入变动

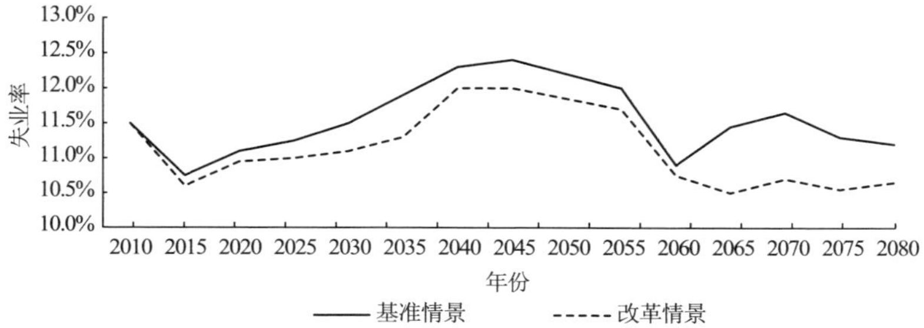

图 9-10　延迟退休对失业率的影响

（本章为 0）和净社保收益变动，其中净社保收益变动由养老和失业保险收益减去社保缴费。以上分解可以通过效用最大化方法、预算约束及市场出清条件推导得到。图 9-5 计算了各个世代居民改革实施前后的 Hicks 等价，以衡量其效用变动 ΔU ，ΔU 可分解为额外税收负担 ΔE 和社保净转移支付变动 ΔS （净社保收入增加）、$-\Delta T$ 为税负降低。

ΔU 显示，在改革初期已迈入退休年龄的居民（1951 年及以前出生），并未受到政策调整的影响，养老金领取总量不变，因而没有遭受效用损失。改革年份处于青年阶段的群体及更加年轻的居民（20 世纪 90 年代以后出生）效用水平有所上升；而改革时正处于中年的世代（1961～1981 年出生）效用则有所退化。为什么只有年龄稍长的劳动者遭受损失，而年轻和未来世代实际都是受益群体呢？对于“90 后”以及更加年轻的未来世代，社保收益 ΔS 为正值，因为延迟退休的政策将推动社保缴费率不断下降，所以年轻世代将在相当长的工作生涯中享受社保缴费负担降低带来的好处，这种正面影响甚至要大于养老金领取时间推迟带来的损失。同时，平均税率也是随着时间不断下降，进一步降低了未来世代的税收负担 ΔT 。根据图 9-9，社保缴费率和平均税负率的下行都是经过一段时间才逐渐显现，而中年劳动者已经在过去的很多年缴纳了高额的社保费用，又没有剩余的工作时间充分享受低税率，因而其终身收入和效用有所下降。综上所述，代际再分配的结果是将大部分效用从中年居民转移至年轻和未来世代，同时一小部分转移到已退休的老年居民身上。所有世代福利总和略有上升——总的贴现效用大约提高了 0.6%。

第四节　本 章 小 结

在制定公共支出政策时，政府是选择有利于生产建设性的公共投资，还是侧重社会服务的公共消费？为了回答这个问题，需要全面考察不同导向的公共支出对经济增长、居民收入与分配公平的影响。本章利用多部门动态 CGE 模型，模拟并预测了在不同导向的公共支出政策下，部门产出、GDP、居民收入水平和差距的变动情况。比较发现，投资型的公共支出政策虽然在短期内对GDP的增长作用有限，但却能够有效提高国内需求，并引导生产资源从出口流向内需市场；长期来看，能够通过供给效应刺激TFP的提高，带来经济增长率的回升，但是这种效果具有一定的时滞性。同时，强调消费和转移支付的公共支出结构可以增加劳动报酬，改善以EV测度的福利指标，并且在最大程度上缩小高低收入群体之间及城乡居民之间的收入差异。但是，上述模拟结果是在假设政府财政收入出现额外增加的基础上得出的，换句话说，在保证其他支出类别绝对量不降低的前提下，相对增加社会服务类公共支出可以产生以上种种好处。那么，在既定的预算约束下，可否牺牲生产性投资以加大教育医疗等公共服务投入呢？模拟结果显示：这样做虽然能够增加熟练劳动力供给，但资本积累下降导致就业机会不足，这部分劳动者将相对富余，反而造成失业率上升，工资率下降；对GDP的增长贡献也十分有限。另外，资本、土地等回报率相对抬高，劳动报酬相对下降，一部分受过教育的中高水平劳动力收入地位反而降低，结果是加剧了贫富不均。这说明，国家在施行科技兴国等战略的同时，必须不断加强资本深化，否则，将出现越来越多“学历越高反而越穷”的反常案例。

以上两点说明，对于当前的中国，社会服务支出的确需要加强，但“拆东墙补西墙”，通过削减建设投资以扩张服务支出的做法并不可取。那么强化公共服务所需要的资金从何处来？这是政府亟待解决的问题。本章考虑了一种方案——通过提高退休年龄以降低政府的社保负担，节省公共支出，并模拟了延迟退休的经济和福利影响。结果表明，这项政策将推迟养老金缺口出现的时间，将各年份的收支缺口减至原先的一半，并在未来逐步降低居民的社保缴费和综合税收负担，对失业率也有一定的遏制作用。显然，延迟退休的措施减轻了政府和居民双方的支出责任，对于增加公共产品的供给、促进居民消费都有积极的作用。从效用变动的角度来看，改革前已经退休的居民未受太大影响，年轻和未来世代的效用得到提高，而改革时处于中年的劳动者却遭受了损失。因此，这是一个代际的效用转移过程，整体看来，所有世代的效用总水平略有增长。

需要指出的是，本章的研究存在两点局限性。第一，仅仅探究了不同公共支出战略对经济增长、居民收入和分配公平度的影响，而政府在进行公共财政决策时，需要考虑的内容无疑是多方面的，尤其是产业结构优化、投入产出效益提高、资源环境合理利用等，也是衡量支出政策有效性的重要标准。第二，政策模拟中没有包含“混合型”支出战略。既然投资型公共支出政策有利于当前经济增长，而服务导向型支出有利于长期增长与收入改善，那么能否找到一个最优的公共投资与消费之比，在短期和长期最优之间进行折中，既保持当前适度增长，又实现长远的收入提升呢？在以后的研究中，可以考虑利用多目标决策系统，对公共资金进行合理化配置，以期达到长短期目标之间的动态平衡。

第十章　中国人口老龄化与城乡分布变动趋势分析

第一节　人口老龄化的区域变动及其趋势分析

本节拟从时间维度和空间维度分析中国人口老龄化的变化趋势及现状特征。首先，从时间维度上，分析 1982～2019 年中国人口老龄化的变化趋势；其次，分别从省级、地市级行政单位、县级行政单位三个层面上，分析我国整体上跨入老龄社会（2000 年）以后的 10 年间中国人口老龄化的空间分布特征及其变化。

一、数据与方法

人口老龄化的空间分布特征分析与测量的空间尺度的大小密切相关。选择合适的空间尺度，对特征的描述、趋势的判断也会更加准确，亦有助于形成更有针对性的政策措施。经检索，已有文献多是从城乡二元、东中西三大地带、省级层面上开展研究，分析的空间尺度较大，区域内人口老龄化程度可能存在“被平均”的现象。随着空间尺度的缩小，人口老龄化区域差异及演化趋势会表现得更加明显和尖锐。因此，我们将研究的最小空间尺度划到了县级行政单位层面，分别从省级、地市级、县级三个层面进行分析。

本节分析的 31 个省级单位指的是 31 个省区市，不包括我国港澳台地区，并按照国家统计局公布的划分办法，将全国分为东部、中部、西部和东北四大地区[①]。全国 287 个地级市实际上是地级及以上城市，其中包含四个直辖市，不包括地级州等其他地级行政单位。此处采集的是地级市全部范围的数据（即“地区”的数据），而不是“市辖区”的数据。从时间维度上分析中国人口老龄化的趋势主要采用的是 1982～2019 年的历次全国人口普查、全国 1%人口抽样调查数据及《中国统计年鉴 2019》数据。

31 个省级层面上人口老龄化空间特征数据来源于 2000 年“五普”和 2010 年“六普”数据及《中华人民共和国 2019 年国民经济和社会发展统计公报》。本部分还使用 2000 年“五普”和 2010 年“六普”数据分县汇总资料，基于民政部 2000～

---

① 东部包括：北京、天津、河北、上海、江苏、浙江、福建、山东、广东和海南 10 个省市；中部包括：山西、安徽、江西、河南、湖北和湖南 6 个省；西部包括：内蒙古、广西、重庆、四川、贵州、云南、西藏、陕西、甘肃、青海、宁夏和新疆 12 个省区市；东北包括：辽宁、吉林和黑龙江 3 个省。

2010 年历年县级及以上行政区划调整资料，以 2010 年的地级及以上城市行政区划为准逐年进行校正，对这10年间287个地级及以上城市的人口数据进行了匹配，在地级及以上城市的层次上研究 2000～2010 年的区域空间人口老龄化等随时间变动的情况。同时，我们还将 2000 年和 2010 年两次普查分县汇总资料，按照 2010 年县（或县级市）行政区划，对 10 年间 1947 个县市的人口数据进行了匹配，研究两次普查期间县域层面上的人口老龄化空间分布的变动及其可能导致的后果。

二、中国人口老龄化的变动趋势

少子老龄化是生育率持续下降和寿命延长的必然结果，它们在时间上存在滞后性，在过程上存在必然性。1982～2019 年，我国 0～14 岁少年儿童人口比重不断下降，1982 年时，0～14 岁少年儿童人口占总人口的 33.6%，1990 年降至 27.7%，2000 年继续降至 22.9%，2019 年时仅占全国总人口的 16.8%（图 10-1）。根据人口统计学标准，当一个社会 0～14 岁人口占总人口的比重在 15%～18% 时，即为“严重少子化”。青少年人口的急剧减少，必然意味着我国的劳动力特别是年轻劳动力的急剧减少，将对未来的消费、劳动力供应、创新等经济活动产生负面影响。

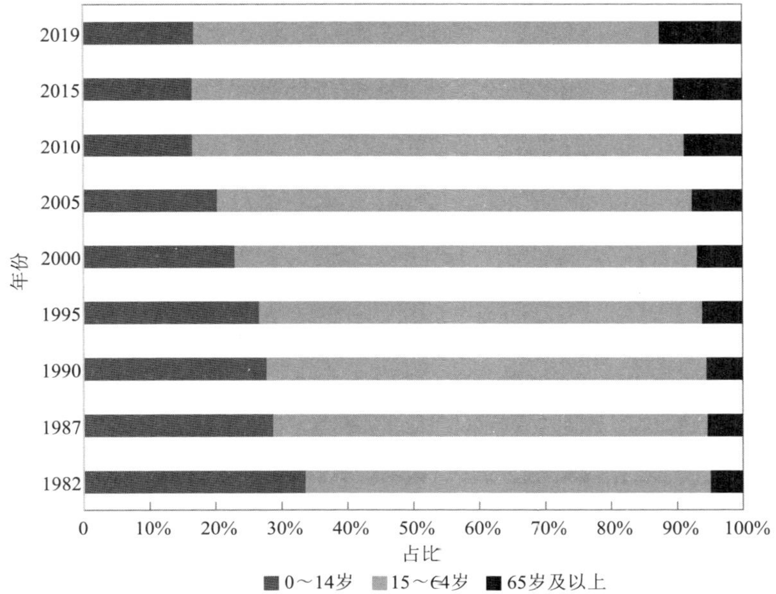

图 10-1 1982～2019 年中国人口年龄结构

资料来源：《中国统计年鉴 2019》《中华人民共和国 2019 年国民经济和社会发展统计公报》

与此同时，我国65岁及以上老年人口比重不断上升，在2000年时已达到7%，按照国际惯例，此时我国完成了从成年型人口向老年型人口的转变，跨入老龄化社会。此后，我国人口老龄化进程明显加快。2010年时，65岁及以上老年人口比重升至8.9%。2019年末，我国65岁及以上老年人口规模达到1.76亿人，占总人口的比重已升高至12.6%，即每8个中国人口就有1个65岁及以上的老年人（图10-1）。中国人口的老龄化不仅体现为程度高、老龄群体规模大，还体现为老化速度快。尤其是当前及未来10年内正处于20世纪60年代第二次婴儿潮时期出生的人口进入老年的时期，老龄化速度将加速推进。到21世纪中叶，中国将成为世界上老龄化最严重的国家之一。

另一个正在敲响的警钟是，劳动年龄人口规模的减少。2012年我国15～59岁劳动年龄人口在相当长时期里第一次出现了绝对下降，比上年减少345万人；若以15～64岁为统计口径，劳动年龄人口也于2013年达到峰值之后开始持续减少，已从2013年的10.06亿人连续下降至2019年的9.89亿人。更为严峻的是，当前的劳动年龄人口内部也出现老化现象，年轻劳动力减少更甚。劳动力供应不再“取之不竭”，支撑近几十年经济持续快速增长并创造奇迹的“人口红利”已经接近尾声。更为迫在眉睫的是，老龄化与少子化并存的人口结构叠加劳动年龄人口净减少，给养老带来严峻挑战。

2000年末，我国整体上跨入了老龄化社会。然而，更为值得关注的是，我国幅员辽阔，各区域间社会经济发展程度和医疗卫生水平差异巨大，生育率与死亡率下降的幅度、速度不一，人口转变的起止时间有别、过程有异，使得我国的老龄化进程在内部还呈现出明显的空间差异性。这种空间差异性在2000年以前表现为各地区人口老龄化程度与经济发展水平具有一致性，自西向东呈阶梯上升，但地区间差距较大（邬沧萍等，2004）。那么，在我国人口整体上进入年龄结构迅速老化，且总量低速增长、迁移流动日益频繁的新形势下，这一空间差异性是否也发生了新的变化，以及呈现出怎样的规律性？以下将分别从省级、地市级和县级层面进行分析。

三、人口老龄化的空间特征——省级层面

从省级层面来看，2000年“五普”时，全国仅有13个省区市跨入了老龄化社会。至2010年“六普”时，仅有广东、宁夏、青海、新疆和西藏5个省区市还未跨入老龄化社会。至2018年，全国仅有西藏还未跨入老龄化社会，全国各地区普遍进入老龄化社会。表10-1展示的是2000年“五普”时、2010年“六普”时及2018年末，全国65岁及以上老年人口占比排名前十位的省区市的老龄化水平。

表 10-1　2000～2018 年 65 岁及以上老年人口占比排名前十位的省区市

排序	2000 年“五普”		2010 年“六普”		2018 年末	
	省市	老龄化率	省区市	老龄化率	省市	老龄化率
1	上海	11.5%	重庆	11.6%	山东	15.2%
2	浙江	8.8%	四川	11.0%	四川	15.0%
3	江苏	8.8%	江苏	10.9%	辽宁	15.0%
4	北京	8.4%	辽宁	10.3%	上海	15.0%
5	天津	8.3%	安徽	10.2%	重庆	14.5%
6	山东	8.0%	上海	10.1%	江苏	14.3%
7	重庆	7.9%	山东	9.8%	安徽	13.2%
8	辽宁	7.8%	湖南	9.8%	浙江	13.0%
9	四川	7.5%	浙江	9.3%	河北	12.7%
10	安徽	7.5%	广西	9.2%	湖北	12.5%
—	全国	7.0%	全国	8.9%	全国	11.9%

资料来源：“五普”、“六普”、《中国统计年鉴 2019》

“五普”时，全国人口老龄化水平最高的五个省市是上海、浙江、江苏、北京和天津，全部位于东部地区。但“六普”时，全国人口老龄化水平最高的五个省市出现了“大换班”：重庆替代上海位居首位（11.6%），四川、江苏、辽宁和安徽分别为第二位至第五位。在这五个省市中，只有江苏来自东部地区，其余均位于中西部或东北地区。2018 年末，在全国人口老龄化水平最高的五个省市中，山东位居榜首（15.2%），四川、辽宁、上海、重庆紧随其后。2000 年之前的各地区人口老龄化程度与经济发展水平具有一致性，自西向东呈阶梯上升（邬沧萍等，2004）的规律性似乎已被打破，变成了经济发达地区老龄化程度放缓，而经济欠发达地区老龄化程度加快的新格局。

重庆 2018 年老年人口比重比 2000 年时提升了 6.6 个百分点，大大高于全国整体水平的提升程度（4.9 个百分点），其他三大直辖市的老龄化速度则明显慢于重庆市，也慢于全国整体水平。“五普”时老龄化程度最高的上海，在 2000～2010 年老龄化水平从 11.5%降至 10.1%。与 2010 年相比，2018 年上海人口老龄化排名略向前移，且老龄化提高程度比 2000～2010 年要高，在很大程度上是因为 2013 年以来上海采取措施控制超大城市人口规模，流入人口与常住人口的增长速度下降所致。

四川是我国西部人口大省和人口流出大省，也是人口快速老龄化的大省。“五普”时，四川的老年人口比重为 7.5%，“六普”时为 11.0%，2018 年时为 15.0%，2000～2018 年老年人口比重提升了 7.5 个百分点，远远高于全国整体的提升程度（4.9 个百分点）。此外，不得不提的就是东北三省。2000 年时，东北三省中仅有辽宁跨入了老龄化社会，2010 年时三省均已跨入老龄化社会且老龄化程度在全国的排位明显前移，2018 年时三省的老龄化程度均高于全国整体水平，辽宁已高达 15.0%，位居全国第三，吉林和黑龙江分别列第十二位、第十三位。近年来，受到广泛关注的东北三省人口危机实质上就是长期低迷的生育率水平与人口大量外流叠加导致其人口加速老龄化的问题。

四、人口老龄化的空间特征——地级及以上城市层面

本部分将 287 个地级市划分为年轻型城市(65 岁及以上人口占总人口比重(记作 PA) 低于等于 4%)、成年型城市（ 4%<PA≤7% ）和老龄型城市（ PA>7% ），并将老龄型城市进一步细分为 7%<PA≤10%和 PA>10%的两类城市。表 10-2、表 10-3 分别展示的是依据这一标准对全国及东部、中部、西部、东北四大地区层面的地级市进行的分类汇总统计的结果。

表 10-2　2000 年“五普”时按人口老龄化程度区分的地级市分类汇总情况

指标	年轻型	成年型	老龄型		合计
			7%<PA≤10%	PA>10%	
东部城市数量/个	2	20	61	4	87
占东部城市总数的比重	2.3%	23.0%	70.1%	4.6%	100%
中部城市数量/个	0	46	35	0	81
占中部城市总数的比重	0	56.8%	43.2%	0	100%
西部城市数量/个	3	50	32	0	85
占西部城市总数的比重	3.5%	58.8%	37.6%	0	100%
东北城市数量/个	0	23	11	0	34
占东北城市总数的比重	0	67.6%	32.4%	0	100%
全国城市数量/个	5	139	139	4	287
占全国城市总数的比重	1.7%	48.4%	48.4%	1.4%	100%

资料来源：“五普”“六普”

注：数据经过四舍五入，相加与 100%有偏差

表 10-3　2010 年“六普”时按人口老龄化程度区分的地级市分类汇总情况

指标	年轻型	成年型	老龄型		合计
			7%<PA≤10%	PA>10%	
东部城市数量/个	2	9	50	26	87
占东部城市总数的比重	2.3%	10.3%	57.5%	29.9%	100%
中部城市数量/个	0	7	55	19	81
占中部城市总数的比重	0	8.6%	67.9%	23.5%	100%

续表

指标	年轻型	成年型	老龄型		合计
			7%<PA≤10%	PA>10%	
西部城市数量/个	0	10	55	20	85
占西部城市总数的比重	0	11.8%	64.7%	23.5%	100%
东北城市数量/个	0	3	17	14	34
占东北城市总数的比重	0	8.8%	50.0%	41.2%	100%
全国城市数量/个	2	29	177	79	287
占全国城市总数的比重	0.7%	10.1%	61.7%	27.5%	100%

资料来源："五普""六普"

从东部、中部、西部和东北四大地区来看，2000 年"五普"时东部地区已有 74.7%的地级市属于老年型城市，比重远远高于其他三个地区（中部为 43.2%，西部为 37.6%，东北为 32.4%）。2000～2010 年，中部地区、西部地区和东北地区的人口老龄化速度大大加快。2010 年"六普"时，中部地区、西部地区和东北地区的老年型城市数量均有大幅度增加，中部有高达 91.4%的地级市属于老年型城市，西部和东北也分别有高达 88.2%和 91.2%的老年型城市；与之相比，东部新增的老年型城市数量相对较少，老年型城市的比重（87.4%）甚至略低。值得关注的是，2010 年"六普"时，东北地区有高达 41.2%的城市的老年人口比重大于 10%，不仅远高于中部、西部地区（均为 23.5%），亦高于东部地区（29.9%）（表 10-3）。表 10-3 表明 2010 年"六普"时，中部、西部地区和东北地区与东部地区的老龄化程度之间的差距大大缩小，全国普遍进入老龄化社会。

上述省级层面上，各省区市跨入老龄化社会的时间不一，在地级市层面上的分析则更为"丰富"。2000 年"五普"时，全国有近一半（143 个，占 49.8%）的地级市属于老年型城市。其中，有 4 个城市的 65 岁及以上老龄人口比重已高于 10%，分别是上海市、江苏省南通市和泰州市、浙江省丽水市，老龄化率已分别高达 11.5%、12.4%、10.3%、10.0%。2000 年南通市是全国老龄化程度最高的地级市，上海市排第二位。同时，还有半数左右的城市未跨入老龄化社会，其中 139 个（48.4%）地级市属于成年型城市，仅有 5 个地级市属于年轻型城市，分别是广东省深圳市和东莞市、甘肃省嘉峪关市、宁夏回族自治区中卫市、新疆维吾尔自治区克拉玛依市，老龄人口比重分别为 1.2%，2.1%、3.8%、4.0%、3.8%。

2010 年"六普"时，全国仅有深圳和东莞两市仍属于年轻型城市，老龄化率分别为 1.8%和 2.3%，与"五普"时相比，老龄化程度没有提高；成年型城市已经显著减少至 29 个。至此，全国仅有 31 个（10.8%）城市尚未跨入老龄化社会，而高达 89.2%（256 个）的地级市已是老年型城市，且其中有 79 个城市（占全国的 27.5%）的老龄人口比重已高于 10%。2010 年“六普”时，南通市依然是全国老龄化程度最高的地级市，泰州市位列第二位，老龄化率分别高达 16.50%和 14.23%，比“五普”时均提升了 4 个百分点左右。“五普”时排名第二位的上海，“六普”时老龄化程度有所缓解，老龄化率降至 10.1%。

前已述及，无论是“五普”还是“六普”，深圳市和东莞市都是中国最年轻的两个城市。它们的共同点是，均有数倍于本地户籍人口的、来自全国各地的年轻劳动力聚集于此。此外，除了上一部分已经分析的上海，长三角城市群重要的中心城市苏州、珠三角城市群的惠州和中山两市、福建厦门、内蒙古经济新兴城市鄂尔多斯的老龄化率也在 10 年间也不升反降。这些城市都是人口导入型城市，大规模的以青壮年劳动力为主的人口迁入延缓了本地户籍人口原本不可避免会加速的人口老龄化进程。

以东部省份江苏为例进行分析，可成为全国的一个缩影。江苏北部的徐州、宿迁、淮安、盐城、连云港五市和江苏中部的扬州、泰州、南通三市，在 2000～2010 年全部是常住人口负增长，江苏南部的南京、镇江、常州、无锡、苏州五市全部是常住人口正增长。相应地，这 10 年间苏北五市和苏中三市的老龄化提高程度明显高于苏南几市。省内 13 个地级市的老龄化提高程度从高到低依次是南通（4.06%）、盐城（4.03%）、泰州（3.93%）、扬州（3.30%）、淮安（2.97%）、宿迁（2.75%）、徐州（2.44%）、连云港（2.12%）、镇江（1.61%）、常州（1.02%）、无锡（0.71%）、南京（0.69%）、苏州（–1.08%）。这是由于苏北、苏中地区与苏南地区及邻近的上海的社会经济发展水平差距大、空间距离近，构成吸引劳动力迁移的巨大势能差，且历史上就有人口迁移的传统，尽管苏北、苏中地区人口出生水平相对较高，但劳动力的净流失导致其常住人口负增长且老龄化加速。

五、人口老龄化的空间特征——县级层面

进一步地，笔者将全国 1947 个县市按照上一部分中的标准进行划分，并将分类统计结果在表 10-4 和表 10-5 中展示。2000 年“五普”时，全国 4.6%的县市属于年轻型城市，52.6%的县市属于成年型城市，42.7%的县市属于老龄型城市，仅有 50 个县市（占全国所有县市的 2.6%）的老龄化率超过了 10%。至 2010 年“六普”时，全国仅有 0.9%的县市仍属于年轻型城市，属于成年型城市的县市也降至了 20.4%，高达 78.7%的县市跨入了老龄化社会，且老龄化率超过了 10%的县市的数量从“五普”时的 50 个大幅度增加至 551 个，已占全国所有县市的 28.3%。

表 10-4　2000 年“五普”时按老龄化程度分的县市分布情况

指标	年轻型	成年型	老龄型			合计
			合计	7<PA≤10	PA>10	
东部县市数量/个	1	114	354	307	47	469
占东部县市总数的比重	0.2%	24.3%	75.5%	65.5%	10.0%	100.0%
中部县市数量/个	0	240	240	238	2	480
占中部县市总数的比重	0	50.0%	50.0%	49.6%	0.4%	100.0%
西部县市数量/个	85	564	206	205	1	855
占西部县市总数的比重	9.9%	66.0%	24.1%	24.0%	0.1%	100.0%
东北县市数量/个	4	107	32	32	0	143
占东北县市总数的比重	2.8%	74.8%	22.4%	22.4%	0	100.0%
全国县市数量/个	90	1025	832	782	50	1947
占全国县市总数的比重	4.6%	52.6%	42.7%	40.2%	2.6%	100.0%

资料来源：“五普”“六普”

注：数据经过四舍五入，部分数据存在偏差

表 10-5　2010 年“六普”时按老龄化程度分的县市分布情况

指标	年轻型	成年型	老龄型			合计
			合计	7<PA≤10	PA>10	
东部县市数量/个	1	28	440	243	197	469
占东部县市总数的比重	0.2%	6.0%	93.8%	51.8%	42.0%	100.0%
中部县市数量/个	0	57	423	291	132	480
占中部县市总数的比重	0	11.9%	88.1%	60.6%	27.5%	100.0%
西部县市数量/个	15	295	545	349	196	855
占西部县市总数的比重	1.8%	34.5%	63.7%	40.8%	22.9%	100.0%
东北县市数量/个	1	17	125	99	26	143
占东北县市总数的比重	0.7%	11.9%	87.4%	69.2%	18.2%	100.0%
全国县市数量/个	17	397	1533	982	551	1947
占全国县市总数的比重	0.9%	20.4%	78.7%	50.4%	28.3%	100.0%

资料来源：“五普”“六普”

分东、中、西和东北来看，2000 年“五普”时，东部地区有 75.5%的县市跨入了老龄化社会，中部地区有 50.0%的县市跨入了老龄化社会，而此时西部地区和东北地区仅分别有 24.1%和 22.4%的县市跨入老龄化社会。此时，50 个老龄化率高于 10%的县市有 47 个属于东部城市，高度集中东部地区。至 2010 年“六普”时，四大地区中跨入老龄化社会的县市数量均有增加。其中，增幅最为明显的是东北地区，老龄型城市数量已从 32 个增加至 125 个，高达 87.4%的东北县市在 2010 年时已跨入了老龄化社会。西部地区老龄型城市的增幅也非常明显，从 206 个增加至 545 个，63.7%的西部县市进入老龄化社会。中部地区有 423 个县市属于老龄型城市，占中部县市总数的 88.1%。东部地区高达 93.8%（440 个）的县市跨入了老龄化社会，且其中有 197 个县市的老龄化率高于 10%。

对县市层面的分析也发现，2000 年时，东部地区的县市老龄化程度相对要高，但随着时间的推移，至 2010 年时，其他三个地区的县市的老龄化程度明显提升，尤其是东北地区。更进一步的实地调研显示，在县市内部，人口也正在快速向城区集中，此处仍以江苏为例。笔者在江苏北部地区的盐城阜宁及中部地区的扬州高邮的农村的调研发现，许多村庄人口急剧减少，空心化、老龄化严重。因为，除了外迁至苏南、上海等地，还存在另外一条明显的人口集聚路径，即村—乡镇—县城—市区。许多村庄原本的“386199”[①]留守大军如今已只剩下“99”成员独守，待这一批留守的“99”成员离去，有些村庄可能将面临被废弃的结局。

地区不平衡、经济活动集聚是中国发展过程中客观存在的事实。从经济增长规律来说，由于规模效应的作用，集聚是大势所趋。中国人口和经济活动的集中是必然趋势，在中国人均经济收入还未达到高等收入水平之前，这种集聚的态势还将继续。中国国内自 20 世纪 90 年代初期始逐步掀起的人口迁移集聚浪潮势不可挡，至今方兴未艾。这一人口集聚过程具有明显的方向偏好性——从农村低收入部门迁往城市现代高收入部门，从欠发达地区迁向发达地区，并向部分大城市、特大城市、大城市群地区集聚；也具有明显的年龄选择性——劳动力是迁移的主体。正是国内大规模的、具有明显方向偏好性和年龄选择性的人口迁移，使得经济发达地区的人口老龄化得以稀释缓解，有所放缓甚至程度有所下降，而经济欠发达地区人口老龄化速度加快、程度加深，进而重塑了我国的人口老龄化地图，使得 2000 年以来中国人口老龄化的区域差异发生逆转——从原来经济发达地区人口老龄化程度更高，转变成经济欠发达地区的老龄化速度更快、老龄化程度更高。

当前及未来一段时期，国内人口迁移集聚的态势还将继续，人口老龄化的区域间不平衡将持续深化，欠发达地区势必会面临人口越来越少、越来越老的困境。随着中西部地区、边远农村地区人口老龄化进程的加快和年轻人口数量的绝对减少，势必会导致其人口世代更替难以实现，人口总量进一步加速减少。人口流失

---

① “386199”中“38”指妇女、“61”指儿童、“99”指老人。

明显的区域的部分村落与乡镇甚至城市可能会出现因人口过少、人口老龄化形势严峻、基础设施缺少规模经济效应等原因而逐步萧条等现象。2009 年我国宣布了首批 69 座资源枯竭型城市，今后还会有更多的这类城市出现。农村村庄大量的人口流失，使得村庄一片萧条，未来可能还将面临整体消失的结局。据报道，2002～2012 年，我国自然村数量从 360 万个下降为 270 万个，平均每天减少 200 多个。事实上，这种现象在日本已不少见。这是值得整个社会警醒的问题，必须提前做出应对。

第二节 人口集聚与分布变动的新变化

一、人口集聚与分布的演变特点

（一）2010 年之前人口向城镇地区集聚增长的特征十分突出

改革开放以来，随着人口大规模向东部地区迁移和流动，人口向城镇地区集中的趋势也十分明显。广东、山东、江苏一直是城镇人口比较集中的地区。2000 年以来，人口向城镇地区集中的趋势还在继续。2010 年，广东集聚的城镇人口占全国人口的比重为 5.15%，比 2000 年时提高了 1.39 个百分点。2010 年“六普”数据显示，广东、山东、江苏三省城镇人口占全国总人口的比重达到了 12.24%，东部省市的广东、山东、江苏、福建、浙江、天津、河北、上海、北京的城镇地区的人口占全国总人口的比重为 21.46%，也就是说，全国有 1/5 以上的人口集聚在东部沿海 9 省市的城镇地区，而在 2000 年时，全国只有 6.04%的人口居住在这些城镇地区。从城镇人口在全国人口中的占比来看，东部沿海地区的城镇人口相比较其他地区而言增长迅速。特别是东部地区的北京、天津、河北、山东、江苏、上海、浙江、广东及中部地区的河南和湖南，其城镇地区的人口增长迅速，显示人口向这些区域城镇地区的集聚趋势明显。

（二）2010 年以来人口集聚的新态势

总体来看，2010 年以来中国城镇人口增速呈现明显回落态势。根据 2015 年“小普查”数据推算，2015 年相比 2010 年，城镇总人口增长率为 15.13%左右，已经明显低于 2010 年（相比较 2000 年）的 46.04%和 2000 年（相比较 1990 年）的 54.72%的水平。

从城镇化的结构变化来看，2010 年以来，城市人口和镇人口的增速都出现了明显的下降；与此同时，镇地区人口占比依然保持了 1990 年以来的稳定上升趋势，城市地区的人口占比继续下降——2015 年城市人口在全部城镇人口中的占比为 58.24%，已经低于 2010 年时 60.26%的水平（表 10-6）。

表 10-6　1990～2015 年城镇总人口构成及变化

年份	城市人口比重	镇人口比重	城市人口增长率	镇人口增长率
1990	71.24%	28.76%	—	—
2000	63.79%	36.21%	38.54%	94.81%
2010	60.26%	39.74%	37.98%	60.26%
2015	58.24%	41.76%	11.26%	20.99%

资料来源：王红霞（2014）

从人口流动的情况来看，数据显示，2010 年之前，我国流动人口①的规模一直保持着高速的增长，但是，2010 年之后，流动人口的增速开始出现下滑，2010 年全国有 2.61 亿流动人口，2019 年全国流动人口规模为 2.36 亿，比 2010 年减少了 0.25 亿人。2011～2019 年，除了 2012 年、2013 年、2014 年环比有所增加外，其余年份都出现了环比下降，其中，2015～2019 年一直处于下降状态（图 10-2）。

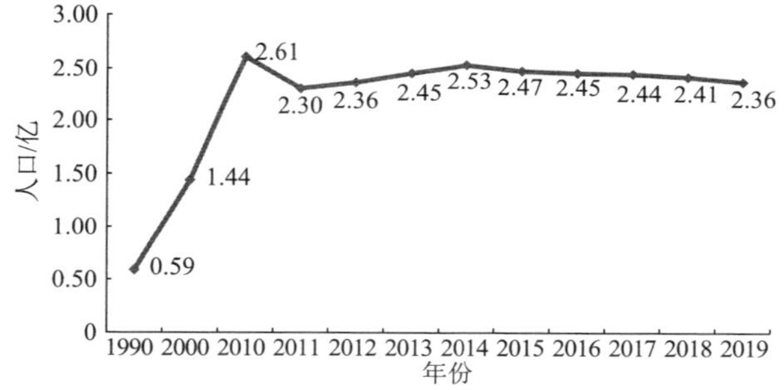

图 10-2　1990～2019 年流动人口规模变化情况

资料来源：国家统计局发布的“四普”“五普”“六普”数据；中华人民共和国 2011～2019 历年国民经济和社会发展统计公报

我们发现：2010 年开始出现的全国城镇人口增速的明显回落和城镇化结构变化的转换也许并不是城镇化进程中的偶然变化——根据 2010 年“六普”分乡镇街道数据，我们汇总了居住在街道和镇地区的所有常住人口，实际城镇常住人口数量为 11.23 亿，实际全国常住总人口为 13.44 亿，实际城镇常住人口比重为 83.56%——显然，该数据与基于省级汇总数据调整计算后得到的结果即 2010 年“六普”数据 50.27%有着较大差距，这个数据之差需要进一步考究和解释。我们不能仅凭这一数据而做出简单判断，但是，如果国家统计局发布数据准确的话，那么基于乡村、镇、街道层级汇总的数据应该是最接近实际的数据；假设考虑到人口普查复查的误差，那么，即便是达到 10%的误差率，基于乡村、镇、街道层

① 根据国家统计局的界定：流动人口是指人户分离人口中扣除市辖区内人户分离的人口。市辖区内人户分离的人口是指一个直辖市或地级市所辖区内和区与区之间，居住地和户口登记地不在同一乡镇街道的人口。

级汇总的实际城镇人口比重也已经达到75%左右，有超过一半的地区实际城镇常住人口比重已经达到或者接近70%，其中，广东、上海、海南、天津、北京、江苏、山东、内蒙古、浙江、重庆、湖北、福建12省区市的实际城镇常住人口比重或已超过80%。根据城市化发展的“诺瑟姆曲线”和世界各国城市化发展的一般经验，当城镇人口占全部总人口的比重超过70%～80%之后，城市化发展步入成熟期。基于以上几个方面的分析，我们初步推断：2010年以来，我国新型城镇化已经步入新的发展阶段，我国城镇化增长的拐点可能已经出现。

（三）三大都市圈（城市群）对城镇人口的集聚力在持续增强

分析2000～2010年全国总人口的增长情况，我们发现：十年间全国总人口增长了7744.49万人，其中，环渤海地区、长三角城市群和珠三角城市群城镇人口增长了7890.54万人。也就是说，2000～2010年全国人口的增长，主要来自三大城市群地区的人口增加（其他地区出现了负增长、人口净流出的情况）。从“五普”和“六普”数据来看，环渤海地区、长三角城市群和珠三角城市群对人口的吸引力和集聚力在持续增强。2010年“六普”数据显示，三大城市群已经集聚了全国17.11%的人口。

从2010～2015年的数据来看，根据2015年“小普查”数据推算，三大城市群区域城镇人口已经超过2.53亿，从三大城市群城镇人口占全国城镇总人口的比重来看，全国约1/3的城镇人口在三大城市群地区集中分布。其中，长三角城市群区域集聚的城镇人口规模最大，约占全国城镇总人口的14.29%；长三角城市群和环渤海城镇人口的增长速度明显快于珠三角城市群的城镇人口增长（表10-7）。

表10-7　三大都市圈（城市群）城镇人口的增长变化

区域名称	2015年		2010年		2000年	
	城镇人口/万人	占全国城镇总人口比重	城镇人口/万人	占全国城镇总人口比重	城镇人口/万人	占全国城镇总人口比重
环渤海地区	6 935.03	8.99%	5 871.19	8.76%	3 517.24	7.67%
长三角城市群	11 019.33	14.29%	10 147.68	15.15%	6 770.89	14.76%
珠三角城市群	7 409.58	9.61%	6 903.03	10.30%	4 743.24	10.34%
合计	25 363.94	32.89%	22 921.90	34.21%	15 031.37	32.77%

资料来源：“五普”、“六普”数据及2015年“小普查”数据

注：表中长三角城市群区域数据不包括安徽省

二、人口集聚分布的区域特征

（一）“城”“镇”增长的区域分化和空间极化发展现象愈发明显

从城镇化的结构构成变化来看（表 10-8），不同区域也呈现了不同的发展特征：东部地区的阶段性波动特征比较明显。1990～2000 年，东部地区城市人口比重明显下降，镇人口比重明显上升；2000～2010 年之后，东部地区城市人口比重有所回升，镇人口比重有所下降；2010～2015 年，城市地区的人口比重有所下降，镇地区的人口比重又有回升，但城市地区依然是城镇人口的主要居住空间，2015 年的数据显示城镇总人口中有超过 65%的人口居住在城市地区。

表 10-8　分区域城镇总人口构成

地区	2015 年		2010 年		2000 年		1990 年	
	城市	镇	城市	镇	城市	镇	城市	镇
东部地区	65.59%	34.41%	67.05%	32.95%	65.80%	34.20%	72.37%	27.63%
中部地区	47.28%	52.72%	50.27%	49.73%	61.27%	38.73%	71.37%	28.63%
西部地区	50.36%	49.64%	51.37%	48.63%	56.91%	43.09%	74.91%	25.09%
东北地区	72.71%	27.29%	73.37%	26.63%	73.59%	26.41%	75.02%	24.98%

资料来源：根据“四普”、“五普”、“六普”及 2015 年“小普查”数据计算而得

中部地区、西部地区和东北地区的城镇结构变化趋势比较一致，自 1990 年以来，中部地区、西部地区和东北地区，城市人口比重一直在持续下降，镇人口比重在持续上升。在中部地区，居住在镇地区的人口比重一直不断上升，居住在城市地区的人口则不断下降，2015 年时，已经有超过 52%的城镇人口居住在镇地区；在西部地区，居住在镇地区的人口比重也一直处于不断上升的态势，2015 年时，城镇总人口中有接近一半居住在镇地区，而居住在城市地区的人口已经由 1990 年时的 74.91%下降到 2015 年时的 50.36%。与中西部地区城镇结构的较大转换不同，东北地区城镇化的结构变化并不是非常明显，虽然目前居住在镇地区的人口比 1990 年时有所增加，但是依然有超过 72%的人口居住在城市地区。

从城镇总人口增长的内部贡献来看（表 10-9）：在东部地区，城市地区对城镇总人口增长的贡献率从 2000 年的 56.91%提高到了 2010 年的 69.57%，而镇地区的贡献率则下降了 12.66 个百分点，表明东部地区 2000～2010 年的城镇化主要得益于其城市地区的发展；2010～2015 年，城市地区人口增长对城镇化增长的贡献虽然有所下降，但是，城市地区人口增长仍然是东部地区城镇化增长的主要因素。东北地区的情况则与东部地区表现大致相似，城市地区是推动城镇化发展的主战场。在中部和西部地区，城镇化的人口增长主要来自镇地区的贡献，其中

2000～2010 年中部和西部地区镇地区对其城镇化进程的贡献最大，2010 年以来，镇地区人口增长的增速虽然有所下降，但是，镇地区人口增长对城镇总人口增长的贡献依然是主要力量，都在 50%以上。

表 10-9　分区域城镇总人口增长率中城市地区和镇地区的贡献率比较

地区	2010～2015 年		2000～2010 年		1990～2000 年	
	城市	镇	城市	镇	城市	镇
东部地区	63.62%	36.38%	69.57%	30.43%	56.91%	43.09%
中部地区	43.78%	56.22%	29.68%	70.32%	42.79%	57.21%
西部地区	49.19%	50.81%	39.94%	60.06%	46.60%	53.40%
东北地区	71.68%	28.32%	71.90%	28.10%	64.46%	35.54%

资料来源：根据“四普”、“五普”、“六普”及 2015 年“小普查”数据计算而得

总体来看，随着我国新型城镇化的不断发展，特别是 2010 年以来，东部地区的大城市人口规模不断加剧膨胀，与此同时，在中西部地区，相比较其大中城市的发展，镇地区人口增长更为迅猛，大量小城镇获得了更快的扩张。也就是说，在东部地区，人口更加倾向于向规模较大的城市和城市群集聚，而在中部地区和西部边疆地区，人口更多向小城镇集聚。新型城镇化进程中“城”“镇”增长的区域分化现象愈发鲜明。近几年人口增长和迁移的趋势进一步显示，城市地区和镇地区的人口增长不仅存在明显的区域分化，而且空间极化发展的现象也越来越多见：东部地区的超大城市和特大城市人口仍然在不断增加，而在中西部地区的有些乡镇，人口则不断外流；东北地区吉林的城市地区，在 2010～2015 年甚至首次出现人口的负增长。

（二）东部地区人口更加倾向于向规模较大城市布局，中部地区和西部边疆地区人口更多向小城镇集聚

从二十多年来人口增长的区域布局演变来看，大量人口流入东部地区，人口向东部城镇地区布局的趋势比较明显。深入考察城镇人口的区域布局，我们发现，2000 年以来，概括来讲，人口向城市地区布局的趋势强于向小城镇地区布局，城市人口增长相对均衡，但小城镇的发展呈现极化现象。从表 10-10 来看，2010 年相比 2000 年镇的人口增长情况明显呈现极化现象，河北、河南、湖南、江西、青海都出现 100%以上的增长，而在天津、广东则出现的镇人口的负增长。总体来看，东部地区城市的增长更为迅速而在中西部地区，小城镇人口的增长明显快于较大规模城市人口的增长。

表 10-10 全国分区域城市人口和镇人口增长变化

区域	2015 年比 2010 年		2010 年比 2000 年	
	城市人口增长率	镇人口增长率	城市人口增长率	镇人口增长率
全国	11.26%	20.99%	37.98%	60.26%
北京	11.48%	3.75%	63.88%	26.29%
天津	27.20%	2.46%	66.70%	–20.06%
河北	11.79%	27.13%	25.13%	183.53%
山西	10.66%	24.30%	30.70%	83.18%
内蒙古	7.35%	13.41%	41.24%	33.17%
辽宁	7.92%	9.62%	19.34%	14.48%
吉林	–3.59%	20.12%	10.20%	9.71%
黑龙江	6.72%	0.75%	10.94%	21.19%
上海	1.89%	7.01%	38.68%	64.72%
江苏	3.52%	25.52%	59.26%	44.32%
浙江	11.41%	3.03%	55.59%	42.25%
安徽	13.96%	26.68%	44.43%	82.69%
福建	11.27%	16.93%	60.37%	31.34%
江西	9.29%	27.20%	36.02%	111.64%
山东	10.40%	27.50%	28.44%	57.30%
河南	4.47%	39.92%	32.79%	135.97%
湖北	16.33%	16.23%	8.09%	40.18%
湖南	21.11%	20.63%	21.36%	127.70%
广东	9.54%	0.40%	73.11%	–3.07%
广西	20.99%	22.86%	34.81%	63.54%
海南	16.25%	15.47%	38.11%	42.58%
重庆	27.97%	8.57%	31.57%	89.12%
四川	15.10%	25.40%	30.34%	62.66%
贵州	16.81%	33.64%	26.81%	52.01%
云南	35.54%	23.00%	35.94%	83.50%
西藏	41.63%	24.60%	25.05%	40.52%
陕西	18.66%	19.51%	28.00%	84.18%

续表

区域	2015年比2010年		2010年比2000年	
	城市人口增长率	镇人口增长率	城市人口增长率	镇人口增长率
甘肃	11.48%	34.61%	33.57%	88.95%
青海	8.33%	27.57%	37.21%	104.16%
宁夏	15.19%	34.62%	71.55%	66.10%
新疆	13.46%	29.00%	42.12%	65.25%

资料来源：根据“四普”、“五普”、“六普”及2015年“小普查”数据计算而得

（三）2010年以来部分地区和城市出现人口缩减新趋势

根据“五普”和“六普”的街道（乡镇）级别人口数据，当前我国已有上百个城市的人口数量和人口密度在下降。中西部地区除中心城市和个别乡镇外，大部分县市乡镇常住人口都呈现出明显的缩减趋势。以东北三省为例，根据相关研究，2000～2005年东北三省的人口净迁出数量为88.20万人；2005～2010年和2010～2015年，地区的人口净迁出分别上升到117.04万人和136.93万人，净迁移（出）率由0.74%上升到1.14%。从迁移人口的地区分布看，中小城市，特别是县乡村是人口流失的主要地区（表10-11），而中心城市如东北三省的沈阳、长春、哈尔滨、大连等城市由于地区经济条件好、就业机会多，并未出现人口流失。伴随着人口的净迁出，东北地区人口年龄结构也在发生变化，老龄化现象明显。例如，2010～2015年东北三省的劳动年龄（15～64岁）人口数量下降了1.73%，少儿（0～14岁）人口数量下降了0.81%，而65岁及以上老年人口数则增加了2.54%。截至2018年，吉林老龄化率为12.38%、辽宁老龄化率为14.35%、黑龙江老龄化率为12%，明显高于11.4%的全国平均水平。

表10-11　东北三省人口迁移变化

指标	2000年	2010年
东北三省净迁出县市数占三省县市数百分比	63.63%	67.39%
东北三省净迁出县乡占总面积的比	66.43%	72.72%
净迁出人口超10万的县市/个	3	6
净迁出率大于1/9的县市占净迁出县市比	18.49%（占地区总面积比11.36%）	31.45%（占地区总面积比20.54%）

资料来源：转引自戚伟等（2017）

注：迁移强度表示迁移活跃程度的指标，根据国际标准，迁移人口占总人口的10%即为迁移达到了活跃水平，1/9是对应换算出的净迁出强度，负数表示净迁出

三、人口分布与城乡布局变化趋势的国际经验借鉴

尽管我国的人口总量在“六普”持续增长，但是，2000 年以来人口生育率却呈现了明显的下降趋势。2010 年“六普”数据再次确认了我国人口生育率和人口增长率正不断下降的事实。国内外一些研究估计我国人口总量峰值将仅为 14 亿左右，大大低于原来预计的接近 16 亿的峰值，且峰值到来的时间也会提前到 2025 年前后。一些研究预计：我国人口将于 2017～2026 年开始负增长，21 世纪末我国人口总量可能下降到 5 亿～9 亿。在这样人口发展的大背景下，未来中国的人口空间分布将会发生怎样的变化？人口向东部沿海地区集聚分布的趋势是否还将继续？城镇布局又将出现何种变化？未来中国人口分布和城市格局的变化直接影响着中国人口与资源的配置模式与效率，影响着中国的可持续发展。借鉴日本的经验与教训，可以为我国人口分布与城乡布局的变化趋势研判提供一定的参考。

2019 年日本国立社会保障与人口问题研究所编著完成《人口统计资料集》，根据该资料，2015 年日本全国 65 岁及以上人口已占到总人口的 26.6%，但是从地区看，特别是都市圈和非都市圈地区的情况看，非都市圈地区老龄化率明显高于都市圈地区（表 10-12）。非都市人口向都市圈迁移，使非都市圈地区的人口缩减和老龄化程度进一步加深，导致地区衰退，甚至一些地区出现严重的不可持续发展，这种状态严重困扰着日本地方经济社会发展。

表 10-12　日本不同地区的老龄化及人口流动

指标	1995 年	2000 年	2005 年	2010 年	2015 年
日本全国平均老龄化	14.5%	17.3%	20.2%	23.0%	26.6%
东京都市圈老龄化率	12.8%	15.5%	18.4%	21.5%	25.1%
名古屋都市圈老龄化率	14.4%	17.2%	19.6%	22.9%	26.0%
大阪都市圈老龄化率	13.7%	16.5%	19.7%	23.2%	27.1%
非都市圈地区老龄化率	18.0%	21.0%	23.6%	26.1%	29.9%
非都市圈向大都市圈的净迁移率	−1.4%	1.5%	4.4%	3.3%	4.6%

资料来源：日本国立社会保障与人口问题研究所编著《人口统计资料集》

注：东京都市圈包括东京都市圈茨城县、栃木县、群马县、埼玉县、千叶县、神奈川县等；名古屋都市圈包括岐阜县、爱知县、三重县等；大阪都市圈包括京都府、大阪府、兵库县、奈良县等

2014 年 5 月 1 日日本 NHK 电视以“新的人口迁移危机”为题，报道了日本德岛县西部三好市人口老龄化与人口缩减的情况。德岛县三好市位于日本西南部，与近畿都市圈临近，人口约 3 万，其中 38%为 65 岁及以上的高龄者。伴随非都市圈地区人口大量向大都市迁移，三好市人口数量减少较多，预测到 2035 年该地区的人口将缩减到不足现在人口的一半，人口老龄化将超过 40%。严重的老龄化

和人口缩减使三好市的产业收缩、就业机会下降并出现财政危机（公共服务水平下降），同时伴随着社区功能衰退和地区吸引力下降，地区已接近不可持续的发展状态。

（一）产业收缩、就业机会降低、财政危机（公共服务水平下降）

由于人口外流和老龄化率的不断提升，三好市的产业发展失去了以往的基础支撑，特别是生活相关产业，许多经营数十年的店铺纷纷关闭。产业的收缩直接影响地区就业，特别是生活相关产业的收缩，因为生活相关产业提供的就业在地区就业中占比约为 60%。因此，产业收缩就业减少更加剧了地区的人口外流。预计到 2040 年该地区的人口将下降 54.1%，剩余人中老龄人口将超过 40%。此外，地区财政也面临危机，一是人口流失，产业收缩使地方财政收入大幅减少，而老龄化地区社会保障费用增加加大了地方财政压力①。二是地区内高速增长期建设的道路、桥梁、上下水道等基础设施开始需要维护更新，更使地方财政难以应付。因此三好市地方政府暂停了部分公共服务，并采取了增收公共服务收费等措施，但是这些措施不仅没能解决问题，反而加剧了人口外流。

（二）社区功能衰退

地方老龄化及人口减少削弱了社区居委会、社区自治团体等民间组织的活动能力。在社区，民间组织是组织社区居民协作、负责安全防御、促进社区交流，以及贯彻政府意志的重要力量。例如，社区居委会的安全消防团承担着联合居民共同保护社区安全和防御社区内各种自然灾害发生的重要职能，但由于地区人口减少，不少地区的安全消防团已解散，消防团解散后社区的灾害防御和抵御能力不复存在，地区安全受到很大影响。同时随着人口外流，儿童数量不断减少，地区的学生数、学校的年级数、班级数也随之在减少。由于缺乏年轻人的参与，有地区特色和有纪念意义的活动难以开展。地区与外部的交流越来越少，地区的活力和热情在随活动项目的减少慢慢消失，地区的历史文化传承越来越难以开展。社区功能衰退还体现在公共交通方面。由于地区的公共交通主要是以民营企业运营，随着人口数量的减少，地区的通勤、就学、交友等交通需求也越来越少，迫于成本核算，民营公交公司只有取消和减少公交的运行班次或线路。但失去驾驶能力和驾驶资格的高龄者人群对公共交通的依赖却在增加，相比之下地区的公共交通已难以满足老龄者的需求。

（三）地区社会环境质量下降

由于许多年轻人向东京等大都市迁移，三好市内的空置房越来越多。这些空

---

① 根据总务省报告，存在着这样那样的地方财政问题。

置房包括住房、店铺和厂房。由于地方的经济产业活动的减少及企业的后继者不足，许多店铺和工厂空置，这些空置房中许多是没有租赁和销售计划的空置房，因此这些房屋由于没有明确的管理和使用方向，与其他类别的空置房屋相比，修缮和管理情况都比较差。有些失修建筑设施倒塌或发生火灾，给地区安全、景观等带来破坏性影响。此外地区荒弃的耕地也越来越多，使地区的社会环境质量下降，降低了地区的对外吸引力。

关于老龄化与地区人口缩减问题的社会表现，日本国土交通省组织过相关调查，表 10-13 是该调查中受访者对老龄化背景下人口外流感受最深的方面。其中占比前三依次是商店街中拉百叶窗的关闭店铺越来越多、空置房屋越来越多、街区中很少听到孩子的嬉闹声。其后依次是学校关闭、公交车辆的班次减少及有些线路被取缔、地区缺乏活力等。老龄化与地区人口减少叠加使地区生产生活发生了较大的变化。

表 10-13　老龄化与地区人口衰减问题的社会表现

老龄化与地区人口衰减问题的社会表现	评价
学校关闭	26.8%
街区中很少听到孩子的嬉闹声	37.3%
商店街中拉百叶窗关闭的商店越来越多	58.1%
百货商店及超市的倒闭	13.0%
公交车辆的班次减少及有些线路被取缔	21.8%
失于管理的道路与公园等公共设施数量越来越多	3.0%
医疗设施及福祉设施的减少	2.1%
空置房屋越来越多	53.0%
关于搬迁者的消息开始越来越多	4.7%
地区缺乏活力	19.8%
其他	1.5%

资料来源：日本国土交通省的《地域運営と資源活用に関する方策検討調査報告書》

第三节　城市人口迁移空间特征及其变动趋势分析

人口和劳动力是重要的生产要素。人口和劳动力在空间上的迁移既是经济发展过程中生产要素资源配置不断变动的结果，也可以反映并改变中国区域经济发展格局和要素配置的空间特征。本节基于“五普”和“六普”的数据，在地级市层面上分析我国人口迁移的特征及其变动情况。

一、数据来源与分析方法

本节所使用的人口迁移数据来源于2000年和2010年两次全国人口普查分县资料中地级及以上城市级的数据。该资料汇总了两次普查时点上各地级及以上城市的常住人口数、户籍人口数及迁入人口数。其中，关于迁入人口分了三类：第一类“本县（市）/本市市区”；第二类“本省其他县（市）、市区”；第三类“外省”。本节关注的是地级市层面的人口迁移规律特征故需计算城市的净迁入人口。一般而言，净迁入人口等于外来迁入人口减去户籍迁出人口。其中，外来迁入人口应是户口登记地不在本市而在本市居住或工作的常住人口，包括外省迁入人口及本省其他地级市迁入人口，不包括本地级市内跨区/县/市迁入人口。因此，如果按该资料中的迁入人口资料来计算，除了需去掉第一类迁入人口，还应将第二类迁入人口中所包含的地级市、市内跨区/县/市的迁入人口去掉，但因资料所限无法剔除。若将第二类和第三类相加作为本地级市的迁入人口将会高估迁入人口数据。同时，该资料中没有人口户籍登记地在本地级市但不在本市居住或工作的迁出人口数据。因此，直接的迁入人口和迁出人口数据没有办法获得。故笔者转而采用如下思路和计算方式。该计算方式在实际统计中可能存在一些误差，误差的来源是“户籍待定人口”，不过这部分误差是较小的，可以忽略不计。

净迁入人口（nimm）=外来迁入人口（imm）–户籍迁出人口（emm）

净迁入人口（nimm）=外来迁入人口（imm）–户籍迁出人口（emm）
=常住人口–户籍常住人口–户籍迁出人口
=常住人口–（户籍常住人口+户籍迁出人口）
=常住人口–户籍人口

净迁入率=净迁入人口÷常住人口×100%

当某一区域迁入人口占到总人口的比重超过10%时，认为该区域人口进入活跃流动期。按照此阈值，依据根据“五普”和“六普”时国内各地级及以上城市人口净迁入率的大小，将全国287个城市划分为人口净流入活跃区、净流入非活跃区、净流出活跃区、净流出非活跃区四种类型，并进行数据分析。

（1）若净迁入率>10%，则该城市为净流入活跃区。

（2）若0<净迁入率≤10%，则该城市为净流入非活跃区。

（3）若–10%<净迁入率≤0%，则该城市为净流出非活跃区。

（4）若净迁入率≤–10%，则该城市为净流出活跃区。

二、城市层面上人口迁移空间特征及其变动分析

（一）国内人口净流入城市数量减少，净流出城市数量增加

从全国范围来看，“五普”至“六普”期间，人口净流入城市从125个下降至103个，占城市总数量的比重从43.6%下降至35.9%；人口净流出城市从162个上升至184个，占城市总数量的比重从56.4%上升至64.1%。进一步细分可知，属于净流出活跃区和净流入活跃区的城市数量在增加，前者从26个增至87个，后者从27个增至50个；而属于净流出非活跃区和净流入非活跃区的城市数量在减少，前者从136个减至97个，后者从98个减至53个（表10-14）。这在一定程度上可以反映出，2000～2010年的10年间国内人口向少数城市迁移集中的过程。

表10-14 “五普”和“六普”时全国城市按净流入率的分类

分类	“五普”		“六普”	
	城市数/个	百分比	城市数/个	百分比
净流出活跃区	26	9.1%	87	30.3%
净流出非活跃区	136	47.4%	97	33.8%
净流入非活跃区	98	34.1%	53	18.5%
净流入活跃区	27	9.4%	50	17.4%
合计	287	100%	287	100%

（二）东、中、西、东北的人口迁移流动越发活跃，人口净流出地区越来越多地集中于中西部地区，人口净流入区越来越多集中于东部

表10-15和表10-16分别展示了“五普”和“六普”时四大地区中的城市按净迁入率的分类及其变动情况。2000年时，东部地区中属于人口净流出活跃区、净流入活跃区的城市数量和比重高于其他三个地区，属于人口净流出非活跃区域的城市比重低于中部和西部地区，属于人口净流入非活跃区域的城市比重与其他三个地区相差不多。中部地区在2000年时尚无城市属于人口净流入活跃区，绝大多数城市属于人口净流出非活跃区。西部地区虽已有10个城市属于人口净流入活跃区，但大部分城市还是属于人口净流入非活跃区和净流出非活跃区。东北地区则是既无人口净流出活跃区也无人口净流入活跃区。可见，2000年时东部地区城市的人口迁移流动比中西部和东北地区活跃。

表 10-15　“五普”时四大地区城市按净迁入率的分类

地区	净流出活跃区	净流出非活跃区	净流入非活跃区	净流入活跃区	合计
东部城市数量/个	13	24	33	17	87
占东部城市总数的比重	14.9%	27.6%	37.9%	19.5%	100%
占全国该类型城市总数的比重	50%	17.6%	33.7%	63%	—
中部城市数量/个	4	50	27	0	81
占中部城市总数的比重	4.9%	61.7%	33.3%	0	100%
占全国该类型城市总数的比重	15.4%	36.8%	27.6%	0	—
西部城市数量/个	9	44	22	10	85
占西部城市总数的比重	10.6%	51.8%	25.9%	11.8%	100%
占全国该类型城市总数的比重	34.6%	32.4%	22.4%	37%	—
东北城市数量/个	0	18	16	0	34
占东北城市总数的比重	0	52.9%	47.1%	0	100%
占全国该类型城市总数的比重	0	13.2%	16.3%	0	—
全国城市数量/个	26	136	98	27	287
占全国城市总数的比重	9.1%	47.4%	34.1%	9.4%	100%
占全国该类型城市总数的比重	100%	100%	100%	100%	—

注：表中百分比由四舍五入计算得到，相加与100%有偏差

表 10-16　“六普”时四大地区地级市按净迁入率的分类

地区	净流出活跃区	净流出非活跃区	净流入非活跃区	净流入活跃区	合计
东部城市数量/个	22	20	15	30	87
占东部城市总数的比重	25.3%	23%	17.2%	34.5%	100%
占全国该类型城市总数的比重	25.3%	20.6%	28.3%	60%	—
中部城市数量/个	27	39	11	4	81
占中部城市总数的比重	33.3%	48.1%	13.6%	4.9%	100%
占全国该类型城市总数的比重	31.0%	40.2%	20.8%	8%	—
西部城市数量/个	35	26	10	14	85
占西部城市总数的比重	41.2%	30.6%	11.8%	16.5%	100%
占全国该类型城市总数的比重	40.2%	26.8%	18.9%	28%	—
东北城市数量/个	3	12	17	2	34
占东北城市总数的比重	8.8%	35.3%	50.0%	5.9%	100%
占全国该类型城市总数的比重	3.4%	12.4%	32.1%	4%	—

续表

地区	净流出活跃区	净流出非活跃区	净流入非活跃区	净流入活跃区	合计
全国城市数量/个	87	97	53	50	287
占全国城市总数的比重	30.3%	33.8%	18.5%	17.4%	100%
占全国该类型城市总数的比重	100%	100%	100%	100%	—

注：表中百分比由四舍五入计算得到，相加与100%有偏差

2010年时，虽然东部地区的城市中属于人口净流出活跃区的城市绝对数量变多了，但是其占全国人口净流出活跃区的总城市比重却降低了，其原因在于其他三个地区属于人口净流出活跃区的城市数量大大增加了。东部地区属于人口净流出非活跃区和净流入非活跃区的城市绝对数量均比2000年时有所减少，净流入活跃区数量从17个上升至30个。中部和西部地区的城市中，属于人口净流出活跃区和净流出非活跃区的城市数量较多。东北地区内属于人口净流入非活跃区的城市数量较多。总体来看，“六普”与“五普”相比，人口净流出地区越来越多地集中于中西部地区，人口净流入区越来越多地集中在东部，且净流出活跃区多位于中西部地区，净流入活跃区多处于东部地区。四大地区的人口迁移流动均比10年前活跃。

（三）流动人口集中于三大都市圈与中西部重要的区域经济中心城市，人口净流出城市集中在人口密集的中部地区、成渝地区等

“五普”和“六普”的数据分析显示，当国内人口自由迁移刚刚掀起时，首先是深圳、广州等城市和沿海发达城市成为最主要的流动人口集聚地。伴随着浦东开发开放，长三角地区崛起并成为又一个流动人口集聚地。在21世纪的第一个10年，长三角地区甚至取代了珠三角都市圈成为省际人口流动的最主要地区（王桂新等，2012；夏怡然等，2015）。之后，随着非均衡发展区域政策的深入实施和区域中心城市的发展，北京、天津及中西部、东北区域内部的核心城市等开始不断吸纳人口流入。总体而言，人口净流入城市主要集中在珠三角、长三角、京津冀等东部发达城市地区与中西部重要的区域经济中心城市；人口净流出量最高的两大区域分别是苏北—鲁西南—河南—皖北—湖北区域及成渝地区，广西的人口净流出量也较大。

2010年“六普”时，净流入人口超过100万的城市有24个，这24个城市的净流入人口占其总人口的比重高达31.6%。净流出人口超过100万的城市有20个，这20个城市的净流出人口占其总人口的比重为21.8%。2000年“五普”时，净迁入人口规模排名前50位的城市的净迁入人口合计为4270.6万人，10年以后的“六普”，排名前50位的城市的净迁入人口上升至8395.47万人，几乎是10年前

的两倍。流动人口越来越向东部地区集中，向行政级别高的城市集中，向三大都市圈集中。

三、不同城市人口净迁入/迁出状况分析

为了分析 2000～2010 年中国 287 个地级及以上城市人口净迁入/迁出的特征及城市类型，笔者以“五普”时常住人口净迁入率为横坐标、“五普”至“六普”期间净迁入人口增量占“六普”时常住人口比重为纵坐标绘制了如图 10-3 所示的散点图。其中，位于第一象限的城市属于持续净迁入区，第二象限的城市属于从净流失转为净流入区，即净迁出人口减少区第三象限的城市属于持续净迁出区，第四象限的城市属于从净流入转为净流失区，即净迁入人口减少区。从图 10-3 中可以非常直观地看出，属于持续净迁入区、持续净迁出区的城市数量相对较多，属于净迁出人口减少区和净迁入人口减少区的城市数量相对少些。进一步地，本部分借鉴于涛方（2012）的分类方法，将上述散点图中的四分类法细分为六种类型（表 10-17），其中，持续净迁入型城市占 23%，持续净迁出型城市占 37%，净迁入人口减少型城市占 12%，净迁出人口减少型城市占 12%，流动平衡转为净迁入型城市占 5%，流动平衡转为净迁出型城市占 11%。

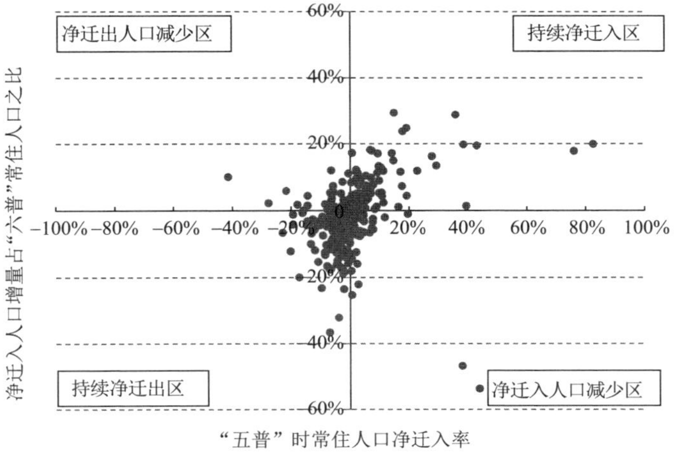

图 10-3　国内地级市人口净迁入/迁出类型划分

表 10-17　国内地级市人口净迁入/迁出类型划分

净迁入人口增量占“六普”常住人口之比	“五普”常住人口净迁入率		
	>1%	[−1%,1%]	<−1%
>0	持续净迁入	流动平衡转为净迁入	净迁出人口减少
<0	净迁入人口减少	流动平衡转为净迁出	持续净迁出

（一）持续净迁入型城市的分布状况

两次普查期间，全国有 65 个城市属于持续净迁入型城市，主要是东部发达地区的城市、中西部重要经济中心城市及枢纽城市、大部分省区市的省内核心城市。2000 年以来，珠三角、海峡西岸、长三角、山东半岛、京津冀、呼包鄂及辽中南城市走廊呈现出较高的人口净迁入水平和较快的增长速度，反映了国内经济活动与人口、劳动力高度集聚的特征（于涛方，2012）。2000 年时，广东的深圳、东莞、中山、珠海、佛山、广州、惠州、江门和汕头等 9 市净迁入人口为 1776 万人，占其常住人口的 40.2%；2010 年时，这 9 个城市的净迁入人口继续增加，达到 2631 万人，占常住人口总量的比重也升至 45.7%。长三角“两省一市”中的上海、镇江、南京、常州、无锡、苏州、湖州、金华、舟山、温州、杭州、宁波、嘉兴也是人口持续净迁入型城市。2000 年时，这 13 个城市的净迁入人口为 799 万人，占其常住人口总量的 10.9%；2010 年时，这些城市的净迁入人口数已高达 2482 万人，是 2000 年时的 3 倍多，占常住人口总量的 26.2%。2000～2010 年，京津冀都市圈的两大核心城市北京和天津吸纳人口的能力迅速且大幅上升，净迁入人口数分别从 240.17 万人上升至 705.84 万人，66.81 万人上升至 301.91 万人。在中西部地区，持续净迁入型城市主要是各省的省会城市、重要枢纽城市，如合肥、郑州、成都、武汉、长沙、呼和浩特、太原、贵阳、昆明等，以及自然资源和环境较好的城市，如鄂尔多斯、大同、攀枝花、酒泉和旅游型城市丽江等。

（二）持续净迁出型城市的分布状况

两次普查期间，全国属于持续净迁出型城市共有 106 个，是所有类型中数量最多的。这些城市大多是位于安徽、甘肃、广西、贵州、湖北、湖南、江西、内蒙古、宁夏等中西部省区市内经济较为落后城市，如中部地区人口流失大省安徽有 12 个地市属于持续净迁出型城市，湖南和河南分别有 10 个和 8 个地市属于持续净迁出型城市；西部地区广西有 11 个地市属于持续净迁出型城市。此外，福建、广东、江苏、山东等东部省市内的经济相对落后且距离都市圈等人口强势吸引中心距离较近的城市，也可能是持续净迁出型城市，如位于江苏北部和中部的淮安、泰州、南通。另外，东北地区的黑龙江和辽宁也有几个城市属于持续净迁出型城市。

（三）净迁入人口减少型城市和净迁出人口减少型城市的分布状况

两次普查期间，全国共有 35 个净迁入人口减少型城市。2000 年时，这类城市均有一定规模的净迁入人口，但在 21 世纪的第一个 10 年内，净迁入人口总量有所减少。这些城市在东北的长春—吉林地区、冀东南、鄂西北地区比较集中。

此外，靠近人口吸引中心的都市圈、区域的周边城市，如珠三角与海峡西岸之间的漳州，长三角的连云港和扬州，靠近广东的新余和南昌，京津冀北和辽中南之间的秦皇岛市等，其人口吸引力也在下降。此外，有一些资源型城市的人口吸引力有所减弱，如辽源、金昌等。

此外，全国属于净迁出人口减少型城市共有35个。这些城市在2000年时人口均有一定程度的净迁出，但在21世纪的第一个10年内净迁出人口总量有所减少，可能是由于部分人回迁或来自其他城市的人口迁入。这一类城市大多位于主要城市群、都市圈的外围地区，得益于主要城市群和都市圈的辐射作用，比如，珠三角地区的清远、肇庆等地区，长三角地区的台州，山东半岛的日照，长沙的周边城市，以及位于哈尔滨—佳木斯一带的城市等。

（四）流动平衡转为净迁入型城市和流动平衡转为净迁出型城市

流入平衡转为净迁出型城市和流入平衡转为净迁入型城市分别有32个和14个。2000年时，这两类城市的净迁入人口和净迁出人口占常住人口比重均非常小，即处于“流动平衡”状态。但是，至2010年时，部分城市净迁入人口增加量继续减少，即为流动平衡转为净迁出型城市；部分城市净迁入人口增加量有所增加，可以视为流动平衡转为净迁入型城市。流动平衡转为净迁出型城市的分布与净迁入人口减少型城市有些相似，如江苏北部的宿迁、徐州、盐城，河北的保定，辽宁的抚顺等。流入平衡转为净迁入型城市数量比较少，主要地区临近于发达城市群，如山东潍坊，浙江的绍兴，辽中南地区的辽阳、营口和锦州，太原都市圈的晋中和阳泉等，类似于净迁出人口减少型城市，其发展得益于区域整合进程加快和中心城市的区域辐射带动作用。

四、小结

本节主要是从地级市层面上分析区域间经济发展不均衡带动下的人口迁移流动的空间特征及两次人口普查期间的变动情况，主要有如下几点结论：①“五普”至“六普”的10年间，国内人口净流入城市数量减少，净流出城市数量增加，反映人口向少数城市集中的态势。这10年间，无论是全国层面，还是分东部、中部、西部、东北四大地区来看，人口迁移流动越来越活跃，人口净流出地区越来越多地集中于中西部地区，人口净流入区越来越多地集中在东部。②21世纪的第一个10年间，人口越来越向珠三角、长三角、京津冀三大都市圈与中西部重要的区域经济中心城市、枢纽城市、省会城市集聚。主要都市圈、城市群是人口强势吸引中心，反映出这些区域强大的集聚作用，这种集聚作用不仅表现在对其周边空间距离较近、经济发展相对落后的城市的人口的强势吸引，对全国的流动人口也具有强大的吸引力。同时，在区域整合发展不断深入的过程中，这些主要核心城市、城市群对周边外围地区的城市有辐射带动作用。③人口净流失城市集中在人口密集的中部地区、成渝地区、江苏北部地区等，尤其是农村剩余劳动力较多的河南、安徽、四川、湖北、湖南的部分经济发展相对落后、以农业为主的地级市，其人口持续流出，成为全国流动人口的主要来源地。

第十一章　人口老龄化对我国城乡经济空间布局影响的研究

第一节　文献评述

新时代平衡与充分发展已经成为我国经济增长与社会发展进程中越来越重要的议题之一。在这样的背景之下，城乡社会经济空间分布的变化趋势就非常值得关注。现有的文献大多关注二元经济结构，即城镇与农村两个空间单元的经济增长。然而，我国社会发展和经济增长的现状反映，我国城镇地区，市与镇的发展是有区别的。镇域经济有着与市区不同的经济发展水平和人口结构特征。学者张五常就认为，中国经济飞速发展的原因在于县域经济的相互竞争。我国的经济发展吸引了大量的外资进入及促进了本土制造业企业的发展。制造业发展的事实显示，很多制造业企业出于节约成本的考虑，于县域与镇域选址。2000 年之后，发达的县镇经济为经济发展做出了巨大的贡献，镇域人口增长迅猛。根据“五普”和“六普”数据，从 2000 年到 2010 年，镇域人口从 1.66 亿人增长到 2.66 亿人，净增加 1 亿人，年均增长率达 4.61%，而市区人口则是从 2.93 亿人增长到 4.04 亿人，净增加 1.11 亿人，年均增长率为 3.26%。从人口分布和人口流动来看，虽然人口依然主要分布在市区，但是镇域人口增速更快。

正是由于市区与镇域之间存在着空间异质性，如果将我国的经济空间区分为城镇与农村，就忽略了市与镇之间的社会经济的发展特征差异，从而研究内容会稍微显得相对不充分。因此，我们需要建立一个以市、镇、乡为主体的三元结构的经济模型，来对经济的空间分布进行讨论。

人口老龄化是我国社会发展的重要背景之一。2019 年 11 月，国务院印发《国家积极应对人口老龄化中长期规划》，认为人口老龄化是今后较长一段时间内的基本国情。根据《世界人口展望 2019》报告中方案的预测结果，到 2035 年我国 65 岁以上老年人口占比将超过 20%。按照一般的分类标准，人口老龄化率在 20%～40%的情况为重度人口老龄化。这说明，到 2035 年我国或将进入重度人口老龄化社会。同样根据中方案预测结果，到 2050 年我国人口老龄化程度将达到 26.1%，到 2100 年我国人口老龄化将达到 31.8%。这说明，从未来中长期的人口发展趋势来看，我国人口老龄化程度将持续加深，在 2035 年左右进入重度人口老龄化社会，并在很长一段时间内都处于重度人口老龄化社会的形态之中。

现在普遍的学术观点认为，人口老龄化对产业结构演化、经济发展有着较为深远的影响。然而，人口老龄化如何影响经济空间布局的相关研究却较少。蔡昉（2009）认为我国劳动人口增速呈现出放缓的态势，人口红利逐渐式微甚至有消失的趋势，指出通过加大教育投入和深化改革可以创造出第二次人口红利。在中国丧失人口红利这一经济增长源泉的同时，人口红利在许多发展中国家或正在蓄势待发，或方兴未艾，意味着在劳动密集型产业上，中国将丧失此比较优势（蔡昉，2013）。汪伟等（2015）通过对 1993～2013 年的中国省区市面板数据研究认为，中国人口老龄化不仅促进了产业结构的优化，还带来了制造业和服务业的结构优化。钟水映和余远（2017）认为人口老龄化促进了中国产业升级，并且具有显著的正向空间外溢效应。那么人口老龄化与经济空间布局之间是否存在某种直接或者间接影响关系呢？如果这种联系存在的话，人口老龄化是如何影响经济空间布局的呢？又或者说，不同阶段的人口老龄化背景下，产业、经济空间分布及人口的空间分布又是怎样的呢？

目前的研究对这个问题研究得似乎不够充分。有关人口老龄化对经济空间分布的影响大多集中在探讨人口老龄化对经济增长的掣肘作用上，或是研究人口老龄化对我国区域经济空间的布局影响上。齐传钧（2010）基于联合国 2008 年的人口预测数据，研究认为人口老龄化对劳动力供给、资本形成及 TFP 产生影响，进而对经济增长产生不利影响。赵春燕（2018）利用 1998～2015 年我国 30 个省区市的面板数据，采用面板门槛回归模型，研究人口老龄化对产业升级的影响，结果发现，人口城镇化是一个重要影响变量，当城镇化水平高于一定的门槛值时，人口老龄化可以促进经济发展。李芳和李志宏（2014）在人口老龄化加深和城镇化快速发展的背景下，对城乡统筹发展的困境做了分析，并提出了一些政策建议。王箫旭等（2017）利用中国 2000～2014 年面板数据研究发现，人口老龄化扩大了城乡收入不平等，但是却没有提及在市、镇、乡三个空间范围内的空间集聚情况和产业升级情况。不仅如此，讨论我国经济空间分布时大多集中在城镇和乡村，几乎没有学者将市、镇、乡的空间分解开，这导致市镇之间的经济互动关系被长期忽视。

本章采用系统动力学模型进行研究。系统动力学最早是由麻省理工学院的 Forrester 教授于 1956 年提出，国内主要是由王其藩引入学术研究和项目管理中。经过多年的发展，系统动力学已经成为一门相对成熟的系统方法。相较于传统的线性研究方法，系统动力学非常善于处理非线性微分方程，在含有时间变量的动态模型中有着良好的运用。而且，系统动力学方法灵活，模型不仅仅可以运用在传统的自然科学系统课题之中，还能运用在企业管理、宏观经济管理、人口年龄结构等诸多社会科学之中。系统动力学模型被广泛运用于区域经济研究，如刘小金等（1991）以山东莱州为例，对区域发展规划进行研究；刘承良等（2013）以武汉都市圈为例，构建具多重反馈的耦合巨系统都市圈对经济资源环境系统的耦合关系动态演化过程进行分析。宏观经济学上，贾建国和王其藩（1998）在新古典增长理论框架下，构建系统动力学模型，对宏观经济的经济产业结构及劳动力分布进行研究，对资本和劳动力的流动和分布、经济结构的变化等进行研究；产业经济研究上，赵玉林和李文超（2008）采用系统动力学模型对我国产业结构的演变规律进行模拟研究，吴传荣等（2010）采用系统动力学模型研究高技术企业技术创新网络；人口经济研究上，杨阳（2015）在可持续发展系统动力学模型中加入人口模块，对人口和经济可持续发展进行了研究。系统动力学在很多经济学领域都有着不错的表现。

本章则拟以市、镇、乡为基本的空间单元，运用系统动力学方法，在分析各个子系统及子系统内部变量之间关系的基础上，试图构建中国人口老龄化与经济空间布局的系统模型，并对中国人口老龄化、产业结构空间分布、经济空间分布的趋势和阶段性特征进行模拟，进一步分全国市、镇、乡来讨论人口老龄化对不同空间单元人口、产业和经济发展的长短期影响，以期为人口老龄化带来的经济影响提出相关建议。

第二节　模型构建与数据来源

一、模型构建

系统动力学模型建立在一个封闭有边界的模型之上，如何确定系统的边界及系统内部各个要素的结构关系至关重要。根据生命周期理论，人口老龄化的加深会导致消费的增加和储蓄的减少。同时，老年人口占比的提高往往意味着社会劳动比例的减少。因此，模型假定，人口老龄化会导致劳动力投入和投资的减少，导致对应相关产业从业人员和资本存量的减少。从业人员和资本存量的变化会导致产业结构和经济增长产生差异。

人口迁移往往是为了更好地就业。经典的推拉模型认为，人口迁移是迁移的成本和迁移的收益权衡的结果。托拉多模型认为，人口迁移的动力大小与迁移地区的预期收入水平的高低相关。不同空间范围内的劳动需求的变化，会进一步产生对应的人口迁移进而导致人口在不同空间上的分布，而这种人口的空间集聚差异，反过来又会影响不同空间范围内人口老龄化的发展趋势及劳动力增长趋势。

本章试图通过构建可以描述人口老龄化对产业结构升级和经济空间分布间接影响的模型，用以分析人口老龄化如何影响资本和劳动力两个重要的生产要素在市、镇、乡三个空间内的产业结构间进行分配，进而实现人口老龄产业空间集聚及产业结构升级。附录中附图 1 展示了系统的内部结构和各个结构之间的逻辑关系。附图 2 展示了各个结构之间的因果关系。这个模型可以拆分成经济子系统、产业结构子系统、人口增长子系统、人口老龄化子系统、劳动力投入子系统。这五个子系统在市、镇、乡三个空间单元里又可以拆分成 15 个子系统，相互影响。图 11-1 展示了系统动力学的模型构架。

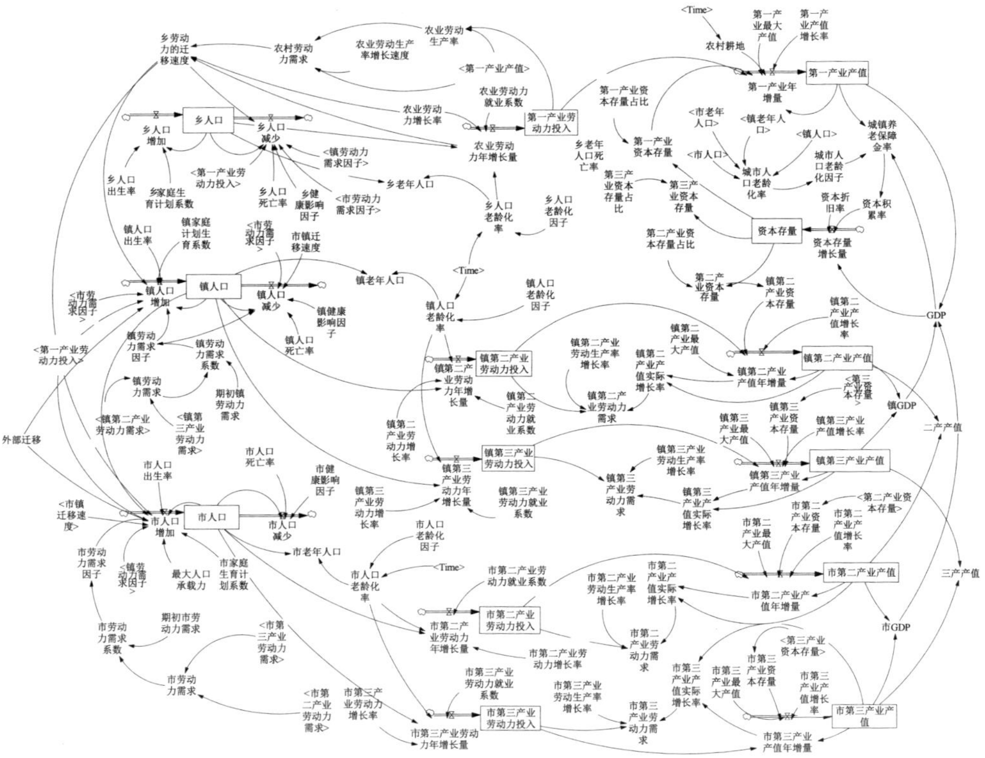

图 11-1　中国人口老龄化与经济空间分布系统动力学模型

<Time>表示时间变量，意为人口老龄化是关于时间的函数

（一）人口增长子系统

人口增长子系统由人口存量和人口出生率、死亡率及迁移共同组成。大量的研究表明，人口增长可以采用系统动力学进行研究。有些学者对人口年龄结构建模进行了深入的探讨，并在宋健人口发展模型的基础上对人口年龄结构模型进行了模拟。王裕明等（2014）采用系统动力学宋健人口发展模型对上海人口和分布进行了研究，阮雅婕等（2015）则利用该模型对单独二孩政策对我国人口发展的影响进行了评估。但是本章的重点并非人口内部年龄结构的变化规律，而是人口

老龄化对经济空间分布的影响，因此在实际建模中，我们简化了大量的内部结构模型，直接对总人口的发展趋势进行讨论。

（二）人口老龄化子系统

人口老龄化子系统较为简单，参考《世界人口展望2019》中的人口老龄化变动分布趋势，结合“五普”和“六普”数据对我国市镇乡人口老龄化趋势进行预测。人口老龄化与城市养老保障金率、劳动力投入相关联，形成人口老龄化子系统与劳动力投入子系统、经济子系统之间的串联。

（三）劳动力投入子系统

劳动力投入子系统是由人口总量和人口老龄化水平及就业系数共同决定的。劳动力投入变化模型采用了与人口变化类似的结构，但是不同的是其速率变量代表劳动力的净增加额。劳动力投入的变化直接影响了对应产业产值的增长量，直接与产业结构子系统相关联。同时，需要考虑的是人口老龄化会影响到劳动力投入，即老年人口越多，劳动力人口相应就会越少，那么人口老龄化就会减少劳动力的投入。

（四）产业结构子系统

在经典的新古典经济增长模型中，我们很容易地得到了关于劳动、资本的经济增长模型，其中第一产业增长还需要考虑到每年农村耕地的存量。顾朝林等（2017）将各个产业的产值规模设定一个最大的限度，假设在一定时期内，经济发展有一个最大的潜力值，这个值无法被超越。我们沿用了这种做法。

（五）经济子系统

资本存量是由GDP、资本积累率、资本折旧率三个要素决定，而资本折旧率由老龄化水平的系数决定。城镇老龄化因子水平决定了城镇地区的养老保障金支出，与GDP的比值即为养老保障金率。这里我们的前提假定是乡村地区没有养老保障金。养老保障金率的提高会降低对资本的投资率，那么进一步地会影响到资本存量。

资本存量影响着第一产业、第二产业和第三产业的资本存量，进一步影响对应产业产值的增长。第二产业产值和第三产业产值增长率影响了产业劳动力需求，而劳动力的需求则影响了市、镇乡之间的人口迁移方向和速度。人口老龄化影响着资本存量和劳动力投入，进一步影响到经济空间布局。

人口的迁移不仅仅受第二产业和第三产业的劳动力需求影响，而且受到第一产业劳动生产率的影响。第一产业劳动生产率的提高会导致农村劳动力向外迁移速度加快，进一步影响市、镇、乡的人口增长。

二、变量和参数

上述论述简单地阐述了中国人口老龄化和经济空间分布系统动力学模型构建的系统边界和内部结构。系统动力学模型由水平变量、辅助变量、速率变量、表函数、时间等相关变量组成。具体的参数及单位在附表 1 至附表 6 中显示。

三、系统方程

根据以上系统基本逻辑框架的构建、因果循环分析及系统流程图的分析，参考曹祺文等（2019）所构建的系统方程，我们沿用了基本的模型方程的基本构架，将主要变量的系统动力学方程列举在附表 7 中，由于人口老龄化子系统和产业结构子系统所对应的方程各个模型都不同，所以单独列在各个模型分析的独立章节之中。

四、数据来源说明

定义 65 岁及以上的人口为老年人口，因此根据全国人口普查数据可以得出市、镇、乡的人口老龄化水平。出生率、死亡率通过“五普”和“六普”数据推算得出。利用“五普”和“六普”数据，假定人口老龄化呈线性发展的趋势，同时，根据《世界人口展望 2019》，中国的人口老龄化（65 岁以上的人口占比）到 2050 年将达到 26.1%。2010 年，我国整体人口老龄化的水平为 8.9%，假设我国人口老龄化水平的空间结构不发生变化，2050 年市镇乡人口老龄化水平应该是 2010 年的 3 倍。又由于假定了人口老龄化呈现线性变动趋势，所以就可以得到人口老龄化的趋势线。

资本积累率可以通过《中国统计年鉴》估算而得。这里我们根据大部分学者的研究，资本折旧率假定为 0.05[①]。乡村地区生产总值现在尚无现成统计资料，而且学界对乡村地区生产总值估算尚无定论。总的来说，现在对乡村地区生产总值的估算有以下几种常见的做法。一种是采用第一产业产值来代替乡村地区生产总值，另一种做法是将第一产业产值加上乡镇企业的生产总值。此外，还有些其他的方法，如将乡村收入与第一产业产值加权来计算，等等。但是总的来说，只有用第一产业产值来估算最为方便，且有明确的统计资料来查询。所以，可以假

① 大部分的研究关于我国的资本折旧率为 5%左右。王小鲁和樊纲（2000）认为我国的资本折旧率为 5%；郭庆旺和贾俊雪（2005）测算后认为 1978 年到 1992 年间的大部分年份内，我国的资本折旧率是 5%左右，Chow 和 Li（2002）在估算中国资本存量的时候，对 1978～1992 年的资本折旧率取值为 0.04，1993～1998 年的资本折旧率取值为 0.056；胡永刚和郭新强（2012）将我国的资本折旧率取值为 0.04。因此，将我国资本折旧率定位 0.05 是一个较为可靠的做法。

设乡村地区只有第一产业，城镇地区则是只有第二产业和第三产业。通过《中国城市统计年鉴》市区和地区的产值及产业结构情况可以确定市和镇的产业结构。

市第二产业产值、第三产业产值则根据《中国城市统计年鉴》中市区生产总值和对应的产业结构，镇的第二产业产值、第三产业产值则是根据《中国城市统计年鉴》中的地区第二产业产值和第三产业产值减去市对应的城市第二产业产值和第三产业产值估算而得。由于 2000 年的《中国城市统计年鉴》不包括西藏，所以我们在计算时采用了对应产业结构的比重来分别估算我国的市、镇对应的产业水平。

五、模型检验

中国人口老龄化与经济空间分布模型验证采用了两种方法。一个是模型的历史检验，即对模型输出的结果和实际的数值进行比较，如果误差很小则可以认为模型是可靠的。另一个是模型的敏感性检验。模型的敏感性检验则是指模型重要外生参数变动对整体模型输出结果的影响。

（一）历史检验

为了检验中国人口老龄化与经济空间分布系统动力学模型是否能够准确反映现实，我们利用 2000 年到 2010 年的历史数据对模型进行检验。由于模型涉及的变量较多，所以我们只筛选了重要的结果进行对比。经过检验发现（见附表 8），各项关键变量的模拟值与实际值的平均相对误差均小于 3%，因此，模型可以被认为是有效的。

（二）敏感性检验

敏感性分析用来分析参数对模型结果的影响。如果一个模型的结果受参数波动而影响巨大，那么这个模型很有可能是一种不稳定的模型。斐同英等（2010）认为，一个稳定性和强壮性均良好的模型应该是对大多数参数的变化不敏感的。基于这种观点，模型的参数敏感性检验应该越低越好。敏感性检验的计算如下：

$$S_Q = \frac{\frac{\Delta Q_t}{\Delta X_t}}{\frac{Q_t}{X_t}} \tag{11-1}$$

$$S = \frac{1}{n}\sum_{i=1}^{n} S_{Q_i} \tag{11-2}$$

其中，Q_t 为 t 时刻 Q 的值；X_t 为 t 时刻 X 的值；ΔQ_t 和 ΔX_t 分别为 Q 和参数 X 在

t时刻的变化量；S为状态变量Q对参数X的平均灵敏度。

在敏感性检验上，模型的几个重要参数的对结果输出影响均小于 5%，这说明所构建的中国人口老龄化与经济空间分布系统动力学模型对关键参数变化不敏感，可以满足建模的要求。

第三节　人口老龄化对我国城乡人口与经济空间分布影响研究：总体模拟与判断

通过 Vensim 软件对总体模型进行运算，本节试图揭示中国人口老龄化的空间结构转型过程，并试图在人口老龄化的空间结构转型背景之下，讨论人口空间分布、产业空间分布和 GDP 空间分布的变化趋势。

一、总体模型的介绍

（一）总体模型的重要方程

表 11-1 展示了总体模型中产业结构子系统和人口老龄化子系统中的重要变量的方程。模型产业子系统中生产函数采用经济学中最基本的柯布-道格拉斯生产函数的形式，而人口老龄化的方程则是先假定人口老龄化水平线性增长，根据联合国对 2100 年我国人口老龄化程度的预测值，再通过“五普”和“六普”数据反推出人口老龄化的表达式。该模型对真实数据有着较好的模拟能力。但是由于东中西各个部分的模型与总体模型相近，参数取值各有不同，所以需要分别对各个模型的关键变量和参数做具体说明。表 11-1 展示了总体模型的关键变量方程设定和参数取值。

表 11-1　总体模型中重要的变量方程

项目	变量方程
产业结构子系统	$\text{第一产业产值年增量}=\text{第一产业产值增长率}\times\left(1-\dfrac{\text{第一产业产值}}{\text{第一产业最大产值}}\right)\times e^{12.091}\times\text{农村耕地}^{0.4589}\times\text{第一产业劳动力投入}^{-0.743}\times\text{第一产业资本存量}^{0.24}\times 2.03069$
	$\text{镇第二产业产值年增量}=\text{镇第二产业产值增长率}\times\left(1-\dfrac{\text{镇第二产业产值}}{\text{镇第二产业最大产值}}\right)\times e^{1.995}\times\text{镇第二产业劳动力投入}^{0.805}\times\text{镇第二产业资本存量}^{0.195}$
	$\text{镇第三产业产值年增量}=\text{镇第三产业产值增长率}\times\left(1-\dfrac{\text{镇第三产业产值}}{\text{镇第三产业最大产值}}\right)\times e^{-0.155}\times\text{镇第三产业劳动力投入}^{0.429}\times\text{镇第三产业资本存量}^{0.571}$

续表

项目	变量方程
产业结构子系统	$市第二产业产值年增量=市第二产业产值增长率\times\left(1-\frac{市第二产业产值}{市第二产业最大产值}\right)\times e^{2.015}\times 市第二产业劳动力投入^{0.805}\times 市第二产业资本存量^{0.195}$ $市第三产业产值年增量=市第三产业产值增长率\times\left(1-\frac{市第三产业产值}{市第三产业最大产值}\right)\times e^{0.487}\times 市第三产业劳动力投入^{0.36}\times 市第三产业资本存量^{0.64}$
人口老龄化子系统	市人口老龄化 = IF THEN ELSE(Time < 2010, (0.101 505 × (Time − 2000) + 6.666 61) / 100, (0.076 816 6 × 市人口老龄化因子 − 0.076 816 6) / 40 × (Time − 2010) + 0.076 816 6) 镇人口老龄化 = IF THEN ELSE(Time < 2010, (0.198 421 × (Time − 2000) + 5.992 92) / 100, (0.079 771 3 × 镇人口老龄化因子 − 0.079 771 3) / 40 × (Time − 2010) + 0.079 771 3) 乡人口老龄化 = IF THEN ELSE(Time < 2010, (0.002 556 56 × (Time − 2000) + 0.075 026 4), (0.100 592 × 乡人口老龄化因子 − 0.100 592) / 40 × (Time − 2010) + 0.100 592)

其中，人口老龄化因子表示2100年人口老龄化水平对2017年的倍数。根据《中国统计年鉴2018》，我国2017年65岁以上人口占比为11.7%。根据《世界人口展望2019》，中方案预测下，2100年我国65岁及以上人口占比将达到32%，大约是2017年水平的3倍。因此，本章将人口老龄化因子取值3作为基准数据。人口老龄化因子相当于一个阀门，通过调节该变量的取值，可以看出人口老龄化变动对人口、产业经济空间分布的影响。

（二）人口老龄化对经济空间分布的影响路径

人口老龄化首先直接影响到产业劳动力的投入，进一步影响到各个产业产值的增长。其次，人口老龄化的加剧会影响到投资，根据模型设定，人口老龄化会降低资本积累率，进一步影响到产业产值的空间分布。最后，产值的空间分布影响到城镇对劳动工人的需求，进一步影响到人口的迁移方向，最终影响到人口的空间分布。人口空间分布又会对经济空间布局有一定的反作用，最终达到一般均衡的状态。

这便是该模型所设定的人口老龄化对人口与产业、经济空间布局的全过程。不同空间单元的人口老龄化水平对产业工人的投入、资本积累率有不同程度的影响。因此，市镇乡不同空间单元内的人口老龄化需要单独讨论，以区分不同空间单元的影响。

（三）人口老龄化取值及情景分析方案

我们将分别对市镇乡的人口老龄化水平均提高、仅市人口老龄化水平提高、仅镇人口老龄化水平提高、仅乡人口老龄化水平提高四种方案进行讨论，假设

2050 年人口老龄化水平比基准值提高 20%，即人口老龄化因子取 3.6，以此模拟人口老龄化对人口、产业和经济空间布局的影响，以及人口老龄化对研究对象跨空间单元的空间影响，具体见表 11-2。

表 11-2　情景分析方案及其含义与对应的人口老龄化取值

方案	含义	市人口老龄化因子取值	镇人口老龄化因子取值	乡人口老龄化因子取值
均增方案	市镇乡人口老龄化水平都提高 20%	3.6	3.6	3.6
市增方案	市人口老龄化水平提高 20%，乡镇人口老龄化水平不提高	3.6	3	3
镇增方案	镇人口老龄化水平提高 20%，市乡人口老龄化水平不提高	3	3.6	3
乡增方案	乡人口老龄化水平提高 20%，市镇人口老龄化水平不提高	3	3	3.6

需要说明一点是，之所以没有将市镇乡人口老龄化水平这一研究变量两两组合进行研究，是因为这样做的话，理论上与单独降低另一个空间单元的人口老龄化水平结论相同，显得多此一举。

由于“人口老龄化对经济空间分布的影响路径”和“人口老龄化取值及情景分析方案”两部分的内容仍然适用于东部、中部和西部模型的部分，因此在东部、中部和西部模型介绍的内容中，这两部分将不再重复介绍。

二、总体模型的输出结果

（一）人口的空间分布态势：人口向城镇地区集聚，人口向镇集中的速度更快

模拟结果显示，中国人口出现不断向城和镇集聚的趋势，市人口呈现先上升后下降的趋势，镇人口呈现一直上升的趋势，乡村人口在下降后呈现回升趋势（图 11-2）。市人口呈现出先上升后下降的趋势，到 2083 年，市人口达到最大值 5.66 亿人，随后市人口开始下降，到 2100 年，市人口下降至 5.57 亿元。镇人口呈现不断上升的趋势，到 2100 年镇人口甚至达 6 亿人。乡人口先下降，到 2062 年，乡人口达到最低值 4.07 亿人，随后出现回升的趋势，到 2100 年，乡人口回升至 4.25 亿人。

模拟显示，我国城镇化进程有三个较为突出的发展拐点，一个拐点是 2020 年左右，市人口开始超过乡人口，另一个拐点是 2035～2040 年，镇人口开始超过乡人口，最后一个拐点在 2085～2090 年，镇人口开始超过市人口。从长期来看，

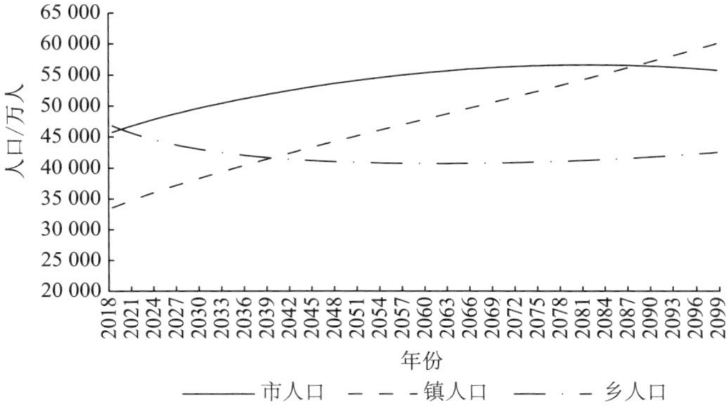

图 11-2　市、镇、乡人口空间分布

我国人口发展的重心应该是镇域，市区的人口数量虽然现在仍然领先于镇，但是镇更多地承担了我国城镇化任务。

(二)产业空间分布态势：第二产业更多在镇域集聚，第三产业更多在市区集聚

市、镇第二产业均呈现出逐年上升的趋势，镇第二产业产值增速更快，2070年左右超过了市区第二产业产值。到 2100 年，市第二产业产值达到 170.91 万亿元，镇第二产业产值达到 188.80 万亿元。第二产业空间分布的变化与人口变化的时间节点一致，这表示人口迁移与第二产业的发展有着某种内在的联系(图 11-3)。

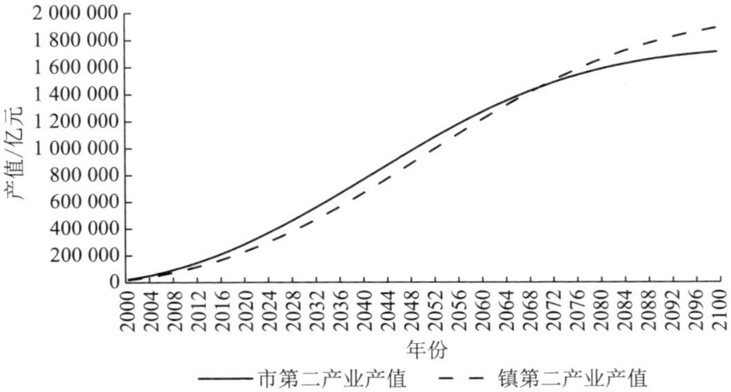

图 11-3　市、镇第二产业产值空间分布

市、镇第三产业的空间布局的格局基本没有发生变化。市第三产业产值一直领先于镇第三产业。预测结果显示，到 2100 年，市第三产业产值达到 1292.24 万亿元，镇第三产业产值将达到 996.99 万亿元。这说明，市区作为经济活动的核心

区域，会一直吸引大量的第三产业集聚于此。而且，市区和镇域的第三产业产值差距较大，形成了市第三产业的发展远超镇域发展的态势（图 11-4）。

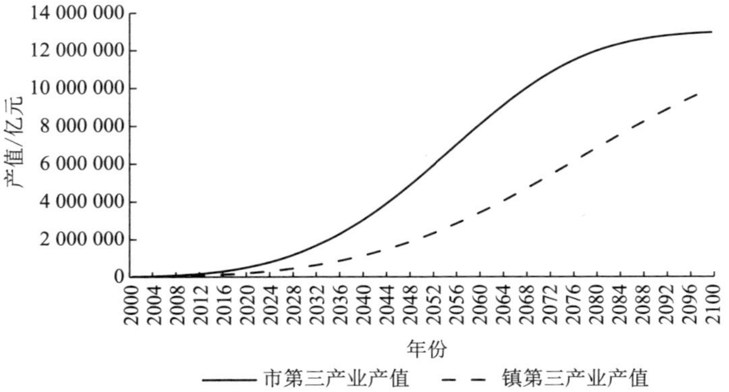

图 11-4　市、镇第三产业产值空间分布

（三）GDP 空间分布态势：市、镇的 GDP 呈现出先分异后趋同的趋势

从模拟的结果来看，市镇乡的 GDP 空间分布的位序没有发生变化（图 11-5）。市区的 GDP 一直领先于镇域。市与镇 GDP 的发展趋势出现了先分异，后趋同的趋势。在镇域第二产业产值超过市区的时候，市区的第三产业产值却早已远超于镇域。根据模拟的结果，到 2100 年，市区 GDP 达到 1463.15 万亿元，镇 GDP 达到 1185.78 万亿元，市镇 GDP 相差最大的年份是 2072 年，此时两者之差为 5372.86 万亿元，而市镇与乡的 GDP 绝对差距在不断扩大。根据估计，到 2100 年，乡 GDP（即为第一产业产值）仅为 85.33 万亿元，远远小于市与镇的

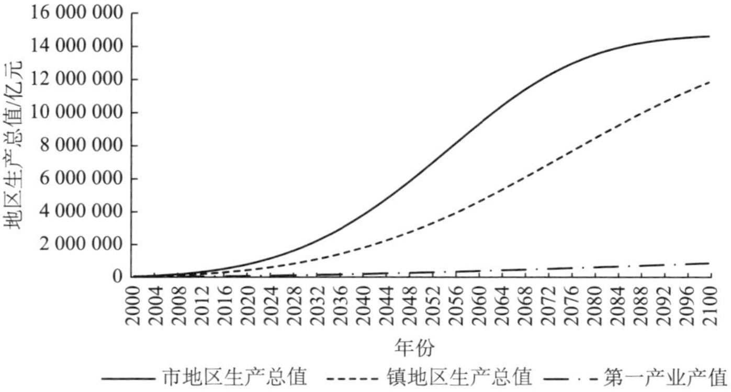

图 11-5　市、镇、乡地区生产总值空间分布

GDP。市区的 GDP 之所以能够一直领先于其他空间单元，很大程度上是因为其第二产业产值和第三产业产值长期处于领先地位。

三、人口老龄化对经济空间布局影响的情景分析

（一）不同方案下的人口空间分布变动

不同方案下的人口空间分布变动模拟结果如表 11-3 所示。

表 11-3　不同方案下的全国市镇乡人口空间分布变动

项目		均增方案	市增方案	镇增方案	乡增方案	基准
市	2050 年/万人	53 902.52	53 884.48	53 980.84	53 908.28	53 935.59
	波动值	–0.06%	–0.09%	0.08%	–0.05%	0
	2100 年/万人	55 309.92	54 685.77	56 408.09	55 705.16	55 744.73
	波动值	–0.78%	–1.90%	1.19%	–0.07%	0
镇	2050 年/万人	44 769.18	44 858.89	44 758.18	44 778.67	44 813.3
	波动值	–0.10%	0.10%	–0.12%	–0.08%	0
	2100 年/万人	59 779.19	61 062.56	58 823.83	60 061.77	60 074.48
	波动值	–0.49%	1.64%	–2.08%	–0.02%	0
乡	2050 年/万人	41 134.11	40 955.08	40 955.83	41 096.80	40 936.66
	波动值	0.48%	0.04%	0.05%	0.39%	0
	2100 年/万人	43 084.77	42 686.86	42 727.96	42 683.13	42 508.27
	波动值	1.36%	0.42%	0.52%	0.41%	0

1. 市镇乡的人口老龄化水平同时都提高：乡人口上升，市镇人口下降

从模型的输出结果来看，当市镇乡人口老龄化因子均提高到 3.6，2050 年，市人口达到 53 902.52 万人，相比基准值下降 0.06%；镇人口达到 44 769.18 万人，相比基准下降 0.10%；乡人口达到 41 134.11 万人，相比基准上升 0.48%。

到 2100 年，市人口达到 55 309.92 万人，相比基准值下降 0.78%；镇人口达到 59 779.19 万人，相比基准值下降 0.49%；乡人口达到 43 084.77 万人，相比基准值上升 1.36%。

无论是长期还是短期，人口老龄化对市镇人口发展均存在负向作用，对乡人口发展有正向作用。

2. 市人口老龄化水平提高，乡镇人口老龄化水平不变：乡镇人口上升，市人口下降

模拟结果显示，当且仅当市人口老龄化因子提高到 3.6 时，2050 年，市人口达到 53 884.48 万人，比基准值下降 0.09%；镇人口达到 44 858.89 万人，比基准值上升 0.10%；乡人口达到 40 955.08 万人，比基准值上升 0.04%。

当且仅当市人口老龄化因子提高到 3.6 时，2100 年，市人口达到 54 685.77 万人，比基准值下降 1.90%；镇人口达到 61 062.56 万人，比基准值上升 1.64%；乡人口达到 42 686.86 万人，比基准值上升 0.42%。

无论是长期还是短期，市人口老龄化的提高导致市人口的下降和乡镇人口的上升，且对市镇乡人口发展的长期内的影响均高于短期。

3. 镇人口老龄化水平提高，市乡人口老龄化水平不变：市乡人口上升，镇人口下降

模拟结果显示，当且仅当仅镇人口老龄化因子提高到 3.6 时，到 2050 年，市人口达到 53 980.84 万人，比基准值上升 0.08%；镇人口达到 44 758.18 万人，比基准下降 0.12%；乡人口达到 40 955.83 万人，比基准上升 0.05%。

当且仅当镇老龄化因子提高到 3.6 时，到 2100 年，市人口达到 56 408.09 万人，比基准值上升 1.19%；镇人口达到 58 823.83 万人，比基准值下降 2.08%；乡人口达到 42 727.96 万人，比基准上升 0.52%。

无论是长期还是短期，镇人口老龄化的提高会导致市乡人口的提高和镇人口的下降。

4. 乡人口老龄化水平提高，市镇人口老龄化水平不变：乡人口上升，市镇人口下降

模型模拟结果显示，当且仅当乡人口老龄化因子提高到 3.6 时，到 2050 年，市人口达到 53 908.28 万人，比基准下降 0.05%；镇人口达到 44 778.67 万人，比基准下降 0.08%；乡人口达到 41 096.80 万人，比基准提高 0.39%。

当且仅当乡人口老龄化因子提高到 3.6 时，到 2100 年，市人口达到 55 705.16 万人，比基准下降 0.07%；镇人口达到 60 061.77 万人，比基准下降 0.12%；乡人口达到 42 683.13 万人，比基准上升 0.41%。

无论是长期还是短期，乡人口老龄化的提高导致市镇人口的下降和乡人口的上升，且对市镇乡人口发展的长期内的影响均高于短期。

（二）不同方案下的产业空间分布变动

不同方案下的产业空间分布变动模拟结果如表 11-4、表 11-5 所示。

表 11-4 不同方案下市镇第二产业产值空间分布变动

	项目	均增方案	市增方案	镇增方案	乡增方案	基准
市	2050 年/万元	1 028 781	1 028 907	1 030 099	1 030 185	1 030 205
	波动值	–0.14%	–0.13%	–0.01%	–0.00%	0
	2100 年/万元	1 707 109	1 707 153	1 709 053	1 709 055	1 709 079
	波动值	–0.12%	–0.11%	–0.00%	–0.00%	0
镇	2050 年/万元	938 456.7	940 110.3	938 632.1	940 210.9	940 248.4
	波动值	–0.19%	–0.01%	–0.17%	–0.00%	0
	2100 年/万元	1 882 856	1 887 924	1 882 964	1 887 868	1 887 954
	波动值	–0.27%	–0.00%	–0.26%	–0.00%	0

注：表中 0.00%不表示数据为“0”，由四舍五入保留两位小数所致，表 11-5 同

表 11-5 不同方案下市镇第三产业产值空间分布变动

	项目	均增方案	市增方案	镇增方案	乡增方案	基准
市	2050 年/万元	5 382 053	5 385 318	5 390 908	5 393 960	5 394 068
	波动值	–0.22%	–0.16%	–0.06%	–0.00%	0
	2100 年/万元	12 916 914	12 918 133	12 921 152	12 922 325	12 922 383
	波动值	–0.04%	–0.03%	–0.01%	–0.00%	0
镇	2050 年/万元	2 086 607	2 090 510	2 088 241	2 091 999	2 092 073
	波动值	–0.26%	–0.07%	–0.18%	–0.00%	0
	2100 年/万元	9 908 617	9 958 280	9 920 108	9 968 983	9 969 863
	波动值	–0.61%	–0.12%	–0.50%	–0.01%	0

1. 市镇乡的人口老龄化水平同时都提高：市镇第二产业、第三产业产值均下降

根据模拟结果，当市镇乡人口老龄化因子均提高到 3.6 时，到 2050 年，市第二产业产值达到 1 028 781 万元，比基准值下降 0.14%；镇第二产业产值达到 938 456.7 万元，比基准值下降 0.19%；市第三产业产值达到 5 382 053 万元，比基准值下降 0.22%；镇第三产业产值达到 2 086 607 万元，比基准值下降 0.26%。

当市镇乡人口老龄化因子均提高到 3.6 时，到 2100 年，市第二产业产值达到 1 707 109 万元，比基准值下降 0.12%；镇第二产业产值达到 1 882 856 万元，比基准值下降 0.27%；市第三产业达到 12 916 914 万元，比基准值下降 0.04%；镇第三产业达到 9 908 617 万元，比基准值下降 0.61%。

无论是长期还是短期，人口老龄化水平对市镇的第二产业产值、第三产业产

值的增长均有负向作用。但是，对比来看，长期内，人口老龄化对市区第二产业及第三产业影响要比短期要小，而对镇域的第二产业及第三产业的影响却比短期大。

2. 仅市人口老龄化水平提高：市第二产业、第三产业产值均下降，镇第二产业、第三产业也下降，但影响较小

根据模拟结果，当且仅当市人口老龄化因子提高到 3.6 时，到 2050 年，市第二产业产值达到 1 028 907 万元，比基准值下降 0.13%；镇第二产业产值达到 940 110.3 万元，比基准值下降 0.01%；市第三产业产值达到 5 385 318 万元，比基准值下降 0.16%；镇第三产业产值达到 2 090 510 万元，比基准值下降 0.07%。

当且仅当市人口老龄化因子提高到 3.6 时，到 2100 年，市第二产业产值达到 1 707 153 万元，比基准值下降 0.11%；镇第二产业产值达到 1 887 924 万元，较基准值几乎没变化；市第三产业产值达到 12 918 133 万元，比基准值下降 0.03%；镇第三产业产值达到 9 958 280 万元，比基准值下降 0.12%。

无论是长期还是短期，市人口老龄化对第二产业与第三产业均为负向影响，市人口老龄化对市第二产业、第三产业，镇第二产业长期影响要比短期影响小，但是对镇的第三产业发展的长期影响却比短期影响大。

3. 仅镇域人口老龄化水平提高：镇第二产业、第三产业均下降，市第二产业、第三产业几乎不受影响

根据模拟结果，当且仅当镇人口老龄化因子提高到 3.6 时，到 2050 年，市第二产业产值达到 1 030 099 万元，比基准值下降了 0.01%；镇第二产业产值达到 938 632.1 万元，比基准值下降了 0.17%；市第三产业产值达到 5 390 908 万元，比基准值下降 0.06%；镇第三产业产值达到 2 088 241 万元，比基准值下降了 0.18%。

当且仅当镇人口老龄化因子提高到 3.6 时，到 2100 年，市第二产业产值达到 1 709 053 万元，与基准值几乎没有差别；镇第二产业产值达到 1 882 964 万元，比基准值下降了 0.26%；市第三产业产值达到了 12 921 152 万元，比基准值下降了 0.01%；镇第三产业产值达到 9 920 108 万元，比基准值下降了 0.50%。

无论是长期还是短期，镇人口老龄化对市、镇第二产业、第三产业发展均为负向作用，镇人口老龄化对市第二产业、第三产业产值的长期影响要小于短期，对镇域的第二产业、第三产业发展的长期影响却要高于短期。

4. 仅乡人口老龄化水平提高：市镇第二产业受影响较小

根据模拟结果，当且仅当乡人口老龄化因子提高到 3.6 时，到 2050 年，市第二产业产值达到 1 030 185 万元，与基准值差别较小；镇第二产业产值达

到 940 210.9 万元，与基准值基本没有差别；市第三产业达到 5 393 960 万元，与基准值基本没有差别；镇第三产业产值达到 2 091 999 万元，与基准值基本没有差别。

当且仅当乡人口老龄化因子提高到 3.6 时，到 2100 年，市第二产业产值达到 1 709 055 万元，与基准值几乎没有差别；镇第二产业产值达到 1 887 868 万元，与基准值基本没有差别；市第三产业产值达到了 12 922 325 万元，与基准值基本没有差别；镇第三产业产值达到 9 968 983 万元，比基准值下降了 0.01%。

无论是长期还是短期，乡人口老龄化对市镇的第二产业、第三产业发展影响均很小。

（三）不同方案下的 GDP 空间分布变动

不同方案下的 GDP 空间分布变动模拟结果如表 11-6 所示。

表 11-6　不同方案下市镇乡 GDP 空间分布变动

项目		均增方案	市增方案	镇增方案	乡增方案	基准
市	2050 年/万元	6 410 833	6 414 225	6 421 007	6 424 145	6 424 273
	波动值	–0.21%	–0.16%	–0.05%	–0.00%	0
	2100 年/万元	14 624 023	14 625 286	14 630 205	14 631 380	14 631 462
	波动值	–0.05%	–0.04%	–0.01%	–0.00%	0
镇	2050 年/万元	3 025 064	3 030 621	3 026 873	3 032 210	3 032 321
	波动值	–0.24%	–0.06%	–0.18%	–0.00%	0
	2100 年/万元	11 791 473	11 846 204	11 803 072	11 856 851	11 857 817
	波动值	–0.56%	–0.10%	–0.46%	–0.01%	0
乡	2050 年/万元	283 477.1	283 853.9	283 866.7	283 590.8	283 917.2
	波动值	–0.16%	–0.02%	–0.02%	–0.11%	0
	2100 年/万元	843 170	852 811.5	852 876.3	844 020.1	853 273.3
	波动值	–1.18%	–0.05%	–0.05%	–1.08%	0

1. 市镇乡人口老龄化水平均提高

模拟结果显示，市镇乡人口老龄化因子均提高到 3.6 时，到 2050 年，市 GDP 达到 6 410 833 万元，比基准值下降 0.21%；镇 GDP 达到 3 025 064 万元，比基准值下降 0.24%；乡 GDP 达到 283 477.1 万元，比基准值下降 0.16%。

到 2100 年，市 GDP 达到 14 624 023 万元，比基准值下降 0.05%；镇 GDP 达到 11 791 473 万元，比基准值下降 0.56%；乡 GDP 达到 843 170 万元，比基准值

下降 1.18%。

无论是长期还是短期，人口老龄化对市镇乡的 GDP 均有负向作用，长期内的人口老龄化对市 GDP 的影响要小于短期，而对乡镇 GDP 的影响却要大于短期。

2. 仅市人口老龄化水平提高

模拟结果显示，当且仅当市人口老龄化因子提高到 3.6 时，到 2050 年，市 GDP 达到 6 414 225 万元，比基准值下降 0.16%；镇 GDP 达到 3 030 621 万元，比基准值下降了 0.06%；乡 GDP 达到了 283 853.9 万元，比基准值下降 0.02%。

到 2100 年，市 GDP 达到 14 625 286 万元，比基准值下降 0.04%；镇 GDP 达到 11 846 204 万元，比基准值下降 0.10%；乡 GDP 达到 852 811.5 万元，比基准值下降 0.05%。

无论是长期还是短期，市人口老龄化对市镇乡 GDP 均有负向影响，对市区 GDP 的长期影响要小于短期，而对乡镇 GDP 的长期影响却要高于短期。

3. 仅镇人口老龄化水平提高

模拟结果显示，当且仅当镇人口老龄化因子提高到 3.6 时，到 2050 年，市 GDP 达到 6 421 007 万元，比基准值下降了 0.05%；镇 GDP 达到 3 026 873 万元，比基准值下降了 0.18%；乡 GDP 达到 283 866.7 万元，比基准值下降了 0.02%。

当且仅当镇人口老龄化因子提高到 3.6 时，到 2100 年，市 GDP 达到 14 630 205 万元，比基准值下降 0.01%；镇 GDP 达到 11 803 072 万元，比基准值下降了 0.46%；乡 GDP 达到了 852 876.3 万元，比基准值下降了 0.05%。

无论是长期还是短期，镇人口老龄化对市镇乡 GDP 均有着负向影响，但是镇人口老龄化对市区的 GDP 长期影响要小于短期，而对乡镇 GDP 的长期影响要高于短期。

4. 仅乡人口老龄化水平提高

模拟结果显示，当且仅当乡人口老龄化因子提高到 3.6 时，到 2050 年，市 GDP 达到 6 424 145 万元，与基准值相比基本没有变化；镇 GDP 达到 3 032 210 万元，与基准值相比基本无变化；乡 GDP 达到 283 590.8 万元，比基准值下降 0.11%。

到 2100 年，市 GDP 达到 14 631 380 万元，与基准值相比基本没有变化；镇 GDP 达到 11 856 851 万元，比基准值下降 0.01%；乡 GDP 达到 844 020.1 万元，比基准值下降 1.08%。

无论是长期还是短期，乡人口老龄化对市镇乡的 GDP 影响均为负向。但是乡人口老龄化对市镇 GDP 的影响极为微弱，对乡 GDP 的长期影响要高于短期。

四、小结

模拟结果显示：我国人口老龄化进程的加剧会导致经济发展面临两次比较大的转型。第一次是农村人口下降到镇以下。届时城镇与乡村的人口格局基本形成，农村向城镇迁移的速度逐渐放缓，农村的无限劳动供给的假定条件不复存在，经济发展进入第一次拐点（即传统的刘易斯拐点），促进第二产业的转型和镇域经济的发展。第二次是在镇人口超过市人口水平，届时市镇经济空间格局被重新划分，产业的空间分布开始出现转型，引发第三产业的转型和市区经济的增长。现有的研究大多仅仅关注人口老龄化对农村剩余劳动力的影响（蔡昉，2004；汪小勤和汪红梅，2007；王金营和杨磊，2010）。如果不能将镇和市分解开，那我们很难去观察到市镇之间的产业空间分布变化和产业升级过程。

随着人口老龄化进程进入不同阶段，经济、产业的空间分布也发生着明显变化：第二产业不断向镇域集中，第三产业则是向市区集聚，形成了产业结构上的市、镇的空间分工。虽然从生产总值的角度来看，市区的地区生产总值更高，但是由于第二产业大量地集中在了镇域，吸引了大量的劳动力，再加上市区的人口承载力有限，人口向镇域集中的趋势逐渐显现。

从模型运算的结果可以发现，长期来看，我们需要构建一个市、镇、乡协调发展的多元城市化体系。我国目前出现了大城市人口拥堵、城市病的现象，政府提出了大城市的人口调控政策。一些学者认为大城市人口干预是应该的措施（童玉芬，2018），但是有些学者认为人口政策应该突出市场化的作用，不应该以人口规模为调控目标（张车伟等，2016），人口政策应该尊重人口空间集聚的内在规律和趋势特征。模型结果显示人口会更多地向镇域集中，而目前来看，大城市已经出现了居住郊区化的现象。反过来，这同样也说明，在我国城市内部结构体系中，镇的作用还没有完全开发出来，大城市病的问题很有可能是因为城市内部结构的问题引发的。所以，应该着力构建一个市、镇、乡协调发展的多元城市化体系，倡导市区非核心功能区向镇域疏解，为人口流动在市、镇、乡的空间合理布局创造条件，提高镇在经济发展中的作用，顺应人口的空间分布趋势。

从整体影响的角度看，人口老龄化提高会导致市镇人口的下降和乡人口的上升。从对人口空间结构影响的角度来看，人口老龄化水平的提高会导致对应区域的人口提高，市人口老龄化水平的提高导致乡镇人口的上升和市人口的下降，镇人口老龄化水平的提高会导致市乡人口的上升和镇人口的下降。乡人口老龄的水平的提高降低了人口迁移的速度，导致市和镇的人口不断下降，乡人口上升。

对产业发展和 GDP 发展的影响来看，无论是整体还是单单市镇乡人口老龄化，对产业结构和GDP发展基本是负向影响。这与很多前人的研究基本相符合，人口老龄化意味着劳动力供给的下降和人口红利的式微，导致许多劳动密集型的产业发展受到成本上的挑战，进一步影响中国经济发展。

人口老龄化对人口分布、产业分布和GDP分布在长短期有着不同的效应。老龄化对人口分布的长期效应要高于短期，这说明，人口老龄化对人口迁移的影响存在着长期的循环累积效应，人口老龄化的提高降低了人口的增速，地区人口老龄化程度被锁定，进一步地降低了人口迁移速度，导致人口分布受到人口老龄化的长期影响要高于短期。市第二产业、第三产业及GDP受整体抑或市、镇、乡人口老龄化的短影响均大于长期的影响。均增方案下，镇第二产业、第三产业及GDP和乡GDP受到人口老龄化的长期影响要高于短期，这说明，长期来看，乡镇的产业结构受到人口老龄化的影响会更大，因此对产业升级的倒逼效应也会更加明显。

另外一个有趣的现象是，人口老龄化对产业分布和GDP分布的跨空间单元效应随着时间推移而变强。短期来看，市人口老龄化对市GDP、第二产业和第三产业产值发展影响更大。这说明短期内，人口老龄化的跨空间单元的影响效应较少，市人口老龄化更多地影响对应空间单元的经济发展水平。这个空间随时间的变化而变化，长期来看，市GDP和市第二产业、第三产业产值发展受其他空间人口老龄化的影响会随时间而变弱，而乡镇则恰恰相反，这使得不同空间单元人口老龄化对空间经济发展影响有着不同的影响。

第四节　人口老龄化对我国城乡人口与经济空间分布影响研究：东部地区特征分析

在总模型的结构、参数设定的基础上，本节试图通过Vensim软件单独分析东部地区人口老龄化对经济空间分布的影响，并试图揭示人口老龄化、人口空间分布、产业空间分布和GDP空间分布的变化趋势及特征。

一、东部模型的介绍

东部模型与其他部分参数不同，为了避免读者混淆，特将东部模型的产业结构子系统主要方程和人口老龄化子系统的主要方程列举（表11-7）。产业发展模型采用经济学中最基本的柯布-道格拉斯生产函数，而人口老龄化的方程则是假定人口老龄化水平线性增长，再通过“五普”和“六普”的数据而估算所得。通过模型的拟合，该模型对真实数据有着很好的模拟能力。

表 11-7　东部模型重要的变量方程

项目	变量方程
产业结构子系统	$第一产业产值年增量 = 第一产业产值增长率 \times \left(1 - \frac{第一产业产值}{第一产业最大产值}\right) \times e^{12.091} \times 农村耕地^{0.4589} \times 第一产业劳动力投入^{-0.743} \times 第一产业资本存量^{0.24} \times 0.530\,69$
	$镇第二产业产值年增量 = 镇第二产业产值增长率 \times \left(1 - \frac{镇第二产业产值}{镇第二产业最大产值}\right) \times e^{2.785} \times 镇第二产业劳动力投入^{0.805} \times 镇第二产业资本存量^{0.195}$
	$镇第三产业产值年增量 = 镇第三产业产值增长率 \times \left(1 - \frac{镇第三产业产值}{镇第三产业最大产值}\right) \times e^{0.655} \times 镇第三产业劳动力投入^{0.429} \times 镇第三产业资本存量^{0.571}$
	$市第二产业产值年增量 = 市第二产业产值增长率 \times \left(1 - \frac{市第二产业产值}{市第二产业最大产值}\right) \times e^{2.895} \times 市第二产业劳动力投入^{0.805} \times 市第二产业资本存量^{0.195}$
	$市第三产业产值年增量 = 市第三产业产值增长率 \times \left(1 - \frac{市第三产业产值}{市第三产业最大产值}\right) \times e^{1.027} \times 市第三产业劳动力投入^{0.36} \times 市第三产业资本存量^{0.64}$
人口老龄化子系统	市人口老龄化 = IF THEN ELSE(Time < 2010, (0.000 436 871 × (Time − 2000) + 0.071 769 1), (0.076 137 8 × 市人口老龄化因子 − 0.076 137 8) / 40 × (Time − 2010) + 0.076 137 8)
	镇人口老龄化 = IF THEN ELSE(Time < 2010, (0.000 172 437 × (Time − 2000) + 0.063 433 8), (0.080 677 5 × 镇人口老龄化因子 − 0.080 677 5) / 40 × (Time − 2010) + 0.080 677 5)
	乡人口老龄化 = IF THEN ELSE(Time < 2010, (0.000 166 727 × (Time − 2000) + 0.085 767 8), (0.102 44 × 乡人口老龄化因子 − 0.102 44) / 40 × (Time − 2010) + 0.102 44)

二、东部地区模型输出结果

（一）人口空间分布态势：人口向市区集聚，镇域人口保持稳定，乡人口略有下降

从人口空间集聚的趋势来看，东部地区的人口更多地会集聚在市区而非镇，同时伴随着东部镇人口呈倒“U”形增长，东部乡人口略微呈“U”形增长的特点（图 11-6）。

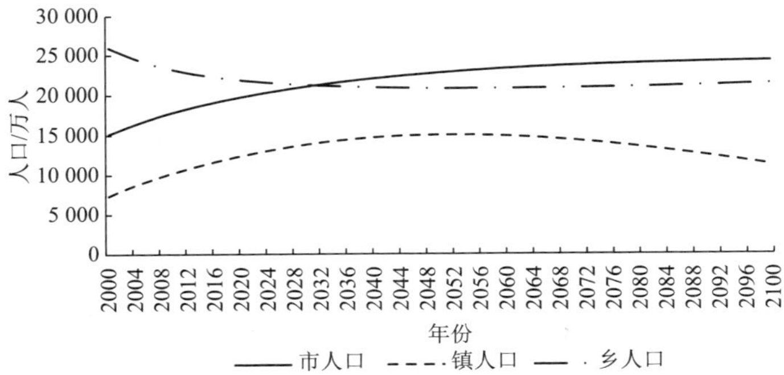

图 11-6　东部地区市、镇、乡人口空间分布

模拟显示，到 2100 年，东部地区市人口将达到 2.42 亿人，是 2000 年水平的 1.6 倍。东部地区市区人口不断增加的同时，增速也在不断放缓，到 2100 年东部地区市区人口增长趋于平缓。

模拟显示，东部地区镇人口出现了先上升后下降的趋势，到 2052 年，东部地区镇人口增长达到峰值，为 1.50 亿人，随后开始下降。2100 年，镇人口下降到 1.12 亿人。这说明，随着中西部地区的经济发展，东部地区的镇人口可能会一定程度地向中西部地区转移。

模拟显示，乡人口呈现出先下降后上升的趋势，在 2056 年，乡人口达到最低值，为 2.08 亿人。随后，乡人口开始呈现略微上升的态势，到 2100 年，乡人口回升至 2.14 亿人。这说明，随着东部地区乡的经济发展，以及城镇地区的竞争压力扩大，人口有轻微地向农村地区回流的趋势。

（二）产业空间分布态势：市区的第二产业产值会略低于镇域，而第三产业则会集聚在市区

从第二产业的空间分布来看，大约在 2065～2070 年，镇的第二产业产值开始赶上并最终超过市区（图 11-7）。从第二产业产值发展的趋势来看，东部地区的第二产业在未来很长一段时间内都会集中在市区，镇域在第二产业发展中扮演次要的角色。但是到 2070～2100 年，镇域的第二产业会相对有所发展并超过市区，形成第二产业向镇域集聚的优势。模拟显示，到 2100 年，市第二产业产值将低于镇第二产业产值。这可能是由于 2045～2050 年，镇域的成本优势变得更为明显，同时随着产业的转型与升级，市区的经济发展不再依赖于第二产业，不论是从政府政策的角度来看还是从市场需求的角度来看，第二产业从市区向镇域转移都是一个好的选择。

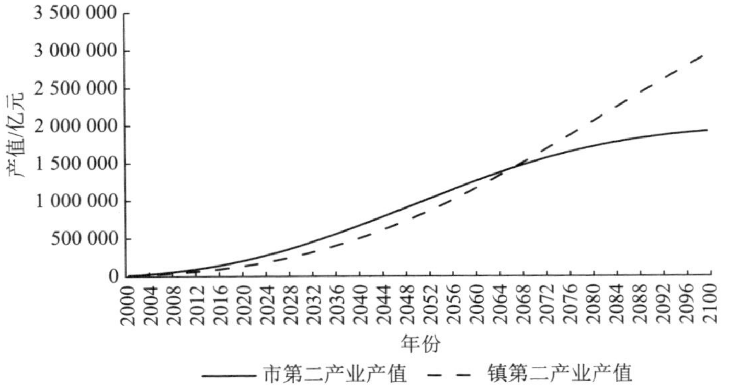

图 11-7　东部地区市、镇第二产业产值空间分布

第三产业的空间分布趋势则呈现出一直在市区集聚的趋势，同时在镇域有所发展的态势（图 11-8）。从发展现状和发展趋势来看，第三产业一直更多地集中在市区。这种空间分布的差异出现了先扩大后减少的趋势。根据模型模拟结果，在 2080 年，市镇的第三产业产值差距最大，而到 2100 年，两者差距有缩小的趋势。

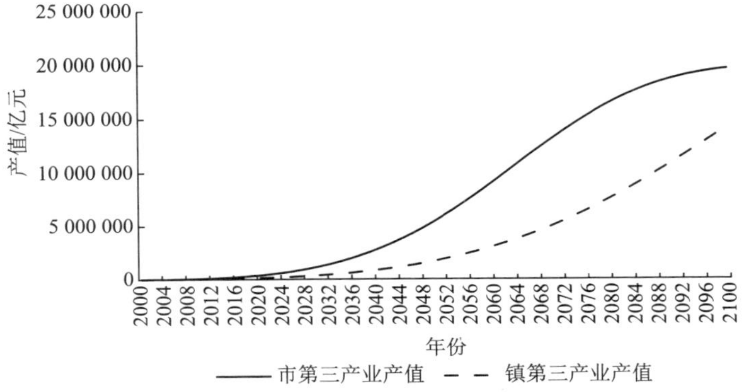

图 11-8　东部地区市、镇第三产业产值空间分布

结合第二产业产值空间分布的发展趋势和第三产业产值空间分布的发展趋势，东部地区的市与镇的经济增长出现了很大的差距。根据托拉多对人口迁移的解释，人口会向预期收入更高的地区流动，因此，在东部地区呈现出人口更多地向市区流动的态势。

（三）经济空间转型：东部地区市、镇 GDP 分布呈现出先分异，后趋同的趋势，农村地区生产极少的 GDP

东部地区的市、镇 GDP 的差距先出现了先分异，后趋同的趋势。模拟显示，在

2078 年左右，这个差距达到最大，但是之后的市镇经济发展开始趋同。到 2100 年，市 GDP 和镇 GDP 的差距缩小，而农村地区的 GDP 一直维持在很低的水平（图 11-9）。

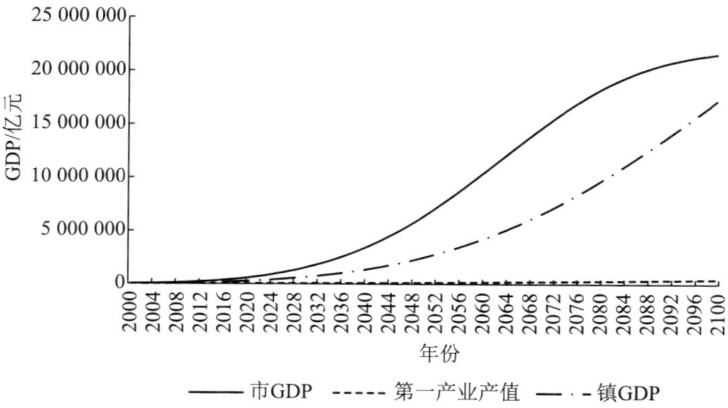

图 11-9　东部地区市、镇、乡 GDP 空间分布

三、人口老龄化对经济空间布局影响的情景分析

不同方案下东部地区市镇乡人口空间分布变动如表 11-8 所示。

（一）不同方案下人口空间分布变动

表 11-8　不同方案下东部地区市镇乡人口空间分布变动

项目		均增方案	市增方案	镇增方案	乡增方案	基准
市	2050 年/万人	22 718.73	22 717.52	22 732.27	22 722.21	22 726.66
	波动值	–0.03%	–0.04%	0.02%	–0.02%	0
	2100 年/万人	24 153.92	24 136.16	24 186.03	24 166.52	24 168.73
	波动值	–0.06%	–0.13%	0.07%	–0.01%	0
镇	2050 年/万人	14 995.21	15 053.88	14 946.84	14 978.51	14 991.94
	波动值	0.02%	0.41%	–0.30%	–0.09%	0
	2100 年/万人	11 383.67	11 903.12	10 729.33	11 179.57	11 196.86
	波动值	1.67%	6.31%	–4.18%	–0.15%	0
乡	2050 年/万人	20 862.3	20 803.4	20 800.82	20 850.96	20 796.36
	波动值	0.32%	0.03%	0.02%	0.26%	0
	2100 年/万人	21 580.38	21 409.97	21 397.91	21 486.99	21 357.09
	波动值	1.05%	0.25%	0.19%	0.61%	0

1. 市镇乡人口老龄化水平均提高

模拟结果显示，当市镇乡人口老龄化因子均提高到3.6时，市人口达到22 718.73万人，比基准值下降0.03%；镇人口达到14 995.21万人，比基准值下降0.02%；乡人口达到20 862.3万人，比基准值上升0.32%。

到2100年，市人口达到24 153.92万人，比基准值下降0.06%；镇人口达到11 383.67万人，比基准值下降1.67%；乡人口达到21 580.38万人，比基准值上升1.05%。

无论是长期还是短期，人口老龄化对市区人口增长均有负向影响，对乡镇人口增长存在正向影响。同时，人口老龄化对东部地区市镇乡人口空间分布的长期影响要高于短期。

2. 仅市人口老龄化水平提高

模拟结果显示，当且仅当市人口老龄化因子提高到3.6时，到2050年，市人口达到22 717.52万人，比基准值下降0.04%；镇人口达到15 053.88万人，比基准值下降0.41%；乡人口达到20 803.4万人，比基准值提高0.03%。

到2100年，市人口达到24 136.16万人，比基准值下降0.13%；镇人口达到11 903.12万人，比基准值下降6.31%；乡人口达到21 409.97万人，比基准值提高0.25%。

无论是长期还是短期，市人口老龄化的提高都对市人口增长产生负向影响，对乡镇人口的增长产生正向影响。同时，市人口老龄化对市镇乡人口长期影响要比短期影响大。

3. 仅镇人口老龄化水平提高

模拟结果显示，当且仅当镇人口老龄化因子提高到3.6时，到2050年，市人口达到22 732.27万人，比基准值提高0.02%；镇人口达到14 946.84万人，比基准值下降0.30%；乡人口达到20 800.82万人，比基准值上升0.02%。

2100年，市人口达到24 186.03万人，比基准值提高0.07%；镇人口达到10 729.33万人，比基准值下降4.18%；乡人口达到21 397.91万人，比基准值上升0.19%。

无论是长期还是短期，镇人口老龄化水平的提高对市乡人口增长均产生正向影响，对镇人口增长产生负向影响。镇人口老龄化对市镇乡的人口的长期影响要高于短期。

4. 仅乡人口老龄化水平提高

模拟结果显示，当且仅当乡人口老龄化因子提高到3.6时，到2050年，市人口达到 24 722.21 万人，比基准值下降 0.02%；镇人口达到 14 978.51 万人，比基准值下降 0.09%；乡人口达到 20 850.96 万人，比基准值上升 0.26%。

到 2100 年，市人口达到 24 166.52 万人，比基准值下降 0.01%；镇人口达到 11 179.57 万人，比基准值下降 0.15%；乡人口达到 21 486.99 万人，比基准值上升 0.61%。

无论是长期还是短期，乡人口老龄化的提高对市镇均为负向作用，对乡人口发展存在正向作用。乡人口老龄化的提高对市人口发展的长期影响要低于短期，而对乡镇人口发展的长期影响要高于短期。

（二）不同方案下产业空间分布变动

不同方案下东部地区产业空间分布变动见表 11-9 和表 11-10。

表 11-9　不同方案下东部地区市镇乡第二产业空间分布变动

	项目	均增方案	市增方案	镇增方案	乡增方案	基准
市	2050 年/万元	965 383.3	965 533.2	967 293.7	967 417.4	967 430.8
	波动值	–0.21%	–0.20%	–0.01%	–0.00%	0
	2100 年/万元	1 923 414	1 923 647	1 927 001	1 927 195	1 927 214
	波动值	–0.20%	–0.19%	–0.01%	–0.00%	0
镇	2050 年/万元	794 422.1	797 011.7	794 596.8	797 083.9	797 135.3
	波动值	–0.34%	–0.02%	–0.32%	–0.01%	0
	2100 年/万元	2 909 338	2 943 611	2 906 718	2 939 361	2 940 055
	波动值	–1.05%	0.12%	–1.13%	–0.02%	0

注：表中“0.00%”由四舍五入保留两位小数所致，余同

表 11-10　不同方案下东部地区市镇乡第三产业空间分布变动

	项目	均增方案	市增方案	镇增方案	乡增方案	基准
市	2050 年/万元	5 414 932	5 419 066	5 427 881	5 431 871	5 431 946
	波动值	–0.31%	–0.24%	–0.07%	–0.00%	0
	2100 年/万元	19 563 694	19 570 076	19 584 524	19 590 606	19 590 740
	波动值	–0.14%	–0.11%	–0.03%	–0.00%	0
镇	2050 年/万元	1 684 898	1 689 446	1 686 581	1 690 981	1 691 056
	波动值	–0.36%	–0.10%	–0.26%	–0.00%	0
	2100 年/万元	14 038 232	14 192 582	14 067 231	14 216 098	14 218 961
	波动值	–1.27%	–0.19%	–1.07%	–0.02%	0

1. 市镇乡人口老龄化水平均提高

模拟结果显示，当市镇乡人口老龄化因子提高到 3.6 时，到 2050 年，市第二产业产值达到 965 383.3 万元，比基准值下降 0.21%；镇第二产业产值达到 794 422.1 万元，比基准值下降 0.34%；市第三产业产值达到 5 414 932 万元，比基准值下降 0.31%；镇第三产业达到 1 684 898 万元；比基准值下降 0.36%。

到 2100 年，市第二产业产值达到 1 923 414 万元，比基准值下降 0.20%；镇第二产业产值达到 2 909 338 万元，比基准值下降 1.05%；市第三产业达到 19 563 694 万元，比基准值下降 0.14%；镇第三产业达到 14 038 232 万元，比基准值下降 1.27%。

无论是长期还是短期，人口老龄化的提高对市镇的第二产业、第三产业均产生负向影响，人口老龄化对市区第二产业、第三产业产值增长的长期影响要低于短期，对镇第二产业、第三产业的产值增长的长期影响要高于短期。

2. 仅市人口老龄化水平提高

模拟结果显示，当且仅当市人口老龄化因子提高到 3.6 时，到 2050 年，市第二产业产值达到 965 533.2 万元，比基准值下降 0.20%；镇第二产业产值达到 797 011.7 万元，比基准值下降 0.02%；市第三产业产值达到 5 419 066 万元，比基准值下降 0.24%；镇第三产业产值达到 1 689 446 万元，比基准值下降 0.10%。

到 2100 年，市第二产业产值达到 1 923 647 万元，比基准值下降 0.19%；镇第二产业产值达到 2 943 611 万元，比基准值提高 0.12%；市第三产业产值达到 19 570 076 万元，比基准值下降 0.11%；镇第三产业产值达到 14 192 582 万元，比基准值下降 0.19%。

无论是长期还是短期，市人口老龄化的提高对市第二产业、第三产业和镇第三产业均有负向作用，市第二产业、第三产业产值受市人口老龄化水平提高的长期影响小于短期影响，而镇第二产业、第三产业产值受市人口老龄化水平的提高的长期影响大于短期影响。

3. 仅镇人口老龄化水平提高

模拟结果显示，当且仅当镇人口老龄化因子提高到 3.6 时，到 2050 年，市第二产业产值达到 967 293.7 万元，比基准值下降 0.01%；镇第二产业产值达到 794 596.8 万元，比基准值下降 0.32%；市第三产业产值达到 5 427 881 万元，比基准值下降 0.07%；镇第三产业产值达到 1 686 581 万元，比基准值下降 0.26%。

到 2100 年，市第二产业产值达到 1 927 001 万元，比基准值下降 0.01%；镇第二产业产值达到 2 906 718 万元，比基准值下降 1.13%；市第三产业产值达到 19 584 524 万元，比基准值下降 0.03%；镇第三产业产值达到 14 067 231 万元，比基准值下降 1.07%。

无论是长期还是短期，镇人口老龄化的提高均会带来市镇第二产业、第三产业产值的减少，市第三产业的长期影响要低于短期，镇第二产业、第三产业的长期影响要高于短期。

4. 仅乡人口老龄化水平提高

模拟结果显示，当且仅当乡人口老龄化因子提高到 3.6 时，到 2050 年，市第二产业产值达到 967 417.4 万元，与基准值相比几乎没有变化，镇第二产业产值达到 797 083.9 万元，比基准值下降 0.01%；市第三产业产值达到 5 431 871 万元，相比基准值几乎没有变化；镇第三产业产值达到 1 690 981 万元，与基准值相比几乎没有变化。

到2100年，市第二产业产值达到1 927 195万元，与基准值相比几乎没有变化；镇第二产业产值达到2 939 361万元，比基准值下降0.02%；市第三产业产值达到19 590 606万元，与基准值相比几乎没有变化；镇第三产业产值达到14 216 098万元，比基准值下降0.02%。

无论是长期还是短期，乡人口老龄化水平的提高对市第二产业、第三产业产值发展影响均微乎其微，对镇的第二产业、第三产业产值均存在负向影响，且长期的影响要高于短期。

（三）不同方案下经济空间分布变动

不同方案下东部地区经济空间分布变动模拟结果如表 11-11 所示。

表 11-11　不同方案下东部地区市镇乡 GDP 空间分布变动

项目		均增方案	市增方案	镇增方案	乡增方案	基准
市	2050 年/万元	6 380 316	6 384 599	6 395 175	6 399 289	6 399 376
	波动值	–0.30%	–0.23%	–0.07%	–0.00%	0
	2100 年/万元	21 487 108	21 493 724	21 511 524	21 517 800	21 517 954
	波动值	–0.14%	–0.11%	–0.03%	–0.00%	0
镇	2050 年/万元	2 479 320	2 486 458	2 481 178	2 488 065	2 488 191
	波动值	–0.36%	–0.07%	–0.28%	–0.01%	0
	2100 年/万元	16 947 570	17 136 192	16 973 950	17 155 460	17 159 016
	波动值	–1.23%	–0.13%	–1.08%	–0.02%	0
乡	2050 年/万元	127 847.4	128 001.7	128 012	127 911.2	128 038.8
	波动值	–0.15%	–0.03%	–0.02%	–0.10%	0
	2100 年/万元	439 543.7	444 295.9	444 420.3	440 433.5	444 808.7
	波动值	–1.18%	–0.12%	–0.09%	–0.98%	0

1. 市镇乡人口老龄化水平均提高

模拟结果显示，市镇乡人口老龄化因子均提高到 3.6 时，到 2050 年，市 GDP 达到 6 380 316 万元，比基准值下降 0.30%；镇 GDP 达到 2 479 320 万元，比基准值下降 0.36%；乡 GDP 达到 127 847.4 万元，比基准值下降 0.15%。

到 2100 年，市 GDP 达到 21 487 108 万元，比基准值下降 0.14%；镇 GDP 达到 16 947 570 万元，比基准值下降 1.23%；乡 GDP 达到 439 543.7 万元，比基准值下降 1.18%。

无论是长期还是短期，人口老龄化对市镇乡的 GDP 均产生负向影响，对市 GDP 的长期影响要低于短期，而对乡镇 GDP 的长期影响均高于短期。

2. 仅市人口老龄化水平提高

模拟结果显示，当且仅当市人口老龄化因子提高到 3.6 时，到 2050 年，市 GDP 达到 6 384 599 万元，比基准值下降 0.23%；镇 GDP 达到 2 486 458 万元，比基准值下降 0.07%；乡 GDP 达到 128 001.7 万元，比基准值下降 0.03%。

到 2100 年，市 GDP 达到 21 493 724 万元，比基准值下降 0.11%；镇 GDP 达到 17 136 192 万元，比基准值下降 0.13%；乡 GDP 达到 444 295.9 万元，比基准值下降 0.12%。

无论是长期还是短期，市人口老龄化对市镇乡 GDP 均产生负向影响，对市 GDP 的长期影响低于短期，对乡镇 GDP 的长期影响则高于短期。

3. 仅镇人口老龄化水平提高

模拟结果显示，当且仅当镇人口老龄化水平提高到 3.6 时，到 2050 年，市 GDP 达到 6 395 175 万元，比基准值下降 0.07%；镇 GDP 达到 2 481 178 万元，比基准值下降 0.28%；乡 GDP 达到 128 012 万元，比基准值下降 0.02%。

到 2100 年，市 GDP 达到 21 511 524 万元，比基准值下降 0.03%；镇 GDP 达到 16 973 950 万元，比基准值下降 1.08%；乡 GDP 达到 444 420.3 万元，比基准值下降 0.09%。

无论是长期还是短期，镇人口老龄化对市镇乡 GDP 均产生负向影响，对市 GDP 的长期影响低于短期，对乡镇 GDP 的长期影响则高于短期。

4. 仅乡人口老龄化水平提高

模拟结果显示，当且仅当乡人口老龄化因子提高到 3.6 时，市 GDP 达到 6 399 289 万元，与基准值相比几乎没有变化；镇 GDP 达到 2 488 065 万元，比基准值下降 0.01%；乡 GDP 达到 127 911.2 万元，比基准值下降 0.10%。

到 2100 年，市 GDP 达到 21 517 800 万元，与基准值相比几乎没有变化；镇

GDP 达到 17 155 460 万元，比基准值下降 0.02%；乡 GDP 达到 440 433.5 万元，比基准值下降 0.98%。

无论是长期还是短期，乡人口老龄化对市镇乡 GDP 均产生负向影响，对乡镇 GDP 的长期影响要高于短期。

四、小结

东部地区市镇乡人口的空间分布出现了与全国发展情况截然不同的结果。2100 年前，东部地区的人口向市区集聚的趋势一直非常明显，大约在 2052 年，镇人口发展达到顶峰，乡人口有着微弱的回升趋势。虽然镇域的第二产业最终超过市区，但是其 GDP 与第三产业产值一直是落后于市区。

人口老龄化对人口的空间布局有着明显的影响，无论是市人口老龄化水平，镇老龄化水平或是乡人口老龄化水平，它们其中任意一个水平变化都会对各个空间单元的人口空间分布造成或多或少的影响。概括来讲，人口老龄化会降低人口的空间流动性，其一，市、镇的人口老龄化程度越高，人口往对应空间单元迁移得就越少；其二，农村地区的人口老龄化程度越高，人口往城镇地区迁移越少。

人口老龄化对东部地区带来的长期短期影响与全国的模拟结果基本一致。人口老龄化对市镇乡人口发展的长期影响大多超过短期。除了乡人口老龄化对市人口老龄化的长期低于短期之外，其余的市镇乡的人口老龄化变量对市镇乡人口所产生的长期影响要高于短期。这说明，东部地区市区外来人口构成中，中西部地区的人口占大多数，东部乡人口带来的长期影响会被中西部地区的人口迁移所抵消。东部地区的市镇乡的第二产业、第三产业和 GDP 受到人口老龄化的长期影响与短期影响结果与全国的情况一致。总体来说，市第二产业、第三产业和市 GDP 受到人口老龄化的长期影响低于短期，乡镇第二产业、第三产业及乡镇 GDP 受到人口老龄化的长期影响要高于短期。

人口老龄化对产业和经济空间布局的影响与全国情况基本一致，人口老龄化具有一定的跨空间单元的影响效应，长期来看，市区产业结构和 GDP 受到人口老龄化的影响会逐渐降低，而乡镇地区的产业结构与 GDP 受到人口老龄化的影响会逐渐提高。

第五节　人口老龄化对我国城乡人口与经济空间分布影响研究：中部地区特征分析

本节试图在总体模型的基础上，单独讨论我国中部地区的人口老龄化的空间结构转型对人口、产业与经济空间分布的变动趋势的影响。结论显示，中部地区的人口、产业、经济的空间集聚趋势与全国总体变化趋势基本一致，但是人口、产业、经济的空间分布体系没有发生明显的结构转型。

一、中部模型的介绍

表 11-12 展示了中部模型中产业结构子系统和人口老龄化子系统中的重要变量方程。这些方程为中部模型中特有的方程，产业结构系统的方程，采用基本的柯布-道格拉斯生产函数的形式，人口老龄化则是根据“五普”和“六普”数据，并假定人口老龄化线性变化而估算的。

表 11-12　中部模型重要的变量方程

项目	变量方程
产业结构子系统	$\text{第一产业产值年增量}=\text{第一产业产值增长率}\times\left(1-\frac{\text{第一产业产值}}{\text{第一产业最大产值}}\right)\times e^{12.091}\times\text{农村耕地}^{0.4589}\times\text{第一产业劳动力投入}^{-0.743}\times\text{第一产业资本存量}^{0.24}\times 2.030\,69$
	$\text{镇第二产业产值年增量}=\text{镇第二产业产值增长率}\times\left(1-\frac{\text{镇第二产业产值}}{\text{镇第二产业最大产值}}\right)\times e^{2.955}\times\text{镇第二产业劳动力投入}^{0.805}\times\text{镇第二产业资本存量}^{0.195}$
	$\text{镇第三产业产值年增量}=\text{镇第三产业产值增长率}\times\left(1-\frac{\text{镇第三产业产值}}{\text{镇第三产业最大产值}}\right)\times e^{0.655}\times\text{镇第三产业劳动力投入}^{0.429}\times\text{镇第三产业资本存量}^{0.571}$
	$\text{市第二产业产值年增量}=\text{市第二产业产值增长率}\times\left(1-\frac{\text{市第二产业产值}}{\text{市第二产业最大产值}}\right)\times e^{2.415}\times\text{市第二产业劳动力投入}^{0.805}\times\text{市第二产业资本存量}^{0.195}$
	$\text{市第三产业产值年增量}=\text{市第三产业产值增长率}\times\left(1-\frac{\text{市第三产业产值}}{\text{市第三产业最大产值}}\right)\times e^{0.557}\times\text{市第三产业劳动力投入}^{0.36}\times\text{市第三产业资本存量}^{0.64}$
人口老龄化子系统	市人口老龄化 = IF THEN ELSE(Time < 2010, (0.001 741 85 × (Time − 2000) + 0.060 228 6), (0.077 647 1 × 市人口老龄化因子 − 0.077 647 1) / 40 × (Time − 2010) + 0.077 647 1)
	镇人口老龄化 = IF THEN ELSE(Time < 2010, (0.002 035 42 × (Time − 2000) + 0.057 254 4), (0.077 608 6 × 镇人口老龄化因子 − 0.077 608 6) / 40 × (Time − 2010) + 0.077 608 6)
	乡人口老龄化 = IF THEN ELSE(Time < 2010, (0.002 419 91 × (Time − 2000) + 0.071 833 3), (0.096 032 1 × 乡人口老龄化因子 − 0.096 032 1) / 40 × (Time − 2010) + 0.096 032 1)

二、模型输出结果

（一）人口的空间分布态势：人口向城镇地区集聚，向镇集聚的趋势更为明显

从人口空间集聚的趋势来看，中部地区的人口不断向城镇集聚，农村人口下降趋势较为明显。到 2100 年，市人口达到 3.14 亿人，镇人口达到 5.88 亿人，乡人口下降到 1.8 亿人。到 2035 年，镇人口超过乡人口，到 2055 年，市人口超过乡人口（图 11-10）。

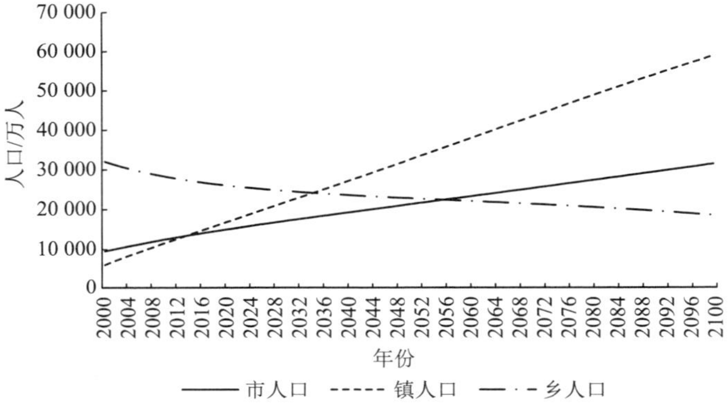

图 11-10　中部地区市镇乡人口空间分布

（二）产业空间分布态势：中部地区第二产业一直集聚在镇域，第三产业集聚在市区

从第二产业的空间结构发展来看，镇域第二产业产值一直领先于市区，而且这个差距在不断被拉大。模拟结果显示（图 11-11 和图 11-12），到 2100 年，市第

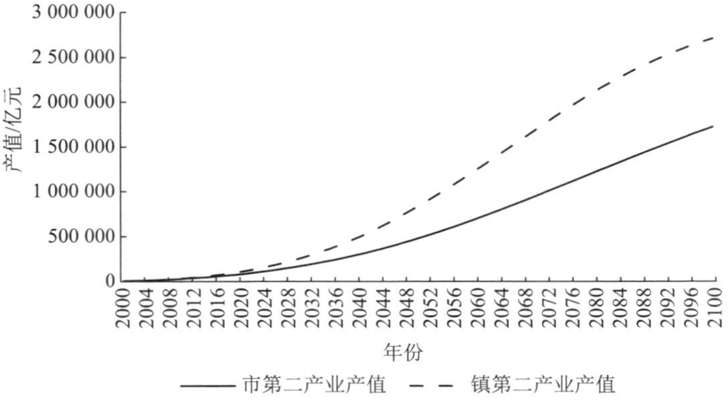

图 11-11　中部地区第二产业空间分布

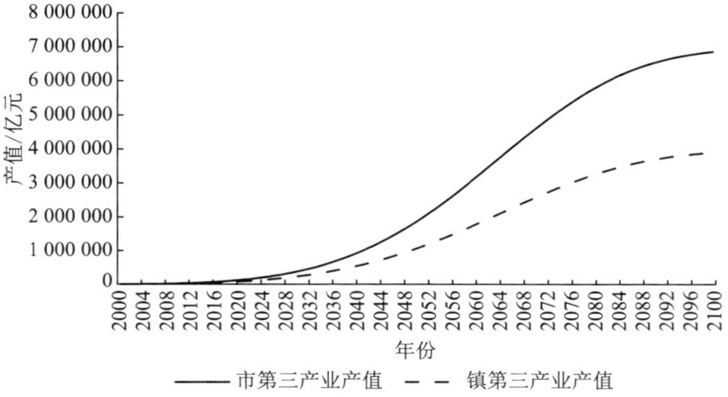

图 11-12　中部地区第三产业空间分布

二产业产值达到 172.62 万亿元，镇第二产业产值达到 271.13 万亿元。同样地，从第三产业的空间结构发展来看，市区的第三产业产值一直领先于镇域，且差距一直在扩大。到 2100 年，市第三产业产值达到 686.91 万亿元，镇第三产业产值达到 390.75 万亿元。

（三）经济空间结构转型：市区和镇域发展迅速且较为接近，农村地区生产极少的 GDP

从模型模拟的结果来看（图 11-13），我国中部地区的经济空间结构一直保持着市、镇、乡从高到低的排序。从各个空间单元相互之间的发展差距来看，中部地区的市与镇的发展一直较为均衡，虽然市一直领先于镇，且差距在扩大，但是市与镇发展差距相对较小。模拟结果显示，到 2100 年，市 GDP 达到 859.53 万亿元，镇 GDP 达到 661.88 万亿元。城镇与农村之间的差距很大，而且在不断扩大。到 2100 年，乡 GDP 仅仅为 24.76 万亿元。总的来说，中部地区市镇乡的经济空间结构体系在未来基本不会发生变动。

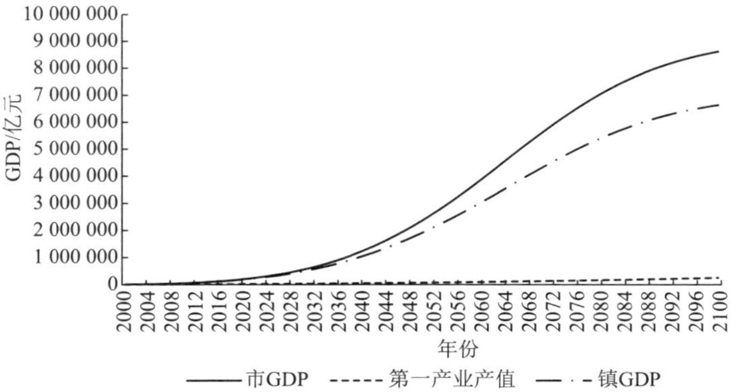

图 11-13　中部地区 GDP 空间分布

三、人口老龄化对中部地区经济空间布局的影响分析

（一）不同方案下人口空间分布变动

不同方案下人口空间分布变动的模拟结果如表 11-13 所示。

表 11-13　不同方案下中部地区市镇乡人口空间分布变动

	项目	均增方案	市增方案	镇增方案	乡增方案	基准
市	2050 年/万人	21 184.71	21 213.45	21 221.52	21 192.53	21 221.44
	波动值	–0.17%	–0.04%	0.00%	–0.14%	0
	2100 年/万人	31 260.6	31 324.39	31 384.26	31 317.31	31 382.79
	波动值	–0.39%	–0.19%	–0.00%	–0.21%	0
镇	2050 年/万人	32 306.47	32 435.79	32 403.67	32 337.13	32 435.26
	波动值	–0.40%	0.00%	–0.10%	–0.30%	0
	2100 年/万人	58 251.35	58 767.23	58 477.14	58 531.8	58 763.26
	波动值	–0.87%	0.01%	–0.49%	–0.39%	0
乡	2050 年/万人	22 957.97	22 781.75	22 804.93	22 915.36	22 771.75
	波动值	0.82%	0.04%	0.15%	0.63%	0
	2100 年/万人	19 497.45	18 571.68	18 880.41	19 004.13	18 477.33
	波动值	5.52%	0.51%	2.18%	2.85%	0

1. 市镇乡人口老龄化水平均提高

从模拟结果来看，当市镇乡人口老龄化因子均提高到 3.6 时，到 2050 年，市人口达到 21 184.71 万人，比基准值下降 0.17%；镇人口达到 32 306.47 万人，比基准值下降 0.40%；乡人口达到 22 957.97 万人，比基准值提高 0.82%。

到 2100 年，市人口达到 31 260.6 万人，比基准值下降 0.39%；镇人口达到 58 251.35 万人，比基准值下降 0.87%；乡人口达到 19 497.45 万人，比基准值提高 5.52%。

无论是长期还是短期，人口老龄化对市镇人口发展均产生负向影响，对乡人口发展产生正向影响。人口老龄化对市镇乡人口发展的长期影响要高于短期。

2. 仅市人口老龄化水平提高

从模拟结果来看，当且仅当市人口老龄化因子提高到 3.6 时，到 2050 年，市人口达到 21 213.45 万人，比基准值下降 0.04%；镇人口达到 32 435.79 万人，与

基准值相比几乎没有变化；乡人口达到 22 781.75 万人，比基准值提高 0.04%。

到 2100 年，市人口达到 31 324.39 万人，比基准值下降 0.19%；镇人口达到 58 767.23 万人，比基准值提高 0.01%；乡人口达到 18 571.68 万元，比基准值提高 0.51%。

无论是长期还是短期，市人口老龄化对市区人口发展均产生负向影响，对乡镇人口发展产生正向影响。市人口老龄化对市镇乡人口发展的长期影响要高于短期。

3. 仅镇人口老龄化水平提高

从模拟结果来看，当且仅当镇人口老龄化因子提高到 3.6 时，到 2050 年，市人口达到 21 221.52 万人，与基准值相比几乎没有变化；镇人口达到 32 403.67 万人，比基准值下降 0.10%；乡人口达到 22 804.93 万人，比基准值提高 0.15%。

到 2100 年，市人口达到 31 384.26 万人，与基准值相比几乎没有变化；镇人口达到 58 477.14 万人，比基准值下降 0.49%；乡人口达到 18 880.41 万人，比基准值上升 2.18%。

无论是长期还是短期，镇人口老龄化对镇人口均产生负向影响，对乡人口发展产生正向影响。镇人口老龄化对镇乡人口发展的长期影响要高于短期。

4. 仅乡人口老龄化水平提高

从模拟结果来看，当且仅当乡人口老龄化因子提高到 3.6 时，到 2050 年，市人口达到 21 192.53 万人，比基准值下降 0.14%；镇人口达到 32 337.13 万人，比基准值下降 0.30%；乡人口达到 22 915.36 万人，比基准值提高 0.63%。

到2100年，市人口达到31 317.31万人，比基准值下降0.21%；镇人口达到58 531.8万人，比基准值下降 0.39%；乡人口达到 19 004.13 万人，比基准值上升 2.85%。

无论是长期还是短期，乡人口老龄化对市镇人口均产生负向影响，对乡人口发展产生正向影响。镇人口老龄化对市镇乡人口发展的长期影响要高于短期。

（二）不同方案下产业空间分布变动

不同方案下产业空间分布变动的模拟结果如表 11-14 和表 11-15 所示。

表 11-14　不同方案下中部地区市镇乡第二产业空间分布变动

项目		均增方案	市增方案	镇增方案	乡增方案	基准
市	2050 年/万元	478 114	478 292.2	479 602.1	479 682.1	479 732
	波动值	–0.34%	–0.30%	–0.03%	–0.01%	0
	2100 年/万元	1 705 172	1 709 458	1 723 936	1 725 640	1 726 243
	波动值	–1.22%	–0.97%	–0.13%	–0.03%	0

续表

	项目	均增方案	市增方案	镇增方案	乡增方案	基准
镇	2050 年/万元	830 746.9	834 386.9	831 188.1	834 301.2	834 567.2
	波动值	–0.46%	–0.02%	–0.40%	–0.03%	0
	2100 年/万元	2 690 422	2 710 382	2 693 882	2 710 084	2 711 330
	波动值	–0.77%	–0.03%	–0.64%	–0.05%	0

表 11-15 不同方案下中部地区市镇乡第三产业空间分布变动

	项目	均增方案	市增方案	镇增方案	乡增方案	基准
市	2050 年/万元	1 858 498	1 860 661	1 863 306	1 865 186	1 865 330
	波动值	–0.37%	–0.25%	–0.11%	–0.01%	0
	2100 年/万元	6 850 854	6 861 048	6 863 363	6 868 829	6 869 091
	波动值	–0.27%	–0.12%	–0.08%	–0.00%	0
镇	2050 年/万元	1 056 603	1 060 026	1 057 576	1 060 597	1 060 800
	波动值	–0.40%	–0.07%	–0.30%	–0.02%	0
	2100 年/万元	3 894 920	3 905 842	3 899 420	3 907 089	3 907 491
	波动值	–0.32%	–0.04%	–0.21%	–0.01%	0

1. 市镇乡人口老龄化水平均提高

从模拟结果来看，当市镇乡人口老龄化因子提高到 3.6 时，到 2050 年，市第二产业产值达到 478 114 万元，比基准值下降 0.34%；镇第二产业产值达到 830 746.9 万元，比基准值下降 0.46%；市第三产业产值达到 1 858 498 万元，比基准值下降 0.37%；镇第三产业产值达到 1 056 603 万元，比基准值下降 0.40%。

到 2100 年，市第二产业产值达到 1 705 172 万元，比基准值下降 1.22%；镇第二产业产值达到 2 690 422 万元，比基准值下降 0.77%；市第三产业产值达到 6 850 854 万元，比基准值下降 0.27%；镇第三产业产值达到 3 894 920 万元，比基准值下降 0.32%。

无论是长期还是短期，人口老龄化的提高均会带来市镇乡第二产业、第三产业产值的减少，人口老龄化对市第三产业和镇第三产业的长期影响要低于短期，对市第二产业和镇第二产业的长期影响要高于短期。

2. 仅市人口老龄化水平提高

从模拟结果来看，当且仅当市人口老龄化因子提高到 3.6 时，到 2050 年，市第二产业产值达到 478 292.2 万元，比基准值下降 0.30%；镇第二产业产值达到 834 386.9 万元，比基准值下降 0.02%；市第三产业产值达到 1 860 661 万元，比基准值下降 0.25%；镇第三产业产值达到 1 060 026 万元，比基准值下降 0.07%。

到 2100 年，市第二产业产值达到 1 709 458 万元，比基准值下降 0.97%；镇第二产业产值达到 2 710 382 万元，比基准值下降 0.03%；市第三产业产值达到 6 861 048 万元，比基准值下降 0.12%；镇第三产业产值达到 3 905 842 万元，比基准值下降 0.04%。

无论是长期还是短期，市人口老龄化的提高均会带来市镇第二产业、第三产业产值的减少，市人口老龄化对市第三产业和镇第三产业的长期影响要低于短期，对市第二产业和镇第二产业的长期影响要高于短期。

3. 仅镇人口老龄化水平提高

从模拟结果来看，当且仅当镇人口老龄化因子提高到 3.6 时，到 2050 年，市第二产业产值达到 479 602.1 万元，比基准值下降 0.03%；镇第二产业产值达到 831 188.1 万元，比基准值下降 0.40%；市第三产业产值达到 1 863 306 万元，比基准值下降 0.11%；镇第三产业产值达到 1 057 576 万元，比基准值下降 0.30%。

到 2100 年，市第二产业产值达到 1 723 936 万元，比基准值下降 0.13%；镇第二产业产值达到 2 693 882 万元，比基准值下降 0.64%；市第三产业产值达到 6 863 363 万元，比基准值下降 0.08%；镇第三产业产值达到 3 899 420 万元，比基准值下降 0.21%。

无论是长期还是短期，镇人口老龄化的提高均会带来市镇第二产业、第三产业产值的减少，镇人口老龄化对市第三产业和镇第三产业的长期影响要低于短期，对市第二产业和镇第二产业的长期影响要高于短期。

4. 仅乡人口老龄化水平提高

从模拟结果来看，当且仅当乡人口老龄化因子提高到 3.6 时，到 2050 年，市第二产业产值达到 479 682.1 万元，比基准值下降 0.01%；镇第二产业产值达到 834 301.2 万元，比基准值下降 0.03%；市第三产业产值达到 1 865 186 万元，比基准值下降 0.01%；镇第三产业产值达到 1 060 597 万元，比基准值下降 0.02%。

到 2100 年，市第二产业产值达到 1 725 640 万元，比基准值下降 0.03%；镇第二产业产值达到 2 710 084 万元，比基准值下降 0.05%；市第三产业产值达到 6 868 829 万元，与基准值相比几乎没有变化；镇第三产业产值达到 3 907 089 万元，比基准值下降 0.01%。

无论是长期还是短期，乡人口老龄化的提高均会带来市镇乡第二产业、第三产业的减少，乡人口老龄化对市第三产业和镇第三产业的长期影响要低于短期，对市第二产业和镇第二产业的长期影响要高于短期。

（三）不同方案下经济空间分布变动

不同方案下经济空间分布变动的模拟结果如表 11-16 所示。

表 11-16　不同方案下中部地区市镇乡 GDP 空间分布变动

	项目	均增方案	市增方案	镇增方案	乡增方案	基准
市	2050 年/万元	6 380 316	6 384 599	6 395 175	6 399 289	6 399 376
	波动值	–0.30%	–0.23%	–0.07%	–0.00%	0
	2100 年/万元	21 487 108	21 493 724	21 511 524	21 517 800	21 517 954
	波动值	–0.14%	–0.11%	–0.03%	–0.00%	0
镇	2050 年/万元	2 479 320	2 486 458	2 481 178	2 488 065	2 488 191
	波动值	–0.36%	–0.07%	–0.28%	–0.01%	0
	2100 年/万元	16 947 570	17 136 192	16 973 950	17 155 460	17 159 016
	波动值	–1.23%	–0.13%	–1.08%	–0.02%	0
乡	2050 年/万元	127 847.4	128 001.7	128 012	127 911.2	128 038.8
	波动值	–0.15%	–0.03%	–0.02%	–0.10%	0
	2100 年/万元	439 543.7	444 295.9	444 420.3	440 433.5	444 808.7
	波动值	–1.18%	–0.12%	–0.09%	–0.98%	0

1. 市镇乡人口老龄化水平均提高

从模拟的结果来看，当市镇乡人口老龄化因子均提高到 3.6 时，到 2050 年，市 GDP 达到 6 380 316 万元，比基准值下降 0.30%；镇 GDP 达到 2 479 420 万元，比基准值下降 0.36%；乡 GDP 达到 127 847.4 万元，比基准值下降 0.15%。

到 2100 年，市 GDP 达到 21 487 108 万元，比基准值下降 0.14%；镇 GDP 达到 16 947 570 万元，比基准值下降 1.23%；乡 GDP 达到 439 543.7 万元，比基准值下降 1.18%。

无论是长期还是短期，人口老龄化的提高均会带来市镇乡 GDP 的减少，人口老龄化对市 GDP 长期影响要低于短期，对乡镇 GDP 的长期影响要高于短期。

2. 仅市人口老龄化水平提高

从模拟结果来看，当且仅当市人口老龄化因子提高到 3.6 时，到 2050 年，市 GDP 达到 6 384 599 万元，比基准值下降 0.23%；镇 GDP 达到 2 486 458 万元，比基准值下降 0.07%；乡 GDP 达到 128 001.7 万元，比基准值下降 0.03%。

到 2100 年，市 GDP 达到 21 493 724 万元，比基准值下降 0.11%；镇 GDP 达到 17 136 192 万元，比基准值下降 0.13%；乡 GDP 达到 444 295.9 万元，比基准值下降 0.12%。

无论是长期还是短期，市人口老龄化的提高均会带来市镇乡 GDP 的减少，人口老龄化对市 GDP 长期影响要低于短期，对乡镇 GDP 的长期影响要高于短期。

3. 仅镇人口老龄化水平提高

从模拟结果来看，当且仅当镇人口老龄化因子提高到 3.6 时，到 2050 年，市 GDP 达到 6 395 175 万元，比基准值下降 0.07%；镇 GDP 达到 2 481 178 万元，比基准值下降 0.28%；乡 GDP 达到 128 012 万元，比基准值下降 0.02%。

到 2100 年，市 GDP 达到 21 511 524 万元，比基准值下降 0.03%；镇 GDP 达到 16 973 950 万元，比基准值下降 1.08%；乡 GDP 达到 444 420.3 万元，比基准值下降 0.09%。

无论是长期还是短期，市人口老龄化的提高均会带来市镇乡 GDP 的减少，人口老龄化对市 GDP 长期影响要低于短期，对乡镇 GDP 的长期影响要高于短期。

4. 仅乡人口老龄化水平提高

从模拟结果来看，当且仅当乡人口老龄化因子提高到 3.6 时，到 2050 年，市 GDP 达到 6 399 289 万元，与基准值相比基本没有变化；镇 GDP 达到 2 488 065 万元，比基准值下降 0.01%；乡 GDP 达到 127 911.2 万元，比基准值下降 0.10%。

到 2100 年，市 GDP 达到 21 517 800 万元，比基准值相比基本没有变化；镇 GDP 达到 17 155 460 万元，比基准值下降 0.02%；乡 GDP 达到 440 433.5 万元，比基准值下降 0.98%。

无论是长期还是短期，乡人口老龄化的提高均会带来市镇乡 GDP 的减少，人口老龄化对市 GDP 长期影响要低于短期，对乡镇 GDP 的长期影响要高于短期。

四、小结

与中国总体模型和东部地区的模拟结果有很大不同，中部地区的人口老龄化、人口、产业和经济的空间分布都没有表现出较为明显的空间转型。然而，从人口、产业和经济的空间集聚特征来看，仍然有着较为明显的空间结构变化。

从人口集聚特征来看，中部地区的人口更多集聚在镇域，这与东部地区不同，中部地区的人口集聚趋势与全国整体趋势更为接近。从产业集聚特征来看，中部地区的第二产业集聚在镇域，第三产业集聚在市区。这与全国的模拟结果和东部地区的结果一致。从 GDP 集聚特征来看，中部地区的 GDP 会更多地集聚在市区。

从人口老龄化对人口空间分布的影响来看，无论是市镇乡的整体的还是各个空间单元各自单独的人口老龄化都对人口的空间分布有着影响。具体地来说人口老龄化高的地区，人口迁出的速度和迁入的速度都将变慢。相比之下，由于乡是重要的人口迁出地，乡的人口老龄化对整体人口空间布局的影响较大。

从人口老龄化对产业、经济空间布局的影响来看，市镇乡单独对跨空间单元的产业和经济空间影响较小，人口老龄化的变动并不会影响到产业和经济空间布局中市镇乡的位序关系。

从人口老龄化对人口、产业及经济空间布局的时间效应来看，中部地区的结论与全国和东部地区显得不同。中部地区市镇乡人口发展受人口老龄化的长期影响均高于短期，市第二产业受到的长期影响也高于短期。这反映了中部市区在经济结构和人口迁移方向上与东部市区的差异性，以及与东部、中部镇的类似性。

第六节　人口老龄化对我国城乡人口与经济空间分布影响研究：西部地区特征分析

本节试图在整体模型的基础上，单独研究西部地区的人口老龄化对经济空间分布的影响，讨论人口老龄化、人口、产业和经济空间布局的空间转型趋势特征，并尝试将西部地区的发展趋势和特征与整体模型和东、中部地区做对比。

一、西部模型的介绍

表 11-17 展示了西部模型中产业结构子系统和人口老龄化子系统中的重要变量方程。这些变量方程不仅重要，而且与其他模型中的变量不同，故单独列出。西部模型中的产业发展模型采用经济学中最基本的柯布-道格拉斯生产函数的形式，而人口老龄化的方程则是假定人口老龄化水平线性增长，再通过“五普”和“六普”的数据而估算所得。通过模型的拟合，该模型对真实数据有着很好的模拟能力。

表 11-17　西部模型重要的变量方程

项目	变量方程
产业结构子系统	$\text{第一产业产值年增量} = \text{第一产业产值增长率} \times \left(1-\frac{\text{第一产业产值}}{\text{第一产业最大产值}}\right) \times e^{12.091} \times \text{农村耕地}^{0.4589} \times \text{第一产业劳动力投入}^{-0.743} \times \text{第一产业资本存量}^{0.24} \times 0.330\,69$
	$\text{镇第二产业产值年增量} = \text{镇第二产业产值增长率} \times \left(1-\frac{\text{镇第二产业产值}}{\text{镇第二产业最大产值}}\right) \times e^{3.0335} \times \text{镇第二产业劳动力投入}^{0.805} \times \text{镇第二产业资本存量}^{0.195}$
	$\text{镇第三产业产值年增量} = \text{镇第三产业产值增长率} \times \left(1-\frac{\text{镇第三产业产值}}{\text{镇第三产业最大产值}}\right) \times e^{0.685} \times \text{镇第三产业劳动力投入}^{0.429} \times \text{镇第三产业资本存量}^{0.571}$

续表

项目	变量方程
产业结构子系统	市第二产业产值年增量 = 市第二产业产值增长率 $\times\left(1-\dfrac{\text{市第二产业产值}}{\text{市第二产业最大产值}}\right)\times e^{3.055}$ $\times$ 市第二产业劳动力投入$^{0.805}$ $\times$ 市第二产业资本存量$^{0.195}$ 市第三产业产值年增量 = 市第三产业产值增长率 $\times\left(1-\dfrac{\text{市第三产业产值}}{\text{市第三产业最大产值}}\right)\times e^{0.867}$ $\times$ 市第三产业劳动力投入$^{0.36}$ $\times$ 市第三产业资本存量$^{0.64}$
人口老龄化子系统	市人口老龄化 = IF THEN ELSE(Time < 2010, (0.001 951 55 × (Time − 2000) + 0.062 737 2), (0.082 252 7 × 市人口老龄化因子 − 0.082 252 7) / 40 × (Time − 2010) + 0.082 252 7) 镇人口老龄化 = IF THEN ELSE(Time < 2010, (0.002 075 06 × (Time − 2000) + 0.057 088), (0.077 838 5 × 镇人口老龄化因子 − 0.077 838 5) / 40 × (Time − 2010) + 0.077 838 5) 乡人口老龄化 = IF THEN ELSE(Time < 2010, (0.003 164 06 × (Time − 2000) + 0.066 617), (0.098 257 7 × 乡人口老龄化因子 − 0.098 257 7) / 40 × (Time − 2010) + 0.098 257 7)

二、模型输出结果

（一）人口的空间分布态势：西部地区人口出现了两次空间转型的节点

总体来看，西部地区人口不断向城镇集聚，其中，人口向镇集聚的趋势要高于市，西部地区乡人口将持续下降。模拟结果显示：到 2100 年，西部地区市人口达到 0.88 亿人，镇人口达到 1.23 亿人，乡人口下降到 0.56 亿人。随着社会经济的发展与人口的迁移，西部地区城镇化模式经历了两次转型拐点，在 2034 年，镇人口开始超过乡人口，到 2045 年，市人口开始超过乡人口（图 11-14）。

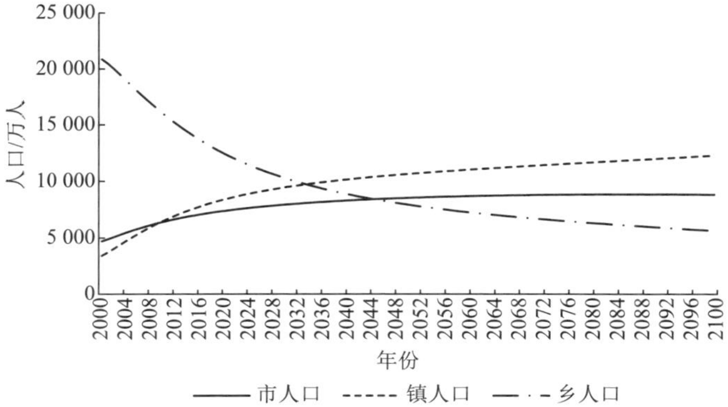

图 11-14　西部地区市镇乡人口空间分布

（二）产业的空间结构转型：西部地区的产业结构没有发生明显的产业结构转型

从模型模拟的结果来看（图 11-15 和图 11-16），镇域的第二产业产值均高于市区，而市第三产业产值一直都高于镇域。到 2100 年，市第二产业产值达到 123.47 万亿元，镇第二产业产值达到 177.45 万亿元；市第三产业产值达到 348.45 万亿元，镇第二产业产值达到 194.97 万亿元。从产业的空间结构发展角度，除了市镇在对应的产业发展差距不断扩大之外，产业空间分布没有发生明显的结构转型。

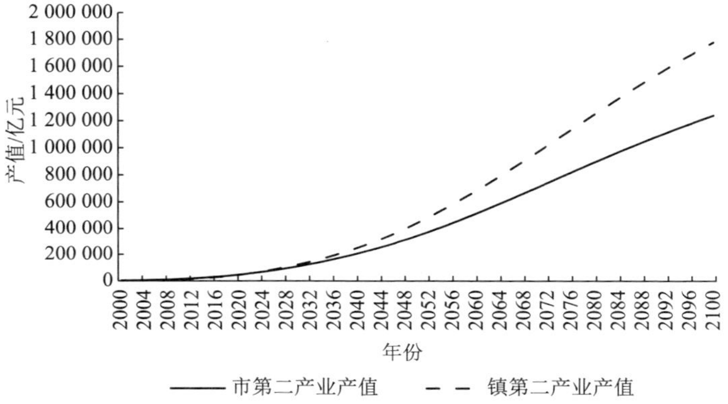

图 11-15　西部地区市镇乡第二产业空间分布

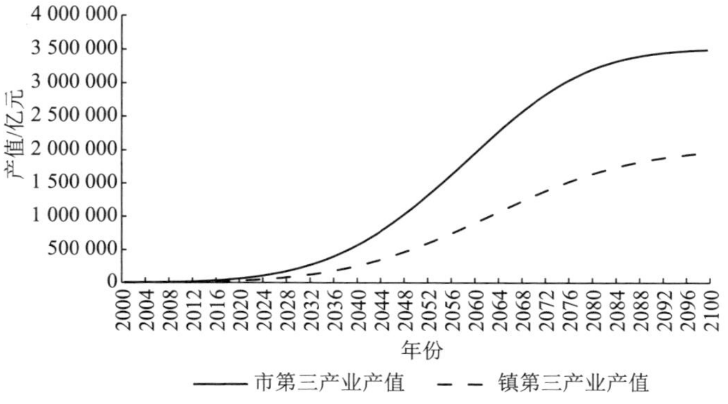

图 11-16　西部地区市镇乡第三产业空间分布

（三）经济空间转型：西部地区的市镇 GDP 空间分布也没有出现明显的转型

模拟结果显示（图 11-17），市镇乡的 GDP 空间分布一直呈现出市大于镇，镇大于乡的分布态势。相比之下，乡的 GDP 一直很少。到 2100 年，西部地区市镇乡 GDP 分别为 471.92 万亿元、372.42 万亿元、21.43 万亿元。城乡差距在不断扩大。市与镇的经济差距较小，但是也能看到市镇的经济发展差距在扩大。

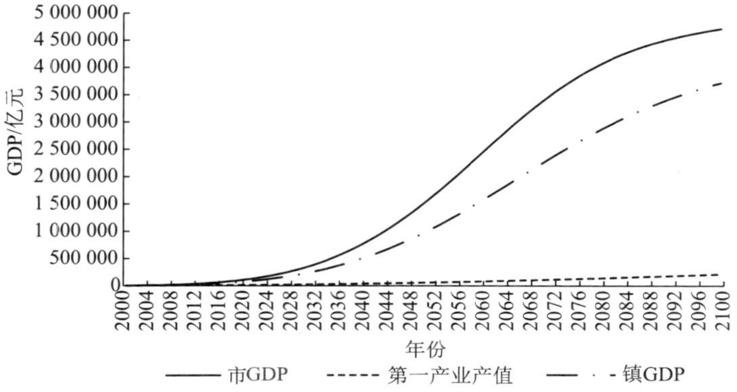

图 11-17　西部地区市镇乡 GDP 空间分布

三、人口老龄化对经济空间布局的影响分析

（一）不同方案下人口老龄化对人口空间布局的影响

不同方案下人口老龄化对人口空间布局的影响的模拟结果如表 11-18 所示。

表 11-18　不同方案下西部地区市镇乡人口空间分布变动

项目		均增方案	市增方案	镇增方案	乡增方案	基准
市	2050 年/万人	8 514.477	8 521.134	8 524.949	8 515.132	8 523.377
	波动值	–0.10%	–0.03%	0.02%	–0.10%	0
	2100 年/万人	8 809.11	8 795.943	8 836.768	8 794.679	8 809.17
	波动值	–0.00%	–0.15%	0.31%	–0.16%	0
镇	2050 年/万人	10 619.87	10 640.59	10 633.62	10 625.14	10 639.75
	波动值	–0.19%	0.01%	–0.06%	–0.14%	0
	2100 年/万人	12 213.96	12 286.89	12 222.04	12 257.78	12 276.35
	波动值	–0.51%	0.09%	–0.44%	–0.15%	0
乡	2050 年/万人	8 035.762	7 922.219	7 935.253	8 014.907	7 918.182
	波动值	1.48%	0.05%	0.22%	1.22%	0
	2100 年/万人	6 054.27	5 635.325	5 714.673	5 935.381	5 615.155
	波动值	7.82%	0.36%	1.77%	5.70%	0

1. 市镇乡人口老龄化水平均提高

模拟结果显示，当市镇乡人口老龄化因子均提高至 3.6 时，到 2050 年，市人口达到 8 514.477 万人，比基准值下降 0.10%；镇人口达到 10 619.87 万人，比基准值下降 0.19%；乡人口达到 8035.762 万人，比基准值提高 1.48%。

到 2100 年，市人口达到 8809.11 万人，与基准值几乎没有差别；镇人口达到 12 213.96 万人，比基准值下降 0.51%；乡人口达到 6 054.27 万人，比基准值提高 7.82%。

无论是长期还是短期，人口老龄化水平的提高均会带来市镇人口的减少和乡人口的增加，人口老龄化对市人口长期影响要低于短期，对乡镇人口的长期影响要高于短期。

2. 仅市人口老龄化水平提高

模拟结果显示，当且仅当市人口老龄化因子提高到 3.6 时，到 2050 年，市人口达到 8521.134 万人，比基准值下降 0.03%；镇人口达到 10 640.59 万人，比基准值上升 0.01%；乡人口达到 7922.219 万人，比基准值上升 0.05%。

到 2100 年，市人口达到 8795.943 万人，比基准值下降 0.15%；镇人口达到 12 286.89 万人，比基准值提高 0.09%；乡人口达到 5635.325 万人，比基准值提高 0.36%。

无论是长期还是短期，市人口老龄化水平的提高均会带来乡镇人口的增加和市人口的减少，市人口老龄化对市镇乡人口的长期影响要高于短期。

3. 仅镇人口老龄化水平提高

模拟结果显示，当且仅当镇人口老龄化因子提高到 3.6 时，到 2050 年，市人口达到 8524.949 万人，比基准值提高 0.02%；镇人口达到 10 633.62 万人，比基准值下降 0.06%；乡人口达到 7935.253 万人，比基准值提高 0.22%。

到 2100 年，市人口达到 8836.768 万人，比基准值下降 0.31%；镇人口达到 12 222.04 万人，比基准值下降 0.44%；乡人口达到 5714.673 万人，比基准值提高 1.77%。

无论是长期还是短期，镇人口老龄化水平的提高均会带来镇人口的减少和市乡人口的增加，人口老龄化对市镇乡人口长期影响要高于短期。

4. 仅乡人口老龄化水平提高

模拟结果显示，当且仅当乡人口老龄化因子提高到 3.6 时，到 2050 年，市人口达到 8515.132 万人，比基准值提高 0.10%；镇人口达到 10 625.14 万人，比基准值下降 0.14%；乡人口达到 8014.907 万人，比基准值提高 1.22%。

到2100年，市人口达到8794.679万人，比基准值下降0.16%；镇人口达到12 257.78万人，比基准值下降0.15%；乡人口达到5935.381万人，比基准值下降5.70%。

无论是长期还是短期，乡人口老龄化水平的提高均会带来市镇人口的减少和乡人口的增加，人口老龄化对市镇乡人口长期影响要高于短期。

（二）不同方案下人口老龄化对产业空间布局的影响

不同方案下人口老龄化对产业空间布局的影响模拟结果如表11-19和表11-20所示。

表11-19 不同方案下西部地区市镇乡第二产业空间分布变动

项目		均增方案	市增方案	镇增方案	乡增方案	基准
市	2050年/万元	346 611.1	346 734.8	347 684.9	347 743.3	347 776.4
	波动值	–0.34%	–0.30%	–0.03%	–0.01%	0
	2100年/万元	1 224 231	1 225 629	1 233 990	1 234 426	1 234 702
	波动值	–0.85%	–0.73%	–0.06%	–0.02%	0
镇	2050年/万元	442 959	444 821.3	443 143.3	444 838.9	444 923.2
	波动值	–0.44%	–0.02%	–0.40%	–0.02%	0
	2100年/万元	1 755 605	1 773 714	1 757 677	1 773 923	1 774 538
	波动值	–1.07%	–0.05%	–0.95%	–0.03%	0

表11-20 不同方案下西部地区市镇乡第三产业空间分布变动

项目		均增方案	市增方案	镇增方案	乡增方案	基准
市	2050年/万元	1 161 145	1 162 382	1 163 863	1 164 958	1 165 030
	波动值	–0.33%	–0.23%	–0.10%	–0.01%	0
	2100年/万元	3 482 718	3 483 529	3 484 078	3 484 508	3 484 536
	波动值	–0.05%	–0.03%	–0.01%	–0.00%	0
镇	2050年/万元	524 003.6	525 669.1	524 456.6	525 999.2	526 061.4
	波动值	–0.39%	–0.07%	–0.31%	–0.01%	0
	2100年/万元	1 945 506	1 949 054	1 946 766	1 949 574	1 949 661
	波动值	–0.21%	–0.03%	–0.15%	–0.00%	0

1. 市镇乡人口老龄化水平均提高

模拟结果显示，市镇乡人口老龄化因子均提高至3.6时，到2050年，市第二产业产值达到 346 611.1 万元，比基准值下降 0.34%；镇第二产业产值达到 442 959 万元，比基准值下降 0.44%；市第三产业产值达到 1 161 145 万元，比基准值下降 0.33%；镇第三产业产值达到 524 003.6 万元，比基准值下降 0.39%。

到 2100 年，市第二产业产值达到 1 224 231 万元，比基准值下降 0.85%；镇第二产业产值达到 1 755 605 万元，比基准值下降 1.07%；市第三产业产值达到 3 482 718 万元，比基准值下降 0.05%；镇第三产业产值达到 1 945 506 万元，比基准值下降 0.21%。

无论是长期还是短期，人口老龄化水平的提高对市镇的第二产业、第三产业均产生负向影响，人口老龄化对市镇第二产业产值增长的长期影响要高于短期，对市镇第三产业的产值增长的长期影响要低于短期。

2. 仅市人口老龄化水平提高

模拟结果显示，当且仅当市人口老龄化水平提高至 3.6 时，到 2050 年，市第二产业产值达到 346 734.8 万元，比基准值下降 0.30%；镇第二产业产值达到 444 821.3 万元，比基准值下降 0.02%；市第三产业产值达到 1 162 382 万元，比基准值下降 0.23%；镇第三产业达到 525 669.1 万元，比基准值下降 0.07%。

到 2100 年，市第二产业产值达到 1 225 629 万元，比基准值下降 0.73%；镇第二产业产值达到 1 773 714 万元，比基准值下降 0.05%；市第三产业产值达到 3 483 529 万元，比基准值下降 0.03%；镇第三产业产值达到 1 949 054 万元，比基准值下降 0.03%。

无论是长期还是短期，市人口老龄化水平的提高对市镇的第二产业、第三产业均产生负向影响，市人口老龄化对市镇第三产业产值增长的长期影响要低于短期，对市镇第二产业的产值增长的长期影响要高于短期。

3. 仅镇人口老龄化水平提高

模拟结果显示，当且仅当镇人口老龄化因子提高至 3.6 时，到 2050 年，市第二产业产值达到 347 684.9 万元，比基准值下降 0.03%；镇第二产业产值达到 443 143.3 万元，比基准值下降 0.40%；市第三产业产值达到 1 163 863 万元，比基准值下降 0.10%；镇第三产业产值达到 524 456.6 万元，比基准值下降 0.31%。

到 2100 年，市第二产业产值达到 1 233 990 万元，比基准值下降 0.06%；镇第二产业产值达到 1 757 677 万元，比基准值下降 0.95%；市第三产业产值达到 3 484 078 万元，比基准值下降 0.01%；镇第三产业产值达到 1 946 766 万元，比基准值下降 0.15%。

无论是长期还是短期，镇人口老龄化水平的提高对市镇的第二产业、第三产业均产生负向影响，镇人口老龄化对市镇第三产业产值增长的长期影响要低于短期，对市镇第二产业产值增长的长期影响要高于短期。

4. 仅乡人口老龄化水平提高

模拟结果显示，当且仅当乡人口老龄化因子提高至 3.6 时，到 2050 年，市第二产业产值达到 347 743.3 万元，比基准值下降 0.01%；镇第二产业产值达到 444 838.9 万元，比基准值下降 0.02%；市第三产业产值达到 1 164 958 万元，比基准值下降 0.01%；镇第三产业产值达到 525 999.2 万元，比基准值下降 0.01%。

到 2100 年，市第二产业产值达到 1 234 426 万元，比基准值下降 0.02%；镇第二产业产值达到 1 773 923 万元，比基准值下降 0.03%；市第三产业产值达到 3 484 508 万元，与基准值相比几乎没有变化；镇第三产业产值达到 1 949 574 万元，比基准值相比几乎没有变化。

无论是长期还是短期，乡人口老龄化水平的提高对市镇的第二产业、第三产业均产生负向影响，市人口老龄化对市镇第二产业产值增长的长期影响要高于短期，对市镇第三产业产值增长的长期影响要低于短期。

（三）不同方案下人口老龄化对 GDP 空间布局的影响

不同方案下人口老龄化对 GDP 空间布局的影响模拟结果如表 11-21 所示。

表 11-21　不同方案下西部地区市镇乡 GDP 空间分布变动

	项目	均增方案	市增方案	镇增方案	乡增方案	基准
市	2050 年/万元	1 507 756	1 509 116	1 511 548	1 512 701	1 512 806
	波动值	−0.33%	−0.24%	−0.08%	−0.01%	0
	2100 年/万元	4 706 948	4 709 158	4 718 068	4 718 934	4 719 238
	波动值	−0.26%	−0.21%	−0.02%	−0.01%	0
镇	2050 年/万元	966 962.6	970 490.3	967 599.9	970 838.1	970 984.6
	波动值	−0.41%	−0.05%	−0.35%	−0.02%	0
	2100 年/万元	3 701 111	3 722 768	3 704 444	3 723 498	3 724 199
	波动值	−0.62%	−0.04%	−0.53%	−0.02%	0
乡	2050 年/万元	59 350.09	59 389.46	59 386.45	59 381.55	59 403.68
	波动值	−0.09%	−0.02%	−0.03%	−0.04%	0
	2100 年/万元	213 250.4	214 082	214 033.5	213 832.5	214 282
	波动值	−0.48%	−0.09%	−0.12%	−0.21%	0

1. 市镇乡人口老龄化水平均提高

模拟结果显示，当市镇乡人口老龄化因子均提高到 3.6 时，到 2050 年，市 GDP 达到 1 507 756 万元，比基准值下降 0.33%；镇 GDP 达到 966 962.6 万元，比基准值下降 0.41%；乡 GDP 达到 59 350.09 万元，比基准值下降 0.09%。

到 2100 年，市 GDP 达到 4 706 948 万元，比基准值下降 0.26%，镇 GDP 达到 3 701 111 万元，比基准值下降 0.62%；乡 GDP 达到 213 250.4 万元，比基准值下降 0.48%。

无论是长期还是短期，人口老龄化水平提高对市镇乡的 GDP 均存在负向效应，对市 GDP 的长期影响要低于短期，而对乡镇 GDP 的长期影响要高于短期。

2. 仅市人口老龄化水平提高

模拟结果显示，当且仅当市人口老龄化因子提高到 3.6 时，到 2050 年，市 GDP 达到 1 509 116 万元，比基准值下降 0.24%；镇 GDP 达到 970 490.3 万元，比基准值下降 0.05%；乡 GDP 达到 59 389.46 万元，比基准值下降 0.02%。

到 2100 年，市 GDP 达到 4 709 158 万元，比基准值下降 0.21%；镇 GDP 达到 3 722 768 万元，比基准值下降 0.04%；乡 GDP 达到 214 082 万元，比基准值下降 0.09%。

无论是长期还是短期，市人口老龄化水平提高对市镇乡的 GDP 均存在负向效应，对市镇 GDP 的长期影响要低于短期，而对乡 GDP 的长期影响要高于短期。

3. 仅镇人口老龄化水平提高

模拟结果显示，当且仅当镇人口老龄化因子提高到 3.6 时，到 2050 年，市 GDP 达到 1 511 548 万元，比基准值下降 0.08%；镇 GDP 达到 967 599.9 万元，比基准值下降 0.35%；乡 GDP 达到 59 386.45 万元，比基准值下降 0.03%。

2100 年，市 GDP 达到 4 718 068 万元，比基准值下降 0.02%；镇 GDP 达到 3 704 444 万元，比基准值下降 0.53%；乡 GDP 达到 214 033.5 万元，比基准值下降 0.12%。

无论是长期还是短期，镇人口老龄化水平提高对市镇乡的 GDP 均存在负向效应，对市 GDP 的长期影响要低于短期，而对乡镇 GDP 的长期影响要高于短期。

4. 仅乡人口老龄化水平提高

模拟结果显示，当且仅当乡人口老龄化因子提高到 3.6 时，到 2050 年，市

GDP 达到 1 512 701 万元，比基准值下降 0.01%；镇 GDP 达到 970 838.1 万元，比基准值下降 0.02%；乡 GDP 达到 59 381.55 万元，比基准值下降 0.04%。

2100 年，市 GDP 达到 4 718 934 万元，比基准值下降 0.01%；镇 GDP 达到 3 723 498 万元，比基准值下降 0.02%；乡 GDP 达到 213 832.5 万元，比基准值下降 0.21%。

无论是长期还是短期，乡人口老龄化水平提高对市镇乡的 GDP 均存在负向效应，对乡镇 GDP 的长期影响要高于短期。

四、小结

从西部地区的人口空间集聚趋势特征来看，乡村人口不断下降，而镇域人口不断上升，最终形成人口集聚在镇与乡的格局。从西部地区的经济的空间集聚特征来看，在西部地区，第二产业集中在镇域，第三产业集中在市区，而市区和镇域的 GDP 出现了趋同现象。因此，西部地区应该顺应经济发展和人口发展的趋势，构建合理的市、镇、乡的多元体系，保障经济有序增长、人口的可持续发展及空间的健康转型。

人口老龄化对西部地区的人口影响与全国的情况基本一致。市人口老龄化水平提高导致市人口的减少和乡镇人口的增加；镇人口老龄化水平提高导致镇人口的减少和市乡人口的增加；乡人口老龄化水平提高导致市镇的人口下降与乡人口的上升。且市镇乡人口发展受市、镇、乡人口老龄化长期影响均高于短期。这说明，在西部，同样存在人口老龄化降低人口的迁移速度问题，且存在循环累积效应。同时，相较于市、镇人口老龄化，短期内西部地区乡的人口老龄化对西部市镇乡人口空间布局的影响较大。

西部地区的产业结构和 GDP 发展受到人口老龄化的影响均为负向，而且随着时间变化呈现出不同的趋势。西部地区市第二产业、镇第二产业受到人口老龄化的长期影响均高于短期，市第三产业和 GDP 受到人口老龄化的长期影响却小于短期。这说明，随着人口老龄化进程的深化，西部市区会以其独特的区位优势向第三产业转型。西部地区拥有特定的成本优势及旅游资源优势，以及西部大开发和“一带一路”倡议带来的政策优势，随着经济的发展，西部地区的市区经济逐渐向服务业经济转型，导致经济受到人口老龄化的长期影响较小。

西部地区的人口老龄化对第三产业和经济发展水平的影响同样存在短期内跨空间单元影响较弱的情况，但是长期内的情况有所不同。长期来看，镇人口老龄化对第三产业的跨空间单元影响效应会增加，而对 GDP 和第三产业的跨空间单元影响效应会减少，市人口老龄化对镇第二产业和镇 GDP 的跨空间单元影响效应均增加。

第七节　结论与讨论

一、基本结论

（一）人口空间流动的发展趋势特征

总体来看，我国农村地区人口不断向城镇地区流动，进一步地来说，我国人口最终更多向镇域流动而非市区流动。

中西部地区的人口流动方向与全国一致，而东部地区则是更多地向市流动。一个可能的原因是镇域集聚着大量的第二产业，带动了大量的就业。另一个原因是，我国人口流动存在乡向镇、乡向市、镇向市流动的趋势，人口从乡向镇域流动的时候，愿意就近进行迁移，而人口向市区流动的时候更愿意选择东部地区大城市。所以出现了东部地区人口向市区集聚，而中西部地区则是向镇域集聚的现象。

本章的总体模型显示，我国的人口发展空间会经历两个比较突出的拐点，一是农村人口向城镇地区迁移，最终农村人口向城镇迁移不断下降直至平衡点，这便是传统的刘易斯拐点，反映了城镇化和工业化的进程；二是镇不断发展导致镇人口超过市，进而形成了新的空间格局，城镇化过程有了质的改变，同时产业结构也在经历着向服务业转型和向空间分工转型的过程。

（二）产业空间发展和经济空间发展趋势特征

无论是从整体的角度还是分东中西的角度来看，第二产业都将最终更多地集聚在镇域，而第三产业更多地集聚在市区。镇域有着较为低廉的土地成本，对第二产业吸引较大，而市区则集聚着大量的第三产业。我国对市区实施的“退二进三”的政策，大量的第二产业都搬迁到了周边的郊区或其他地区，市中心只保留附加值较高的第三产业，这促进了空间分工体系的形成。

从总体的发展趋势来看，GDP 将更多地集聚在市区，其次为镇，农村仅仅生产少量的 GDP。东部和中部地区的 GDP 在市、镇、乡的空间分布与全国基本一致。这说明市区有着集聚经济的优势，是经济发展的重要空间载体。然而，西部地区的经济空间发展趋势却有所不同，西部地区更加偏向于“平均式”的发展模式，即市区 GDP 与镇域 GDP 相趋同。结合实际情况来看，可能的原因是西部地区经济发展水平相对较低，市区的集聚经济优势尚未体现，经济的空间转型特征有所区别。

（三）人口老龄化对人口空间布局的影响

人口老龄化会降低人口的空间流动性，降低人口迁入和迁出和速度，导致城镇化速度下降。具体地来说包含以下几点。

（1）乡人口老龄化的提高会减少乡人口的迁出，导致市和镇人口的下降。

（2）镇人口老龄化的提高会减少镇人口的流入，同时乡村人口会往市区流动，导致市乡人口增加，镇人口减少。

（3）市人口老龄化的提高会减少市人口的流入，同时导致乡与镇人口增加，市人口减少，但这一进程并不改变市镇乡的人口空间位序关系。

（4）市镇乡的人口老龄化水平具有一定的空间影响，而且随着时间的推移而发生变化，总体上人口老龄化对全国市镇乡的人口的长期影响大于短期影响。

（四）人口老龄化对产业和 GDP 空间布局的影响

人口老龄化不仅降低第二产业和第三产业的发展速度，进而降低经济增长速度，而且其影响在跨空间的讨论中仍然有效。但是，人口老龄化的加剧并不改变产业和经济空间分布位序关系。

具体来讲，乡人口老龄化水平提高会降低市镇的产业发展和经济增长速度，镇人口老龄化水平提高不仅会降低镇产业发展和经济增长速度，同时也会降低市区的发展速度。市人口老龄化不仅会削弱市产业经济的增长，同时也会阻碍镇的发展。

从产业结构的空间分布来看，①东部地区市第二产业、第三产业受到的长期影响均低于短期，镇第二产业、第三产业受长期影响均高于短期。这说明，在东部地区，长期来看，人口老龄化会促进东部地区产业向市区集聚。②中部地区市镇的第二产业长期影响高于短期，市镇第三产业长期影响低于短期。这说明，在中部地区，长期来看，人口老龄化会促进中部地区产业从第二产业向第三产业集聚。③西部地区市镇第二产业长期影响均小于短期，这说明，在西部地区，长期来看，人口老龄化会促进第二产业向市区集聚，镇的影响并不明确。

从 GDP 的空间分布来看，全国、东部、中部、西部基本上都表现为：市 GDP 受人口老龄化的长期负向影响低于短期，乡镇 GDP 受人口老龄化的长期负向影响高于短期。这说明，乡镇地区受人口老龄化的影响存在长期的循环累积效应。长期来看，人口老龄化会促进 GDP 向市区集聚，因此，在应对人口老龄化的挑战时，若要均衡发展，政策应该要更多地向乡镇地区倾斜。

由于市镇乡人口老龄化对不同空间单元的经济发展有着不同的效果，且在存在长短期上的不同，因此，人口老龄的跨空间单元影响受到时间影响较大。短期内，这种空间效应并不明显，但在长期内，镇人口老龄化的跨空间单元影响会有所衰弱，市人口老龄化的跨空间单元影响会增加。

二、政策含义与讨论

（一）人口政策：分区域优化人口调控政策，形成合理的人口流动机制

东、中、西部地区的人口在市、镇、乡空间上的分布趋势特征具有一定的差

异性，因此，在进行人口政策调控的时候，应当充分考虑东中西的人口空间结构上的差异。同时，应当顺应人口空间发展的内在规律，形成合理的人口空间布局。

（二）产业政策：分市镇乡制定产业政策，催生合理的产业空间分工

本章的一个突出的结论是市镇之间的空间分工，即第二产业最终会向镇域集聚，第三产业最终会向市区集聚。这种集聚的趋势特征不仅表现在全国整体层面，在东、中、西部三个区域也较为明显。因此，当制定并实施相应产业政策时，需要考虑到相关产业的空间分布，并在市镇的空间层面上讨论产业政策对空间发展影响。

（三）城市化政策：打造新型城镇化模式，建立合理的多元城乡体系

研究结果发现，随着人口老龄化程度的不断加深，东部地区逐渐发展为以市的发展为核心的模式，中部地区则是以镇的发展为主导的模式，西部地区则是走市镇共同发展的模式。根据人口、产业、经济空间集聚的趋势特征，我们发现，应当适当加强对镇域的建设与投资，提高镇域的公共服务能力，为人口和经济的健康发展提供便利。相对应地，在中西部地区盲目进行城市建设是一种不可取的行为，这会造成很大的资源浪费，而在东部地区则是要提高市的发展能力，同时兼顾镇域发展，西部地区则是要加强对市镇的共同建设。

本章试图利用系统动力学模型，构建城乡三元经济模型，并用于研究中国人口老龄化与经济空间布局的影响，该模型能够在一定程度上反映现实，并且具有一定的稳定性和强壮性。通过模型的运算，我们可以分析出人口老龄化背景下，我国市、镇、乡的经济空间布局、人口空间布局和产业空间布局的演化，以及人口老龄化对不同空间单元经济发展的长短期影响。据此，我们可以清晰地梳理出我国人口、产业和经济政策的方向。

但模型结果仍然有一些值得讨论的地方。例如，镇域的人口增长速度较快，但是老龄化程度增速也快。这可能是因为老年人口更偏向于向镇域迁移。国外学者对此有着大量的研究。日本的研究表明，存在老年人口为追求郊区更好的居住环境而向郊区迁移的现象（高山正树，1983）。美国的案例研究表明，从城市 CBD（central business district，中央商务区）与郊区的人口流动方向来看，老年人口会更多地往郊区地区迁移（Serow et al.，1986）。针对中国的情况，还需要进一步研究。同时，未来可以基于其他的变量，探究我国经济空间布局的内在规律，进一步深挖人口老龄化对经济空间布局的影响。同时，也可以将该模型推广到区域、城市群等继续研究相关主题。

第十二章　总结与政策建议

如上所述，根据本书的中方案预测，我国人口总量将从2019年的14亿人缩减到2050年的13.13亿人和2100年的8.27亿人。我国人口占世界人口的比例将从2019年的18.15%下降到2050年的13.48%与2100年的7.61%。我国劳动年龄人口的总量将在上述两个年份分别下降到7.56亿人和4.07亿人。我国65岁及以上老年人占总人口的比例将从2019年的12.6%上升到2060年的30%以上，比今天的日本老龄化程度更高，并在此后缓慢上升到2100年的40.05%。

我国将面临人口缩减与超老龄化的严峻经济社会后果与挑战。根据本书开发的老龄社会CGE模型的模拟，人口中方案前景下我国GDP增长速度将从2019年的6.7%[①]降为2030年的5.77%、2050年的4.04%和2100年的2.0%。

人口老龄化将从供给侧对我国未来经济增长的驱动力、经济增长速度和产业结构产生长期和深远的影响。人口老龄化在推动人口数量缩减和劳动年龄人口缩减的同时，还将降低我国的储蓄率和投资率，使传统要素投入对经济增长的贡献下降。从2012年开始，我国劳动力年龄人口数量已经连年下降，并将在21世纪内持续下降。近年来，我国的储蓄率与投资率也已开始下降，且这只是长期下降的开始。我国的传统生产要素劳动力的增长率已经变为负数，并且这种负增长趋势将长期持续，所以未来劳动力（不计其中的人力资本）对经济增长的贡献将为负数；资本存量的增长率也将显著放慢，所以资本投入对经济增长的贡献率也将显著下降。相比之下，未来经济增长将越来越依靠技术进步的推动。创新与技术进步将是推动未来经济增长的主要动力。

人口老龄化还将从需求侧对老龄社会的产业结构产生冲击。根据老龄社会CGE模型的模拟，人口中方案前景下由于青少年人口的不断减少，我国的教育部门将受到相应冲击，即使考虑高等教育毛入学率的提高，从目前的54%上升到2030年的66%和2050年的84%，此后保持不变，我国教育部门产出在GDP中的份额将逐渐下降，从2019年的6.85%下降到2030年的5.75%与2050年的4.93%。根据类似的理由，老年人口与高龄人口在总人口中的比例不断提高将推动医疗与长期照料（涉及社会工作与家庭服务两个部门）的产出在GDP中的比例不断上升。由于分年龄人均消费数据的可获得性方面的问题，目前老龄社会CGE模拟只

---

① 2019年我国实际GDP增速为6.1%。

在教育、医疗、社会工作与家庭服务引入年龄消费模式的影响。如果未来能收集更多部门，尤其那些具有较强年龄消费模式的部门，如住房、汽车等耐用消费品，电子通信产品等部门的分年龄消费数据，那么我们可能会发现人口老龄化将对老龄社会产业结构产生更多冲击。

老龄社会 CGE 模型还分别模拟了在人口低方案前景与高方案前景下的经济变动相对于中方案前景的偏离。模拟结果表明，人口低方案的几乎所有指标都不如人口中方案，而人口高方案的几乎所有指标都优于中方案。所以如果以提高人民福祉为目标，那么我们从现在开始就要努力避免生育率过低和人口缩减与老龄化进程过快。

人口老龄化还将对我国未来的社会支持体系产生重大冲击。人口中方案的老年人口相对于劳动年龄人口的比率即老年抚养比将不断攀升，从 2019 年的 17.71% 逐步增长到 2060 年的 70.49%和 2100 年的 81.48%，或者说，目前我国每 10 个劳动年龄人口就要抚养 1.7 个老年人，到 2060 年将增加为 7.5 个、2100 年将进一步增加为 8.1 个。老年抚养比的不断提高，将对我国的基本养老保险、基本医疗保险与长期照料服务的财务可持续性带来严峻挑战。根据我国的老龄社会 CGE 模型的模拟，在人口中方案前景下，我国基本养老保险的亏损或债务，在 21 世纪末将累计高达 GDP 的 260%，相比之下，人口高方案前景将使该债务显著减少，而人口低方案前景将使债务显著增加。对基本医疗保险和长期照料服务，也会产生类似的冲击。

本书的研究表明，老龄社会将会使我国未来经济社会发展面临空前严峻的挑战，需要我们以前瞻性的战略眼光谋划和采取相应的经济社会对策。

在这些对策中，有些可能与人口老龄化直接相关，如有关劳动力短缺，养老保险与医疗保险、长期照护负担加重等问题的对策；有些可能并非直接相关，如加大对青少年人口的人力资本投入，尤其是教育与医疗保健投入，增强我国经济的活力与创新能力等。以下，本章将分八个方面对相关问题进行讨论并提出相关对策。

第一节　改革与完善城乡一体化的劳动力市场，更有效利用稀缺劳动力资源

人口老龄化意味着老年人口在总人口中的比例会上升，劳动年龄人口在总人口中的比例会相应下降。如上所述，在 2012～2019 年，我国劳动年龄人口数量（与占总人口的比例）已经连续八年下降，而且这种下降趋势将在 21 世纪内长期持续。劳动力的稀缺性增加和劳动力成本提升，要求通过提高劳动力市场的资源配置效

率来更加有效地利用稀缺的劳动力资源。

一、减少和消除劳动力空间流动与社会流动的障碍

一个有效的劳动力市场，要求劳动力能比较自由地从边际生产率较低的部门或地区流动到边际生产率较高的部门或地区。这样不但有利于提高市场配置资源的效率，也有利于提高劳动力市场的公平性和收入分配的公平性。实际上，正是我国的改革开放，使原来被禁锢在农业部门的富余劳动力能有机会向非农业部门和城镇地区流动,使我国丰富的劳动力资源得以释放出来和得到比较充分的利用。这是我国经济高速增长的一个重要原因（蔡昉，2004）。

但是，目前我国劳动力在城乡之间的空间流动与社会流动的障碍依然存在，我国劳动力市场的二元结构依然存在。与此相关的另一个问题是，大量进城农民工和他们的家属不能成为市民，不能享受本地户籍人口的市民待遇，形成“新二元结构”、“浅城镇化”或“半城镇化”等问题（左学金，2010，2011）。这些问题，不但造成稀缺劳动力资源的非有效利用，还造成收入分配的不公平性较高，从长期来看，也对提升我国人力资源的质量与创新能力不利。要提高劳动力资源的利用效率，需要进一步减少和消除劳动力空间流动和社会流动的障碍，形成全国城乡一体化的劳动力市场，提高劳动力市场的资源配置效率，推进以人为核心的新型城镇化。

二、改革社会保障体制，更好地适应劳动力的流动性

目前我国劳动力市场分割的一个重要原因是属地统筹造成的“碎片化”的社会保障体制。为此，要深化社会保障体制的改革，提高社会保障体制的统筹层次。中央早就明确基础养老金要实现全国统筹，应该尽快付诸实施。实现基本养老金全国统筹的关键是中央发挥主导性作用，同时充分调动中央与地方两个积极性，较好地协调中央与地方之间及不同地方之间的利益平衡。

建议将城乡居民养老保险升级为全国统筹的非缴费型（零支柱）养老保险，覆盖全国所有65岁及以上的城乡老年人。零支柱养老金的受益水平应该略高，所有老人一律相等。建议全国所有一级（城乡社区卫生服务中心）和二级医院（县市级医院）由县市级筹资提升为中央与地方（省、地）共同筹资，把它们办成真正的“廉价医院”。下面我们还将更详细地讨论这一问题。

建设“灵活有保障”的劳动力市场，改变我国一线生产工人雇佣的短期化现象。我国劳动力市场的城乡二元结构和新二元结构，还造成我国大量工人，尤其是一线生产工人雇佣的短期化、劳动技能的培训与积累不足、劳动保护不足等问题。《中华人民共和国劳动合同法》意图通过增加企业辞退工人的成本与难度，来扭转一线工人雇佣的短期化倾向，但实施效果并不理想。在未来劳动力市场的改

革中，我们要注意避免的一个极端是在刚性的劳动力市场中，企业缺少根据市场变化调整雇佣职工的自主权。当然，我们也要注意避免另一种极端，即在过于灵活的劳动力市场中，企业可以随意辞退工人，劳动者缺少有效的就业安全与劳动保护。建议借鉴国外的经验，将劳动力市场的灵活性与保障性结合起来，建设“灵活有保障”的劳动市场（于艳芳，2012； Nichols，2012）。劳动力市场一方面要有一定的灵活性，允许企业根据市场变化，对自身的劳动力投入做出必要调整；另一方面又能为劳动者提供基本保障，使他们对自己的工作有较稳定的预期，能有效地积累自己的劳动技能与经验。为了更加有效地利用宝贵的劳动力资源，应该将建设“灵活有保障”的劳动力市场，实现劳动者体面就业，作为我国未来劳动力市场改革的重要内容。

第二节　加大对人力资本的投入，创造第二次人口红利

在经济全球化的背景下，要提高劳动力资源的利用效率，还要提高劳动力资源的质量和竞争力。一些研究认为，提高人力资本的存量对一个国家的发展具有重大意义（Becker，1960）。针对世界上部分国家由于生育率下降，人口红利逐步消失的情况，一些研究提出开发第二次人口红利的理论和相关建议（Mason and Ogawa，2001；蔡昉，2004；Mason and Lee，2006）。在人口老龄化程度加深的情况下，我国经济增长已经从要素驱动转向技术进步或创新驱动，提升我国人力资本的存量至关重要。为此，要努力增加对人力资本的投入，提高投入的效率与公平性。

一、加大对人力资本的投入，尤其是义务教育的投入

与世界上其他国家相比，我国财政性教育投入仍处于较低水平，2019 年仅占 GDP 的 4.04%。此外，在有限的教育投入中，城乡之间、地区之间教育投入的均等化程度较低，其中的一个突出问题是对流动儿童与留守儿童的投入较少。留守儿童与流动儿童得到的义务教育与医疗保健服务严重不足，升入高中阶段教育的比例显著低于其他儿童，他们的生活质量、生理与心理健康状况都令人担忧。儿童是我国的未来。这种情况如不及早改变，将使我国在未来与其他国家的国际竞争中输在起跑线上。

要进一步加大政府对人力资本的投入，首先是义务教育的投入。建议中央财政在义务教育筹资方面发挥更大作用，缩小地区差距，将原来由地方（县市级）层面的筹资提升为中央与地方共同筹资。中央财政统筹义务教育的一半经费，向全体城乡学龄儿童均等化发放，每个学龄儿童，不论城乡贫富均享有同等数量的

中央财政教育经费拨款。可以通过教育券的形式，实现费随人走；留守儿童和流动儿童均可随家人在户籍所在地或实际居住地（流入地）接受义务教育，提供教育的相关地方政府与学校可凭教育券获得中央的相应经费，并由地方政府按规定进行地方财政经费配套。这样可以在较大程度上提高教育的财政性投入的均等化水平，也可加强流入地政府向非户籍儿童提供义务教育的经济激励。

二、将义务教育延长到 12 年

建议将义务教育由目前的九年制延长到 12 年即延长到高中阶段。目前大量进城流动儿童在流入地接受九年义务教育后，面临离开父母返回户籍所在地学习，或继续留在实际居住地（流入地）而辍学的两难选择。这样做也造成了城镇地区大量的高中阶段教育能力的放空，人为地增加了城镇地区高中教育的生均经费。随着我国人口少子老龄化进程的发展，这一问题将更加严重。美国等发达国家第二次世界大战后普遍实行了 12 年免费教育。我国城镇户籍学生的高中阶段教育也早已基本免费。不对高中阶段实行义务教育，主要影响的是农村户籍儿童，尤其是留守儿童和流动儿童。根据教育部发布的统计数据，2019 年我国生均一般公共预算教育经费，初中为 17 319.04 元，而高中为 17 821.21 元，已经超过初中。在我国强调国内经济大循环和国内消费需求的情况下，尽快将义务教育延长到 12 年，不但是提升我国未来竞争力与人民福祉的重大基础性战略举措，而且可以扩大内需和稳定增长，可以促进人的全面发展和提高我国收入分配的公平性。

三、让农村地区与偏远地区的教育分享信息化的好处

建议通过信息化办学模式解决部分农村地区集中办学带来的上学难问题。国家审计署 2013 年发布的农村中小学布局调整情况专项审计调查结果显示，农村地区中小学布局调整带来部分农村地区学生上学路途变远，交通、寄宿等教育支出相应增加等问题，造成一些地区学生实际辍学人数增加。我国未来人口变动趋势，包括人口负增长与老龄化的变动趋势，将使更多的农村甚至偏远城镇的中小学学生规模下降，传统办学模式将进一步面临生源不足、难以为继的困局，而集中办学的做法也会带来部分农村地区与偏远地区学生上学路途过远和辍学率上升等问题。为此，可以借鉴国外“慕课”的办法，利用信息化工具实行视频上课，由中央或省教育部门发布教学视频供需要的地区办学使用，由当地老师或辅导员担任教学辅导，减少集中办学带来的学生上学困难和辍学问题。

四、深化改革，推动高校培养更多创新型人才

建议全面深化高等教育体制改革，积极回应“钱学森之问”，推动高校培养更多不同类型的创新型人才。要鼓励学生独立思考和创新，减少死记硬背，正如爱因

斯坦说过的那样，“大学教育的价值不在于记住很多事实，而是训练大脑会思考”。

减少政府教育部门对高校的自上而下的反复检查和考评，避免全国按一个标准来办所谓的“好大学”。要让高校校董会与学校领导有更多的办学自主权，允许和鼓励举办不同风格和特点、能更好地满足经济社会发展需要的好大学。改革现行高考招生办法中不公平的制度和做法。进一步放开社会办学，尤其是举办非营利性的民办高校。

第三节　促进积极老龄化，更有效地利用老年人力资源

世界各国都将实行积极老龄化或“生产性老龄化”作为应对老龄化挑战的重要举措（O'Reilly and Caro，1994）。Sanderson 和 Scherbov（2008）提出前瞻年龄（prospective age）的概念。传统年龄或日历年龄的度量忽视了许多年龄以外的特征变化，如剩余的预期寿命、健康与患病、残疾与认知功能等特征的变化。前瞻年龄可用来考察这些特征的变化，尤其是剩余预期寿命的变化。假定当前我国 60 岁老人（或“准老人”）的剩余预期寿命是 15 年，40 年后 60 岁老人的剩余预期寿命可能是 25 年以上，因此从剩余预期寿命的视角来看，40 年后 70 岁的老年人相当于今天 60 岁的老年人。我们应该以新的视角，动态地调整对“老年人”的定义，为延迟退休年龄创造更大空间。

一、应对人口老龄化需要逐步延迟退休年龄

目前我国关于退休政策源于 20 世纪 50 年代制定的法规[①]，此后除少量调整外，基本沿用至今。按政策规定我国男性职工 60 岁退休，女性职工 55 岁退休，体力劳动岗位分别再提前 5 年。近年来我国实际退休年龄平均仅为 50 多岁。相比之下，我国人口的预期寿命，已经从 20 世纪 50 年代的 40 岁左右提高到 2019 年的 77.3 岁，居上中收入国家的前列。与不断延长的预期寿命相比，目前我国退休年龄显然过早，使我国的基本养老保险不堪重负。

延迟退休对现收现付的基础养老保险的收支平衡有极其显著的影响，因为延迟退休一方面可增加养缴费，另一方面可减少养老金支出。本书的 CGE 模型政策模拟表明延迟退休年龄可显著降低养老金的年度赤字占 GDP 的比重。

在人口老龄化的发达国家中，通过延迟法定退休（或领取养老金）年龄来缓解公共养老保险负担是一种比较普遍的做法。1990 年到 2007 年，OECD 有 18 个国家都不同程度地提高公共养老金领取的法定年龄，同时向老年人提供更多的培

① 参见 1951 年 2 月政务院颁布的《中华人民共和国劳动保险条例》第十五条之规定，1955 年 12 月国务院颁布的《国家机关工作人员退休处理暂行办法》第二条之规定。

训机会，让他们掌握新技能，以适应提高退休年龄后的工作。

我国人口少子老龄化的大趋势，使得延迟退休成为必要，而我国人口预期寿命的延长和健康水平的提高，则使延迟退休成为可能。人力资源和社会保障部曾明确宣布，我国在2017年提出延迟退休方案并在2020年开始实施，但是迄今延迟退休政策尚未出台。由此可见延迟退休年龄的决策涉及面较大，不但涉及延迟退休年龄的政策本身，还需要相关的配套政策的支持，尤其是鼓励老年（或“准老年”）劳动者延迟退休，以及鼓励企业聘用老年劳动者的配套政策的支持。

二、延迟退休年龄的配套政策

延迟退休年龄能否得到公众支持的一个关键，是为延迟退休制定相关的配套政策，为延迟退休提供更大激励。实际上目前我国劳动者对延迟退休的支持率不高，与目前我国养老保险体制中养老金缴费与待遇的联系较弱，尚未形成有效鼓励“多缴多得”和“长缴多得”的机制有关。此外，我国政府已经连续十几年提高退休人员的养老金，只是在近年来提高幅度有所降低。在退休金水平与工资水平相差不大、增长速度更有保障的情况下，更多的老年职工宁愿选择退休而不是延迟退休。所以，要进一步加强养老保险缴费与退休金的联系，为延迟退休提供更多激励。

进一步发展个人账户养老金（包括基本养老保险中的个人账户养老金与企业年金、职业年金等自愿性养老金）对延迟退休也有激励作用，因为这些养老金一般实行基金制和属于缴费确定型，没有在不同个人之间进行再分配的功能，具有较高的投资回报率，今后需要进一步发展和完善。

鼓励企业雇佣延迟退休员工，一个相关的问题是老年职工的工资如何决定。我国的不少企业，特别是国有企业，决定工资的一个重要因素是年资，即工龄越长，工资越高。但一个职工对企业的贡献或“边际生产率”，并非随年龄单调提高。一般来说，劳动者的贡献可能在30～50岁左右达到峰值，其中体力劳动者较脑力劳动者更早。如果老年职工的工资随年资不断提高，在大多数情况下，企业雇佣老年职工的边际成本会大于该职工创造的边际收入，以致企业缺少雇佣延迟退休的老年职工的积极性。为了解决这个问题，要研究老年职工的工资如何决定的问题。例如，可以允许企业与职工协商决定延迟退休以后的工资。

要采取措施减少企业雇佣老年职工的其他相关成本。例如，如果企业雇佣延迟退休的老年职工，可以允许企业免缴该职工的社会统筹养老金，但延迟退休的职工须继续向其养老金个人账户缴费。允许企业减少其承担的养老保险缴费，可以降低企业雇佣延迟退休职工的成本。对于延迟退休的职工来说，可以继续获得在职职工的劳动报酬，同时可以继续积累自己的个人养老金。基本养老保险的管理部门还可借鉴美国等国家的做法，对延迟退休（领取养老金）的职工按规定公式提高养老金待遇水平。

要改革妨碍老年人就业的政策法规。借鉴日本经验，鼓励为老年人提供就业机会的企业或合作组织的发展。

三、推动老年友好型城市的规划和建设，为老年人就业与社会参与创造条件

在包括老年人在内的全体人口中，将有越来越多比例的人口居住在城市地区。一个容易被忽视的问题是，推动积极老龄化，更有效地利用老年人人力资源还与城市的空间规划与建设有关。

从 2006 年开始，世界卫生组织在全球 22 个国家的 33 个城市开展了老年人的研究项目，来确定老年友好型城市（age-friendly city）的关键要素。在大多数城市，除了调查老年人外，还补充调查了给老年人提供各种关怀和服务的公共组织、志愿者组织和私人组织。这些调查结果形成了一套老年友好型城市的主要特征和建设指南，以及老年友好型城市建设需要关注的八方面问题，包括：室外空间和建筑、交通、住房、社会参与、尊重与包容、市民参与与就业、信息交流、社区支持与健康服务。随着我国人口老龄化进程推进，我国未来城市规划建设与更新，需要更多地考虑老年人的工作与生活需要，更多地借鉴老年友好型城市的理念与建设指南。

老年友好型城市的核心是“紧凑型城市”（compact city）的理念。要推动积极老龄化，需要缩短从居住地到工作地的距离，以及到各类服务设施（如公交站点、医疗卫生、商业、餐饮和文化休闲等服务设施）的距离；需要有更便捷的公共交通，减少老人对私人汽车的依赖。所有这些，都需要紧凑型城市的空间布局来支持。

改革开放以来，尤其是 20 世纪 90 年代以来，我国新城与城市新建成区建设普遍采取了低密度开发模式。这种模式不符合节约用地、资源环境保护和可持续发展的要求，也与老年人的工作与生活需要不相适应。形成这种低密度开发模式的一个可能的原因是，我国的城市规划与建设受到美国城市低密度开发的影响。形成低密度开发模式的另一个原因，是我国特有的土地制度。我国一些地方政府可以按农业用地的低价向农民征地，用于城市开发与建设。这种低估土地价格，并允许地方政府通过卖地来赚钱的土地制度，造成地方政府过度用地和产生低密度开发的倾向。因此，为了推动积极老龄化和老年友好型城市的建设，还需要改革土地制度，并要求地方政府按公平的市场价格向农民征地，减少和消除地方政府过度用地的经济激励。

第四节 实现有保障的老龄化

本书的模拟表明，人口老龄化将对我国社会保障体制产生重大冲击。为了更

好地应对人口老龄化的挑战，我们需要进一步改革我国的养老保险体制。目前我国养老保险体制存在以下三方面的问题。首先，我国养老保险体制的公平性较差。例如，我国城镇职工基本养老保险的覆盖率较低，尤其是对庞大的进城就业的农民工的覆盖率较低。在基本养老保险属地统筹的体制下，我国农村劳动力从中西部地区向东部沿海地区的流动，造成养老金缴费在相同方向的转移，以及中西部流出地的养老保险基金的财务困难。但是参加城镇养老保险的农民工在跨地区流动时难以携带自己的社会统筹养老金权益。目前我国养老保险主要有城镇职工基本养老保险和城乡居民养老保险，但是不同养老保险的缴费与待遇都相差悬殊，也难以衔接。其次，我国养老保险体制的效率也较低。由于养老保险基金主要由地市级政府统筹，基金的规模较小，管理成本高，中央政府为了避免养老金基金投资不当造成的风险，规定各地的基本养老金资产只能在国有商业银行专户存储或购买国债，造成养老金资产的投资回报率较低，甚至在某些年份低于通货膨胀率，或实际上的养老金资产贬值。最后，我国养老保险的可持续性较差。人口老龄化将使养老保险的支持比不断下降，养老基金的亏损加大，财政补贴负担也不断加大。所以，为了应对人口老龄化的挑战，要进一步改革社会保障体制，提高社会保障体制的公平性、有效性和可持续性。

一、充分发挥政府与个人（家庭）的养老保障功能，发展完善多层次养老保险体制

目前我国已建立的社会保障体制主要由政府构筑的社会统筹账户与个人账户组成，由于企业与劳动者的强制缴费率较高，参保退休人员的养老金也过多地依赖社会养老保险提供。今后要在发挥政府作用的同时，充分发挥劳动者个人的积极性，发展和完善“五支柱”的养老保险体制，包括：①由财政筹资的非缴费型（零支柱）养老保险；②实行全国统筹的覆盖全体劳动者的国民基础养老金（第一支柱）；③强制性个人账户（第二支柱）；④自愿参加的企业年金或职业年金（第三支柱）；⑤家庭的养老功能（第四支柱）。

建议我国养老保险的长期目标为，由各类养老金提供总计 60%～70%的替代率，其中由非缴费型养老金提供 10%的替代率，由全国统筹基础养老金提供 30%～40%的替代率，由各类缴费确定型个人账户养老金提供 20%以上的替代率。

二、建立全民共享的非缴费型（零支柱）养老金

借鉴加拿大、澳大利亚、新西兰和韩国等国家的实践，建议在我国设立非缴费型（零支柱）养老金，由中央财政通过人保部门向我国全体 65 岁及以上的每位老年人，不分城乡、地区、男女和收入高低，提供相当于当年我国人均 GDP 6%

的养老金。2019 年我国人均 GDP 为 7.09 万元，人均 GDP 的 6%约为 4254 元，略高于我国 2019 年采用的农村贫困线（3747 元），实施非缴费型养老金可改善低收入老人的生活。非缴费型养老金的受益水平，大致相当于当年农村家庭人均纯收入的 27%或城镇家庭人均可支配收入的 10%。虽然非缴费型养老金的城乡发放额相同，但是对农村老人，尤其是中西部农村老人来说，其替代率要高得多。

目前我国 65 岁及以上老年人占总人口 13%左右，向每位老人发放相当于当年人均 GDP 的 6%的非缴费型养老金，总支出约占 GDP 的 0.8%，占全国财政支出的 2.8%或中央财政支出的约 6.0%。但是非缴费型养老金的实施可替代目前由各级财政提供的城乡居民基础养老金，以及由民政部门发放的城乡低保救助的大部分，所以财政的实际支出会显著小于这个数字。非缴费型养老金可全部由中央财政负担。考虑到中央财政支出的 2/3 以上是向地方财政的转移支付，所以上述非缴费型养老金支出在很大程度上只是将目前中央向地方拨付的专项经费（造成广受诟病的“跑部钱进”现象）改变为制度性的转移支付。

今后，随着我国人口预期寿命的延长和老龄化率的提高，可适时推迟领取非缴费型养老金的年龄，如由 65 岁逐步延迟到 67 岁甚至更晚，以增强非缴费型养老金的财务可持续性。

三、在降低基础养老金强制缴费率的基础上实现基础养老金全国统筹

我国已经确立了实现基础养老金全国统筹的目标，关键是要尽快制订方案付诸实施。

（1）实现基础养老金全国统筹的主要原则。实现全国统筹要把握以下主要原则：①降低基础养老金强制缴费率，降低低收入人群参与基础养老金的缴费率门槛，确保基础养老金广覆盖，同时避免人为地推高企业的用工成本；②中央主导，同时充分调动中央与地方的积极性，形成推动改革的合力；③在较长时间的过渡期内承认各地的差异，按“帕累托改进”原则确保改革使不同地区和不同人群的原有利益不受损，重视过渡期的设计，确保平稳过渡；④充分重视政府与企业、劳动者个人的积极性，推动建立和完善多支柱的养老保险体制。

（2）全国统筹基础养老金的缴费率和替代率。为了使全国统筹的基础养老金能实现对全体城乡劳动者的全覆盖，需要降低基础养老金的缴费率。建议将工资劳动者的缴费率降低为 12%，由所在企业或机关事业单位缴纳。要建立和健全多缴多得、长缴多得的激励机制，将基础养老金待遇与各年缴费工资及缴费年限更紧密地挂钩。可借鉴国外经验，根据每年参保人缴费工资确定当年的基础养老金权益得分，各年的权益得分可简单累加，退休时根据累加的养老金权益总分决定基础养老金替代率。

全国统筹基础养老金向符合条件的退休人员提供平均 40%的养老金替代率。

当缴费率为 12%时，只要全国统筹基础养老金的“体制支持比”保持在 3.33，就可以提供 40%（12%×3.33）的养老金替代率而收支平衡。

2019 年我国城镇企业基本养老保险的支持比大约在 2.5。以较低的缴费率实现基础养老金全国统筹后，如能推动 2 亿多农民工参保，可将基础养老金的体制支持比提高到 4 左右，可用 12%的缴费率提供 40%的替代率而有盈余。今后我国人口老龄化造成基础养老金体制支持比下降，可通过逐步提高法定退休年龄、适当提高基础养老金的缴费率，以及进一步放开生育控制政策和鼓励生育等举措来加以应对。

（3）鼓励非工资劳动者参保。我国非工资劳动者（包括农业劳动者、城乡非农业个体经营人员和其他非正规就业人员）系家庭经营或自雇，一般收入较低，且确定个人的收入或缴费基数也比较困难。因此，可让城乡非工资劳动者直接参加全国统筹的基础养老金，以（工资劳动者的）社会平均工资为缴费基数，按“标准”缴费率（12%）的一定折扣率（如 20%、30%等）缴费，并按同样的折扣率计算养老金权益或替代率。这样做可允许这些非工资劳动者“少缴少得”，而不是将他们排斥在全国统筹的基础养老金的覆盖范围以外，而且当他们在城乡之间或正规部门与非正规部门之间流动时，他们的养老金权益得分可简单累加，不会因转移接续不畅的问题而受到损失。

四、发展和完善多支柱养老保险，提高个人账户养老金的投资回报率

要进一步改革对个人账户管理模式。今后可参照补充养老保险的做法，由地方政府委托中央授权的全国性的养老金资产管理公司具体管理运作，地方政府可综合考虑养老金资产管理公司的业绩进行选择。

目前我国不同种类的养老保险，如城镇职工基本养老保险、机关事业单位工作人员基本养老保险与城乡居民养老保险都有个人账户部分。实际上各类养老保险的个人账户除养老金资产的数额大小不同外，在本质上并无其他不同，完全可以按统一规则进行统一管理。这样可以实行个人账户养老金体制的“去身份化”，为建设城乡统一的劳动力市场创造条件，并提高个人账户养老金的管理运作效率与投资回报率。

基础养老金实现全国统筹并降低基础养老金的缴费率，可为企业年金与职业年金的发展腾出较大空间。2013 年发布的《关于企业年金职业年金个人所得税有关问题的通知》通过政策优惠，为企业和个人参加自愿性企业年金和职业年金提供了新的激励。今后要适当提高第三支柱养老金管理的竞争性和管理水平，努力提高年金资产的投资回报率，为企事业单位和职工个人参与第三支柱养老金计划提供更大激励。

五、继续发挥家庭的养老保障功能

尽管中国家庭规模的小型化削弱了家庭的养老功能，但是养老保险体制的设计要鼓励家庭养老功能的发挥。这里所指的家庭不但应包括老年人的子女，还应包括老年人自己的养老资源。如果政府过度包办养老服务和筹措养老资金，将使相对数量不断缩减的后代负担过重。《中华人民共和国老年人权益保障法》强调了赡养人的义务，但是还需要通过具体政策举措来增强其可操作性。例如，如何进一步鼓励和督促子女赡养父母；如何推动新型城市化，使我国更多的农村留守老人与他们的进城子女团聚；等等。

第五节　实现健康老龄化

本书的模拟表明，人口老龄化将使我国的卫生总费用占 GDP 的比例不断上涨。根据估算，2050 年我国卫生总费用将相当于 GDP 的 14.48%，2100 年将达 GDP 的 18.40%。

与人口老龄化相关的一个重要变化是疾病谱转变。疾病谱转变是指由于医疗技术的进步、生活方式的改变和人口老龄化等因素，影响人类健康的主要疾病由传染性疾病转变为慢性非传染性疾病。根据《中国统计年鉴》提供的数据，2013 年恶性肿瘤、心脏病和脑血管病分别构成城市人口死亡原因的 67.34%和农村人口死亡原因的 64.18%。相比之下，1995 年这三种疾病分别占城乡人口死因的不足 60%和不到 44%。

我国医改已进行多年，但是迄今尚未取得令人满意的成效。2009年《中共中央国务院关于深化医药卫生体制改革的意见》与《医药卫生体制改革近期重点实施方案（2009—2011年）》出台以来，除了医疗保险扩大覆盖面以外，取得的实际进展有限，医疗卫生服务价格扭曲、以药补医、过度用药和过度医疗、三级医疗服务的合理分工等机制体制问题没有得到根本解决，预防性服务相对治疗性服务仍嫌不足，慢性非传染性疾病未能得到有效控制，每年超过300万中国人在70岁之前因心血管疾病、慢性呼吸系统疾病、癌症和糖尿病等非传染性疾病“过早”死亡。近年来医患矛盾问题表现更加突出。为了更好地应对人口老龄化的挑战，我们需要进一步改革我国的医疗保险体制。

一、将一、二、三级医院分为两类

医疗服务与一般服务不同，一方面具有某些公共品和公益品的性质，另一方面也具有一些私人品的性质。各级医院提供的服务中，提供预防性服务与全科医疗服务的一级医院公共品与公益品的比例最高，提供常见病与多发病治疗性服务的二级医院次之，而提供专科医疗服务的三级医院的比例最低，以提供私人品为主。这一观察是我们在下面的讨论的一个基本出发点。

医疗卫生改革的一个争论问题是，政府与市场在医疗卫生资源的配置中各自应该发挥什么作用。实际上，对于这个问题，我们不宜将一、二、三级医院作为一个整体来加以考虑。如上所述，应该根据将一、二、三级医院服务性质的差异适当加以区别并采取不同的筹资与管理办法。

我们建议除了公共卫生机构外，将原来的三级医院分为两类。第一类医院包括社区医院（城镇街道/农村乡镇卫生服务中心或一级医院），以及区域性（县市级）医疗机构或二级医院。一级医院主要提供预防性服务和全科医疗服务，二级医院主要提供常见病与多发病的治疗性服务。第一类医院可简称为“一、二级医院”或“基层医疗机构”。第二类医院主要包括面向地市及以上服务范围的三级医院，以及部分具有优势专科的二级医院（以下统称为“三级医院”）。三级医院提供的是专科医疗服务，包括疑难杂症的诊断和治疗。参考世界上其他国家的实践，我国全部医疗卫生工作人员中，基层医疗机构可占 2/3 左右，三级医院占 1/3 左右。我们建议的基本思路是，在以上两类医疗机构中，政府对基层医疗机构的筹资与资源配置起更大作用，而市场在三级医院的资源配置中起更大作用。

二、政府对一、二级医院承担主要筹资责任，把它们办成真正的廉价医院

政府对一、二级医疗服务承担主要筹资责任，实行“补供方”的补偿办法，从根本上改变“以药补医”等扭曲医疗行为的不当体制和经济激励，把它们办成真正的公立医院和廉价医院。切实加强对慢性非传染疾病的群体性预防和有病早治，有效减轻老龄化疾病负担。

（1）由财政与医保承担一、二级医疗服务筹资的主要责任。首先在地市级范围，将本地医疗保险收入的一定比例（如 60%），与财政对医疗卫生服务的投入一道统筹使用，构成基层卫生保健联合基金（以下简称联合基金）。联合基金可由各类医保基金的代表，卫生部门、财政部门代表，人大、政协代表，专家代表和参保企业及职工、居民代表等组成的管理委员会管理。

（2）联合基金负责提供一、二级医院的基本建设费和设备购置费，以及一、二级医院的人员经费。这里的人员经费应为人员的全部成本，即除人员基本工资外，还应包括岗位津贴、奖金和各类社会保障缴费。知识密集的劳务是医疗服务的本质和最重要的投入要素，对劳务的价值给予充分足额的补偿，要确保改革后医务人员的实际收入有所上升。当然也可借鉴发达国家对全科医生采取按（签约）人头付费（可按年龄规定不同的人头付费标准）的办法，对一、二级医院实行按人头付费。

（3）一、二级医院实行医药分开。将医院的药房从医院的运营中独立开来，

由联合基金直接管理与运作。可借鉴其他地区的做法，药品、耗材由联合基金直接带量采购，相关销售收入纳入基金，与医院收入无关，批零差价仍归基金。一定比例的医疗费用由参保人共付。

（4）鼓励参保人在一、二级医院定点就诊，显著降低自负比例。参保人需选择一级医院和二级医院各一家作为自己的定点基层医院（三级医院可自由就诊）。取消参保人在定点一、二级医院就诊的起付线，显著降低自付比例（如比三级医院的自付比例降低 5～10 个百分点）。允许参保人“用脚投票”，选择提供服务的定点一、二级医院。联合基金将根据服务的参保人数量（可按参保人年龄结构等因素加以标准化）来核定一、二级医院的工作负荷和联合基金对医院的拨款。

（5）创新基层医疗机构的服务模式。为了应对人口老龄化的挑战，将基层医疗服务尤其是一级医疗服务的重点放在预防性服务上。为此，要创新基层医疗机构的服务模式，重视群体性预防工作，将普及卫生保健知识和宣传促进健康生活方式纳入一级医院的服务范围。加强对社区人群肿瘤、心血管病、糖尿病等慢性非传染性疾病的管理。鼓励病友组织起来相互交流治疗与管理疾病的心得和相互支持鼓励。

（6）“按绩效付费”作为补充分配机制。为了提高基本卫生保健机构的工作效率，在上述付费办法的基础上，用“按绩效付费”作为前者的辅助分配机制。绩效考核的指标体系不但要包括服务机构完成的工作数量和质量指标，还应包括这些机构所服务的参保人群的静态和动态的健康指标。

三、让市场在三级医疗资源的配置中发挥更大作用

对三级医疗服务采取医保购买服务的办法，放宽三级医疗服务的准入限制，鼓励社会办医，满足不同收入人群对三级医疗服务的多元化需求。以下是关于三级医疗服务的具体建议。

（1）参保人在三级医院就诊主要采取医保购买服务的办法。允许各类医疗保险的缴费水平与报销水平有一定差异。鼓励参保人尽量在基层医疗机构就诊和治疗一般多发病及常见病，参保人在三级医院就诊保留原有起付线，保留较高的自付比例（如比一、二级医院高 5～10 个百分点）。

（2）进一步放开三级医疗的准入，鼓励公平竞争，鼓励社会力量办医。鼓励社会力量开办三级医院，尤其是非营利性三级医院，鼓励在民办医院与公立医院之间就医疗服务的质量与价格展开公平竞争，包括允许民办医院按社会医疗保险核定的相同价格承担医保服务（即纳入医保定点医院）。鼓励社会公益组织开办慈善医院。大力培养和引进各类医疗服务专业人才。健康和医疗服务产业是收入需求弹性非常大的产业，是现代服务业的重要组成部分，在有条件的城市，应该通过相关政策推动其健康发展，促进经济转型。政府应规范三级医疗相关信息的公

开披露，加强对卫生服务质量的监督与问责。适时提升医疗卫生服务的筹资层次，以更好地适应人口流动性。

四、推动健康城市规划和建设

面对人口城市化和老龄化的未来趋势，一个重要的问题是如何通过城市空间的规划与设计来促进健康老龄化。这方面美国纽约的经验值得我们借鉴。

2010 年，纽约市政府提出了纽约城市公共健康空间设计导则，该导则针对肥胖症和相关疾病这一当时美国最严重的健康危机提出了城市物质空间层面的设计策略。这是该市第一个针对当代公共健康问题提出的城市设计和建筑设计层面的导则。导则梳理了建成环境影响市民健康的相关史实，挖掘了历史上城市规划师和建筑师在公共健康领域的贡献。在 19 世纪末与 20 世纪初，纽约城市的快速发展和人口的过度增加导致了传染病的流行，建筑师和城市设计师通过一系列的设计措施改良了城市环境，抑制了流行病的蔓延。

肥胖症已成为影响全美的重要健康问题，纽约城市公共健康空间设计导则向建筑师与城市设计师同时提出了城市设计和建筑设计两个层面的空间设计策略。导则的核心是指导建筑师和城市设计师在设计中尽量增加日常锻炼活动的可能性，在城市设计和建筑设计中引入“公共健康空间设计”的相关策略，以此来改造城市环境和改变市民生活方式，增加市民日常锻炼的可能性，最终影响和促进“市民健康”，使纽约成为更宜居的健康城市。纽约城市公共健康空间设计导则所推行的生活方式主要包括用运动休闲代替电视和视频游戏；用步行和自行车、公共交通代替机动车出行；用爬楼梯代替乘用电梯或自动扶梯；用健康的饮食代替不健康的速食。要使市民完成这一生活方式的改变，城市设计师和建筑师需要转变原有的以效率、经济为主导的设计思路，在满足无障碍设计的同时，尽可能以“健康设计”为导向，通过一系列的策略将“肥胖城市”转变为“健康城市”。

纽约城市公共健康空间设计导则和健康城市的理念对我国未来城市建设具有重要的启示意义。与纽约一样，我国大城市也面临着市民不健康的生活方式带来的公共健康问题。健康城市的理念是从城市与建筑设计的视角来促进公众健康的。我国需要推动健康城市的理念，将这一理念纳入城市设计和建筑设计的视野，促进市民健康水平的提高。

我国城市的另一个公众健康问题是交通拥堵及其造成的空气污染。对于这个问题，纽约等发达国家的城市在历史上已经经历过并已得到较有效的治理。我国未来城市设计与建筑设计应该认真学习纽约、东京等国际大都市的经验，控制城市开发强度（建设用地占全部土地的比例），促进紧凑型城市发展，减少不同城市功能的空间分割，促进混合功能设计，大力发展便捷的公共交通，推进公共交通导向型发展（transit-oriented development，TOD）。

第六节　应对长期照护的挑战

一、我国人口老龄化将推动我国对老年照护的需求不断增长

我国人口老龄化和高龄化趋势意味着未来老年人对长期照护的需求将不断增长。依照生命周期的自然规律，老年人口的健康状况将逐步退化，患病率逐步增高，一部分老年人，尤其是高龄老人，将由于健康状况退化或疾病后遗症部分或全部失去自理能力。根据《2010 年中国城乡老年人口状况追踪调查数据分析》，60 岁及以上老年人自报患有一种及以上慢性非传染性疾病的比例，城乡合计为74.2%，其中城镇地区为 79.1%，农村地区为 70.3%。城乡合计日常生活部分自理困难的占 15.9%，不能自理的占 6.8%。其中，城镇地区部分自理困难的占 12.4%，不能自理的占 5.6%；农村地区部分自理困难的占 18.6%，不能自理的占 7.8%。根据这个比例推算，2010 年我国城乡共有部分或全部失能老人 4032 万人，其中部分失能 2824 万人，全部失能 1208 万人。

本书根据 CHARLS（2011～2012 年基线调查）数据和本书人口预测的中方案情景估算，2010 年在我国 60 岁及以上老人中，有中度和重度生活自理困难的占15.2%，2050 年这一比例将上升为 17.4%，2100 年上升为 20.1%。我国用于老年人口长期照护的总成本占 GDP 的比例，将由 2010 年的 3.6%上升为 2050 年的10.9%，并继而上升到 2100 年的 12.0%。值得指出的是，这里的长期照护总成本，包括了由家庭内部提供的、未经过市场交易的照料服务的隐性成本。

中国传统的居家养老的人口学基础是老年人拥有较多子女。但是对于未来老年人来说，他们子女数目较少，传统居家养老的人口学基础已经受到削弱。今后中国对老人的照护的基本模式可能是，健康时居家养老，部分失能后由家庭与社区共同照料，完全失能后一般由机构照料。这个模式与目前发达国家的照护模式相比，也许没有根本性区别。

我国的长期照护问题，包括资金筹集、硬件设施建设与服务提供等多个方面。下面我们将分别展开讨论并提出相关政策建议。

二、关于我国长期照护的筹资模式

随着我国长期照护需求与服务提供的快速增长，长期照护的筹资模式问题已经受到较多关注。在国际上，一般长期照护有以下两种主要模式。第一种是美国模式，主要是私营部门提供商业保险（一般有赔付上限），辅以政府对困难人群的救助（需经资产调查即“means-tested”）。这种模式的好处是政府承担有限责任，即只对困难人群承担托底责任，其他人群由个人通过市场解决。第二种模式是以

德国和日本为代表的长期照护保险，由政府向相关人群（如40周岁及以上人群）收缴保险费，向符合条件的参保人根据需要提供照护所需的主要经费。这种模式的覆盖面与受益面较大，但是如果成本不能得到有效控制，可能会发生较大财务亏空。目前日本就面临这种局面。

我国还没有统一的长期照护筹资办法。除通过已经建立的基本养老保险、城乡低保制度、社会救助制度和临时救助制度解决老年人的生活困难外，2014年9月出台的《关于建立健全经济困难的高龄失能等老年人补贴制度的通知》，要求地方各级人民政府对经济困难的高龄、失能等老年人逐步给予养老服务补贴。由各地根据当地经济发展水平、物价变动情况和财力状况自主确定补贴标准。原则上按月向符合条件的老年人发放现金、代金券。这种基于地方政府财力的补贴制度显然对于财政困难的中西部地区，尤其是农村地区的失能老年人不利。

2016年7月，人力资源和社会保障部办公厅印发《关于开展长期护理保险制度试点的指导意见》，在青岛、上海等15个城市开展长期护理保险制度试点，探索建立为长期失能人员的基本生活照料和基本生活密切相关的医疗护理提供资金或服务保障的社会保险制度。2019年政府工作报告也明确要扩大长期护理保险制度试点。此后，国务院办公厅发布《关于推进养老服务发展的意见》，表示要加快实施长期护理保险制度试点，并鼓励发展商业性长期护理保险产品，为参保人提供个性化长期照护服务。

此外，实际上各地的地方政府还根据自己的财力对长期照护机构提供不同方式的帮助。例如，地方财政对长期照护设施可提供多种形式的补贴，包括减免房租，由财政支付部分工作人员的工资，补贴机构的部分或全部财务亏损等。另一种补贴渠道是将长期照护的部分经费纳入社会医疗保险的报销范围，如有些城市允许部分长期照护病床的床位费纳入医保报销范围等。

以上由财政和医保对服务机构的补贴，主要由公办长期照护机构受益，民营机构的受益很少。民营机构由于得不到财政或社会医疗保险的补贴，有时为维持收支平衡，不得不提高收费标准或降低服务质量，结果抑制了民营机构的发展。一方面受到较多财政补贴的公办长期照护机构一床难求，另一方面民办长期照护机构的床位得不到充分利用，并造成服务设施和公共财政经费使用的不公平。此外，补贴机构的办法也不利于鼓励家庭承担对老人的照护责任。

未来可以考虑的替代选择是，整合现有的各类公共资金，通过一个统一的政府平台（可由财政、民政、人保与卫生部门共同参与）加以运作，进一步完善和规划这些资金的使用办法，提高资金使用的公平性和效率。也可更进一步，在不提高缴费率的基础上，在医疗保险基金中划出一定份额（如几个百分点），与上述公共资金整合起来，推出水平较低的护理保险。护理保险只承担护理的部分费用，其余部分由个人或家庭自负。对自负确有困难的个人与家庭，可以申请民政救济。这样做一方面可以增强财务可持续性，另一方面也可防止道德风险和需方的过度利用。

今后的改革方向是，由主要补贴机构（供方）转变为主要补贴服务使用者（需方），将公共财政或社会医疗保险的补贴显性化和透明化，对长期照护需求进行评估，制定统一评估标准并统一执行。按不同需求等级明确补贴水平。对失能严重的等级给予更高优先权，提高财务可持续性。服务使用者个人可选择机构，补贴跟人走，鼓励机构之间就服务质量开展竞争。鼓励民办机构的发展。鼓励家庭成员在家庭内部提供服务，对这类服务可根据统一的评估标准提供适当折扣补贴。

三、长期照护硬件设施的建设与布局

近年来，尤其是2013年《国务院关于加快发展养老服务业的若干意见》发布以来，我国长期照护设施的规划建设步伐明显加快。尽管上述文件强调要加强社区服务设施建设，但是实际上长期照护设施的空间布局还不尽合理。总的来看，贴近社区的长期照护设施供不应求，而远离社区偏于城市边缘的照护设施供大于求。今后要将社区长期照护设施的规划建设作为设施建设的重点，与城市及社区的规划建设更好地融合起来。

我们对社区长期照护设施的规划与建设给予特别关注，是因为社区服务设施是社区整合照料的重要载体，也是发挥社区和家庭养老与照护作用的关键空间。社区服务设施可以支持家庭成员承担更多的照料老人的责任，如对失能老人的日间照料，子女出差期间对失能老人的短期入住服务等。社区照护设施还应与老年友好型城市与老年友好型社区的规划建设结合起来。

长期照护设施的建设需要动员社会参与和鼓励公私合作。社区长期护理机构可以由政府直接投资建设，也可由企业建设、政府视情况给予适当补贴。这方面日本企业“学研社”的做法值得借鉴。学研社在日本全国布点建设社区老年设施，将养老与长期护理设施整合在一起。这些设施有些是利用社区原有建筑（如仓库或宿舍）改建，还有些则是新建。政府对改建与新建投资给予部分补贴并提供无息或低息贷款。设施建成后出租给老年人使用，虽然房租相对便宜，但企业可获得一定的投资回报。设施向老人提供多种服务，包括餐饮、各类文体活动、日间照料，以及安排上门专业服务等。

四、长期照护的服务提供

过去我们对服务设施的硬件建设比较重视，而对相关的软件建设则重视不够。长期照护是一项劳动密集的服务，其中包括帮助失能老人穿衣、吃饭等简单的生活照料，也包括专业性较强的康复服务与医疗护理服务。在长期照护机构开展这些专业服务，一方面可以就地满足相关需要，方便失能老人，另一方面也减轻医疗机构住院或工作负担，提高医疗机构的效率。

目前我国已出现了为老年人居家专业护理提供服务的企业，在北京与上海等多地已运作。今后在政策上需要进一步鼓励这类长期照料专业服务的发展，政府或个人都可以向这些企业购买服务。政府应加强对服务质量的监管，切实落实以人为核心、以质量为核心的长期照护理念。

受人口老龄化和劳动力短缺的影响，我国的未来将如今天的日本一样，面临护工短缺的问题。目前有大量来自农村的中年妇女从事长期照护服务工作，她们的文化程度较低，通常工作时间较长，收入也较低。今后应在加强培训和提高服务技能的基础上适当提高待遇。

第七节　更加重视经济增长的质量，努力提升经济活力

我国进入经济新常态的一个特点是我国经济的增长率将逐步下降。近年来我国的经济增长率，已经从过去的10%左右，下降到目前的7%左右，在未来20年内还会进一步下降。实际上，技术进步驱动型经济的增长率会显著低于要素投入驱动型经济，这是世界各国经历的共同规律。经济增长率下降的背后，是由于我国要素投入增长率的下降甚至负增长所造成的“潜在增长率”的下降。宏观经济政策不宜追求超越潜在增长率的增长速度。

与此同时，我们应该更加重视经济增长的质量。经济增长质量的一个重要方面是提高经济增长的公平性，让人民更广泛地参与增长和分享增长的成果。大量经济学实证研究发现，政府加大对教育和医疗卫生服务等人力资源的投入，不但有利于经济增长的公平性，也有利于经济效率和增长。经济增长质量的另一个方面是提升经济增长的活力。需要通过全面深化改革，减少政府对微观经济活动的干预和直接参与，促进市场竞争的公平性，鼓励中小企业的发展，鼓励研发与创新，真正形成“大众创业、万众创新”的局面。提升经济活力，可以使政府、企业与社会组织对“后人口红利时代”的新的社会需要和市场需求做出及时响应，并转化为新的发展机遇。

政府的优势是做好基础性工作，如维护公平竞争的市场环境，鼓励研发和创新。政府应避免过多地参与微观经济活动，选择技术发展方向和优先发展的产业这类具有高度不确定性的活动。

第八节　从生育控制政策转向鼓励政策，确保中华民族人口的长期延续

我国实行生育数量控制政策已经四十余年，我国人口的生育率降低到1.5 左

右。虽然我国政府在 2013 年决定放宽生育政策，允许单独家庭（夫妻双方有一方是独生子女）生育二孩，2015 年决定实施全面二孩政策，2021 年又决定实施三孩政策但是实际数据表明，放宽生育政策虽然对提升生育率有一定作用，但是对提升总和生育率的作用相对有限，对于提升一孩生育率的作用就更加微乎其微了。自 2017 年以来，我国出生人口数连年下降，2019 年已降为 1465 万人，自然增长率降为 3.34‰，人口负增长近在眼前。由于"人口惯性"的影响，过去半个世纪我国人口生育率的持续下降已经决定我国在 21 世纪相当长的时间内人口负增长和老龄化加快的趋势。在我国实行生育政策的历史性转变，让生育选择权回归家庭的时机已经成熟。为了应对 21 世纪人口老龄化的挑战，人口政策也应该有所作为。建议尽快修改相关法律法规，全面取消对城乡家庭生育数量的限制，让城乡家庭自主生育，并将计划生育工作的重点从数量控制转向家庭计划、生殖健康和妇婴健康服务。要采取切实措施，帮助解决城乡家庭养育子女的实际困难，增加托幼设施服务及学前教育设施服务，适时出台鼓励生育的政策。从长期来看，我国生育率应该逐步回升到更替水平，这不但是经济社会健康发展的需要，更是中华民族人口得以长期延续的终极需要。

参 考 文 献

艾慧, 张阳, 杨长昱, 等. 2012. 中国养老保险统筹账户的财务可持续性研究: 基于开放系统的测算. 财经研究, 38(2): 91-101.

白彦锋, 王秀园. 2018. 全国养老保险中央调剂制度中激励相容问题研究. 山东财经大学学报, 30(4): 65-74.

白重恩, 吴斌珍, 金烨. 2012. 中国养老保险缴费对消费和储蓄的影响. 中国社会科学, (8): 48-71, 204.

包玉香. 2012. 人口老龄化的区域经济效应分析——基于新古典经济增长模型. 人口与经济, (1): 1-7.

蔡昉. 2004. 人口转变、人口红利与经济增长可持续性——兼论充分就业如何促进经济增长. 人口研究, (2): 2-9.

蔡昉. 2009. 未来的人口红利——中国经济增长源泉的开拓. 中国人口科学, (1): 2-10, 111.

蔡昉. 2010. 人口转变、人口红利与刘易斯转折点. 经济研究, 45(4): 4-13.

蔡昉. 2013. 人口红利与中国经济可持续增长. 甘肃社会科学, (1): 1-4.

蔡昉, 王德文. 1999. 中国经济增长可持续性与劳动贡献. 经济研究, 34(10): 62-68.

曹祺文, 鲍超, 顾朝林, 等. 2019. 基于水资源约束的中国城镇化 SD 模型与模拟. 地理研究, 38(1): 167-180.

钞小静, 任保平. 2011. 中国经济增长质量的时序变化与地区差异分析. 经济研究, 46(4): 26-40.

陈纯槿, 李实. 2013. 城镇劳动力市场结构变迁与收入不平等: 1989～2009. 管理世界, (1): 45-55, 187.

陈立中. 2007. 转型期我国医疗卫生费用上涨的影响因素. 改革与战略, 23(12): 151-153.

陈卫. 2006. 中国未来人口发展趋势: 2005～2050 年. 人口研究, 30(4): 93-95.

陈卫, 段媛媛. 2019. 中国近 10 年来的生育水平与趋势. 人口研究, 43(1): 3-17.

陈曦. 2017. 养老保险降费率、基金收入与长期收支平衡. 中国人口科学, (3): 55-69, 127.

陈元刚, 李雪, 李万斌. 2012. 基本养老保险实现全国统筹的理论支撑与实践操作. 重庆社会科学, (7): 19-25.

丁忠民, 姜上湖. 2016. 重庆市产业结构、城镇化对城镇居民消费结构的影响——基于 VAR 模型的实证分析. 西南大学学报(社会科学版), 42(5): 54-60, 190.

董万好, 刘兰娟, 王军. 2011. 调整财政民生支出和行政管理支出对劳动报酬的影响——基于 CGE 模型的收入再分配研究. 财经研究, 37(9): 4-15.

豆书龙, 王小航, 刘林. 2017. 国际比较视角下中国企业社会保险负担研究. 社会福利(理论版), (1): 20-25, 30.

杜会永, 冉庆国. 2018. 我国食品产业结构与消费结构和谐度的评价. 统计与决策, 34(21): 106-108.

杜鹏, 李强. 2006. 1994～2004 年中国老年人的生活自理预期寿命及其变化. 人口研究, 30(5): 9-16.
杜鹏, 翟振武, 陈卫. 2005. 中国人口老龄化百年发展趋势. 人口研究, (6): 92-95.
段白鸽. 2015.动态死亡率建模与长寿风险量化研究评述.保险研究, (4): 35-50.
风笑天,张青松. 2002.二十年城乡居民生育意愿变迁研究.市场与人口分析, (5): 21-31.
封进. 2013. 中国城镇职工社会保险制度的参与激励. 经济研究, 48(7): 104-117.
封进,余央央,楼平易. 2015.医疗需求与中国医疗费用增长——基于城乡老年医疗支出差异的视角.中国社会科学, (3): 85-103, 207.
傅苏,王晓璐. 2007. "中国、日本、韩国人口与发展国际学术会议" 综述.人口学刊, (6): 58-62.
高山正树. 1983.大阪都市圈の高龄化に关する若干の考察.经济地理学年报, 29(3): 36-57.
高扬. 2019.中央调剂金机制的影响研究.上海:上海社会科学院.
葛剑雄. 1991.古都与移民. 西安: 中国古都学会第九届年会.
宫晓霞. 2011. 财政支出结构的优化路径: 以改善民生为基调. 改革, (6): 102-108.
顾宝昌. 2006.新时期的中国人口态势//蔡昉.中国人口与劳动问题报告 No. 7.北京:社会科学文献出版社: 54-55.
顾宝昌. 2011. 生育意愿、生育行为和生育水平. 人口研究, 35(2): 43-59.
顾朝林, 管卫华, 刘合林. 2017. 中国城镇化 2050: SD 模型与过程模拟. 中国科学: 地球科学, 47(7): 818-832.
郭晗,任保平. 2011.基本公共服务均等化视角下的中国经济增长质量研究.产经评论, (4): 95-103.
郭庆旺, 贾俊雪. 2005. 中国全要素生产率的估算: 1979—2004. 经济研究, (6): 51-60.
郭秀云,邵明波. 2019.养老保险基金中央调剂制度的省际再分配效应研究.江西财经大学学报, (3): 73-84.
郭永斌. 2013.我国养老保险资金缺口的评估和可持续性分析.南方金融, (4): 62-69.
郭月梅,蒋勇,武海燕. 2015.新供给经济学视角下扩大消费需求的财税政策探讨.税务研究, (9): 24-29.
郭震威, 齐险峰. 2013. 人口老龄化另一种测量指标. 人口研究, 37(3): 51-55.
郭志刚. 2013.中国人口生育水平低在何处——基于六普数据的分析.中国人口科学, (2): 2-10, 126.
国家人口发展战略研究课题组. 2007.国家人口发展战略研究报告.人口研究, (1): 1-10.
韩丽. 2015.中国老年人护理方式选择的影响因素研究——来自 CLHLS数据的实证.社会保障研究, (1): 45-51.
何凌霄,南永清,张忠根. 2016.老龄化、服务性消费与第三产业发展——来自中国省级面板数据的证据.财经论丛, (10): 11-18.
何平平. 2006. 我国卫生总费用的弹性测算. 统计与决策, (10): 87-90.
何文炯. 2018. 中央调剂制度需要坚实的基础信息. 中国社会保障, (7): 33.
贺丹, 张许颖, 庄亚儿, 等. 2018. 2006～2016 年中国生育状况报告——基于 2017 年全国生育状况抽样调查数据分析. 人口研究, 42(6): 35-45.
侯佳伟, 黄四林, 辛自强, 等. 2014. 中国人口生育意愿变迁: 1980—2011. 中国社会科学, (4): 78-97, 206.
胡永刚, 郭新强. 2012. 内生增长、政府生产性支出与中国居民消费. 经济研究, 47(9): 57-71.
黄成礼. 2004. 人口因素与卫生费用的关系. 人口研究, (3): 24-30.

黄匡时. 2013. 供求关系视角下的中国老年照料服务资源分析. 中国人口·资源与环境, 23(S2): 488-491.
黄匡时, 陆杰华. 2014. 中国老年人平均预期照料时间研究——基于生命表的考察. 中国人口科学, (4): 92-101, 128.
贾建国, 王其藩. 1998. 基于新古典增长理论的两产业系统动力学模型及对于经济增长问题的研究. 系统工程理论方法应用, (4): 54-62.
贾仁安, 丁荣华. 2002. 系统动力学：反馈动态性复杂分析. 北京: 高等教育出版社.
凯恩斯. 1963. 就业利息和货币通论. 徐毓枬, 译. 北京: 商务印书馆.
康传坤, 楚天舒. 2014. 人口老龄化与最优养老金缴费率. 世界经济, 37(4): 139-160.
库兹涅茨 S. 1989.现代经济增长.戴睿, 易诚, 译. 北京:北京经济学院出版社.
李芳, 李志宏. 2014. 人口老龄化对城乡统筹发展的影响与对策探析. 西北人口, 35(2): 26-30.
李芬, 丁玲玲, 王力男, 等. 2018. 上海市老年人医疗服务需求、利用及费用特征分析. 卫生经济研究, (6): 26-29.
李汉东, 赵茜, 王然. 2014. 新视角下的中国老龄化趋势及退休年龄测算. 老龄科学研究, 2(1): 51-62.
李宏彬, 施新政, 吴斌珍. 2015. 中国居民退休前后的消费行为研究. 经济学(季刊), 14(1): 117-134.
李建民. 2001. 老年人消费需求影响因素分析及我国老年人消费需求增长预测. 人口与经济, (5): 10-16.
李建民, 原新, 王金营. 2000. 持续的挑战: 21世纪中国人口形势、问题与对策. 北京: 科学出版社.
李军山. 2009. 我国医疗费用增长的影响因素与控制研究. 南京: 南京航空航天大学.
李魁, 钟水映. 2010. 劳动力抚养负担与居民消费率——基于人口红利期的动态面板实证研究. 经济评论, (6): 105-112.
李文星, 徐长生. 2008. 中国人口变化对居民消费的影响. 中国人口科学, (3): 29-37, 95.
李文星, 徐长生, 艾春荣. 2008. 中国人口年龄结构和居民消费: 1989—2004. 经济研究, 43(7): 118-129.
李雪, 陈元刚. 2011. 我国基本养老保险实现全国统筹的方案设计. 中共宁波市委党校学报, 33(1): 60-72.
里昂惕夫 W. 1982. 投入产出经济学. 崔书香, 译. 北京: 商务印书馆.
林白鹏, 张圣平, 臧旭恒, 等. 1993. 中国消费结构与产业结构关联研究. 北京: 中国财政经济出版社.
林宝. 2016. 基础养老金全国统筹的待遇确定方法研究. 中国人口科学, (2): 61-71, 127.
林相森,艾春荣.2008.我国居民医疗需求影响因素的实证分析——有序probit模型的半参数估计. 统计研究, 25(11): 40-45.
刘柏霞,张红宇. 2009.辽宁人口老龄化对产业结构转型的影响.沈阳大学学报, 21(6): 96-99.
刘昌平,殷宝明. 2011.中国基本养老保险制度财务平衡与可持续性研究:基于国发[2005]38号文件形成的城镇基本养老保险制度.财经理论与实践, 32(1): 19-24.
刘长庚,张松彪. 2014.我国企业职工基本养老保险制度中企业缴费率应降低.经济纵横, (12): 112-115.
刘承良,颜琪,罗静. 2013.武汉城市圈经济资源环境耦合的系统动力学模拟.地理研究, 32(5): 857-869.

刘苓玲,慕欣芸. 2015.企业社会保险缴费的劳动力就业挤出效应研究——基于中国制造业上市公司数据的实证分析.保险研究, (10): 107-118.
刘沁清.2012.财政民生投入和城乡居民消费——基于省级面板数据的发现.上海经济研究,24(6): 67-75, 83.
刘小金,毛汉英,陈为民,等.1991.系统动力学在区域发展规划中的应用——以山东省莱州市为例.地理学报, 46(2): 233-241.
柳清瑞,王虎邦,苗红军. 2013.城镇企业基本养老保险缴费率优化路径分析.辽宁大学学报(哲学社会科学版), 41(6): 99-107.
龙朝阳, 申曙光. 2013. 养老金制度融资方式转轨的理论思辨. 经济学家, (2): 66-74.
陆杰华. 2000.关于我国老年产业发展现状、设想与前景的理论思考.人口与经济, (4): 59-63, 54.
陆旸,蔡昉. 2013.调整人口政策对中国长期潜在增长率的影响.劳动经济研究, 1(1): 35-50.
路锦非. 2016.合理降低我国城镇职工基本养老保险缴费率的研究——基于制度赡养率的测算.公共管理学报, 13(1): 128-140, 159.
栾大鹏,欧阳日辉. 2012.生产要素内部投入结构与中国经济增长.世界经济, 35(6): 78-92.
罗光强,谢卫卫. 2013.中国人口抚养比与居民消费——基于生命周期理论.人口与经济, (5): 3-9.
罗雅楠,程云飞,郑晓瑛. 2016. “全面二孩”政策后我国人口态势趋势变动.人口与发展, 22(5): 2-14.
罗志红,朱青. 2012.促进民生改善的财政支出结构优化分析.求索, (4): 93-94.
马伯钧. 2003.消费结构优化是衡量产业结构优化的标准.消费经济, 19(6): 18-21.
马双,孟宪芮,甘犁. 2014.养老保险企业缴费对员工工资、就业的影响分析.经济学(季刊), 13(3): 969-1000.
毛中根,孙武福,洪涛. 2013.中国人口年龄结构与居民消费关系的比较分析.人口研究, 37(3): 82-92.
孟向京,姜凯迪. 2018.城镇化和乡城转移对未来中国城乡人口年龄结构的影响.人口研究, 42(2): 39-53.
米红,任正委. 2014.家庭户电力消费的年龄性别模式与节电减排的政策选择.人口研究, 38(4): 37-49.
苗国,庞飞. 2019.现代化与低生育率陷阱——东亚国家与地区生育政策的转向与反思.现代经济探讨, (6): 26-30.
穆怀中, 闫琳琳. 2012. 基础养老金全国统筹收入再分配给付水平及适度性检验. 人口与发展, 18(6): 2-15.
倪红福, 李善同, 何建武. 2014. 人口结构变化对经济结构的影响——基于投入产出模型的分析.劳动经济研究, 2(3): 63-76.
裴同英, 张宏伟, 张雪花, 等. 2010. 基于系统动力学和灵敏度模型的生态校园物流分析. 四川环境, 29(4): 64-67.
彭荣. 2009. 基于马尔科夫模型的老年人口护理需求分析. 统计与信息论坛, 24(3): 77-80.
彭希哲, 胡湛. 2011. 公共政策视角下的中国人口老龄化. 中国社会科学, (3): 121-138, 222-223.
彭希哲, 卢敏. 2017. 老年人口死亡概率时代变迁与老年定义的重新思考. 人口与经济, (2): 1-10.

戚伟, 刘盛和, 金凤君. 2017. 东北三省人口流失的测算及演化格局研究. 地理科学, 37(12): 1795-1804.
齐传钧. 2010. 人口老龄化对经济增长的影响分析. 中国人口科学, (S1): 54-65.
祁鼎, 王师, 邓晓羽, 等. 2012. 中国人口年龄结构对消费的影响研究. 审计与经济研究, 27(4): 95-103.
钱纳里 H, 鲁宾逊 S, 赛尔奎因 M. 1989. 工业化和经济增长的比较研究. 吴奇, 等译. 上海: 上海三联书店.
钱振伟, 卜一, 张艳. 2012. 新型农村社会养老保险可持续发展的仿真评估: 基于人口老龄化视角. 经济学家, (8): 58-65.
阮雅婕, 司晓悦, 宋丽滢, 等. 2015. 基于系统动力学的“单独二孩”政策仿真研究. 人口学刊, 37(5): 5-17.
社会保障课题组, 闫海琪. 2008. 我国养老保险覆盖面扩大及可持续性分析. 统计研究, 25(12): 11-14.
沈利生. 2011. 最终需求结构变动怎样影响产业结构变动——基于投入产出模型的分析. 数量经济技术经济研究, 28(12): 82-95, 114.
石晨曦, 曾益. 2019. 破解养老金支付困境: 中央调剂制度的效应分析. 财贸经济, 40(2): 52-65.
石人炳, 陈宁. 2018. 中国人口预测结果检验及影响因素比较. 统计与决策, 34(17): 14-18.
宋保庆, 林筱文. 2010. 人口年龄结构变动对城镇居民消费行为的影响. 人口与经济, (4): 11-17.
宋晓梧. 2017. 企业社会保险缴费成本与政策调整取向. 社会保障评论, 1(1): 63-82.
苏中兴. 2016. 基本养老保险费率: 国际比较、现实困境与改革方向. 中国人民大学学报, 30(1): 20-27.
孙祁祥. 2001. “空账”与转轨成本——中国养老保险体制改革的效应分析. 经济研究, 36(5): 20-27.
汤跃跃, 张毓雄. 2012. 民生财政对居民消费贡献有多大——基于 1978—2010 年经验数据的实证检验. 经济学家, (9): 37-42.
汤哲, 项曼君, Zimmer Z, 等. 2005. 北京市老年人健康预期寿命及其变化. 中华流行病学杂志, 26(12): 939-942.
田雪原, 王金营, 周广庆. 2006. 老龄化——从“人口盈利”到“人口亏损”. 北京: 中国经济出版社.
童玉芬. 2018. 中国特大城市的人口调控: 理论分析与思考. 人口研究, 42(4): 3-13.
汪伟, 刘玉飞. 2017. 人口老龄化与居民家庭消费结构升级——基于 CFPS2012 数据的实证研究. 山东大学学报(哲学社会科学版), (5): 84-92.
汪伟, 刘玉飞, 彭冬冬. 2015. 人口老龄化的产业结构升级效应研究. 中国工业经济, (11): 47-61.
汪小勤, 汪红梅. 2007. “人口红利”效应与中国经济增长. 经济学家, (1): 104-110.
王广州, 胡耀岭, 张丽萍. 2013. 中国生育政策调整. 北京: 社会科学文献出版社.
王广州, 王军. 2019. 中国人口发展的新形势与新变化研究. 社会发展研究, 6(1): 1-20, 242.
王桂新, 干一慧. 2017. 中国的人口老龄化与区域经济增长. 中国人口科学, (3): 30-42, 126-127.
王桂新, 潘泽瀚, 陆燕秋. 2012. 中国省际人口迁移区域模式变化及其影响因素——基于 2000 和 2010 年人口普查资料的分析. 中国人口科学, (5): 2-13, 111.
王国辉, 李荣彬. 2016. 中国企业养老保险缴费压力及其影响因素研究——基于不同类型企业的比较分析. 社会保障研究, (2): 12-18.
王红霞. 2014. 城镇化的结构变迁与新型城镇化的趋势. 甘肃社会科学, (3): 175-178.
王笳旭, 王淑娟, 冯波. 2017. 人口老龄化对城乡收入不平等的影响效应研究——基于中国二元经济结构演变的视角. 南方经济, (9): 118-134.
王金营, 戈艳霞. 2013. 2010 年人口普查数据质量评估以及对以往人口变动分析校正. 人口研究, 37(1): 22-33.
王金营, 戈艳霞. 2016. 全面二孩政策实施下的中国人口发展态势. 人口研究, 40(6): 3-21.
王金营, 杨磊. 2010. 中国人口转变、人口红利与经济增长的实证. 人口学刊, 32(5): 15-24.
王菊. 2018. 中央调剂金制度建设中各地上解资金规模研究. 武汉: 华中师范大学.
王俊. 2007. 我国城镇居民消费结构演进与产业结构转换——基于 VAR 模型的实证研究. 山西财经大学学报, 29(7): 28-31.
王其藩. 1995. 高级系统动力学. 北京: 清华大学出版社.
王时杰, 王东京. 1987. 论消费结构的先导演进趋势及其诱导. 消费经济, 3(1): 1-5.
王霞. 2012. 人口年龄结构变动与中国居民消费: 理论与实证. 杭州: 浙江大学.
王晓军. 2002. 对我国养老保险制度财务可持续性的分析. 市场与人口分析, 8(2): 26-29, 18.
王晓军, 任文东. 2013. 我国养老保险的财务可持续性研究. 保险研究, (4): 118-127.
王小鲁, 樊纲. 2000. 中国经济增长的可持续性: 跨世纪的回顾与展望. 北京: 经济科学出版社.
王小鲁, 樊纲, 刘鹏. 2009. 中国经济增长方式转换和增长可持续性. 经济研究, 44(1): 4-16.
王学义, 张冲. 2013. 中国人口年龄结构与居民医疗保健消费. 统计研究, 30(3): 59-63.
王亚柯, 王宾, 韩冰洁, 等. 2013. 我国养老保障水平差异研究——基于替代率与相对水平的比较分析. 管理世界, (8): 109-117.
王宇鹏. 2011. 人口老龄化对中国城镇居民消费行为的影响研究. 中国人口科学, (1): 64-73, 112.
王裕明, 吉祥, 刘彩云. 2014. 上海市人口结构变化预测研究. 上海经济研究, 26(3): 89-98.
王增文, 邓大松. 2009. 基金缺口、缴费比率与财政负担能力: 基于对社会保障主体的缴费能力研究. 中国软科学, (10): 73-81.
魏婕, 任保平. 2012. 中国各地区经济增长质量指数的测度及其排序. 经济学动态, (4): 27-33.
魏升民, 向景, 马光荣. 2018. 基本养老保险中央调剂金的测算及其潜在影响. 税收经济研究, 23(6): 1-5.
魏作磊, 胡霞. 2005. 发达国家服务业需求结构的变动对中国的启示——一项基于投入产出表的比较分析. 统计研究, 22(5): 32-36.
邬沧萍. 1987.漫谈人口老化.沈阳:辽宁人民出版社.
邬沧萍, 王琳, 苗瑞凤. 2004. 中国特色的人口老龄化过程、前景和对策. 人口研究, (1): 8-15.
吴传荣,曾德明,陈英武. 2010.高技术企业技术创新网络的系统动力学建模与仿真.系统工程理论与实践, 30(4): 587-593.
吴玉韶,郭平. 2014. 2010年中国城乡老年人口状况追踪调查数据分析.北京:中国社会出版社.
席恒,雷晓康. 2011.基本养老保险全国统筹的思路与支持条件.行政管理改革, (3): 34-38.
夏怡然,苏锦红,黄伟. 2015.流动人口向哪里集聚?——流入地城市特征及其变动趋势.人口与经济, (3): 13-22.
向晓梅. 2007.产业结构变迁:我国消费结构升级与拉动分析.广东商学院学报, (3): 13-15.
肖严华. 2016.劳动力市场、社会保障制度的多重分割与中国的人口流动.学术月刊, 48(11):

95-107.
肖严华. 2019. 企业职工基本养老保险基金中央调剂制度的政策效应. 上海经济研究, 31(9): 80-90.
肖严华, 左学金. 2015. 全国统筹的国民基础养老金框架构建. 学术月刊, 47(5): 63-72.
肖严华, 张晓娣, 余海燕. 2017. 降低社会保险费率与社保基金收入的关系研究. 上海经济研究, 29(12): 57-65.
徐国祥, 刘利. 2016. 中国人口老龄化与居民消费结构的统计检验. 统计与决策, (1): 91-94.
徐雷, 余龙. 2016. 社会经济地位与老年健康——基于(CGSS)2013数据的实证分析. 统计与信息论坛, 31(3): 52-59, 67.
许志涛, 丁少群. 2014. 各地区不同所有制企业社会保险缴费能力比较研究. 保险研究, (4): 102-109.
薛惠元. 2012. 新型农村社会养老保险财政保障能力可持续性评估——基于政策仿真学的视角. 中国软科学, (5): 68-79.
杨光辉. 2006. 中国人口老龄化与产业结构调整的统计研究. 厦门: 厦门大学.
杨菊华. 2008. 意愿与行为的悖离: 发达国家生育意愿与生育行为研究述评及对中国的启示. 学海, (1): 27-37.
杨菊华. 2011. 生育意愿、生育行为、生育水平的三重悖离. 人口研究, (2): 49-52.
杨晓鹏, 张志良. 1993. 青海省土地资源人口承载量系统动力学研究. 地理科学, 13(1): 69-77, 96.
杨昕, 左学金, 王美凤. 2018. 前瞻年龄视角下的人口老龄化及其对我国医疗费用的影响. 人口研究, 42(2): 84-98.
杨燕绥, 黄成凤. 2018. 从中央调剂到全国统筹的质变与路径. 中国人力资源社会保障, (3): 13-15.
杨阳. 2015. 与可持续发展模型兼容的人口模块构建——基于系统动力学方法. 系统工程, 33(6): 122-130.
杨勇刚, 姜泽许. 2010. 中国城镇基本养老保险支出水平测量模型分析——以城镇基本养老保险的可持续发展为视角. 河北大学学报(哲学社会科学版), 35(4): 58-62.
杨赞, 赵丽清, 陈杰. 2013. 中国城镇老年家庭的消费行为特征研究. 统计研究, 30(12): 83-88.
杨中新. 2005. 人口与社会的和谐发展是社会人口学研究的重要课题. 人口与计划生育, (8): 31-32, 35.
姚从容, 吴帆, 李建民. 2010. 我国城乡居民生育意愿调查研究综述: 2000—2008. 人口学刊, 32(2): 17-22.
姚引妹, 李芬, 尹文耀. 2015. “单独二孩”政策下我国受教育人口变化趋势研究. 教育研究, 36(3): 35-46.
尹世杰. 1993. 市场经济下的居民消费问题. 经济研究, 28(2): 21-27, 9.
于翰森, 周欢, 顾佳丽. 2011. 基本养老保险全国统筹问题研究. 劳动保障世界(理论版), (12): 35-37.
于涛方. 2012. 中国城市人口流动增长的空间类型及影响因素. 中国人口科学, (4): 47-58, 111-112.
于艳芳. 2012. 欧盟灵活保障模式的青年劳动力市场效应实证分析. 当代经济管理, 34(10): 51-54.
余红兵, 孔爱玲. 2010. 从居民消费结构看调结构的路径选择. 市场论坛, (3): 66-67.
余红心, 赵袁军, 陈青祝. 2019. 中国居民消费结构与产业结构的和谐性研究. 区域经济评论, (1): 95-100.

余永定,李军. 2000.中国居民消费函数的理论与验证.中国社会科学, (1): 123-133, 207.
俞卫,刘柏惠. 2012.我国老年照料服务体系构建及需求量预测——以上海为例.人口学刊, 34(4): 3-13.
袁建华,于弘文,李希如,等. 2003.从生育水平估计到未来人口预测.中国人口科学, (1): 15-21.
袁志刚,宋铮. 2000.人口年龄结构、养老保险制度与最优储蓄率.经济研究, 35(11): 24-32, 79.
原新,林正祥. 2008.中国大陆、中国台湾地区和日本人口问题之探讨及其对策.人口学刊, 30(2): 3-8.
曾毅,顾大男,凯・兰德. 2007.健康期望寿命估算方法的拓展及其在中国高龄老人研究中的应用.中国人口科学, (6): 2-13, 95.
查道中,吉文惠. 2011.城乡居民消费结构与产业结构、经济增长关联研究——基于 VAR模型的实证分析.经济问题, (7): 19-22.
翟振武, 陈佳鞠, 李龙. 2015. 现阶段中国的总和生育率究竟是多少?——来自户籍登记数据的新证据. 人口研究, 39(6): 22-34.
翟振武, 陈佳鞠, 李龙. 2017. 2015～2100 年中国人口与老龄化变动趋势. 人口研究, 41(4): 60-71.
翟振武, 李龙. 2014. 老年标准和定义的再探讨. 人口研究, 38(6): 57-63.
张斌,李军. 2013.人口老龄化对产业结构影响效应的数理分析.老龄科学研究, 1(6): 3-13.
张车伟,王智勇,蔡翼飞. 2016.中国特大城市的人口调控研究——以上海市为例.中国人口科学, (2): 2-11, 126.
张冲,王学义,孙炜红. 2015.农村人口老龄化对居民医疗保健消费的影响——基于中国 2002—2012年的省级面板数据.财经论丛, (1): 32-38.
张琳. 2012.我国中老年人健康需求实证研究——基于性别和城乡的分析.财经问题研究, (11): 100-105.
张荣霞,何影,史晓丹. 2013.民生类政府财政支出对居民消费影响的研究.软科学, 27(11): 11-16.
张松彪. 2019.养老保险基金中央调剂的省际再分配效应.企业经济, 38(7): 145-153.
张威超. 2019.养老金中央调剂制度的构建原因及施行影响分析.呼伦贝尔学院学报, 27(2): 46-50.
张文娟,杜鹏. 2009.中国老年人健康预期寿命变化的地区差异:扩张还是压缩?.人口研究, 33(5): 68-76.
张文新. 2003.中国大城市人口居住郊区化现状、问题与对策.人口学刊, 25(3): 15-20.
张晓娣. 2014.一般均衡框架下的养老保险与公共债务研究.经济科学, (3): 34-45.
张晓娣. 2015a.动态 CGE框架下中国公共债务的情景预测与风险分析——兼论“营改增”对公共债务的影响.财经研究, 41(5): 42-54.
张晓娣. 2015b.公共支出与有质量的经济增长——多部门 CGE框架下的政策模拟实验.宏观质量研究, 3(4): 77-91.
张晓娣. 2017.经济与环境多目标体系下的公共财政政策优化:基于 CGE 框架下的多目标系统决策模型.上海经济研究, 29(3): 3- 16.
张晓娣,石磊. 2013.中国公共支出结构的最优调整方案研究——区域聚类基础上的梯度法求解.财经研究, 39(10): 19-33.
张晓娣,石磊. 2014a. OLG框架下的中国养老保险与公共债务可持续性研究.南开经济研究, (2):

136-152.
张晓娣,石磊. 2014b.公共福利与经济增长的非线性动态关联——结构突变和状态转换的视角.经济管理, 36(8): 1-10.
张勇. 2019.基本养老保险基金的调剂效果研究.统计研究, 36(6): 81-93.
赵春燕. 2018.人口老龄化对区域产业结构升级的影响——基于面板门槛回归模型的研究[J].人口研究, 42(5): 78-89.
赵静,毛捷,张磊. 2016.社会保险缴费率、参保概率与缴费水平——对职工和企业逃避费行为的经验研究.经济学(季刊), 15(1): 341-372.
赵立航. 2009.基本养老保险省级统筹问题及对策——以广东省为例.广东社会科学, (4): 158-163.
赵绍阳,杨豪. 2016.我国企业社会保险逃费现象的实证检验.统计研究, 33(1): 78-86.
赵玉林,李文超. 2008.基于系统动力学的产业结构演变规律仿真模拟实验研究.系统科学学报, 16(4): 51-58.
赵周华. 2018.老龄化对居民消费需求的影响机制与路径分析.前沿, (5): 32-38.
郑秉文. 2016a.供给侧:降费对社会保险结构性改革的意义.中国人口科学, (3): 2-11, 126.
郑秉文.2016b.中国养老金发展报告 2015——“第三支柱”商业养老保险顶层设计.北京:经济管理出版社.
郑功成. 2013.深化中国养老保险制度改革顶层设计.教学与研究, (12): 12-22.
中国发展研究基金会.2010.中国发展报告 2010:促进人的发展的中国新型城市化战略.北京:人民出版社.
钟水映,余远. 2017.人口老龄化、人力资本结构对区域产业升级影响的实证分析.统计与决策, (16): 98-102.
周弘. 2011.家庭金融视角下人力资本与家庭消费关系的实证研究——来自 CFPS的调查.经济经纬, 28(6): 16-20.
周荣蓉. 2015.我国城镇居民消费结构与产业结构协调发展研究.学术界, (11): 159-166.
周少甫,范兆媛. 2016.年龄对医疗费用增长的影响:基于分位数回归模型的分析.中国卫生经济, 35(6): 65-67.
周云. 2011.以日本为例看生育意愿和生育水平.人口研究, (2): 53-59.
周云,封婷. 2015.老年人晚年照料需求强度的实证研究.人口与经济, (1): 1-10.
朱玲. 2010.中国社会保障体系的公平性与可持续性研究.中国人口科学, (5): 2-12, 111.
朱勤,魏涛远. 2015.中国城乡居民年龄别消费模式量化与分析.人口研究, 39(3): 3-17.
朱勤,魏涛远. 2016.中国人口老龄化与城镇化对未来居民消费的影响分析.人口研究, 40(6): 62-75.
朱勤,魏涛远.2017.老龄化背景下中国劳动供给变动及其经济影响:基于 CGE模型的分析.人口研究, 41(4): 8-21.
朱文娟,汪小勤,吕志明. 2013.中国社会保险缴费对就业的挤出效应.中国人口·资源与环境, 23(1): 137-142.
左学金. 2001.面临人口老龄化的中国养老保障:挑战与政策选择.中国人口科学, (3): 1-8.
左学金. 2010.人口增长对经济发展的影响.国际经济评论, (6): 127-135, 6.
左学金. 2011.关于稳定适度低生育水平的新思考.人口与发展, 17(2): 42-44.
左学金. 2012. 21世纪中国人口再展望.北京大学学报(哲学社会科学版), 49(5): 100-106.

Amaghionyeodiwe L A. 2008 . Determinants of the choice of health care provider in Nigeria. Health Care Management Science, 11(3): 215-227.

Anand S , Ravallion M. 1993. Human development in poor countries: on the role of private incomes and public services. Journal of Economic Perspectives, 7(1): 133-150.

Ann M. 2007. A consumption base theory of development: an application to the rural cultural economy. Agricultural and Resource Economics Review, 36(1): 9-23.

Auerbach A J, Kotlikoff L J. 1987. Dynamic Fiscal Policy. New York: Cambridge University Press.

Bang H O, Dyerberg J, Nielsen A B. 1971. Plasma lipid and lipoprotein pattern in Greenlandic west-Coast eskimos. The Lancet, 297(7710): 1143-1146.

Barro R J. 2002. Quantity and quality of economic growth. Working Papers from Central Bank of Chile.

Becker G S. 1960 . An economic analysis of fertility. New York: A conference of the universities-National Bureau Committee for Economic Research.

Becker G S, Glaeser E L, Murphy K M. 1999. Population and economic growth. American Economic Review, 89(2): 145-149.

Bertocchi M, Schwartz S L, Ziemba W T. 2010. Optimizing the Aging, Retirement, and Pensions Dilemma. Hoboken: John Wiley &Sons.

Blake D. 2003. Financial system requirements for successful pension reform. Pensions: an International Journal, 9(1): 59-87.

Bloom D E, Canning D, Fink G. 2010. Implications of population ageing for economic growth. Oxford Review of Economic Policy, 26(4): 583-612.

Bongaarts J. 2002. The end of the fertility transition in the developed world. Population and Development Review, 28(3): 419-443.

Brandt J, Spencer M, Folstein M. 1988. The telephone interview for cognitive status. Neuropsychiatry, Neuropsychology and Behavioral Neurology, 1(2): 111-117.

Bräuninger M. 2005. The budget deficit, public debt, and endogenous growth. Journal of Public Economic Theory, 7(5): 827-840.

Chamberlain G, Wilson C A. 2000. Optimal intertemporal consumption under uncertainty. Review of Economic Dynamics, 3(3): 365-395.

Chan K W , Hu Y . 2003. Urbanization in China in the 1990s: new definition, different series, and revised trends. The China Review, 3(2): 49-71.

Chan W S, Li S H, Fong P W. 2004. An actuarial analysis of long-term care demand in Hong Kong. Geriatrics & Gerontology International, 4: S143-S145.

Chow G C, Li K W. 2002. China's economic growth: 1952-2010. Economic Development and Cultural Change, 51(1): 247-256.

Clausen V, Schürenberg-Frosch H. 2012. Aid, spending strategies and productivity effects: a multi-sectoral CGE analysis for Zambia. Economic Modelling, 29(6): 2254-2268.

Coale A J, Hoover E M. 1958. Population Growth and Economic Development in Low-Income Countries: A Case Study of India's Prospects. Princeton: Princeton University Press.

Colin C. 1957. The Conditions of Economic Progress. London: MacMilan.

Colombier C, Weber W. 2011. Projecting health-care expenditure for Switzerland: further evidence against the 'red-herring' hypothesis. The International Journal of Health Planning and Management, 26(3): 246-263.

Dang T T, Antolin P, Oxley H. 2001. Fiscal implications of aging projections of age-related spending. Organization for Economic Cooperation and Development.

Demery D , Duck N W. 2006. Savings-age profiles in the UK. Journal of Population Economics, 19(3): 521-541.

Diamond P A. 1965. National debt in a neoclassical growth model. American Economic Review, 55(5): 1126-1150.

Dixon P B, Rimmer M T. 2001. Dynamic General Equilibrium Modelling for Forecasting and Policy: A Practical Guide and Documentation of MONASH. Bingley: Emerald Group Publishing Limited.

Doi J. 2003. Consumption structure and the pattern of economic growth. Seoul Journal of Economics, 16(3): 343-362.

Ehrlich P R. 1968. The Population Bomb. New York: Ballantine Books.

Elbadawi I A, Mwega F M. 2000. Can Africa's saving collapse be reversed?. The World Bank Economic Review, 14(3): 415-443.

Esping-Andersen G. 1990. The Three Worlds of Welfare Capitalism. Princeton: Princeton University Press.

Fanti L, Gori L. 2009. Population and neoclassical economic growth: a new child policy perspective. Economics Letters, 104(1): 27-30.

Feinstein J S . 1993. The relationship between socioeconomic status and health: a review of the literature. The Milbank Quarterly, 71 (2): 279-322.

Feldman D, Dixon P B, Parmenter B R, et al. 1983. ORANI: a multisectoral model of the Australian economy. Southern Economic Journal, 50(1): 285.

Feldstein M. 2005a. Rethinking social insurance. National Bureau of Economic Research.

Feldstein M. 2005b. Structural reform of social security. Journal of Economic Perspectives, 19(2): 33-55.

Feldstein M, Liebman J. 2006. Realizing the potential of China's social security pension system. China Economic Times.

Forrester J W. 1969. Urban Dynamics. Cambridge: Pegasus Communications, Inc.

Freedman V A, Martin L G, Schoeni R F. 2002. Recent trends in disability and functioning among older adults in the United States: a systematic review. JAMA, 288(24): 3137-3146.

Fries J F. 1980. Aging, natural death, and the compression of morbidity. The New England Journal of Medicine, 303(3) : 130-135.

Fries J F. 1989. The compression of morbidity: near or far?. The Milbank Quarterly, 67(2): 208-232.

Fries J F. 2003. Measuring and monitoring success in compressing morbidity. Annals of Internal Medicine , 139(5): 455-459.

Fuchs V. 1998. Provide, provide: the economics of aging. National Bureau of Economic Research.

Fukawa T. 2011. Household projection and its application to health/long-term care expenditures in Japan using INAHSIM-II. Social Science Computer Review, 29(1): 52-66.

Garber A, MaCurdy T. 1989. Predicting nursing home utilization among the high-risk elderly. National Bureau of Economic Research.

Getzen T E. 1992. Population aging and the growth of health expenditures. Journal of Gerontology, 47(3): S98-S104.

Groezen B, Meijdam L. 2008. Growing old and staying young: population policy in an ageing closed economy. Journal of Population Economics, 21(3): 573-588.

Grossman M. 1972. On the concept of health capital and the demand for health. Journal of Political Economy, 80(2): 223-255.

Gruenberg E M. 1977. The failures of success. The Milbank Memorial Fund Quarterly Health and Society, 55(1): 3.

Hagewen K J, Morgan S P. 2005. Intended and ideal family size in the United States, 1970-2002. Population and Development Review, 31(3): 507-527.

Headey D D , Hodge A. 2009. The effect of population growth on economic growth: a meta-regression analysis of the macroeconomic literature. Population and Development Review, 35(2): 221-248.

Herwartz H, Theilen B. 2010. The determinants of health-care expenditure: new results from semiparametric estimation. Health Economics, 19(8): 964-978.

Hinz R, Holzmann R, Tuesta D, et al. 2012. Matching contributions for pensions. The World Bank.

Hirte G. 2002. Welfare and macroeconomic effects of the German pension Acts of 1992 and 1999: a dynamic CGE study. German Economic Review, 3(1): 81-106.

Hock H, Weil D N. 2012. On the dynamics of the age structure, dependency, and consumption. Journal of Population Economics, 25(3): 1019-1043.

Holzmann R, Palmer E. 2006. Pension reform: issues and prospects for non-financial defined contribution (NDC) schemes. The World Bank.

Horioka C Y. 2006. The dissaving of the aged revisited: the case of Japan. National Bureau of Economic Research.

Iwamoto Y. 2001. Issues in Japanese health policy and medical expenditur. Tokyo: The Second International Forum of the Collaboration Projects.

Jokisch S, Halder G, Fehr H. 2004. A simulation model for the demographic transition in Germany: data requirements, model structure and calibration. Würzburg Economic Paper.

Jones B F. 2010. Age and great invention. Review of Economics and Statistics, 92(1): 1-14.

Jung H S, Thorbecke E. 2003. The impact of public education expenditure on human capital, growth, and poverty in Tanzania and Zambia: a general equilibrium approach. Journal of Policy Modeling, 25(8): 701-725.

Kato R R. 2002. Government deficit, public investment, and public capital in the transition to an aging Japan. Journal of the Japanese and International Economies, 16(4): 462-491.

Kim D K, Kim H. 2006. Aging and savings in Korea: a time-series approach. International Advances in Economic Research, 12(3): 374-381.

Kohara M, Horioka C Y. 2006. Do borrowing constraints matter? An analysis of why the permanent income hypothesis does not apply in Japan. Japan and the World Economy, 18(4): 358-377.

Kramer M. 1980. The rising pandemic of mental disorders and associated chronic diseases and disabilities. Acta Psychiatrica Scandinavica, 62(S285): 382-397.

Kuijs L. 2006. How will China's saving-investment balance evolve?. The World Bank.

Lee R D. 1998. Probabilistic approaches to population forecasting. Population and Development Review, 24: 156.

Lee R, Mason A. 2010. Fertility, human capital, and economic growth over the demographic transition. European Journal of Population/Revue Européenne De Démographie, 26(2): 159-182.

Leff N H. 1969. Long-term Brazilian economic development. The Journal of Economic History, 29(3): 473-493.

Lehman H C. 1953. Age and Achievement. Princeton: Princeton University Press.

Leontief W. 1967. An alternative to aggregation in input-output analysis and national accounts. The Review of Economics and Statistics, 49(3): 412.

Lewis W A. 1954. Economic development with unlimited supplies of labour. The Manchester School, 22(2): 139-191.

Liang J, Wang H, Lazear E P. 2018. Demographics and entrepreneurship. Journal of Political Economy, 126(S1): S140-S196.

Lutz W, Sanderson W, Scherbov S. 2008. The coming acceleration of global population ageing. Nature, 451(7179): 716-719.

Mankiw N G, Weil D N. 1989. The baby boom, the baby bust, and the housing market. Regional Science and Urban Economics, 19(2): 235-258.

Manton K G. 1982. Changing concepts of morbidity and mortality in the elderly population. The Milbank Memorial Fund Quarterly Health and Society , 60(2): 183.

Marin R A. 2013. Global Pension Crisis: Unfunded Liabilities and How We Can Fill the Gap. Hoboken: John Wiley & Sons.

Mason A, Lee R. 2006. Reform and support systems for the elderly in developing countries: capturing the second demographic dividend. GENUS, LXII(2), 11-35.

Mason A, Lee R, Jiang J X. 2016. Demographic dividends, human capital, and saving. The Journal of the Economics of Ageing, 7: 106-122.

Mason A, Ogawa N. 2001. Population, labor force, saving and Japan's future. Japan's New Economy: Continuity and Change in the Twenty-First Century.

Mayhew L. 2000. Health and elderly care expenditure in an aging world. International Institute for Applied Systems Analysis.

Meadows D H, Randers J, Dannis L M, et al. 1972. The Limits to Growth. New York: Universe Books.

Meijer C, Wouterse B, Polder J, et al. 2013. The effect of population aging on health expenditure growth: a critical review. European Journal of Ageing, 10(4): 353-361.

Mocan H N, Tekin E, Zax J S. 2004. The demand for medical care in urban China. World Development, 32(2): 289-304.

Modigliani F. 1966. Essays in economic theory in honor of Adolph Lowe and Hans Neisser the life cycle hypothesis of saving, the demand for wealth and the supply of capital. Social Research, 33(2): 160-217.

Modigliani F, Brumberg R. 1954. Utility analysis and the consumption function: an interpretation of the cross-section data at Integration//Kenneth K K. Post-Keynesian Economics. New Brunswick: Rutgers University Press: 388-436.

Modigliani F, Cao S L. 2004. The Chinese saving puzzle and the life-cycle hypothesis. Journal of Economic Literature, 42(1): 145-170.

Neher P A. 1971. Peasants, procreation, and pensions. American Economic Review, 61(3): 380-389.

Nichols L J. 2012. Labour market policies in Denmark and Canada: could flexicurity be an answer for Canadian workers? . Études Socialistes, 8 (2): 163-188.

Nyland C, Thomson S B, Zhu C J. 2011. Employer attitudes towards social insurance compliance in Shanghai, China. International Social Security Review, 64(4): 73-98.

Ono T. 2003. Social security policy with public debt in an aging economy. Journal of Population Economics, 16(2): 363-387.

O'Reilly P , Caro F G . 1994. Productive aging: an overview of the literature. Journal of Aging & Social Policy, 6(3): 39-71.

Ozyurt S. 2009. Total factor productivity growth in Chinese industry: 1952-2005. Oxford Development Studies, 37(1): 1-17.

Peterson E W F. 2017. The role of population in economic growth. SAGE Open, 7(4): 1-15.

Radloff L S. 1977. The CES-D scale: a self-report depression scale for research in the general population. Applied Psychological Measurement, 1(3): 385-401.

Robine J M, Michel J P. 2004. Looking forward to a general theory on population aging. The Journals of Gerontology: Series A, 59(6): M590-M597.

Robinson W C, Ross J A. 2007. The global family planning revolution. The World Bank.

Robson W B. 2001. Will the baby boomers bust the health budget? Demographic change and health care financing reform. Commentary-C D Howe Institute.

Romer P M. 1986. Increasing returns and long-run growth. Journal of Political Economy, 94(5): 1002-1037.

Romer P M. 1990. Endogenous technological change. Journal of Political Economy, 98(5, Part 2): S71-S102.

Romm A T. 2005. The relationship between saving and growth in South Africa: a time series analysis. South African Journal of Economics, 73(2): 171-189.

Ryder N B. 1975. Notes on stationary populations. Population Index, 41(1): 3.

Sabin P. 2013. The Bet: Paul Ehrlich, Julian Simon, and Our Gamble over the Earth's Future. New Haven: Yale University Press.

Samuelson P A. 1958. An exact consumption-loan model of interest with or without the social contrivance of money. Journal of Political Economy, 66(6): 467-482.

Sanderson W C, Scherbov S. 2005. Average remaining lifetimes can increase as human populations age. Nature, 435 (7043): 811-813.

Sanderson W C, Scherbov S. 2007. A new perspective on population aging. Demographic Research, 16: 27-58.

Sanderson W C, Scherbov S. 2008. Rethinking age and aging. Population Bulletin, 63(4): 3-16.

Sanderson W C, Scherbov S. 2010. Remeasuring aging. Science, 329(5997): 1287-1288.

Serow W J, Charity D A, Fournier G M, et al. 1986. Cost of living differentials and elderly interstate migration. Research on Aging, 8 (2): 317-327.

Shiu A, Heshmati A. 2006. Technical change and total factor productivity growth for Chinese provinces: a panel data analysis. IZA Discussion Paper.

Simon J L. 1983. The Ultimate Resource. Princeton: Princeton University Press.

Simonton D K. 1988. Age and outstanding achievement: what do we know after a century of research?. Psychological Bulletin, 104 (2): 251-267.

Simonton D K. 1991. Career landmarks in science: Individual differences and interdisciplinary contrasts. Developmental Psychology, 27 (1): 119-130.

Sin Y, Yu X Q. 2005. China pension liabilities and reform options for old age insurance. The World Bank Working Paper.

Smith J P. 1999. Healthy bodies and thick wallets: the dual relation between health and economic status. Journal of Economic Perspectives, 13 (2): 144-166.

Solow R M . 1957. Technical change and the aggregate production function. The Review of Economics and Statistics, 39 (3): 312.

Suri T, Boozer M A, Ranis G, et al. 2011. Paths to success: the relationship between human development and economic growth. World Development, 39 (4): 506-522.

Suzuki T. 2003. Lowest-Low Fertility in Korea and Japan. Journal of Population Problems, 59 (3): 1-16.

Thompson W S. 1929. Population. American Journal of Sociology, 34 (6): 959-975.

Treas J, Logue B. 1986. Economic development and the older population. Population and Development Review, 12 (4): 645.

van Groezen B, Leers T, Meijdam L. 2003. Social security and endogenous fertility: pensions and child allowances as Siamese twins. Journal of Public Economics, 87 (2): 233-251.

Vink M, Kleerekooper I, van den Wildenberg W P M, et al. 2015. Impact of aging on frontostriatal reward processing. Human Brain Mapping, 36 (6): 2305-2317.

Wanless D, Forder J, Fernández J L, et al. 2006. Wanless social care review: securing good care for older people.

Xie H, Chaussalet T J, Millard P H. 2005. A continuous time Markov model for the length of stay of elderly people in institutional long-term care. Journal of the Royal Statistical Society: Series A (Statistics in Society), 168 (1): 51-61.

Xu Z, Coors V. 2012. Combining system dynamics model, GIS and 3D visualization in sustainability assessment of urban residential development. Building and Environment, 47: 272-287.

Yakita A. 2008. Sustainability of public debt, public capital formation, and endogenous growth in an overlapping generations setting. Journal of Public Economics, 92 (3/4): 897-914.

Yang Z, Norton E C, Stearns S C. 2003. Longevity and health care expenditures: the real reasons older people spend more. The Journals of Gerontology: Series B, 58 (1): S2-S10.

Zheng J H, Bigsten A, Hu A G. 2009. Can China's growth be sustained? A productivity perspective. World Development, 37 (4): 874-888.

Zuo X J. 1989. Population Paradoxes in China——Population Viewed as Producers and Consumers. Pittsburgh University of Pittsburgh.

Zweifel P, Felder S, Meiers M. 1999. Ageing of population and health care expenditure: a red

herring?. Health Economics, 8(6): 485-496.
Zweifel P, Felder S, Werblow A. 2004. Population ageing and health care expenditure: new evidence on the "red herring". The Geneva Papers on Risk and Insurance-Issues and Practice, 29(4): 652-666.

附　　录

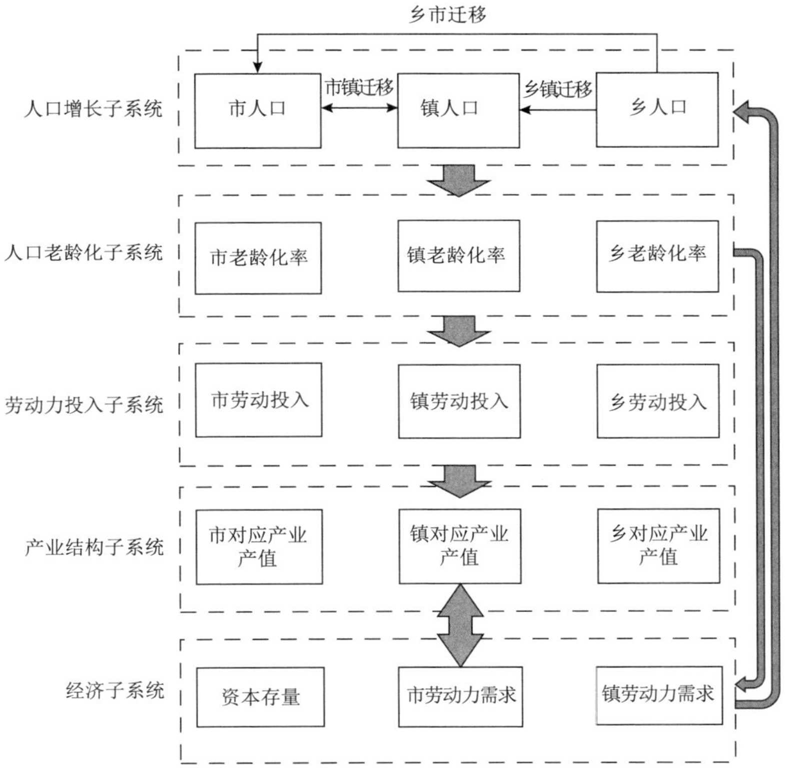

附图 1　中国人口老龄化与经济空间分布系统动力学模型相关子系统的逻辑关系图

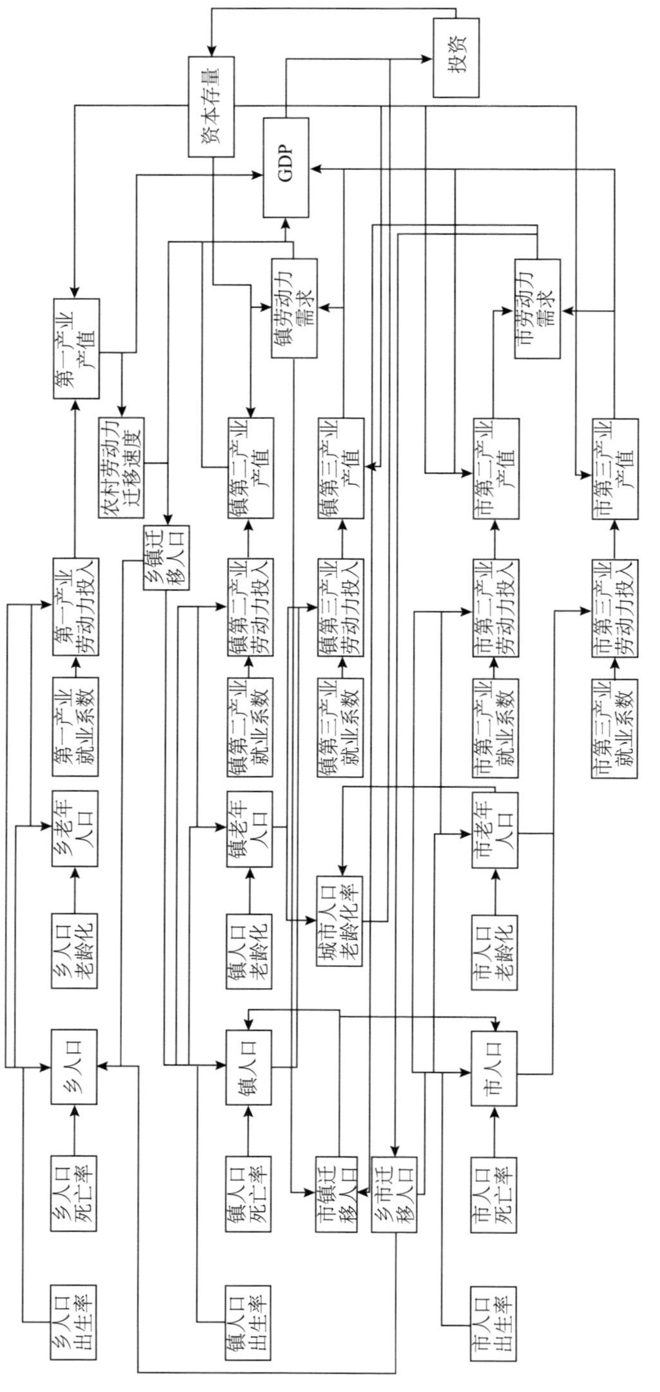

附图2　中国人口老龄化与经济空间分布系统动力学模型因果关系图

附表 1　人口增长子系统变量介绍

市			镇			乡		
变量名称	变量属性	变量单位	变量名称	变量属性	变量单位	变量名称	变量属性	变量单位
市人口	水平变量	万人	镇人口	水平变量	万人	乡人口	水平变量	万人
市人口减少	速率变量	万人/年	镇人口减少	速率变量	万人/年	乡人口减少	速率变量	万人/年
市人口增加	速率变量	万人/年	镇人口增加	速率变量	万人/年	乡人口增加	速率变量	万人/年
市人口死亡率	辅助变量	null	镇人口死亡率	辅助变量	null	乡人口死亡率	辅助变量	null
市健康影响因子	辅助变量	null	镇健康影响因子	辅助变量	null	乡健康影响因子	辅助变量	null
市人口出生率	辅助变量	null	镇人口出生率	辅助变量	null	乡人口出生率	辅助变量	null
市家庭生育计划系数	辅助变量	null	镇家庭生育计划系数	辅助变量	null	乡家庭生育计划系数	辅助变量	null
最大人口承载力	辅助变量	null						

注："null"代表空值，在单位一栏表示无单位，余同

附表 2　人口老龄化子系统变量介绍

市			镇			乡		
变量名称	变量属性	变量单位	变量名称	变量属性	变量单位	变量名称	变量属性	变量单位
市老年人口	水平变量	万人	镇老年人口	水平变量	万人	乡老年人口	水平变量	万人
市老年人口增加	速率变量	万人/年	镇老年人口增加	速率变量	万人/年	乡老年人口增加	速率变量	万人/年
市老年人口减少	速率变量	万人/年	镇老年人口减少	速率变量	万人/年	乡老年人口减少	速率变量	万人/年
期初市衰老系数	辅助变量	null	期初镇衰老系数	辅助变量	null	期初乡衰老系数	辅助变量	null
市衰老系数年增长	辅助变量	null	镇衰老系数年增长	辅助变量	null	乡衰老系数年增长	辅助变量	null
市老年人口死亡率	辅助变量	null	镇老年人口死亡率	辅助变量	null	乡老年人口死亡率	辅助变量	null
市人口老龄化率	辅助变量	null	镇人口老龄化率	辅助变量	null	乡人口老龄化率	辅助变量	null

附表 3　产业结构子系统变量介绍（一）

市			镇			乡		
变量名称	变量属性	变量单位	变量名称	变量属性	变量单位	变量名称	变量属性	变量单位
市第二产业产值	水平变量	亿元	镇第二产业产值	水平变量	亿元	第一产业产值	水平变量	亿元
市第二产业产值年增量	速率变量	亿元	镇第二产业产值年增量	速率变量	亿元	第一产业年增量	速率变量	亿元
市第二产业资本存量	辅助变量	亿元	镇第二产业资本存量	辅助变量	亿元	农村耕地	表函数	万公顷
市第二产业最大产值	辅助变量	亿元	镇第二产业最大产值	辅助变量	亿元	第一产业产值最大产值	辅助变量	亿元
市第二产业产值增长率	辅助变量	null	镇第二产业产值增长率	辅助变量	null	农业劳动生产率	辅助变量	null
市第三产业产值	水平变量	亿元	镇第三产业产值	水平变量	亿元	农业劳动生产率增长速度	辅助变量	null
市第三产业产值年增量	速率变量	亿元	镇第三产业产值年增量	速率变量	亿元	农村劳动力需求	辅助变量	null
市第三产业资本存量	辅助变量	亿元	镇第三产业资本存量	辅助变量	亿元	乡劳动力的迁移速度		
市第三产业最大产值	辅助变量	亿元	镇第三产业最大产值	辅助变量	亿元			

附表 4　产业结构子系统变量介绍（二）

市			镇		
变量名称	变量属性	变量单位	变量名称	变量属性	变量单位
市第三产业产值增长率	辅助变量	null	镇第三产业产值增长率	辅助变量	null
市第二产业劳动生产率增长率	辅助变量	null	镇第二产业劳动生产率增长率	辅助变量	null
市第二产业劳动力需求	辅助变量	万人	镇第二产业劳动力需求	辅助变量	万人
市第二产业劳动生产率增长率	辅助变量	null	镇第二产业劳动生产率增长率	辅助变量	null
市第三产业劳动生产率增长率	辅助变量	null	镇第三产业劳动生产率增长率	辅助变量	null
市第三产业劳动力需求	辅助变量	万人	镇第三产业劳动力需求	辅助变量	万人

续表

市			镇		
变量名称	变量属性	变量单位	变量名称	变量属性	变量单位
市劳动力需求系数	辅助变量	null	镇劳动力需求系数	辅助变量	null
市劳动力需求因子	辅助变量	null	镇劳动力需求因子	辅助变量	null
期初市劳动力需求	辅助变量	万人	期初镇劳动力需求	辅助变量	万人
市劳动力需求	辅助变量	万人	镇劳动力需求	辅助变量	万人

附表5　劳动力投入子系统变量介绍

市			镇			乡		
变量名称	变量属性	变量单位	变量名称	变量属性	变量单位	变量名称	变量属性	变量单位
市第二产业劳动力投入	水平变量	万人	镇第二产业劳动力投入	水平变量	万人	第一产业劳动力投入	水平变量	万人
市第二产业劳动力年增长量	速率变量	万人	镇第二产业劳动力年增长量	速率变量	万人	农业劳动力年增长量	速率变量	万人
市第二产业劳动力增长率	辅助变量	null	镇第二产业劳动力增长率	辅助变量	null	农业劳动力增长率	辅助变量	null
市第二产业劳动力就业系数	辅助变量	null	镇第二产业劳动力就业系数	辅助变量	null	农业劳动力就业系数	辅助变量	null
市第三产业劳动力投入	水平变量	万人	镇第三产业劳动力投入	水平变量	万人			
市第三产业劳动力年增长量	速率变量	万人	镇第三产业劳动力年增长量	速率变量	万人			
市第三产业劳动力增长率	辅助变量	null	镇第三产业劳动力增长率	辅助变量	null			
市第三产业劳动力就业系数	辅助变量	null	镇第三产业劳动力就业系数	辅助变量	null			

附表6　经济子系统变量介绍

变量名称	变量属性	变量单位
资本存量	水平变量	亿元
资本存量增长量	速率变量	亿元/年
GDP	辅助变量	亿元
二产产值	辅助变量	亿元
三产产值	辅助变量	亿元

续表

变量名称	变量属性	变量单位
城镇养老保障金率	辅助变量	null
资本积累率	辅助变量	null
资本折旧率	辅助变量	null
市 GDP	辅助变量	亿元
镇 GDP	辅助变量	亿元
第一产业资本存量占比	辅助变量	null
第二产业资本存量占比	辅助变量	null
第三产业资本存量占比	辅助变量	null
第一产业资本存量	辅助变量	亿元
第二产业资本存量	辅助变量	亿元
第三产业资本存量	辅助变量	亿元
镇第二产业资本存量	辅助变量	亿元
镇第三产业资本存量	辅助变量	亿元
市第二产业资本存量	辅助变量	亿元
市第三产业资本存量	辅助变量	亿元

附表 7　模型主要方程

子系统	主要方程
人口增长子系统	乡人口增加=乡人口×农村人口出生率×农村家庭计划生育系数
	乡人口减少＝乡人口×农村人口死亡率×农村健康影响因子+第一产业劳动力投入×乡劳动力的迁移速度×（市劳动力需求因子+镇劳动力需求因子）
	镇人口增加＝镇人口×镇人口出生率×镇家庭计划生育系数+镇劳动力需求因子×第一产业劳动力投入×乡劳动力的迁移速度
	镇人口减少＝镇人口×镇人口死亡率×镇健康影响因子+（市劳动力需求因子–镇劳动力需求因子）镇人口×市镇迁移速度
	市人口增加＝（1–市人口/最大人口承载力）×（市人口出生率×市人口×市家庭生育计划系数+市劳动力需求因子×第一产业劳动力投入×乡劳动力迁移速度）+（市劳动力需求因子–镇劳动力需求因子）×镇人口×市镇迁移速度
	市人口减少=市人口×城市人口死亡率×城市健康影响因子
劳动力投入子系统	第一产业劳动力投入=（1–乡人口老龄化率）×乡人口×农业劳动力就业系数×农业劳动力增长率
	镇第二产业劳动力投入＝（1–镇人口老龄化率）×镇人口×镇第二产业劳动力增长率×镇第二产业劳动力就业系数
	镇第三产业劳动力投入＝（1–镇人口老龄化率）×镇人口×镇第三产业劳动力增长率×镇第三产业劳动力就业系数
	市第二产业劳动力投入＝（1–市人口老龄化率）×市人口×市第二产业劳动力增长率×市第二产业劳动力就业系数
	市第三产业劳动力投入＝（1–市人口老龄化率）×市人口×市第三产业劳动力增长率×市第三产业劳动力就业系数

续表

子系统	主要方程
经济子系统	资本存量=GDP×（资本积累率–资本折旧率） 农村劳动力需求=第一产业产值/（农业劳动生产率+农业劳动生产率增长速度） 乡劳动力的迁移速度=（第一产业劳动力年增长量/农村劳动力需求–1）×农业劳动生产率 镇第二产业劳动力需求＝镇第二产业劳动力投入×（1+镇第二产业产值实际增长率–镇第二产业劳动生产率增长率） 镇第三产业劳动力需求＝镇第三产业劳动力投入×（1+镇第三产业劳动生产率增长率–镇第三产业产值实际增长率） 镇第二产业产值实际增长率=镇第二产业产值年增量/（镇第二产业产值–镇第二产业产值年增量） 镇第三产业产值实际增长率=镇第三产业产值年增量/（镇第三产业产值–镇第三产业产值年增量）

附表 8　关键变量历史检验和敏感性检验

历史检验		敏感性检验		
变量	平均相对误差	变量	增 10%灵敏度均值	减 10%灵敏度均值
GDP	–2.34%	第一产业产值增长率	2.71%	2.72%
第一产业产值	–2.98%	镇第二产业产值增长率	2.24%	2.35%
二产产值	–2.31%	镇第三产业产值增长率	2.13%	2.02%
三产产值	–1.7%	市第二产业产值增长率	1.85%	1.93%
乡人口	0.89%	市第三产业产值增长率	2.67%	2.72%
镇人口	2.1%	乡人口出生率	0.18%	0.31%
市人口	2.79%	镇人口出生率	0.72%	0.75%
乡老年人口	–1.7%	市人口出生率	1.67%	1.58%
镇老年人口	–1.91%			
市老年人口	1.21%			